IJS 서울대학교 일본연구소

현대일본생활세계총서 **13**

일본 정치의
구조 변동과 보수화

: 정치적 표상과 생활세계의 실상

남기정 엮음

박문사

서울대학교 일본연구소에서는 네 개의 기획연구실을 두고서 HK사
업의 공동연구를 수행해 오고 있다. 각 연구실은 2009년 9월부터 2018년
8월까지 10년간, 전체 어젠다 [현대일본의 생활세계연구]를 총 3단계에
걸쳐 수행한다. 각 단계의 연구 성과는 〈현대일본 생활세계총서〉 시리
즈로 출판한다.

1990년대부터 일본사회는 구조적 대변동을 겪고 있다. 전후 일본의
풍요와 안전 신화가 동요하면서 동아시아의 지정학적 갈등도 첨예화했
다. 일본의 변화는 정치적·사상적 보수화, 장기불황에 의한 경제시스
템의 변화와 사회적 양극화, 안보적 위기의식의 고조 등으로 나타났다.
최근에는 '전후 민주주의의 종언'을 고하는 목소리도 들리고 있다. 본 공
동연구는 '전후 일본'의 구조 변동을 정치, 경제, 역사, 사상, 사회, 문화,
문학의 전체적 차원에서 횡단적, 학제적으로 조망한다. 1단계와 2단계
의 성과는 총 9권의 시리즈로 이미 출판되었으며, 각 연구 주제와 책의
표제는 [표1]과 같다.

[표1] 현대일본 생활세계총서 1단계-2단계 시리즈

연구실	1단계 5권	2단계 4권
정치외교	전후 일본, 그리고 낯선 동아시아	전후 일본의 생활평화주의
역사경제	협조적 노사관계의 행방	에너지혁명과 일본인의 생활세계
사상담론	전후 일본의 지식 풍경	일본, 상실의 시대를 넘어서
사회문화	현대일본의 전통문화	일본 생활세계의 동요와 공공적 실천
	도쿄 메트로폴리스	

3단계 사업은 10년간의 HK사업 공동연구를 마무리하는 기간이다. 이를 알차게 수행하기 위해 본 연구소는 3단계의 사업 4년간(2014.09~2018.08)을 다시 2년간 씩 나누었다. 1~2년차 (2014.09~2016.08) 기획연구와 3~4년차 (2016.09~2018.08) 기획연구를 순차적으로 실행하고 있는 것이다. 3-4년차 기획연구는 연구소 성원의 변화로 연구실의 이름을 바꾸어 운영 중이다.

[표2] 현대일본 생활세계총서 3단계 시리즈

연구실	3단계 1~2년차	3단계 3~4년차 (예정)
정치외교	일본 정치 보수화의 표상과 실상	일본 보수정치의 국가혁신, 다각 다층 구조
역사경제 (1-2년차) 경제경영 (3-4년차)	저성장시대의 일본경제	구조적 대불황과 일본 경제·경영 시스템의 재편성
사상담론 (1-2년차) 사상문학 (3-4년차)	탈 전후 일본의 사상과 감각	전후의 탈각과 민주주의의 탈주
사회문화 (1-2년차) 역사사회 (3-4년차)	안전사회 일본의 동요와 사회적 연대	공동체 경계의 유동화와 국가 이미지의 대두

〈현대일본 생활세계총서〉 3단계 1~2년차 시리즈는 2016년 하반기부터 출판 작업에 들어갔다. 각 연구실은 2년 동안 수차례의 집담회와 워

크숍, 공개학술대회를 거치며 공동연구를 진전시켰다. 모든 연구진들은 동시대 일본의 변화를 찬찬히 살피고, 냉철하게 분석하고자 노력했다. 본 시리즈의 4권에 담길 연구 성과가 비록 완벽하지 못하지만, 한국사회에서 일본의 현황을 이해하고, 나아가 한국의 현재적 문제를 해결하기 위한 참조 축으로 활용될 수 있기를 바란다.

그동안 연구와 토론에 참여해 주신 각 분야의 연구자 여러분께 감사드리며, 연구 성과의 미진한 부분은 이미 시작한 3~4년차의 기획연구에서 보완해 나갈 것을 약속드린다. 아울러 연구와 출판이 성사되도록 성심껏 협조해 주시는 일본연구소의 행정실과 연구조교, 도서출판 박문사 여러분들께도 감사의 말씀을 드린다.

2016년 11월 6일
서울대학교 일본연구소

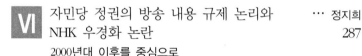

현대일본생활세계총서 **13**

일본 정치의 구조 변동과 보수화
: 정치적 표상과 생활세계의 실상

서 문

일본 우경화 신화에 대한
과학적 이해를 위하여

남기정

1. '우경화하는 일본': 너무나 익숙한, 그러나 언제나 새로운

일본은 우경화하고 있는가? '우경화하는 일본'의 이미지는 이미 한국에서 나오는 일본론으로서는 진부하다 못해 식상한 이야기가 되어 버렸다. 돌이켜보면 한국의 일본관에서 주류로 자리 잡은 시각은 대체로 다음과 같은 것이다. 1980년대 교과서 문제가 불거져 나왔을 때 일본의 우경화는 시작되어, 1990년대 보통국가론이 등장하면서부터 우경화가 일본 사회의 기본 속성으로 자리 잡았고, 2000년대 고이즈미 수상이 몇 차례나 야스쿠니 참배를 강행하여 우경화의 본색을 드러내더니, 2010년대에 아베 수상이 등장하여 우경화를 완성하려 하고 있다는 것이다. 그리고 어느 시대에나 우경화의 지표는 헌법개정이었다. 헌법개정이 표상하는 것은 군국주의 부활이었다. '재무장'과 '교과서', '야스쿠니' 등은 일본의 우경화가 진행되는 구체적 현장들이었다. 이하 경향신문, 동아일보, 한겨레 등 국내 유수 신문이 전하는 일본의 우경화 양상에 대해 추적해 보고자 한다.

한국의 신문이 일본의 '불온'한 분위기를 '우경화'라는 용어로 전하는 최초의 사례를 1970년 11월 미시마 유키오(三島由紀夫)의 죽음에 대한 보도에서 확인할 수 있다. 경향신문은 일본 국민이 미시마의 죽음을 "과거 일본을 군국주의로 이끌던 5·15, 2·26 사건과 연결시켜 일본의 급격한 우경화를 두려워하고 있다"고, 마쓰모토 세이쵸(松本清張)의 발언을 인용하여 일본 사회의 '불온'한 분위기를 전하고 있다(1970.11.26. 경향신문). 일본 작가의 말을 전하는 것이라는 점에서 이때 '우경화'는 다분히 일본 국내 정치의 맥락에서 사용된 용어였다. 다음에 일본의 '우경화'가 지적된 것은 유럽, 특히 독일의 시각을 통한 것이었다. 1971년 10월 동아일보는 "일본 히로히토 천황 내외"의 유럽 7개국 방문을 전하는 기사에서 서독 모 주간지 기사를 인용하여, 일본 천황이 전쟁 책임자임에도 일본 국민이 천황제에 의문을 품지 않고 있다고 전하고, 이러한 분위기가 팽배한 것이 "국민교(초등학교) 역사 교과서 가운데에도 우경화를 볼 수 있"는 현실에 기인하는 현상이라고 지적했다(1971.10.15. 동아일보).

우리 신문이 일본 작가나 유럽 기자의 말을 인용하는 것이 아닌, 우리의 시각으로 일본이 '우경화'하고 있다는 분석 기사를 처음 게재하는 것은 '헌법개정'의 움직임을 전하는 기사에서였다. 동아일보는 자민당 조사회가 연내(1971년 연내)에 개헌요강을 마련할 것이라는 기사를 전하면서. 이 기사는 개헌의 초점이 '천황이 원수임을 명기하는 것', '자주방위와 안전보장에 대한 새 항목을 신설하는 것', '공공의 복지를 우선하고 개인의 권한의 축소를 명기하는 것', '메이지헌법에 있었던 가족제도의 좋은 점을 채택한다는 것' 등을 지적하며, "이것은 우경화한 색채를 띠고 있으며, 일본 내에서의 개헌 논의는 이로써 한층 구체화할 단계에 이르렀다"고 비판하고 있다(1971.10.21. 동아일보).

이후 일본에서 헌법개정론이 나올 때마다, 우리는 이를 우경화의 프레임으로 보도하고 있다. 1978년 4월 19일의 경향신문은 중공 어선의 센카쿠 주변 "영해침범사건"을 계기로 일본 자민당 내에서 헌법개정 문제가 논의되고 있다는 사실을 전하고 있다. 나아가 기사는 한 자민당 수뇌가 "교전권을 인정하지 않고 있는 헌법 제9조는 개정되어야 한다"고 발언했다고 하며, 이러한 발언이 "지난해부터", 즉 1977년부터 자민당 내 논의가 우경화하는 가운데 나왔다는 사실을 지적하고 이에 주목할 필요성을 환기하고 있다(1978.4.19. 경향신문). 헌법개정론에 더해 일본이 우경화하는 지표는 야스쿠니신사였다. 1978년 8월 28일자 동아일보는 "일본 우경화의 계절"이라는 제목으로 후쿠다 다케오(福田赳夫) 수상의 "수상으로서 첫 야스쿠니참배"를 전하며, 원호 법제화, 유사입법 찬반 논쟁과 함께 일본 국민의 안보의식 변화, 태평양전쟁에 대한 재평가가 우경화의 계절을 이끌고 있다고 지적했다(1978.8.28. 동아일보). 70년대 말 일본의 지방선거에서 혁신 세력이 퇴조를 보이는 것도 우경화의 지표가 되었다. 1979년 4월 일본 지방선거 결과는 "혁신의 퇴조, 보수 세력의 회귀" 현상을 드러낸 것으로 이를 전하는 경향신문은 "이와 같은 보수 복귀의 현상이 심화될 경우 일본 우익과 재계가 노리는 대로 일본의 우경화 내지는 재무장이 실현될 날도 멀지 않을 것으로 전망된다"는 결론을 내리고 있다(1979.4.10. 경향신문)

1980년대 초 일본 역사교과서가 일본 사회의 우경화 문제의 일환으로 다루어졌다. 동아일보가 신문지 2면을 할애한 보도에는 교과서 기술이 검정과정에서 수정 삭제되는 것이 "자민당 정권의 보수 회귀, 우경화와 무관하다고 볼 수 없"다는 인식이 자리 잡고 있었다(1981.11.30. 동아일보), 일본은 이미 우경화하고 있었고, 교과서 문제가 그러한 변화의 일각으로 나타나고 있다는 인식이었다. 1984년 해방 39년을 맞이한 해의 특집 보도 기사에서도 일본은 우경화 중인 것으로 묘사되었다. 필요하면 헌법해석조차 바꾸기로 하는 "자민당의 우측통행노선"은 우익세력들을 비롯한 "우경화 주장론자"들의 뒷받침을 받고 있다는 것이었다(1984.8.1. 동아일보).

해방 40년의 1985년 8·15 특집에서 일본은 우경화의 길을 거칠게 달려가고 있는 것으로 보도되었다. "패전 딛고 경제대국 넘어 정치대국 단계"에 들어선 일본은 "'국가생존 전략'을 내세워 우경화(로) 치달아"가고 있었으며, 나카소네 총리가 미국에 의한 히로시마 나가사키 원폭 투하를 비난한 데에서 확인되듯이 "일본이 그만큼 대담한 탈바꿈을 시작하고 있다는 생생한 증거"를 노출하고 있다고 규정했다. 요시다 노선의 재평가, 전략론의 급격한 대두, 군사적 측면에서의 "질양적 변화" 등, "일본의 새로운 현상들은 모두 민족주의 경향의 분출을 의미"하는 것이었으며, "이른바 일본의 진보적 지식인들이 우려하고 있는 극단적인 우경화 현상의 단면들"이었다(1985.8.15. 경향신문).

1986년 7월의 일본 중의원 선거 결과에 대해서 낸 동아일보 사설에서는 중의원에서 우파 연합이 개헌선인 3분의 2 확보가 가능해졌다고 하여 "일본 정치의 보수화 우경화의 종착역이 어떨지 면밀하게 일본 정치를 들여다 보아야겠다"고 환기하고 있다(1986.7.18. 동아일본). 또한 1988년 10월 "히로히토 일본 국왕"의 죽음이 "우익 정치가들에게 일본을 더욱 우경화 방향으로 몰고 갈 기회를 마련해줄지 모른다"는 정치분석가들의 진단을 소개하고 있다(1988.10.9. 한겨레). 1989년 10월의 제3차 교과서 소송 판결은 "일본 사회 전체가 우경화로 기울어지고 있는 현상을 다시 한 번 입증"한 것이었다(1989.10.4. 한겨레).

2. 탈냉전과 영구운동으로서의 우경화

1990년 『그래도 No라고 말할 수 있는 일본』[1]의 출판은 "우려되는 일(본)의 우경화 현상"이 재확인된 사건으로(1990.7.10. 경향신문), 탈냉전의 세계질서 변화에 호응한 일본의 국가노선이 본격적으로 군사대국을 지향하는 것으로 해석되는 근거가 되었다. 이로부터 일본의 '우경화'는 한국의 신문에서 거의 '영구운동'처럼 보도되고 있다.

시초는 걸프전쟁의 사후처리를 위한 소해정 파견 논란이었다, 이를

---

1) 石原慎太郎・小川和久・渡辺昇一, 『それでも「NO」と言える日本―日米間の根本問題』, 光文社, 1990年。

바라보는 한국의 입장은 소해정 파견이 일본 지배세력의 숙원인 대외팽창의 단초를 여는 일이라는 인식이었다. 가령 "일본 지배세력이 오랜 세월 동안 절치부심해온 자위대 활동영역 확대가 최근 이처럼 급진전을 보이고 있는 것은 일본 안팎의 분위기 변화에 크게 고무받고 있기 때문"이며, 이를 용인하는 "일본 국내 여론은 분명히 보수우경화하고 있는 것"이라는 인식이 이러한 생각을 대변하고 있었다(1991.5.7. 한겨레). 경향신문은 '신일본군'이라는 용어까지 쓰면서, "우경화가 '재무장'(을) 채찍질"하고 있다고 지적했다(1992.6.10. 경향신문).

1994년 11월 요미우리신문이 내놓은 독자적 헌법개정 시안은 "우경화 바람을 타고 개헌론 목청을 높인 것"이며(1994.11.5. 경향신문), 패전 50년을 바라보는 1995년 8월, 일본은 경제력을 업고 군사 정치적 대국을 넘보는 국가가 되어 있었다. 고노담화, 무라야마담화 등의 역사인식 진전에도 불구하고, 냉전종식에 따른 사회당의 퇴조와 이에 따른 "일본 정치의 총보수화 및 우경화"가 우려되고 있었다(1995.8.15. 경향신문). 그리고 급기야 1996년 연말 즈음엔 일본 자민당의 "보수우경화가 우려의 수준을 넘어섰다"는 인식을 보이기에 이르렀다(1996.11.30. 경향신문). 자유주의 사관의 등장이 그 배경이었다. 이 시기에 대두된 '신 국가주의'의 기승은 일본 사회의 보수우경화 목소리가 갈수록 커지고 있음을 보여주는 것이었으며, '국제사회 공헌'이라는 명분에 편승한 우경화 현상의 증표였다(1997.8.16. 동아일보).

1998년 5월 도죠 히데키(東條英機)를 주인공으로 한 영화『자존, 운명의 순간(プライド·運命の瞬間)』이 상영된 것은 일본 사회 우경화의

산물이며(1998.5.18. 동아일보), 8월 일본 각료 13명이 야스쿠니에 참배한 것은 보수우경화가 갈수록 심화되는 것을 보여주는 사건으로 보도하고 있다(1998.8.17. 동아일보). 위안부 문제 등 식민지 지배 사실에 대한 사실 인정과 반성을 표명하는 역사관에 대해 '자학사관'이라며 비판하기 시작한 것도 이 즈음이며, 이 또한 일본 사회의 '보수우경화'의 지표로 사용되었다.

1999년 들어 여당 자민당과 보수적인 소수 야당 자유당이 손잡은 연립내각이 정식 발족함으로서 일본의 보수우경화가 가속화할 것이 우려되었으며(1999.1.15. 동아일보), 2000년 5월에는 신가이드라인 법안과 국기 국가 법안이 제정되는 것은 "우경화 움직임이 하나 둘 결론을 맺어가는 것"을 확인시켜주는 일들이었다(2000.5.16. 동아일보).

2000년대에도 일본의 우경화는 지속되었다. 한반도의 위기를 지렛대로 한 보통국가론의 등장과 유행은 일본의 우경화와 일맥상통하는 것으로 파악되었으며(2002.12.31. 경향신문), 이러한 우경화 분위기가 헌법 9조를 사실상 사문화시켜 '군국 일본'이 되살아나고 있다고 경각심을 고취시키고 있었다(2003.7.20. 경향신문).

2004년은 1월 고이즈미 총리의 야스쿠니신사 기습 참배, 후소샤(扶桑社) 역사교과서 채택 등이 "노골적으로 우경화되고 있는 일본 내 사회 분위기"를 반영하는 증거였으며, 2005년은 전후 60년을 맞이하여 평화헌법 개정과 유엔 안보리 상임이사국 진출을 통해 보통국가를 완성시키려는 해로 인식되었다. 이러한 "일본 정부의 목표는 사회 전반의 우경화에 따라 현실화될 가능성"이 없지 않은 것으로 분석되었다(2005.3.26. 세계일보).

일본은 패전 61년을 맞이해서도 여전히 우경화하고 있었고, 2007년 가을에는 아베 정권이 붕괴했음에도 불구하고 "여전히 일본의 우경화 흐름이 간단히 멈춰지지는 않을 것"이며, 일본의 교과서 기술은 독도 문제가 아니라도 "갈수록 우경화되는 현상"을 보이고 있었다(2006.8.14. 문화일보: 2007.9.16. 한겨레; 2008.7.16. 동아일보). 그러한 우경화는 일본 민주당 정부 출범 이후에도 뚜렷한 현상이었다(2011.4.5. 세계일보).

2012년에도 일본은 여전히 "보수화 우경화돼 가고 있"었고(2012. 9.2. 한국경제), "경제상황 악화 속에서 우경화를 무기 삼아 미일동맹 강화 카드로" 중국에 맞서고 있었다(2012.9.26. 연합뉴스). 2013년 아베 내각의 재등장 이후 우리는 "일본 우경화가 더욱 노골화하고 있는 가운데 광복 68주년을 맞"이했으며(2013년 8월 14일, 매일경제), 2014년 여름 "일본의 집단적 자위권 행사 결의와 고노담화 검증 등 우경화 폭주"는 최근 동북아 정세를 복잡하게 하는 한 원인이 되고 있었으며(2014.7.2. 매일경제), 2016년에도 이어진 "북핵과 미사일 사태는 아베의 우경화 행보에 힘을 보태는 결과"를 낳고 있었다(월간중앙, 2016년 3월호).

3. '우경화하는 일본'론: 일본론의 편의점

이쯤 되면 일본의 우경화는 항진명제(유의어 반복, tautology)가 된다. 일본은 왜 우경화하는가라는 질문에 가능한 대답은 우경화하기 때문에 우경화한다는 것이다. 일본의 모든 변화는 우경화의 지표이다. 한국의 신문에 보도되는 일본은 고이즈미나 아베와 같은 '우익' 정치가가 총리가 될 때는 물론이고, 자민당을 대신해서 등장한 민주당 내각하에서도 우경화하고 있었다. 일본은 경제대국이 되어도 우경화하고 있었고, 장기 불황 속에서도 우경화하고 있었다. 일본에서 역사 수정주의가 고조되는 것은 물론, 역사 수정주의에 대한 비판이 제기되는 것도 우경화의 지표가 되었다.

그런 의미에서 일본은 70년대 이래 지금까지 어떤 상황에서도 우경화 행보를 한시도 멈춘 적이 없다. 우리 신문에서 확인하건대 일본은 거의 반 세기에 가까운 세월에 걸쳐 우경화의 길을 치달아왔다. 그럼에도 여전히 우경화는 미완이다. 헌법개정도 아직 이루어지지 않았고, 교전권도 주어지지 않았으며, 국방군도 아직 만들어지지 않았다. 2017년 여름을 맞이하는 시점에서 아베의 지지율이 급락하면서 헌법개정은 아베 내각에서도 멀어지고 있는 것이 아니냐는 관측이 나오고 있다. 아직도 헌법개정을 이루지 못한 채, 40년이 지나도 여전히 우경화하는 일본을 어떻게 설명해야 할까? 우경화라는 것이 어떤 상태로부터 어떤 상태로의 변화라고 할 때, 그 변화가 반 세기라는 시간에 걸쳐 이루어지는, 그럼에도 여전히 미완인 과제를 남겨 놓은 완만한 변화라면 우경화는 정말 경계해야 할 정도의 동력을 갖고 있는 것인가?

이 질문에 대해 질문 자체가 잘못되었다는 비판이 있을 수 있다. 일본은 원래 보수적인 우익의 나라이기 때문에 그런 일본이 우경화한다고 보는 것은 넌센스라는 것이 그 주장이다. 그렇다면 '일본이 우경화한다'

는 명제는 거짓 명제인가? 우리의 일본 인식은 거짓명제에 입각해 있다는 것인가?

아니다. 분명히 일본은 헌법개정을 시도하고 있으며, 침략전쟁과 식민지 지배를 부정하려는 역사수정주의의 움직임이 갈수록 강화되고 있다. 아베 2차 내각에 들어 이러한 움직임은 분명 그 속도가 가팔라지고 있다. 이를 '우경화'라고 부르지 않고 무엇이라 부를 수 있다는 것인가?

이 난제를 어떻게 풀 것인가? '반 세기의 우경화 시도에도 불구하고 아직 먼 우경화'라는 모순을 어떻게 설명할 것인가? 답은 의외로 쉽다. 우리가 쉽게 받아들이려 하지 않기 때문에 그 설명이 달갑지 않을 뿐이다. 즉 '우경화하지 않으려는 일본'의 존재를 상정하면 이 문제는 풀린다. 일본이 민주주의와 평화의 진보적 가치를 여전히 내재화시키고 있는 국가라고 한다면, 이에 이의를 제기하고 이를 변화시키려는 세력이 거의 상수로 존재하는 것을 설명할 수 있다. 진보적 가치가 체제의 버팀목이며, 보수 우익의 가치가 반체제의 구령인 나라가 일본이라고 한다면,[2] 체제 비판의 자유가 민주적 가치로 구현된 일본에서 보수 우익의 구령이 일상화되어 있는 것은 오히려 자연스럽다.

따라서 문제는 일본이 우경화하느냐 아니냐가 아니다. 일본의 변화가 곧 일본의 우경화가 아니라고 한다면, 변화하는 일본을 제대로 이해하기 위해 필요한 것은 무엇인가? 그것은 어디서 어떻게 우경화의 전선이 형성되고 있으며 어느 만큼 우경화가 진행되고 있는지를 확인하는

---

2) 小熊英二, 「(論壇時評)右派の改憲—今なぜ『反体制』なのか」, 『朝日新聞』, 2017.6.29.

일이다. 그것은 다른 한편 전후체제의 내구성을 확인하는 일이기도 하다. 이를 위해 세밀한 단위의 측정기가 필요하다. 그러한 측정기를 사용하여 우경화로 일괄 변환시키고 있는 다양한 변화의 내용을 우경화와 구별해서 제시해 줄 수 있다.

이 책은 이러한 필요에 부응하고자 하는 시도이다. 이러한 시도는 일본의 어떤 미동이라도 일단 우경화로 규정해 놓으면 안심이 되는 일본론의 편의점, '우경화하는 일본론'의 사상적 나태를 경고하고자 하는 것이기도 하다. 그것은 우경화의 표상들과 그 안에 채워진 사회적 실상을 확인하는 것으로부터 출발한다.

4. '이른바' 우경화의 표상들

이 책은 3부로 구성되었다. 1부는 천황, 야스쿠니, 역사교과서 등 역사 수정주의자들이 즐겨 언급하는 표상들을 다루고 있으며, 이들 표상을 둘러싸고 전개되는 실상을 확인하는 내용으로 구성되어 있다.

박삼헌의 「'만세일계'의 주박에 걸린 보수 논객들」은 일본의 황실 문제를 중심으로 전개되는 일본의 보수 논객의 주장들을 통해 '이른바' 우경화 경향 속에 새롭게 나타난 분화 또는 균열의 전선을 드러내 보여 주고 있다. 2006년 9월 6일 히사히토(悠仁) 친왕의 탄생은 여성·여계 천황 용인 논쟁을 일단락지은 사건이었다. 그러나 다시 2011년 들어 황족 수 감소 대책으로 여성 미야케(宮家) 창설 문제가 표면화했고, 이 문제가 백지화되자 다시 2012년에는 황태자 퇴위론이 나와 황실의 위상과 역할을 둘러싸고 논의가 다시 일어났다.

박삼헌은 이를 둘러싼 보수 논객들의 주장을 면밀히 검토하여 '황통이 곧 남계이고, 이것이 남성에게 계승되는 것이 만세일계'라는 보수진영의 논리가 일본 사회에서 여전히 유효하게 작동하고 있으면서도, 황태자 퇴위에 대한 보수진영의 의견이 분열하는 모습에 주목하고 있다. 박삼헌에 따르면 그 차이는 전후 일본의 국가체제를 '상징'이라는 개념 안에서 유지하려는 입장과, 이를 부정하고 '만세일계'의 교조적 해석을 토대로 천황을 일본국의 '원수'로 재규정함으로써 전후 국가체제에 변화를 시도하려는 입장의 분열을 반영하고 있다. 이러한 분석에 입각해, 박삼헌은 아키히토 천황의 생전 퇴임론의 부상으로 일본 보수진영의 분화가 가속화할 것이라는 전망을 제시하고 있다. 이러한 전망은 공동체적 가족국가의 부활을 꿈꾸는 보수 우익의 의도에 반하여 전통적 국가의 부활을 견제하는 전후 일본의 시민사회가 견고하다는 사실을 오히려 드러내 보여 주고 있다고 할 수 있다.

박진우는 「야스쿠니문제와 일본의 보수정치: 수상의 야스쿠니신사 '참배' 문제를 중심으로」에서 아베 수상이 추진하는 헌법 개정 문제에서 야스쿠니문제가 부담으로 작용하고 있는 현실을 전후 수상들의 일련의 야스쿠니신사 참배를 둘러싼 논쟁을 통해 논증하고 있다. 수상의 야스쿠니신사 참배문제는 1974년 야스쿠니신사법안이 폐안된 이후 보수측의 노선 전환으로 공론화되기 시작했으며, 이윽고 1985년 나카소네 수상이 '공식참배'를 단행하면서 내외의 논란을 크게 불러일으켰다. 특히 수상의 '공식참배'가 외교문제로까지 비화하자 1986년 이후 역대 수상은 야스쿠니신사 참배를 자제해 왔다. 그러나 고이즈미 수상이 2001년부터 2006년까지 매년 참배를 계속함으로써 야스쿠니신사 문제는 또다시 논란을 불러일으켰다.

수상의 참배를 둘러싸고 특히 쟁점이 된 것은 'A급 전범' 문제였다. 'A급 전범' 문제는 단순히 합사냐 분사냐의 문제가 아니라 도쿄재판에 대한 평가, 나아가 아시아태평양전쟁을 침략전쟁으로 보느냐 자위전쟁으로 보느냐의 역사인식 문제와 밀접한 관계에서 전개되었다.

한편 역사 수정주의자이자 헌법 개정론자인 아베 수상은 2013년 12월 야스쿠니 신사를 참배한 이후 지금까지는 자제하는 모습을 보이고 있다. 앞으로 아베가 재임 중에 다시 참배를 할 것인지의 여부는 예측할 수 없는 일이다. 그러나 적어도 안보법 개정을 실현하는 방향으로의 변화, 즉 안보정책의 보수화가 반드시 야스쿠니신사 참배를 필요로 하는 것은 아니며, 오히려 부담으로 작용하고 있는 것을 확인할 수 있다.

남상구는 「일본 교과서 문제의 역사적 경위와 실태: 국제주의와 애국주의 길항」에서 1945년 8월 일본 패전 이후 일본 교과서 기술이 국제주의와 애국주의가 길항(拮抗)하는 가운데 변화해왔다는 인식을 토대로, 식민지 지배와 침략전쟁, 영토문제 관련 기술이 구체적으로 어떻게 바뀌어 왔는지 검토하고 있다. 특히 남상구는 이러한 기술의 변화에 일본 정부가 구체적으로 어떻게 관여했는지에 대해 분석하고 있는데, 그 결과 다음의 사실을 지적하고 있다. 즉 일본 교과서 기술 가운데 일본이 입은 피해 사실과 일본의 인도주의적 행동을 강조하는 경향이 보이며,

영토문제 기술에서 일본 사회의 보수화와 애국주의 경향이 두드러진다는 것이다.

　다만 남상구에 따르면 이러한 기술은 일본 사회나 정권의 보수화 경향이 직접 반영되지는 않으며, 반영되더라도 제한적이다. 이러한 지적에도 우리는 주목할 필요가 있다. 일본의 교과서는 여전히 애국주의와 국제주의의 기로에서 갈지자걸음을 보이고 있으며, 그 방향은 정부가 주도하는 것이 아니라, 일본 시민사회 안에 애국주의에 대한 견제세력이 얼마나 존재하고 그들이 어느 정도 조직화되는지 여부에 달려 있기 때문이다.

5. 정치적 보수화의 실상

　2부에서는 일본 정치의 보수 우경화를 이끌어가는 '일본회의(日本会議)'의 기원을 찾는 글, 일본 정치의 보수화가 가장 구체적인 모습을 띠고 나타나고 있는 방위정책의 변화를 다루는 글로 구성되어 있다. 먼저 김태기는 「일본회의의 성장과 종교단체의 역할: '생장의 집(生長の家)'을 중심으로」에서 일본회의의 모태가 되었던 '생장의 집'을 분석 대상으로 삼아, 우경화하는 일본 정치의 기원을 밝히고 있다. 패전 후 일본의 보수 및 우익 활동에 지대한 영향을 미친 '생장의 집'의 역량에 비하면, 이 종교단체가 일본 우익의 중심적인 세력이 되기까지의 과정에 대하여 체계적이고 분석적으로 연구한 선행연구는 아직 보이지 않는다. 이런 연

구 환경 속에서 김태기는 다니구치 마사하루(谷口雅春)를 중심으로 한 '생장의 집'이 일본 패전 이후 어떠한 정치적 주장을 하였으며, 다니구치가 '생장의 집'을 정치세력화하고 정치적 목적을 달성하기 위하여 어떠한 종교 및 정치 활동을 전개했는지 살펴보고 있다.

'생장의 집'의 교조 다니구치는 누구보다도 적극적으로 메이지헌법 부활을 주장한 우익적인 인사였다. 그는 특히 청소년의 우익 사상 고취에 관심을 가지고 그들을 조직하고, 우익적인 사상을 가르쳤다. '생장의 집' 출신자를 중심으로 결성된 일본청년협의회는 일본회의가 성장하는 데 있어 중심적인 위치에 있었다. '생장의 집'은 1983년 이후 정치 활동을 중지했지만, 다니구치가 육성한 우파 정치 활동가들이 현재 일본회의를 이끌고 있으며, 일본 우파 정치에서 중요한 위치를 점하고 있다. 그런 의미에서 아베 내각 등장 이후에 나타나는 시민사회의 보수 우경화는 단지 아베와 그 주변 몇 사람의 주도로만 진행되고 있는 것이 아니며, 역사적 기원이 깊은 현상이라고 할 수 있다.

이어서 남기정은 「자위대는 군대가 될 것인가: '자주방위의 꿈'과 '미일동맹의 현실'」에서 일본 정치의 보수화와 우경화 경향 속에서 아베의 안보 방위정책이 지니는 위치를 학인하고 있다. 이를 위해 보수화와 우경화의 구도를 정리하고, 전후 일본의 역사에서 안보 방위정책이 어떻게 전개되었는지 개관한 뒤, 아베의 안보 방위정책을 둘러싼 안보 담론과 아베 내각을 둘러싼 환경요인을 분석하고 있다.

남기정이 제시하는 결론은 다음과 같다. 첫째, '자주방위'론의 제기는 필연적으로 '미일동맹'과의 정합성에 대한 논의를 유발하여, 오히려 미일동맹을 강화하는 방향으로 귀결되고 있다. 둘째, 일본 국민의 여론은 개헌에 대해 수용적인 태도를 보이지만, 그러나 '국방군'의 창설에 대해서는 아직 확고한 과반의 지지를 보여주지 않고 있다. 셋째, 일본의 인구구조 변화와 이로 인한 재정사정의 악화는 아베의 안보 방위정책에 커다란 제약요인으로 작용하고 있다. 넷째, 일본에서의 안보 논쟁의 주된 전선은 제도적 자유주의자와 정치적 현실주의자 사이에서 형성되고 있는 것으로 보인다. 이런 상황에서 헌법개정과 국방군의 창설 논의가 우경화의 표상이 되어 있는 현실은 '평화의 이상보다 국제정치의 현실'을 중시하는 외교 안보정책에서의 보수화가 '사회의 현실보다는 공동체의 이상'을 부르짖는 시민사회에서의 우경화 논리에 의해 편향되어 나타나는 현상이라고 할 수 있다.

6. 보수화냐 우경화냐, 쟁투의 전선

3부는 일본의 공공영역에서 벌어지는 이른바 '우경화'의 양상을 쫓고 있다. 먼저 정지희는 「자민당 정권의 방송 내용 규제 논리와 NHK 우경화 논란: 2000년대 이후를 중심으로」에서 NHK를 연구대상으로 삼아 '공익'의 의미가 변화하는 양상을 추적하여, '전후체제로부터의 탈피'를 주장할 수 있게 한 '전후체제의 기원'을 찾고 있다. 변화의 기점은 1990년대이다. 주지하다시피 지구화의 진전과 신자유주의의 부상은 일본에서 정치적, 사회적, 문화적 규범 및 가치가 크게 동요하는 계기가 되었다.

특히 공동체의 붕괴와 개인화, 공공사업의 구조조정으로 상징되는 공공영역의 축소가 급속히 진행되면서, '공공'의 의미에 대한 물음이 심각하게 제기되었다. 이후 대안적인 공공성과 공동체를 모색하기 위한 사회적 논의와 시민운동이 활발해진 한편, 국가를 도덕적 공적 주체로 보는 국가주도의 공익주의에 입각한 담론과 표상도 급속하게 부상하고 있다. 정지희는 '전후체제로부터의 탈피'를 주창하는 신국가주의 성향의 정치인들이 자민당 실세로 부상한 2000년대 이후 자민당 정권이 추진하고 있는 방송 내용 규제의 논리와 양상을 분석함으로써 보수적 정치인들이 법규정이라는 절차적 공공성 논리를 차용해 적극적으로 규제 확대 논리를 주장하기 시작한 탈전후적 현실을 읽어낸다.

정치적 중립을 고수한다는 전후 공공방송의 이상에도 불구하고, NHK는 꾸준히 정부여당의 정치적 개입에 취약한 모습을 보여 왔는데, 정지희에 따르면 이를 구조적으로 용인하는 제도는 대부분 전후 초기 미군정과 일본 보수 정권에 의해 마련된 후 현재에까지 이르고 있다. 정지희는 이 점을 염두에 두고 최근의 NHK 우경화 담론을 비판적으로 검토하되, 방송편집준칙이 정한 정치적 '공평' 내지 '불편부당성'을 국가에 의한 방송 내용 개입의 근거로 적극적으로 재해석하고 신보수주의적 규제 확대 논리를 강화해 나가고 있는 최근의 자민당 정권의 움직임을 조명한다. 그리고 이러한 경향이 '공익'의 이름으로 표현의 자유를 제한하려는 최근 자민당의 헌법 개정 시도와 맞물려 있음을 지적한다.

이경분은 「'기미가요(君が代)'와 일본우익: 국기 국가 법제화를 중심으로」에서 '기미가요'의 국가(国歌) 채택 과정에 기인하는 우익과 보수의 균열을 드러내 보여주고 있다. 1999년 8월 13일, 신중론에서부터 반대여론까지 사회각층의 우려의 목소리가 있었지만, 일본정부는 결국 히노마루(日の丸)를 국기로, 기미가요를 국가로 하는 법률(정식명칭은 国旗及び国歌に関する法律)을 공포하고 강행했다. 이는 일본인의 국가통합과 애국심을 강조하는 '새로운 상징정책'을 보여주는 중요한 사건이었다. 이경분은 그 기원을 소급해 1970년대부터 기미가요 제창을 주장해 왔던 우익 음악가 마유즈미 도시로(黛敏郎)가 수행한 역할을 복원하고 있다. 나아가 이경분은 기미가요의 국가 법제화를 적극적으로 지지했던 '일본회의'의 주장을 통해 기미가요와 우익의 관계를 설명하고, 기미가요와 國歌 사이에 미묘한 균열이 발생했다는 점에 주목했다. 이경분은 이 균열로부터 생겨난 국가체제의 상징성에서, 국기 국가의 법제화를 찬성하는 우익적 논리를 추출했다.

그 결과 이경분은 지금까지 국기국가법 논쟁에서 히노마루와 기미가요를 하나의 범주 안에서 분석하던 기존연구와 달리, 히노마루에 대한 언급을 최소화하면서 기미가요에 분석의 초점을 맞추고, 기미가요의 음악과 가사를 구분하여 분석함으로써 우익 내의 미묘한 해석 차이와 국가적 상징으로서 히노마루와 구분되는 기미가요의 고유한 역할을 포착하는 데 성공했다.

마지막으로 김효진은 「혐한 만화의 변화와 그 의미: 『만화 혐한류』와 세이린도(青林堂)의 출판물 비교를 중심으로」에서 이른바 '혐한 만화'가 시민사회의 우경화에 영향을 미치는 방식이 변화하고 있음을 확인하고 있다. 구체적으로 김효진은 2005년에 출판된 『만화 혐한류(マンガ嫌

韓流)』이후 최근 출판된 혐한 만화에 초점을 맞춰 그 공통점과 차이점을 비교함으로써 혐한 만화에서 스타일과 기법이 어떻게 변화하고 있는지, 그리고 그 변화의 이유는 무엇인지를 고찰하고 있다. 『만화 혐한류』가 주는 인상과는 달리 일본 사회에서 만화는 대중 엔터테인먼트로서 정치적 이데올로기와 거리를 두는 것이 바람직하다고 간주되며, 그런 분위기 때문에 실제로 『만화 혐한류』를 지지한 것은 기존의 만화 인구보다는 넷우익이었다. 그런데 김효진에 따르면 2010년대 이후 출판된 혐한 만화에는 다른 조류가 나타나고 있다. 일례로 『태권도 박』과 『히노마루 가두선전여자』는 그 내용과 스타일이 정통 만화에 가까워지고 있어서 『만화혐한류』와 다른 양상이 보인다는 것이다. 이는 『만화 혐한류』가 강조했던 '사실의 전달'이라는 테마가 이미 의미를 상실하였고, 정치적인 이데올로기로서 혐한이 문제시되고 있는 데에서 오는 변화로 주목된다.

중요한 것은 이들 작품 중 실제 직접적인 정치적 이데올로기를 전달하는 『만화 혐한류』와 『히노마루 가두선전여자』와 달리 개그를 중심으로 종종 일본 사회에 대한 비판을 섞는 『태권도 박』이 그 내용의 문제성에도 불구하고 이를 평가하고 받아들이는 한국인 독자가 있다는 점이다. 김효진의 결론은 미디어로서 만화에 고유한 문법과 논리, 그리고 만화의 사회적 위치에 대한 충분한 고려 없이는 만화라는 매체가 정치적 이데올로기의 전달과 확산이라는 목적을 의도한 대로 달성하기 어렵다는 것이다.

7. 일본 우경화 신화에 대한 과학적 이해를 위하여

이 책은 2014년 9월부터 2016년 8월까지 서울대학교 일본연구소 정치와 외교 연구실에서 진행된 공동 기획연구의 성과를 엮은 것으로, 구조적 변동기에 들어선 일본의 정치적 보수화를 다룬다. 이때 일본 정치의 보수화의 표상과 실체를 구별하면서도, 동시에 드러내는 것을 목표로 했다. 이를 위해 공동연구에 참여한 필자들은 다음과 같은 점에 유념하고 인식을 공유하고자 노력했다. 그것은 구조적 변동기에 들어선 일본에서, 변화하고 있는 것이 무엇인지, 무엇으로부터 무엇으로의 변화인지, 변화가 가지는 의미가 무엇인지를 찾아내기 위해 필요한 것들이다.

첫째, 우익과 보수는 구분되어야 한다는 점이다. 이 책에서는 우익을 다루는 것이 아니라, 보수와 우익의 경계를 의식하며 보수를 중심으로 다루고 있다. 일본 사회에서 우익은 변화량이 크지 않은 상수이기 때문이다.

둘째, 표상과 실상, 표상과 정책 사이에 간극이 존재한다는 점이다. 필자들은 다양한 정치적 표상에 담긴 이념적 지향을 분석하면서, 구체적인 정책이 그러한 이념에 얼마나 조응하며 얼마나 어긋나고 있는지 드러내고자 노력했다.

셋째, 우경화의 기시감보다는 보수화의 위화감에 보다 더 민감해야 한다는 점이다. 일본의 현 상황은 현실의 상황 전개에 조응한 정책들이 민족의 상징과 같은 문화적 요소들과 결합한 결과 초역사적 본질을 획득한 것처럼 보인다. 관찰자는 위화감에 민감하게 반응함으로써, 관찰의 대상이 영속하지 않으며 한계를 안고 있다는 사실을 확인할 수 있다.

　필자들은 이러한 문제의식을 공유하면서 저마다의 전문 분야에서 일본의 '우경화'와 '보수화'의 전선들을 확인하고자 노력했다. 2년의 한정된 연구기간에도 필자들은 매우 효과적으로 연구를 진행하여 깊은 내용을 확보했다고 자부한다. 그 내용의 독창성은 개별 필자들의 몫이나, 만일 각 논문들이 지향하는 방향의 어긋남이나 뒤틀림이 있다면 그것은 편집 책임자인 필자의 몫이다. 시간에 쫓겨 마무리 지어야 하는 기획연구의 특성상 아직 우리들의 부대낌은 적당히 치열했을 뿐이다. 그런 탓에, 용어의 사용이나 입장에 혼란이 있음을 솔직히 인정하지 않을 수 없다. 그럼에도 그런 혼란이 문제의 소재를 드러내 주는 것이라 위로해 본다. 모쪼록 '일본=우경화'론을 대신하여 변화하는 일본에 대한 세밀한 가늠자를 마련해 보고자 하는 일곱 필자들의 분투가 일본의 우경화 신화에 대한 과학적 이해에 기여할 수 있기를 기대하며 이 책을 내놓는다. 일본의 변화를 예의주시하는 많은 독자들의 질정과 비판을 기다린다.

2017년 7월 28일

필자들을 대표하여 남기정

현대일본생활세계총서 **13**

**일본 정치의 구조 변동과 보수화
: 정치적 표상과 생활세계의 실상**

제1부

사회적 우경화의 표상들
: 천황, 야스쿠니, 교과서

현대일본생활세계총서 **13**

일본 정치의 구조 변동과 보수화
: 정치적 표상과 생활세계의 실상

'만세일계'의 주박에 걸린 보수 논객들*

박삼헌

1. 2006년 히사히토 친왕 탄생 이후의 황실 문제

2016년 3월 7일 유엔 여성차별철폐위원회(CEDAW, 이하 위원회)는 '일본에 관한 최종 견해(이하 최종 견해)'를 발표했다. 2015년 12월 28일 한일 위안부 타결에 대한 위원회의 의견이 제출될 예정이었기 때문에, 일본은 물론이고 한국의 언론도 많은 관심을 나타냈다. 그런데 그 내용은 "한일 간 위안부 합의는 피해자 중심의 문제 해결 방식이 아니다"라고 지적한 후, 일본 정부에게 피해자들에 대한 진정성 있는 보상, 배상, 공식사죄, 명예회복을 요구하는 등, 일본 정부의 '기대'를 크게 벗어난 것이었다.[1] 산케이 신문은 "유엔 반기문 사무총장이나 미국 및 영국 등도 한일 합의를 환영하는 상황에서, 이번 위원회의 최종견해는 국제사회의 이해

---

* 이 글은 『일본연구』 제26집(2016)에 실린 논문을 수정한 것임을 밝힌다.
1) 「유엔서 비판당한 한·일 위안부 합의」, 『경향신문』, 2016. 3. 9.

와 거리가 있는 내용"[2]이라고 유감을 표한 스가 요시히데(菅義偉) 관방장관의 코멘트를 전하면서 보수진영의 불편한 심정을 드러냈다.

그런데 위원회의 최종 견해에서 '위안부' 못지않게 일본 언론의 관심을 집중시킨 내용이 있었다. 같은 달 4일, 남계 남자 황족에게만 황위 계승권을 인정하는 것은 여성 차별에 해당하므로, 이를 규정하고 있는 황실전범을 개정하도록 권고하는 내용이 최종 견해에 포함될 예정이라는 보도가 있었기 때문이다. 이 정보를 입수한 일본 정부는 위원회에 황위 계승권의 역사적 배경을 강조하면서 "여성 차별을 목적으로 하는 것이 아니다"라며 황실전범 개정관련 내용을 삭제하도록 강력히 요청했고, 그 결과 같은 달 7일 발표된 위원회의 최종 견해에서 황실전범 개정 권고안은 삭제되었다.[3] '위안부' 문제와 달리 황실전범에 관해서는 일본 정부가 바라는 대로 된 것이다. 하지만 이 같은 위원회의 움직임은 "황위 계승처럼 국가의 기본과 관련된 지극히 중요한 문제는 일본 국내에서조차 신중한 논의가 요구된다. 위원회의 심의 대상이 되지 않을뿐더러 여성에 대한 차별조장 등과 같은 견해는 애초에 말이 안 된다. 그럼에도 일본의 역사와 국체[国柄]를 무시하고 (황실전범)개정을 요구하는 것은 내

---

2) 「政府, 国連差別撤廃委へ遺憾伝達」, 『産経新聞』, 2016. 3. 8. 이날 스가 관방장관은 최종 견해에서 기존에 사용되던 '성노예'가 아니라 '위안부'로 용어가 통일된 것은 제한적이지만 일본 정부의 노력이 반영된 것이라는 의견도 제시했다.
3) 「男系継承を『女性差別』と批判し, 最終見解案に皇室典範改正を勧告 日本の抗議で 削除したが」, 『産経新聞』, 2016. 3. 9. 이외에도 위원회의 최종 견해에는 부부동성(同姓), 여성의 재혼 금지 기간 등 민법상 규정이 차별적이므로 신속히 개정하라는 내용이 포함되어 있다. 이에 대한 한국의 보도는 「유엔, '日왕위 남자만 계승은 성차별'…수정요구하려다 포기」, 『연합뉴스』, 2016. 3. 9. 참조.

정간섭과 다름없다"[4]라는 산케이 신문의 칼럼에서도 드러나듯이, 보수 진영의 강한 반발을 사기에 충분했다. 왜냐하면 2006년 히사히토(悠仁) 친왕의 탄생으로 논의가 마무리된 듯 보이지만, 여성·여계 천황과 관련된 문제가 그 내용을 달리하면서도 꾸준히 제기되고 있기 때문이다. 예를 들면 2011년 말의 여성 미야케(宮家) 창설 문제가 그것이다.

현재『황실전범』에서 "황족 여성은 천황 및 황족 이외의 자와 혼인할 때는 황족의 신분을 잃는다"(제12조)고 되어 있다. 따라서 그 대부분이 20세 이상인 미혼 여성 황족이 앞으로 '황족 이외의 자와 혼인'을 하면, 황족 수가 감소하여 지금과 같은 황실의 여러 활동을 유지하기 곤란해질 가능성이 높다. 실제로 2014년 10월 5일, 다카마도노미야의 차녀 노리코(典子, 1988년생)가 결혼하고 황적에서 제외되는 경우가 현실화되면서 황족 수 유지를 위한 여성 미야케 창설의 필요성이 강하게 제기되었다(〈표 1〉 참조).

미야케(宮家)	이름	출생연도(나이)	칭호
황태자	아이코(愛子)	2001년생(14세)	내친왕
아키시노노미야(秋篠宮)	마코(眞子)	1991년생(24세)	내친왕
	가코(佳子)	1994년생(21세)	
미카사노미야(三笠宮)	아키코(彬子)	1981년생(37세)	여왕
	요우코(瑶子)	1983년생(35세)	
다카마도노미야(高円宮)	쓰구코(承子)	1986년생(31세)	여왕
	아야코(絢子)	1990년생(25세)	

〈표 1〉 2016년 현재의 미혼 여성 황족 7명

(주1) 아키시노노미야는 현 천황의 차남 후미히토(文仁) 친왕이 창설한 미야케.
(주2) 미카사노미야는 다이쇼 천황의 넷째 아들이자 쇼와 천황의 막내 동생인 다카히토(崇仁) 친왕이 창설한 미야케.
(주3) 다카히토 친왕의 3남 노리히토(憲仁) 친왕이 창설한 미야케.
(주4) 이외에도 현존하는 미야케로는 쇼와 천황의 차남이자 현 천황의 동생인 마사히토(正仁) 친왕이 창설한 히타치노미야(常陸宮)가 있으나, 여기에는 미혼 여성 황족이 없다.

---

4) 「国連委の対日非難 不当な干渉許さぬ発信を」, 『産経新聞』, 2016. 3. 16.

본고에서는 2006년 9월 6일 히사히토 친왕의 탄생으로 여성·여계 천황 용인 문제[5]는 일단락 지어진 듯 보였지만, 다시 2011년에 황족 수 감소 대책으로 제기된 여성 미야케 창설 문제, 그리고 이 문제가 백지화 되자마자 2012년에 제기된 황태자 퇴위론의 논의과정을 검토하고자 한 다. 이 문제야말로 히사히토 출생 이후의 천황가를 바라보는 보수진영 내부에 존재하는 관점의 차이를 가늠해 볼 수 있는 적절한 소재이기 때 문이다.

2. 여성 미야케 창설 문제의 공식화

여성 미야케 창설 문제는 2011년 10월 5일 하케다(羽毛田) 궁내청장관이 노다(野田) 수상에게 요청하면서 시작되었다. 그 이유는 다음과 같다.

현재 천황폐하와 황족 22명 중 여성은 15명, 올해(2011년) 아키시노노 미야케의 장녀 마코사마가 20살이 돼서, 미혼 여성 황족 8명 중 6명이 성년이 되었다. 현행 황실전범에는 여성 황족이 결혼을 하면 황적에 서 제외되는 규정이 있는데, 결혼으로 황족이 감소하면 황실 활동에 지 장이 생길 수밖에 없다는 위기감이 궁내청에는 있다(밑줄은 인용자, 이하 동일).[6]

---

5) 여성·여계 천황 용인 문제에 관해서는 박진우, 「여성·여계천황론과 상징 천황제」, 『일어일문학』 제41집, 2009; 권숙인, 「전후 천황제와 젠더-황태자 비 마사코의 시련과 황실의 위기를 중심으로-」, 『일본비평』 9호, 2013. 등 참조.

여성 미야케 창설 문제의 핵심은 황족 수 감소로 황실 활동이 지장/위축될 가능성을 어떻게 해결할 것인가이다. 이것은 상징천황제가 존재하는 근거와 관련된 천황의 국사행위 이외에도 황실 제사 등 매우 다양한 황실 행사가 존재하는데, 천황(1933년생, 82세)과 황후(1934년생, 81세)는 고령이고, 이를 지원하는 황족 22명 중 절반 이상인 68%가 여성이라는, 황실의 입장에서는 지극히 '긴급'한 문제이다.

그러나 이것은 남성 배우자와 자녀까지 황족으로 할 것인지, 황적을 유지하는 여성 황족의 범위를 현 천황가 직계인 '내친왕'으로 한정할 것인지, 미카사노미야케 계통의 '여왕'도 포함시킬 것인지 등 상징천황제의 원칙과 연동하는 황실전범 개정과도 관련된 '현실'적 문제이기도 하다.

궁내청의 요청을 받은 민주당 노다 수상은 11월 25일, 여성 미야케 창설 문제를 검토하기로 결정하고, 2012년 2월 20일, '황실제도에 관한 유식자 공청회(이하 공청회)' 개최를 공식화했다. 그 취지는 다음과 같다.

현행 황실전범 규정에서는 여성 황족이 황족 이외의 자와 혼인했을 때, 황족 신분에서 제외되도록 되어 있기 때문에, <u>향후 황실 활동을 어떻게 안정적으로 유지하고 천황·황후 폐하의 부담을 어떻게 경감할 것인지가 긴급성을 요하는</u> 과제이다. 한편 황실 활동과 황실의 존재방식은 국

---

6) 「女性宮家構想が浮上」, 『朝日新聞』, 2011. 11. 25. 여성 미야케 창설은 고이즈미 정권이 추진하다가 히사히토 친왕이 태어나면서 중지된 황실전범 개정 움직임 당시에도 제기되었다. 하지만 이 시기에는 여성·여계 천황 여부가 논의의 중심이었기 때문에 여성 미야케 창설 문제는 논의의 중심에서 약간 벗어나 있었다(『皇室典範に関する有識者会議 報告書』, 2005. 11. 24, 18쪽 참조).

가의 기본과 관련된 상징천황제도를 지탱하는 것이므로, 널리 국민의 이해와 지지를 얻지 않으면 안 되고, 무엇보다 헌법과 법률은 우리나라의 역사와 전통, 문화 등과 깊이 관련된다.

때문에 다음과 같이 각계 유식자들을 모시고 황실 활동의 의의, 여성 황족에게 황족이 아닌 자와 혼인한 이후에도 활동을 유지할 수 있도록 할 경우 필요한 제도 등에 대해 폭넓은 의견을 여쭙고, 이후 제도 검토의 참고로 삼고자 한다.

덧붙이자면, 이번 검토는 긴급성을 요하는 황실 활동 유지와 여성 황족 문제에 한정하고, 이를 황위계승문제와는 분리하여 실시하는 것이므로 회의도 이 문제를 중심으로 실시하기로 한다.[7]

여기에서는 그동안 뜨겁게 논의되었던 여성·여계 천황론의 핵심이었던 '황위 계승' 문제와 분명한 선을 긋고 있다. 그 대신 '안정적인 황실 활동 유지'와 '천황·황후폐하의 부담 경감', 즉 고령의 천황과 황후가 무리하지 않도록 여성 황족이 황실 활동을 분담할 수 있는 제도적 장치 마련이라는 '긴급성'을 강조하고 있다. 이는 그동안 여성·여계 천황 논쟁에서 나타난 보수진영의 반발을 최소화하기 위한 조치라 생각된다.

총 6회에 걸쳐 실시된 공청회에는 매회 2명의 발표자가 초청되었다. 이들에게는 다음과 같은 내용이 제시되었다.

1. 상징천황제도와 황실 활동의 의의에 대해
 - 현재의 황실 활동을 어떻게 생각하는가.

---

7) 内閣官房皇室典範改正準備室, 『皇室制度に関する有識者ヒアリングの実施について』, 内閣官房, 2012. 2. 20, 1쪽. 이하 인용 자료는 일본 내각 홍보실 홈페이지에 공개되어 있다(https://www.kantei.go.jp/jp/singi/koushitsu/yushikisha.html).

- 상징 천황제도하에서 황실 활동의 의의를 어떻게 생각하는가.

2. 이후 황실 활동의 유지가 곤란해지는 것에 대해
 - 현재의 황실 구성을 보면, 이후 황실전범 제12조 규정(황족 여성은
   천황 및 황족 이외의 자와 혼인할 때는 황족의 신분을 잃는다) 등에
   의해서 황족 수가 감소하고, 지금과 같은 황실 활동의 유지가 곤란해
   지는 것에 대해 어떻게 생각하는가(황실전범 개정의 필요성·긴급성이
   높아지고 있다고 생각되는데, 이에 대해 어떻게 생각하는가).

3. 황실 활동 유지 방책에 대해
 - 황실 활동을 유지하기 위해 "여성 황족(내친왕·여왕)에게 혼인 후에도
   황족 신분을 유지하도록 한다"는 방책에 대해 어떻게 생각하는가.
 - 황실 활동 유지를 위해 채택할 만한 다른 방책으로 어떤 것을 생각할
   수 있는가. 또한 그러한 방책에 대해 어떠한 견해를 가지고 있는가.

4. 여성 황족에게 혼인 후에도 황족 신분을 유지하도록 할 경우, 제도는
   어떠해야 하는지에 대해
 - 개정 후 황실의 규모는 어느 정도가 적당한가.
 - 배우자 및 자녀의 신분과 활동이 어떠해야 바람직한가. 황족으로 해야
   하는가 아닌가.

5. 황실전범 개정에 관한 논의 전개 방식에 대해
 - 황실전범에 대해 이번에, 향후 황실의 활동 유지라는 관점에 한해
   긴급과제로서 논의하는 것에 대해 어떻게 생각하는가.

6. 기타
 - 여성 황족에게 혼인 후에도 황족 신분을 유지하도록 할 경우, 혼인

등이 원활할 수 있도록 어떠한 배려가 필요한가.
- 기타 유의해야할 것은 무엇인가.[8]

이상의 질문 중에서 발표자들의 의견이 특히 대립한 문항은 3번과 4번이었다. 비록 '황위계승문제'와 관계없다는 대전제가 있기는 하지만, '여성 황족(내친왕·여왕)에게 혼인 후에도 황족 신분을 유지하도록 한다'는 방책에 대해 질문한 3번 문항은 어디까지나 '여성 미야케' 창설 여부에 관한 의견을 묻는 것이고, 4번 문항도 그 구체적인 제도에 관해 묻는 것이기 때문이다.

여성 미야케 창설 찬성은 6명, 반대는 4명, 이외에 2명이 여성 미야케 창설 여부에 대한 입장을 밝히지 않고 여성 황족이 혼인 후에도 황족 신분을 유지하는 것에는 찬성했다(〈표 2〉 참조).

일자	발표자	창설
2월 29일	이마타니 아키라(今谷明, 데이쿄[帝京] 대학 특임교수, 일본 중세사)	찬성
	다하라 소이치로(田原総一朗, 저널리스트)	
3월 29일	야마우치 마사유키(山内昌之, 도쿄대학 대학원 교수, 중동·이슬람사)	
	오이시 마코토(大石眞, 교토대학 대학원 교수, 법학)	
4월 10일	사쿠라이 요시코(櫻井よしこ, 저널리스트)	반대
	모모치 아키라(百地章, 니혼대학 교수, 헌법학)	
4월 24일	이치무라 신이치(市村真一, 교토대학 명예교수, 경제학)	찬성
	가사하라 히데히코(笠原英彦, 게이오기주쿠 대학 교수, 일본정치사)	신분 유지
5월 21일	오타베 유지(小田部雄次, 시즈오카복지대학 교수, 일본근현대사)	
	시마 요시타카(島善高, 와세다대학 교수, 법학)	반대
7월 5일	도코로 이사오(所功, 교토산업대학 명예교수·모랄로지연구소 교수, 법학)	찬성
	야기 히데쓰구(八木秀次, 다카사키[高崎] 경제대학 교수, 법학)	반대

〈표 2〉 2012년 황실제도에 관한 유식자 공청회

---

8) 위와 같은 자료, 3쪽.

이 중에서 본고의 문제의식과 관련된 여성 미야케 창설 반대자는 4명(사쿠라이 요시코, 모모치 아키라, 시마 요시타카, 야기 히데쓰구)인데, 이들의 주장을 보면 다음과 같은 공통점이 있다.

첫째, 황실전범 제12조를 개정해서 여성 미야케와 여성 황족을 창설하는 것은 여성·여계 천황으로도 이어질 가능성이 있기 때문에 반대한다. 둘째, 내친왕·여왕 칭호를 계속 사용하면서 황실 활동을 하면 된다.[9] 단, 민간인 신분이고 황위계승권은 주어지지 않는다. 셋째, 근본적인 대책으로 옛 황족 중 남계남자손(男系男子孫)에 의한 새로운 미야케 창설을 제시한다.[10]

반대론의 핵심은 GHQ의 압력으로 1947년 10월에 신적(臣籍)으로 강등된 11개 옛 미야케의 남계남자손에서 새로운 미야케를 창설하는 것, 즉 황적(皇籍) 복귀론이다.[11] 여기에는 '천황이 왜 천황인가'라는 정통성을 "초대 진무 천황의 남계 형통을 순수하게 계승하는 것"에 두는 '100% 혈통주의와 능력주의 배제'라는 원리, 즉 '만세일계'의 논리가 강하

---

9) 시마는 제12조 개정 시안으로 "황족 여성은 천황 및 황족 이외의 자와 혼인할 때는 황족의 신분을 잃는다. 단 황실회의 의결에 따라 내친왕, 여왕 칭호를 사용할 수 있다"를 제안하고 있다(시마 배포자료, 2쪽).

10) 공청회 이후, 사쿠라이 요시코, 모모치 아키라는 다케다 쓰네야스(竹田恒泰)와 함께 여성 미야케 창설에 반대론을 일본회의에서 출판했다(『「女性宮家創設」ここが問題の本質だ!』, 日本会議, 2012. 12). 참고로 메이지 천황의 현손 다케다 쓰네야스는 다케다노미야케 당주로서 옛 황족 중 남계남자손에 의한 새로운 미야케 창설의 대상이다.

11) 11개 옛 미야케는 야마나시노미야(山階宮), 가야노미야(賀陽宮), 구니노미야(久邇宮), 나시모토노미야(梨本宮), 아사카노미야(朝香宮), 히가시쿠니노미야(東久邇宮), 다케다노미야(竹田宮), 기타시라카와노미야(北白川宮), 후시미노미야(伏見宮), 간인노미야(閑院宮), 히가시후시미노미야(東伏見宮).

게 작동하고 있다.[12]

그런데 한 가지 흥미로운 것은 대표적인 여성·여계 천황 찬성론자였던 도코로의 경우, 여성 미야케 창설에 찬성하고 있다는 점이다.[13] 따라서 여성 미야케 창설 찬성은 기본적으로 여성·여계 천황론의 연장선상에 있다고 볼 수 있다. 이는 대표적인 여성·여계 천황론 찬성론자인 소노베 이쓰오(園部逸夫)가 내각관방참여 자격으로 공청회에 출석하고 있는 것을 봐도 알 수 있다. 이런 의미에서 공청회를 주도한 세력은 과거 여성·여계 천황 찬성론자들이라 할 수 있다.

도코로는 다음과 같이 여성 미야케 창설을 제안하고 있다.

(1) 현행 헌법에 '황위는 세습'으로 규정되어 있고, 황실전범에 황위 계승의 자격을 지닌 자는 '황통에 속하는 남계(男系)의 남자'로 한정되어 있다. 이 원칙은 되도록 유지될 필요가 있고, 게다가 현재 앞으로 3대까지는 그 전망이 유지 가능하다.

(2) 그러나 미카사노미야케에 남자 3명이 있지만, 3남이 47세, 장남도 66세에 사망했고, 차남[14]도 독신이라는 현실을 고려하면 결코 낙관적이지 않다. 황위는 황통에 속하는 황족 계승이야말로 근본 요건이고, 앞으로 여자·모계의 가능성도 열어 둘 필요가 있다.

(3) 게다가 현행 전범은 서자 승계를 부인하고, 황족의 양자를 금지하며, 황족 여성의 미야케 설립을 부정하고 있다. 때문에 현행 미야케는 조만간 전멸하고, 앞으로 히사히토 친왕 주변에 젊은 황족이 전혀 없게 될 수도 있다. (중략)

---

12) 야기 배포자료, 3쪽, 5쪽.
13) 所功, 『皇位繼承のあり方-"女性·母系天皇"は可能か-』, PHP硏究所, 2006. 참조.
14) 차남도 2014년에 향년 66세로 사망했다.

(6) 황족 확보를 위해서 무엇보다도 필요한 것은 현재 미혼 황족 여성 (30~10세)이 결혼으로 당주(當主)가 되고 여성 미야케 설립 및 상속도 가능하도록 하는 전범 개정(12조 삭제 등)을 실현시키는 것이다.

(7) 이 경우, 여성 미야케의 범위는 내친왕(현재 3명)도 여왕(현재 5명)도 전원 가능하도록 한 다음, 전범의 원칙에도 있는 장계(長系)·장자(長子)를 우선하면서 본인의 의사나 당대의 사정을 고려하고, 황실회의의 의결에 따라 사퇴할 수 있는 운용을 마련할 필요가 있다.

(8) 황족 여성과 결혼한 일반 남자는(옛 미야케·옛 화족의 자손이 바람직하지만, 적임자가 순(純) 일본인이면 상관없다) 결혼 후 황족이 된다. 또한 그 자손도 황족으로서 미야케를 상속하지만, 장계·장자 이외에는 순차적으로 황적에서 제외되도록 조정할 필요도 있다.[15]

여기에서 핵심은 '황통에 속하는 남계의 남자'를 어떻게 해석하느냐이다. 여성 미야케 창설에 반대하는 야기의 경우는 황통이 곧 남계이고, 이것이 남성에게 계승되는 것을 '만세일계'라 인식하지만, 도코로의 경우는 황통에 속하는지가 가장 중요하고 그 다음에 남계인지 여계인지가 문제시된다는 입장이다. 여기에서 황통은 반드시 남계일 필요가 없는, 다시 말해서 성별이 아니라 '피'가 중시되는 '만세일계'로 인식된다. 이런 의미에서 야기의 '만세일계' 인식은 도코로보다 교조적이라 평가할 수 있다. '만세일계'에 대한 이 같은 야기의 교조적 인식은 이후의 황태자 퇴위론에서도 일관되게 드러나고 있는데, 이에 대해서는 다음 절에서

---

15) 도코로 배포자료, 1쪽. 배포자료는 공청회 직전인 6월 1일 출판된 所功, 『皇室典範と女性宮家-なぜ皇族女子の宮家が必要か-』, 勉誠出版, 2012. 의 요약본이라 할 수 있다. 찬성론자 이치무라 신이치도 공청회 직후 자신의 주장을 출판했다(市村真一, 『皇室典範を改正しなければ, 宮家が無くなる』, 藤原書店, 2012).

자세히 살펴보기로 하겠다.

한편, 여성 미야케 창설 찬성론의 특징은 옛 황족 중 남계남자손에 의한 새로운 미야케 창설을 언급조차 하지 않을 뿐 아니라, 매우 부정적인 시각을 드러낸다는 점이다.

다음은 5월 21일 공청회에 출석한 내각관방참여 소노베가 여성 미야케 창설을 반대하고 그 대안으로 옛 미야케 황적 복귀론을 제시한 시마와의 질의응답이다.

> O 소노베 참여 : 다음은 이른바 11개 옛 미야케를 특별조치법으로 황족에 복귀시켰을 경우, 복귀된 분 중 남자는 황위계승권을 지니게 됩니까?
> O 시마 씨 : 그렇다고 생각합니다.
> O 소노베 참여 : 황위계승자격을 지니게 되면 이번 개정에 황위계승 문제가 발생하게 되는데, 되도록 그것을 피하고 싶다는 생각에서 그 규정은 꽤 어려운 점이라 생각합니다. 이것은 제 의견입니다.[16]

이것은 여성 미야케 창설 반대론자들이 이 문제를 '황위계승문제'의 연장선상에서 이해하면서 그 대안으로 옛 미야케 황적 복귀론을 제시하고 있음을 보여준다. 따라서 공청회를 황위계승문제와 분리해서 실시한다고 공식화했던 이유는, 앞에서 말했듯이 여성·여계 천황 논쟁에서 나타난 보수진영의 반발을 최소화하기 위한 조치임과 동시에, 보수진영 중에서도 보다 강경한 입장이 제기하는 옛 미야케 황적 복귀론을 사전에 차단하기 위한 조치였다고도 볼 수 있다.

---

16) 『議事録』, 2012. 5. 2, 17쪽.

노다 내각은 공청회 6회를 마치고 10월 5일 「황실제도에 관한 유식자 공청회를 토대로 한 논점 정리(이하 논점 정리)」를 발표했다. 그 내용은 크게 두 가지로 정리된다.

첫째, 황족 수 감소를 막고 황실 활동을 안정적으로 유지하기 위해서는 황실전범 제12조를 개정하여 여성 황족이 일반 남자와 혼인한 후에도 황족 신분을 유지할 수 있는 제도 개정을 검토해야 한다.
둘째, 여성 미야케(여성 황족) 창설에 반대하는 유식자들이 옛 황실전 범 제44조를 근거로 제안한 내친왕·여왕 칭호 사용은 본래 화족제도를 전제로 하는 것(옛 황실전범 제39조)이므로 그 실행이 어렵다.[17]

이상과 같은 「논점 정리」는 공개되어 10월 9일부터 12월 10일까지 국민의 의견을 수렴했다. 의견 수렴 총 267,412건이라는 수치는 국민적 관심이 매우 높았음을 보여주는데, 그 대부분은 여성 미야케 창설 자체 에 반대하는 의견이었다.[18] "여성 미야케 창설은 결국 여계 천황으로 이 어져 '남계'로 지켜져 온 만세일계라는 황실의 전통이 무너질 우려가 있 으므로 여성 미야케는 인정할 수 없다"는 이유가 대부분이었다. 그리고 논점 정리에서 제시되지도 않았음에도 "옛 왕족 남계남자손의 복귀 방 법을 동시에 강구해야 한다"는 반대론의 주요 대안도 제시되었다.[19] 이

---

17) 内閣官房皇室典範改正準備室, 『皇室制度に関する有識者ヒアリングを踏まえた 論点整理』, 内閣官房, 2012. 10. 5, 7-13쪽.
18) E-mail 48,681건, Fax 29,708건, 우편 189,023건이었다. 内閣官房皇室典範改正 準備室, 『「皇室制度に関する有識者ヒアリングを踏まえた論点整理」に係る意見募 集の結果について』, 内閣官房, 2012. 12. 18, 1쪽.
19) 위의 자료, 2-3쪽.

는 여론전에서 여성 미야케 창설에 한해서는 찬성론이 반대론에게 완패했음을 보여준다. 그리고 그 여론에는 '황통이 곧 남계이고, 이것이 남성에게 계승되는 것이 만세일계'라는 반대론자의 논리가 강하게 작동하고 있음을 보여준다.

이 같은 여론을 고려했는지는 불명확하지만, 2012년 12월 중의원 선거에 승리하고 제2차 내각을 수립한 아베는 여성 미야케 창설에 관한 모든 논의를 백지화했다. 일찍이 아베는 중의원 선거를 앞두고 민주당이 주도하는 여성 미야케 창설 문제를 전면 비판하며 '옛 미야케 부활'을 지지층 결집 카드 중 하나로 제시하기도 했다.[20]

그러던 중 앞에서 언급한 다카마도노미야의 차녀 노리코가 황족 이외의 자와 결혼하면서 얼마 안 되던 황족 수의 감소가 현실화되자, 2014년 10월 20일 아베 정부는 황실전범을 개정하지 않고 각의 결정으로, 결혼하여 황적에서 제외된 여성 황족이 기존의 황실 활동을 지속할 수 있도록 할 방침을 밝혔다.[21]

현재로서는 아베 정권이 이 문제를 어떻게 할 것인지 후속 조치가 이뤄지지 않고 있다. 그러나 여성 미야케 창설 문제가 제기된 이유, 즉 천황과 황후의 고령화 등과 같은 황실의 불안 요소가 여전히 존재하고 있는 한, 아베의 논의 백지화 선언에도 불구하고 여성 미야케 창설 문제는

---

20) 安部晋三, 「女系天皇容認論の危うさ」, 『文藝春秋』, 文藝春秋社, 2012. 2(安部晋三, 『軌跡 安部晋三語録』, 海竜社, 2013. 수록, 89쪽). 참고로 여성 미야케 창설에 가장 적극적으로 반대한 야기는 제2차 아베 내각에서 교육재생실행회의 위원으로 활동했다.
21) 「女性皇族, ご結婚後も民間人として皇室活動 典範改正せず閣議決定で 政府方針」, 『産経新聞』, 2014. 10. 20.

여전히 현재 진행형이라 할 수 있다.

한편, 아베의 여성 미야케 창설 논의 전면 백지화 선언으로 완승을 거둔 여성 미야케 창설 반대론자들 사이에서는 약간의 균열이 일어나기 시작했다. 이들은 옛 미야케 황적 복귀론이라는 점에서는 일치하고 있었다. 하지만 2012년 12월, 황태자비 마사코가 적응장애로 10년간 장기 치료를 받고 있다는 보도를 계기로 본격적으로 '황태자 퇴위론'이 제기되면서, 이에 대한 찬반으로 입장이 나뉘기 시작했다.

3. 황태자 퇴위를 둘러싼 찬반 논쟁

3.1. 황태자 퇴위 찬성론

황태자 퇴위론은 2006년 9월 황태자의 동생 아키시노노미야의 장남 히사히토 친왕이 태어나면서부터 거론되기 시작했다. 히사히토 친왕이 황태자가 되기 위해서는 아버지 아키시노노미야가 천황에 즉위해야 하는데, 이를 위해서는 두 가지 경우가 있다. 하나는 현재 황위 계승 1순위 황태자가 천황에 즉위하고 자연사한 후 즉위하는 것이다. 그런데 이 경우는 2017년 현재 57세(1960년생)인 황태자와 5살밖에 차이가 나지 않기 때문에, 일본의 평균수명을 고려하면 30여 년 동안 히사히토 친왕이 황태자 교육을 받지 못하게 된다.

다른 하나는 현 황태자가 '퇴위'하고 동생 아키시노노미야가 황태자가 되는 것이다. 이 경우는 현 천황이 자연사한 후 바로 아키시노노미야가 천황에 즉위하므로, 히사히토 친왕은 어렸을 때부터 황태자 교육을 받을 수 있게 된다.

하지만 아무리 황실의 안정적 계승을 우선시하는 보수진영이라 할지라도, 그리고 아무리 황태자비 마사코에 대한 불만이 있다하더라도 황태자의 '퇴위'를 거론하는 것만큼은 황실에 대한 '불경(不敬)'에 속하는 것이기 때문에, 그동안 적어도 '퇴위'라는 단어는 제시되지 않았었다.[22]

한편 2011년 11월 15일 아키시노노미야가 기관지염으로 입원 중인 천황을 대신하여 당해 연도 가을의 서훈과 포상 수상자 약 2천 명을 접견하고, 저녁에는 남아프리카공화국 국민의회 시술루(Walter Max Ulyate Sisulu) 의장 부부와 접견했다. 황태자가 이날 밤까지 나가노 현을 방문했기 때문에 황위계승 순위 제2위인 아키시노노미야가 처음으로 천황의 공무를 대행한 것이다.[23]

이후 보수 언론들이 황태자와 동생 아키시노노미야를 비교하는 기사를 자주 노출시키는 가운데, 황태자의 결혼 20주년에 해당하는 2013년을 전후로 황태자 '퇴위'론이 본격화되었다. 여기에는 앞에서 언급했듯이, 황태자비 마사코가 적응장애로 결혼 생활의 절반에 해당하는 10년간 장기 치료를 받고 있다는 보도가 크게 영향을 끼쳤다.[24]

---

22) 예를 들어 니시오 간지(西尾幹二)는 2008년 5월에 발표한 "황태자에게 감히 충언드립니다"에서 '퇴위'라는 단어를 사용하지 않고, 황실의 위기 등과 같은 우회적 표현을 제기하는데 그치고 있다(「皇太子さまに敢えて御忠言申し上げます」, 『WiLL』). 이후에 발표한 글들도 동일하다(「皇太子さまへの御忠言 第2弾」, 『WiLL』 6월호, 2008, 「これが最後の皇太子さまへの御忠言」, 『WiLL』 8월호, 2008, 「もう一度だけ皇太子さまへの御忠言申し上げます」, 『WiLL』 9월호, 2008).

23) 「秋篠宮さま, 初の公務代行」, 『朝日新聞』, 2011. 11. 16.

그 시작은 『WiLL』 2012년 3월호에 발표된 니시오 간지(西尾幹二)의 「천황폐하에게 '성단(聖斷)'을」25)이었다. 여기에서 니시오는 다음과 같이 '천황 폐하'의 '성단'을 요청하고 있다.

정신과 의사 사이토 다마사(斎藤環) 씨에 따르면, 마사코 비의 증세는 '디스티미아(dysthymia) 증후군'26)이라고 하는데, 이는 주변에 적응할 수 없었던 결과 발생한 것이고, 현재의 환경에 있는 한 계속된다고 합니다. <u>황태자비 전하는 황실에 계시는 한 낫지 않는다고 합니다.</u> 우울증은 천황 폐하와 황후 폐하를 만나는 것이 특히 고통스러워서 시작되었던 것이 아닌지요. 잘 알지 못하는 사람에게도 그렇게밖에는 보이지 않습니다. 그렇다면 담당 의사 오노 유타카(大野裕) 씨는 가령 해임 당한다 해도 말해야 할 것은 말해야 하지 않을까요. 이대로 시간이 흐르는 것은 환자를 위해서도 국가를 위해서도 좋지 않기 때문입니다.
천황 폐하의 '성단'을 기다릴 뿐이라고 말씀드리는 바입니다.27)

여기에서 천황의 '성단'은 황태자의 퇴위를 의미한다. 이는 "황태자비의 증상이 불투명한 채 제126대 천황 폐하(황태자가 즉위한 경우, 인용자)가 탄생하고, 황후 폐하는 병환을 명분삼아 황실은 무엇을 해도 상관없거나 무엇을 하지 않아도 상관없는 비정상적인 사태가 발생"할 수도 있다는 '보수의 공포'를 전제로 한다.28)

24) 「皇太子さま53歳の『哀しき誕生日』, 『退位』を求める声まで出た」, 『週刊新聞』, 2013. 3. 8.
25) 「天皇陛下に『御聖斷』を」, 『WiLL』 3월호, 2012. 이 글은 西尾幹二, 『皇太子さまへの御忠言』, WAC, 2012. 에 수록되어 있다.
26) 기분부전증: 우울증보다는 가벼운 증상이 장기간 지속되는 경우를 말한다.
27) 앞의 西尾幹二, 2012, 51쪽.
28) 위의 책, 80쪽.

이미 알려져 있듯이 황태자비 마사코에 대한 보수의 비판은 황태자의 약혼 발표 때부터 시작되었다(〈표 3〉 참조). 그 이유는 무엇이었을까.

연월	내용
1993.01	약혼 발표 기자회견, 황태자보다 28초 더 긴 발언을 했다는 비난
1993.06	결혼식
1993.10	황위 계승자 출산을 우선시하는 천황 부부와 이보다 해외 방문 등 자신들만의 '공무' 수행을 주장하는 황태자 부부 사이의 갈등 보도
1999.12	황태자비 마사코 유산
2001.04	황태자비 임신 보도
2001.12	내친왕 아이코 탄생
2003.09	**황태자비 마사코, 궁중제사 불참 시작**
2004.05	**황태자, "황태자비의 경력과 인격을 부정하는 듯한 움직임이 있었다"고 발언 (인격부정 발언)**
2004.07	**궁내청, 마사코 상태에 대해 '적응장애'라는 진단명 발표**
2008.04	내친왕 아이코, 가쿠슈인 초등과 입학
2010.03	내친왕 아이코, 집단 괴롭힘으로 인해 등교 거부, 이후 2011년까지 동반 등교
2013.01	**궁내청, 황태자비 마사코가 적응장애로 10년째 요양 생활 발표 (2012.12 발표 예정이었으나 연기됨)**

〈표 3〉 황태자비 마사코 관련 보도

니시오는 그 이유를 "천황가의 혼인이 학력주의(=능력주의)를 받아들였기 때문"이라고 단언한다.[29] 그 근거는 다음과 같다.

일본은 메이지 이후 봉건체제를 무너뜨리고 근대 제도로 바꿔가는 데 학교 교육에 대한 열의, 학력 경쟁이라는 수단에 크게 의존했다. 학교라는 수단을 통해서 경쟁이 그때까지의 신분질서를 무너뜨리고, 사회를 근대화해 가는 데 결정적 역할을 수행했다.

일본은 혁명을 경험하지 않은 나라이다. 대신 좋은 학교를 나오면 어떤

---

29) 위의 책, 59쪽.

계급의 자제라도 엘리트가 될 수 있는 능력주의의 공평감이 메이지 이후 이 나라를 혁명적으로 바꿔갔다. (중략) 그러나 <u>민중의 교육열, 학력 경쟁은 황실과 전혀 관계가 없었다.</u> 조금도 그 권위를 위협하는 것이 못 되었다. (중략) 전후(戰後), 이 같은 교육입국의 흐름은 수험 경쟁이 지탱했다. (중략) 그러나 이 또한 황실과는 전혀 관계가 없었다. <u>황실은 평등 이념이나 경쟁 원리와 관계없는, 차원을 달리하는 존재로 있어 왔다.</u>[30]

니시오는 메이지 이후를 "개인의 노력과 의도가 작동하는 근대의 능력주의 세계"로 평가하고 있다. 반면에 '천황가'에 대해서는 "인격, 노력, 도덕과는 관계없이, 타고 난 혈통의 존엄"이 중시되어 온 "전통의 세계"로 평가한다.[31] 이것은 "125대 이어진 천황가의 혈통이야말로 세계 왕실에서 그 사례를 찾아 볼 수 없다"는, 이른바 '만세일계'의 원리로 설명된다.[32] 그런데 2003년 9월 이후 황태자비가 궁중제사에 전혀 출석하지 않고 있음에도 불구하고, 앞으로도 "(황태자비의) 경력을 충분히 살려서 새로운 시대를 반영한 활동을 해나가길" 바라는 입장(2004년 인격 부정 발언)을 황태자가 고수한다면, 이는 천황가 '전통의 세계'를 거부하고 '근대의 능력주의 세계'를 선택하는 것이 된다. 그리고 결과적으로 이 것은 "황실 자체의 위험"을 초래할 수 있으므로, 혈통에 기초한 '만세일계'의 천황가 전통을 지켜내기 위한 '천황 폐하의 성단'이 필요하다는 것이다.[33]

---

30) 위의 책, 57-58쪽.
31) 위의 책, 62쪽.
32) 위의 책, 42쪽.
33) 위의 책, 47쪽.

하지만 니시오는 황태자의 '퇴위'를 직접 언급하지는 않았다. 다만, 그것을 의미하듯 '천황 폐하에게 성단을'이라는 제목을 달고 있을 뿐이다. 이 때문인지는 명확하지 않지만, 니시오의 글은 발표 당시 큰 주목을 받지 못했다.

이에 비하면 『신초(新潮)45』 2013년 3월호에 발표된 야마오리 데쓰오(山折哲雄)의 「황태자 전하 퇴위하십시오」[34]는 '퇴위'라는 단어를 직접 사용한 탓에 큰 반향을 일으켰다.

야마오리가 황태자의 '퇴위'를 처음 언급한 것은 2012년 11월 23일자 『주간아사히(週刊朝日)』에 게재된 이와이 가쓰미(岩井克己)와의 대담이었다. 대담 중 야마오리가 황태자 '퇴위'를 언급하는 부분은 다음과 같다.

> [이와이] 황실의 미래상으로 주제를 바꿔봅시다. 황태자 부부를 보면 앞에서 야마오리 씨가 말한 상징 가족과 근대 가족의 모순이랄까 균열로 힘들어하고 있는 것처럼 보입니다.
> [야마오리] 이 상태를 내버려두면 일본 황실은 영국 왕실과 비슷해진다고 생각합니다. 사적인 세계가 폭로되고 스캔들만 주목받으며 왕실 자체의 존속을 위협받게 되는 거죠. 대단히 위험한 상황이라고 생각합니다. 상징 가족이라는 것은 대외적으로도 대내적으로도 일본 국가의 창(窓) 역할을 하기 때문에 최소한의 의례와 제사는 남게 됩니다. 예를 들어 신년에 국민과 대면하며 손을 흔들어 공식적인 인사를 하는 것 등은 필요하지요. 하지만 한편으로는 사적인 근대 가족 측면의 정보는 될 수 있는 한 억제되고 과도하게 공개되지 않도록 하는 배려는 역시 불가결하지 않을까요. (중략)

---

34) 「皇太子殿下，ご退位なさいませ」, 『新潮45』 3월호, 新潮社, 2013.

[이와이] 황태자 부부는 고독할 겁니다. 핵가족적 부부라고 할까.

[야마오리] 저는 황태자가 제2의 인생을 모색해도 되지 않을까 생각
합니다.

[이와이] 제2의 라는 것은?

[야마오리] 퇴위 선언을 말합니다. 결혼을 위해 왕위와 조국을 버리고
프랑스로 이주한 영국의 윈저 공과 같은 사례가 있습니다. 그렇다고
그걸 따라할 필요는 없지만, 황태자 자신은 문화와 예술의 세계로
간다고 선언하고 안락한 은거 생활을 하면서 제3의 인생을 살아가도
되지 않을까 생각합니다. 그렇게 되면 지원하는 인간이 상당히 많을
겁니다. 예를 들면 호소카와 모리히로(細川護熙, 전 일본 총리) 같은
사람들이요.

[이와이] 호소카와 씨가 당황하겠어요(웃음). 그럼 황태자 부부가 교토로
가는 건 어떠세요?

[야마오리] 반드시 교토의 심도 깊은 문화를 체험했으면 합니다. 그러면
마음 속 깊이 위안을 받을 수 있을 겁니다. 어떻게 살 것인지의 전망
도 세워질 겁니다. 이러한 것이 황실에 남을 것인가 남지 않을 것인
가의 문제보다도 훨씬 중요합니다. 두 분의 인기가 오를지도 모릅
니다.[35]

야마오리는 '상징 가족'과 '근대 가족'의 모순 또는 균열이라는 관점
에서 황태자 가족의 '문제'를 진단하고, 그 해결책으로 황태자의 '퇴위 선
언'을 제시하고 있다. 야마오리에 따르면, 황태자의 퇴위 선언이 천황가
에 존재하는 '상징 가족'과 '근대 가족'의 모순 또는 균열을 해결하는 방법
인 것이다. 그렇다면 야마오리가 제시하는 '상징 가족'과 '근대 가족'은 무

---

35) 「秋深まる京都で考えた『天皇家の危機』岩井克己✕山折哲雄」, 『週刊朝日』, 2012.
11. 23(山折哲雄, 『天皇と日本人』, 大和書房, 2014, 256-258쪽).

엇이고, 왜 양자의 모순 또는 대립의 해결책이 황태자의 퇴위 선언일까.

우선 야마오리는 현재 천황제의 문제를 "전후 민주주의와 (상징) 천황제의 관계를 둘러싼 문제"와 "황실에 있어서 '상징 가족'의 성격과 민주주의적인 '근대 가족'의 성격과 관련된 문제"로 압축하고 있다.[36]

전자에 대해서는 다음과 같이 적고 있다.

전후(戰後) 얼마 되지 않은 시기에 전후 민주주의와 천황제는 많은 국민의 심정적 차원에서 서로 모순되거나 대립하는 것으로 인식되었다고 생각한다. 하지만 70년 가까운 시간이 흐른 오늘날, 양자가 점차 조화로운 관계를 되찾은 듯 보인다. 여론조사 결과를 보더라도, 특히 젊은 세대를 포함하여 상징천황제를 지지하는 층이 늘고 있는 것도 놓쳐서는 안 된다. 바꿔 말하면, 전후 민주주의와 상징천황제 양자가 일정한 균형점을 유지하고 있다고 말해도 좋을 것이다.[37]

야마오리는 이처럼 전후 민주주의와 상징천황제가 조화로운 균형점을 유지하고 있다고 평가하는 한편, 그 이유를 다음과 같이 '상징'의 역사성으로 설명하고 있다.

일본의 역사를 되돌아보면 장기간에 걸친 평화의 시대가 두 번이나 있었음을 알 수 있다. 한 번은 헤이안 시대 350년, 두 번째는 에도 시대 250년이다. 놀랄만한 일 아닌가? 이런 사례는 유럽은 물론이고 중국이나 인도에서도 찾아 볼 수 없다.

왜 그토록 안정된 시대를 실현할 수 있었을까. 물론 여기에는 정치·경제

---

36) 앞의 「皇太子殿下, ご退位なさいませ」, 25쪽.
37) 위와 동일.

적 요인을 비롯하여 군사나 외교, 그리고 지정학적 문제 등 여러 원인이 있을 수 있다. 하지만 그 중에서 가장 중요한 역할을 한 것이, 실은 상징천황제가 지니고 있는 독자의 기능이었던 것은 아닐까. 그 통치 스타일은 제2차 세계대전 후 처음 만들어진 것이 아니라, 그 원형은 이미 헤이안 시대인 10세기 단계에 완성된 것은 아닐까 생각한다.[38]

그렇다면 이미 헤이안 시대에 완성되었다는 '상징'의 원형은 무엇일까. 하나는 "통치의 특징이 종교적 권위와 정치적 권력의 이원적 시스템에 의해서 유연하게 만들어져 왔다는 점"을 제시하며 다음과 같이 설명하고 있다.

구체적으로 말하자면, 이미 10세기의 섭관정치 단계에 종교적인 권위 즉 상징으로서의 천황의 역할과 정치적 권력 사이의 상호보완관계가 완성되었다. 상호견제의 관계라 해도 좋을 것이다. 서로가 서로의 독주를 막는 시스템인 것이다. 이것이 '국가'와 '종교' 사이에 조화를 만들어내는데 크게 공헌한 것은 아닐까. 평화의 균형 상태를 만들어내는 중요한 배경이었다고 생각한다.[39]

역사상 천황제는 '종교적 권위와 정치적 권력의 이원적 시스템'에 의해서 이어져 왔고, 상징천황제야말로 그 역사성이 반영된 형태라는 야마오리의 설명은 전혀 새롭지 않다. 패전 직후 제기된 쓰다 소키치(津田左右吉)나 와쓰지 데쓰로(和辻哲郎)의 상징천황제론과 매우 유사하기 때문이다. 이들은 메이지유신 이전부터 군림하지만 통치하지 않는

---

38) 위의 논문, 21쪽.
39) 위와 동일.

황실의 문화적 역할을 강조하면서 천황의 권위를 정신적인 성격으로 규정했다.[40] 이런 의미에서 상징천황제에 관한 야마오리의 관점은 일본에서 왜 상징천황제가 성립했는지 설명하고 납득하려던 전후 보수진영의 문제의식에서 크게 벗어나지 않은 것이라 할 수 있다. 그런데 여기에서 중요한 것은 바로 이 점 때문에, 여계 미야케 창설 반대라는 동일한 입장을 취하던 다른 보수 진영의 비판을 받게 된다는 점이다. 이들은 주로 전후 일본 국가체제를 '상징' 천황제가 아니라 '원수' 천황제로 바꾸려는 관점을 지닌 자들로서, 2013년에 결정 발표된 자민당의 『일본국헌법개정초안』을 지지하는 자들이기도 하다. 이에 대해서는 다음 '황태자 퇴위 반대론'에서 자세히 검토하도록 하겠다.

한편, 야마오리는 또 다른 '상징'의 역사상 원형을 다음과 같이 제시하고 있다.

> 두 번째 문제는 황위계승의 장면에서 두 가지 원리가 유효하게 작동했다는 점이다. 하나는 혈연 원리, 두 번째는 카리스마 원리이다. 알다시피 천황이 붕어하면, 곧바로 다음 천황으로의 천조(踐祚)와 즉위 의례가 거행되는데, 이것을 상징하는 것이 즉시 이뤄지는 3종 신기의 계승이라는 절차이다. 이것을 유럽의 왕권론에서는 억세션(accession)이라 한다. 이에 대해 다소 시간을 두고 왕위(황위)가 즉시 계승되었다는 것을 내외에 선언하는 즉위식이 거행된다. 이른바 황위계승을 사회화·국제화하기 위한 의례인데, 이를 서구에서는 석세션(succession)이라 한다. 하지만 우리 나라에는 서양 각국과는 다른, 이 억세션에 해당하는 천조

---

40) ケネス・ルオフ, 『国民の天皇—戦後日本の民主主義と天皇制—』, 共同通信社, 2003, 74-83쪽 참조.

(踐祚)와 석세션에 해당하는 즉위식 이외에 제3의 중요한 의례로서 '다이죠사이(大嘗祭)'가 덴무(天武)·지토(持統) 천황 때부터 반드시 필요한 '마쓰리(祭)'로 실시되어왔다. 이것은 앞의 혈연 원리와는 별개로 '천황령(天皇靈)'이라는 영위(靈威, Charisma)의 계승이라는 사고방식에 기초하여 성립됐다고 생각된다. '혈연 원리'에 대한 '카리스마 원리'라 말할 수 있을 것이다.

나는 일본열도에서 상징천황제가 영속적인 안정성을 유지할 수 있었던 것은 두 개의 원리 또는 관념이 상호 보완적으로 유효하게 기능했기 때문이 아닐까 생각한다. (중략)

나는 상징천황제의 역사를 생각할 경우, 혈연 원리와 카리스마 원리의 두 가지 요인을 전제로 해야만 한다고 앞에서 말했다. 가령 두 가지 원리에 허구적 이야기가 포함되어 있다하더라도 '상징'이라는 것을 생각할 경우에는 그것이 여전히 왕권을 지탱하는 중요한 이념적 기둥이 되기 때문이다. 특히『황실전범』개정이나 황위계승을 둘러싼 남계, 여계의 문제를 논할 때 피할 수 없다고 생각한다.[41]

야마오리는 '상징'의 연원을 '혈연 원리'와 '카리스마 원리'라는 두 가지 원리로 설명하면서, '다이죠사이' 등의 궁중제사를 통해서 계승되는 '천황령'에 기초한 '카리스마 원리'야말로 천황가에 있어서 '상징 가족'의 성격을 규정짓는 결정적인 요소라고 강조한다.

그렇다면 천황가에 있어서 '근대 가족'의 성격은 무엇일까.

궁내성과 미디어를 통해서 전해지는, 황태자비 마사코의 궁중제사 불참 보도가 오히려 적응장애 '병상'을 그대로 정체하게 만들고 있지는 않은지 생각된다. 동시에 이것이 황태자가 '근대 가족'으로의 경도를 강화

---

41) 앞의「皇太子殿下, ご退位なさいませ」, 21-22쪽.

하는 만큼, '상징 가족'으로서의 존재양식에 대한 우리들의 불안과 위화감을 증폭시키는 악순환의 고리가 커져가기 시작한 것을 아닐까.

하지만 생각해보면 선명히 떠오르는 광경이 있다. 20년 전 결혼식 때, 황태자는 황태자비 마사코에게 "내가 마사코를 평생 전력을 다해 지키겠다"고 말했다. 얼마나 솔직하고 소소한 표현인가. 여기에는 언제 어떤 일이 있어도 인간으로서의 사랑을 관철시킨다는 결의가 깃들어 있다고 생각된다. 말하자면 결혼을 하면서 황태자로서는 '인간선언'을 한 것이다. 여기에는 단순히 황위를 잇는 것이 아니라 자립한 인간으로서 황태자의 지위를 선택한다는 자세마저 엿보인다.

그 결의가 2004년, 실의에 빠진 마사코를 감싸는 형태로 "마사코의 경력과 인격을 부정하는 듯한 움직임이 있었다"는 발언으로 이어진다고 생각한다. 이것은 분명히 천황과 황후를 비롯한 많은 국민을 위협하는 발언이었지만, 황태자의 입장에서는 결혼한 이후 일관된 태도이자 입장이었다. 오로지 근대 가족을 유지하려는 생각이라 해도 좋을 것이다."[42]

야마오리가 제시하는 '근대 가족'이란, '황위를 잇는 것', 즉 '천황령의 계승'을 고려하지 않는 '자립한 인간'이 구성하는 가족을 의미한다. 이런 의미에서 황태자는 '오로지 근대 가족을 유지하려는 생각'이 강하다고 평가된다. 그런데 황태자가 황태자일 수 있는 근거는 그가 천황가에 있어서 '상징 가족'의 성격, 즉 '다이죠사이' 등과 같은 궁중제사를 포함한 카리스마 원리를 실천했을 때에만 가능하다. 따라서 '상징 가족'의 성격을 수행하지 않고 '근대 가족'의 성격만을 유지하려는 황태자에게 야마오리는 다음과 같이 '황태자 퇴위'를 제안하기에 이르는 것이다.

---

42) 위의 논문, 26-27쪽.

솔직히 말씀드리겠습니다. 황태자와 황태자비 마사코는 아이코(愛子)와 함께 이른바 제2의 인생을 선택해도 좋은 시기가 되지 않았을까요? 황태자가 '퇴위 선언'을 하는 것입니다. 상징 가족으로서의 중압감에서 해방되어 새로운 근대 가족으로의 길을 선택하는 '제2의 인생 선언'이라 해도 좋습니다. 그 인생의 길은 필시 예술과 문화의 넓고 넓은 숲을 향해 있을 겁니다. 패전 직후 쇼와 천황에 의한 '인간 선언', 헤이세이 시대에 들어서 자신의 장례식을 언급한 현 천황의 제2의 '인간선언',[43] 그리고 만약 황태자가 퇴위를 표명한다면 이것은 제3의 '인간선언'으로 국민들 마음에 전해져 뜨거운 공감을 불러일으키지는 않을까요?

이상과 같은 야마오리의 황태자 퇴위론은 앞에서 검토한 니시오의 주장과 용어의 차이는 있을 뿐 크게 다르지 않다. 이런 의미에서 황태자 퇴위론은 근대의 능력주의 또는 개인 중심의 가족주의에 비판적인 반면, 공통적으로 혈통 또는 '천황령'에 기초한 '만세일계'의 전통을 지키는 것에 중점을 두는 관점이라 할 수 있다. 이는 현대 일본의 보수진영이 공유하고 있는 천황관(天皇觀)이기도 하다. 그렇다면 왜 진보진영이 아니라, 그것도 여계 미야케 창설 반대라는 노선을 공유했던 보수진영에서 니시오나 야마오리와 같은 보수주의자의 황태자 퇴위론에 반대를 하는 의견이 나오는 것일까.

---

43) 2012년 4월, 현 천황은 황후와 함께 메이지 시대 이래의 토장(土葬)이 아니라 화장(火葬)으로 할 것을 공식 발표했다. 이는 반드시 천황릉을 설치하는 황실의 전통과 반하는 의사이므로 보수진영에서는 '제2의 인간선언'이라는 비판이 제기되었다.

3.2. 황태자 퇴위 반대론

야마오리의 「황태자 전하 퇴위하십시오」가 출판된 후, 『신초45』 2013년 4월호에는 메이지 천황의 현손에 해당하는 젊은 보수 논객 다케다 쓰네야스(竹田恒泰)의 반론이 게재되었다. 참고로 다케다는 사쿠라이 요시코, 모모치 아키라와 함께 여성 미야케 창설에 반대론을 일본회의에서 출판했다(각주 10 참조).

다케다는 우선, 현행 『황실전범』에서는 황태자가 황위계승을 사퇴하는 것도 황위계승 순위 제1위의 지위를 다른 황족에게 양보하는 것도 황족 신분을 벗어나는 것도 불가능함을 확인한 후, 그럼에도 불가능한 것을 '진언'하는 것은 "위업행위를 권하는 것과 동일하다"고 비판한다.[44]

이어서 야마오리가 사례로 들었던 영국의 윈저 공과 같은 사례는 일본에 없다며 다음과 같이 천황과 황실이 '공(公)'적 존재임을 강조한다.

> 적어도 우리 나라에서 천황과 황족이 스스로 몸을 던져 민(民)을 지키려 했던 몇몇 사례는 있어도 개인의 행복을 위해 국가와 민(民)을 희생한 사례는 없다. 만약 현대에 들어서 황태자 전하에게 '공(公)'보다 '사(私)'를 선택하라고 제언하는 자가 있다면, 그 자야말로 황실을 이질(異質)적인 존재로 변화시키려는 것이라고 생각한다.
> 예부터 일본에서는 '천황에게 사(私)는 없다'고 일컬어져 왔다. 같은 논리로 황족에게도 '사(私)'는 없다. 지금도 천황과 황족은 특히 인권이 제한되고 있어서 무릇 민간인이 누리는 기본적 인권은 없는 것과 동일하다. 하지만 그럼에도 폐하와 황족은 국가의 일부로서, 공(公)을 위해 최

---

44) 「「山折論文」に反論する 皇太子殿下の祈りは本物である」, 『新潮45』 4월호, 新潮社, 2013, 23쪽.

선을 다하는 나날을 솔선하여 맡아오고 있다. 천황과 황족은 무언가의 권리에 기초하여 '되는 것'이 아니라 황실가에 태어난 자의 숙명으로 묵묵히 '받아들이는 것'이다. (중략)

만약 황태자 전하를 진심으로 생각한다면, 자신의 행복을 추구하길 권하지 말고 장차 훌륭한 천황이 되길 바라야 하지 않을까.[45]

따라서 당연히 야마오리가 주장하는 황실에 있어서 '상징 가족'과 '근대 가족'이라는 이원성을 부정하고 다음과 같이 일원성을 주장한다.

『고지키(古事記)』에는 닌토쿠(仁德) 천황이 황후의 질투로 힘들어했지만, 황후와 화해하여 관계를 회복했다는 내용이 있다. "가정을 다스리지 못하는 자는 나라를 다스릴 수 없다"고 일컬어지듯이, 『고지키』에는 닌토쿠 천황이 나라의 통치자로서만이 아니라 집안도 다스리는 통치자로 그려지고 있는 것이다. 그리고 역대 천황은 닌토쿠 천황을 '성제(聖帝)'로 칭송하며 모범으로 삼아왔다. 가정을 다스리는 것도 민(民)을 위해 존재하는 천황의 역할 중 하나라고 생각하는 것은 역사의 필연이다. 나는 황태자 전하가 지금까지 해 온 발언과 행동을 종합적으로 보건데 "근대 가족 쪽으로 치우쳐지고 있다"고는 생각하지 않는다.[46]

하지만 '천황과 황족은 되는 것이 아니라 태어난 것'이기 때문에 사(私)적인 존재가 될 수 없다거나, '가정을 다스리는 것도 민을 위해 존재하는 천황의 역할 중 하나'라는 등의 다케다의 논리는 "나는 황태자 전하가 지금까지 해 온 발언과 행동을 종합적으로 보건데 '근대 가족 쪽으로 치우쳐지고 있다'고는 생각하지 않는다"에서 알 수 있듯이 비약이 너무

---

45) 위의 논문, 24-25쪽.
46) 위의 논문, 26쪽.

심하다. 이런 의미에서 다케다는 '황실가에 태어난 자의 숙명'을 중시하는, 야마오리와 동일한 '만세일계'의 논리로 야마오리를 비판하고는 있지만, 오히려 야마오리의 '만세일계' 논리(혈연 논리와 카리스마 원리)에는 못 미치는, 그 결과 다소 설득력이 떨어지는 비판이라 할 수 있다.

이에 비해 시기의 차이를 두고 제출된 야기 히데쓰구의 비판은 그 자신이 아베 정부의 이데올로그인 만큼 상대적으로 정교하다.

우선 야기는 다음과 같이 야마오리의 '상징' 천황제론을 비판하고 있다.

> 나를 포함한 '보수를 자인하는 사람들'과 헌법개정을 주장하는 사람들 중에서 야마오리 씨가 말하는 '상징천황제'를 부정하는 자는 없다. 정치 권력을 잡은 사람들은 그 시대별로 바뀌지만 그것에 권력으로서의 정통성을 부여하는 권위는 천황·황실이 담당하고 있었다는 일본의 통치 시스템은 지극히 완성도가 높다. 이것은 야마오리 씨가 말하는 바와 같이 전후의 시스템이라기보다는 고대까지는 몰라도 매우 오래된 통치 시스템이다. 헤이안 시대, 에도 시대만이 아니라 야마오리 씨가 비판적으로 보고 있는 대일본제국헌법 아래에서도 동일하다.
> 권력 부분은 다투지만, 그것의 정당성을 부여하는 권위에 대해 어느 누구도 다투지 않고 천황·황실이 담당하는, 이 통치 시스템이 일본 사회를 안정시켜 왔다고 나는 생각한다. (중략)
> 그리고 그 권위의 부분에 대해서는 누구도 대체할 수 없는 100%의 혈통 원리를 관철시켜 왔기 때문이다.[47]

---

47) 「天皇は国家元首ではないのか 皇太子『退位』論者山折哲雄氏に反論する」, 『正論』 7월호, 産業経済新聞社, 2014, 322-323쪽.

야마오리가 권위와 권력의 분리라는 통치 시스템의 역할을 헤이안 시대나 에도 시대와 같은 평화의 시대만을 사례로 들어서 평가한 것에 비해, 야기는 천황의 친정이 실시된 '고대'를 제외한 전 시대에서 그 통치 시스템의 역할을 평가하고 있다. 때문에 야기의 경우는 야마오리와 달리 메이지의 '대일본제국헌법'과 '황실전범'도 "황위의 계승원리를 창설한 것이 아니라 그때까지의 황위계승의 역사를 확인하고 명문화한 것에 불과하다"[48]고 평가한다. 그리고 이를 규정짓는 것은 '누구도 대체할 수 없는 100%의 혈통원리', 즉 '만세일계'의 논리이다. 그런데 기묘하게도 이 논리는 앞에서 야마오리가 '상징' 천황제의 역사적 원형 중 하나로 제시한 '혈연 원리'와 동일한 논리이다. 단, 야마오리는 '혈연 원리'만이 아니라 '천황령'이라는 '카리스마 원리'도 제시했음을 상기해 둘 필요가 있다. 왜냐하면 단순히 '혈연 원리'만으로는 타국의 왕실가와 다른 천황가만의 특징, 즉 '만세일계'의 의미를 설명할 수 없기 때문이다.

이에 대해 야기는 100% 남계 계승이라는 황위계승의 원리를 전제로 하면서, 남계 혈통 100%인 자만이 '천황령'을 받들어 천황이 되는 것이지 그 반대는 아니라고 강조한다.[49] 즉 야마오리의 경우는 '천황령'을 계승하는 행위='마쓰리'를 중시했다면, 야기의 경우는 '천황령'을 계승할 수 있는 주체='남계 혈통 100%'를 중시하고 있다. 때문에 야마오리와 달리 야기의 경우는 일단 '천황령' 계승의 '주체'로 인정받은 황태자의 '퇴위'는 반대하는 한편, '천황령' 계승의 '주체'를 보다 안정적으로 확보하기

---

48) 위의 논문, 320-321쪽.
49) 위의 논문, 323쪽.

위한 방법, 즉 옛 황족 중 남계남자손에 의한 새로운 미야케 창설을 강하게 주장하고 있는 것이다. 이런 의미에서 야기는 '만세일계'라는 혈통의 논리로 야마오리의 '상징' 천황제론을 비판하고는 있지만, 오히려 야마오리의 '만세일계' 논리(혈연 논리와 카리스마 원리)보다 교조적으로 해석된 '만세일계'의 논리를 지니고 있다고 볼 수 있다.

한편 야마오리에 대한 야기의 비판은 '상징'이 지니는 전후 일본의 의미를 향하고 있다고도 판단된다. 야기는 다음과 같이 야마오리가 별도로 발표한 논문50)에 대해 비판하고 있다.

> 야마오리 씨의 논문에 대한 위화감은 다음과 같은 부분이다.
> "걱정스러운 것은 아베 신조 수상의 지론인 헌법개정에 천황을 '원수(元首)'로 한다는 논점이 포함되어 있다는 점이다. (중략) 상징천황제의 뛰어난 점은 종교적 권위와 정치적 권력의 분립과 조화에 있다. 원수제(元首制)라는 사고방식은 그 양자를 천황에게 일원화하려는 위험이 있다고 생각한다." (중략)
> 야마오리 씨는 '원수'의 의미를 알고 발언한 것일까.
> 국가 원수란 일찍이 행정권의 주체라는 정도의 의미였다. 하지만 오늘날에는 그 나라의 대외적 대표를 말한다. 이러한 취지에서 보면, 현행 일본국헌법에서도 천황은 우리나라의 원수이다. 제7조에는 천황의 '국사행위(國事行爲)'가 열거되어 있으며, 그 중에는 '조약의 공포'(1호), '전권위임장 및 대사(大使) 및 공사(公使)의 신임장 인증'(5호), '비준서 및 법률이 정하는 기타 외교문서 인정'(8호), '외국 대사(大使) 및 공사(公使) 접수'(9호)가 제시되고 있다. 정부도 천황을 사실상 원수로 대우하

---

50) 山折哲雄, 『持続可能な皇室-千年の叡智に学べ-』, 『文藝春秋』, 2014. 4. 단, 본고에서 인용은 야기의 논문에서 재인용함.

고, 여러 외국도 그렇게 대응하고 있다. 자민당의 헌법개정초안은 그러한 현상을 확인하는 것이지, '종교적 권위'와 '정치적 권력'을 천황에게 일원화하려는 목적이 전혀 아니다. 타국의 헌법에서 일반적으로 있는 국가원수의 규정을 설정하는 것만으로, 실태는 하나도 변하지 않는다.[51]

실제로 2012년 12월 중의원 선거에 승리하고 제2차 내각을 수립한 아베는 다음 해 4월 27일 그동안 준비해 온 『일본국헌법개정초안』을 공식화했는데, 이때 제1장 제1조에서 천황은 "일본국의 원수이며 일본국 및 일본 국민 통합의 상징"으로 개정되어 있다(〈표 4〉 참조).

현행 일본국헌법	일본국헌법개정초안
(전문) 일본 국민은 정당한 선거로 구성된 국회의 대표자를 통해 행동하고, 우리와 우리의 자손을 위해 모든 국민과의 협력과 화합(協和, 협화)에 의한 성과와 우리나라 전체에 걸쳐 자유가 가져오는 혜택을 확보하며, 정부의 행위에 의해 두 번 다시 전쟁의 참화가 초래되는 일이 없도록 할 것을 결의하고, 이에 주권이 국민에게 있음을 선언하며 이 헌법을 확정한다. 본래 국정은 국민의 엄숙한 신탁에 의한 것으로, 그 권위는 국민으로부터 유래하고, 그 권력은 국민의 대표자가 행사하며, 그 복리는 국민이 향유한다. 이는 인류 보편의 원리이며, 이 헌법은 이러한 원리에 기초한 것이다. 우리는 이에 반하는 일체의 헌법·법령 및 詔勅을 배제한다. 일본 국민은 항구적인 평화를 염원하고, 인간 상호관계를 지배하는 숭고한 이상을 깊이 자각하며, 평화를 사랑하는 모든 국민의	(전문) 일본국은 긴 역사와 고유문화를 지니고, 국민통합의 상징인 천황을 받드는 국가이며, 국민주권 아래에 입법, 행정 및 사법의 삼권분립에 기초하여 통치된다. 우리나라는 이전의 대전(大戰)에 의한 황폐와 수많은 대재해를 극복하고 발전하여 이제 국제사회에서 중요한 지위를 점하고 있으며, 평화주의 아래에서 여러 외국과 우호관계를 증진하고, 세계 평화와 번영에 공헌한다. 일본 국민은 자긍심과 기개를 가지고 나라와 향토를 스스로 지키고, 기본적 인권을 존중함과 동시에 화(和)를 존중하고 가족과 사회 전체가 서로 도와 국가를 형성한다. 우리들은 자유와 규율을 중시하고, 아름다운 국토와 자연환경을 지키며, 교육과 과학

51) 앞의 「天皇は国家元首ではないのか皇太子『退位』論者山折哲雄氏に反論する」, 322쪽.

현행 일본국헌법	일본국헌법개정초안
공정함과 신의를 신뢰하며, 우리의 안전과 생존을 유지(保持)할 것을 결의했다. 우리는 평화를 유지하고, 전제(專制)와 예종(隷從), 압박과 편협함을 지상으로부터 영원히 없애기 위해 노력하고 있는 국제사회에서 명예로운 지위를 갖고자 한다. 우리는 전세계의 국민이 다같이 공포와 결핍으로부터 벗어나, 평화 속에서 생존할 권리를 가진다는 것을 확인한다. 우리는 어떠한 국가도 자국에만 전념하여 타국을 무시해서는 안되며, 정치도덕의 법칙은 보편적인 것으로서, 이 법칙에 따르는 것은 자국의 주권을 유지하며, 타국과 대등한 관계에 서고자 하는 각국의 책무라고 믿는다. 일본 국민은 국가의 명예를 걸고, 전력을 다하여 이 숭고한 이상과 목적을 달성할 것을 맹세한다.	기술을 진흥하고, 활력 있는 경제활동을 통해서 국가를 성장시킨다. 일본 국민은 좋은 전통과 우리들의 국가를 오랫동안 자손에게 계승하기 위해 여기에 이 헌법을 제정한다.
제1장 천황 제1조 천황은 일본국의 상징이며 일본 국민 통합의 상징으로서 그 지위는 주권을 가진 일본 국민의 총의에 기초한다.	(천황) 제1장 제1조 천황은 일본국의 원수이며 일본국 및 일본 국민통합의 상징으로서 그 지위는 주권을 가진 일본 국민의 통의에 기초한다.
제2조 황위는 세습되며, 국회가 의결한 황실전범이 정하는 바에 따라 승계한다.	(황위의 계승) 제2조 황위는 세습되며, 국회가 의결한 황실전범이 정하는 바에 따라 승계한다.
제3조 천황의 국사에 관한 모든 행위는 내각의 조언과 승인을 필요로 하며, 내각이 그 책임을 진다. [신설] [신설]	(국기 및 국가) 제3조 국기는 일장기(日章旗)로 하고, 국가는 기미가요(君が代)로 한다. 2 일본 국민은 국기 및 국가를 존중해야 한다. (원호) 제4조 원호는 법률이 정하는 바에 따라 황위 계승이 있을 때 정한다.

〈표 4〉 일본국헌법개정초안 대조표

이에 대해 야기는 2002년 월드컵 개회식 당시 내각총리대신과 황족으로서 출석한 다카마도노미야(高円宮)의 석차가 문제시되었던 것을 예를 들면서 천황에게 '원수'라는 용어를 추가하는 취지를 "천황이 국가원수라면 황족은 그에 준하는 입장이기에 내각총리대신보다 석차는 위가 된다. 이러한 것을 포함한 사안들을 깔끔히 정리하는 것"[52]이라고 설명하고 있다. 이런 의미에서 야마오리의 황태자 퇴위론에 대한 야기의 비판은 전후 일본의 국가체제를 규정하는 '상징' 천황제에 변화를 시도하는 보수진영 내부의 또 다른 관점이 반영된 것이라 할 수 있다.

4. 생전 퇴위론의 등장, 그리고 보수진영의 행방은?

본고에서는 2012년 민주당 정권이 여성 미야케 창설 문제를 공식화한 후, 이 문제를 둘러싸고 보수진영 내부에 어떠한 변화가 발생했는지 검토해 보았다. 그 결과는 다음과 같다.

첫째, 민주당이 주도했던 여성 미야케 창설 논의는 2012년 12월 중의원 선거에서 아베가 승리하면서 전면 백지화 되었다. 아베는 중의원 선거에서 여성 미야케 창설 문제를 전면 비판하며 '옛 미야케 부활'을 지지층 결집 카드 중 하나로 제시하기도 했다. 이것은 일본 사회에서 '황통이 곧 남계이고, 이것이 남성에게 계승되는 것이 만세일계'라는 반대론

---

52) 위와 동일.

자의 논리가 여전히 유효하게 작동하고 있음을 보여준다.

둘째, 여성 미야케 창설 논의가 백지화된 이후 황태자비 마사코가 10년간 '적응장애'라는 병을 앓고 있다는 보도가 나오자, 보수진영 내부에서는 황태자의 '퇴위'를 직접 언급하는 주장이 등장했다. 이는 보수진영이 전후 일본의 국가체제를 '상징'이라는 개념 안에서 유지하려는 입장과, 이를 부정하고 '만세일계'의 교조적 해석을 토대로 천황을 일본국의 '원수'로 재규정함으로써 전후 국가체제에 변화를 시도하려는 입장으로 분화되기 시작했음을 보여주는 사례라고 할 수 있다.

이런 가운데 2016년 8월 8일, 현 천황이 생전 퇴위 의향을 밝히는 대국민 메시지가 발표되었다. 생전 퇴위의 이유는 천황과 황후가 고령이어서 국사행위를 수행하기 버겁다는 것이다.

이에 대해 일본 정부는 8월 20일, 현 천황의 생전 퇴위를 허용하기 위한 특별법을 2017년 상반기 중 의회에 제출할 계획이라고 발표했다. 일본 정부로서는 『황실전범』 개정 논의가 본격화될 경우 여성 천황 인정 여부, 즉 현재 아버지로부터 혈통을 이어받은 남자로만 한정하고 있는 황위 계승 자격에 여성도 포함시키는 문제 등으로 논의가 확대될 것을 우려해 일단 현 천황만 생전퇴위를 할 수 있도록 하는 특별법을 만드는 쪽으로 발 빠르게 가닥을 잡은 것이다. 하지만 일본 정부가 의회에 특별법을 제출하는 2017년 상반기 즈음에는, 특별법의 구체적인 내용이 그동안 황실과 관련하여 언급되던 사안들과 함께 논의될 가능성이 있으며, 이 과정에서 '만세일계'의 해석과 적용 범위를 둘러싼 보수진영의 분화도 가속화될 것이다.

야스쿠니문제와 일본의 보수정치
수상의 야스쿠니신사 '참배' 문제를 중심으로*

박진우

1. 야스쿠니문제의 전개와 쟁점

1952년 주권을 회복한 이후부터 일본의 보수 정치는 전전(戰前) 회귀적인 움직임과 함께 과거의 전쟁에 대한 정당화를 지속적으로 시도해왔다. 불경죄 부활운동, 교육칙어 부활운동, 기원절 부활운동, 원호(元號) 법제화 운동, 야스쿠니신사 국가호지운동 등이 그것이다. 이 가운데 야스쿠니신사 문제는 일본의 보수 정치가 어떤 역사 인식과 정치적 논리를 바탕으로 전몰자 추도 문제를 다루어 왔는가를 보여주는 가장 전형적인 사례라고 할 수 있다. 야스쿠니신사를 둘러싼 문제는 오늘날까지도 논의가 계속되고 있으며 그만큼 야스쿠니신사에 관한 문제영역은 광범위하고 이에 관한 자료도 또한 방대한 분야에 걸쳐 남아있다.

---

* 이 글은 『한일민족문제연구』 제 30호(2016. 6)에 실린 논문을 일부 수정한 것임을 밝힌다.

2007년 국립국회도서관에서 편찬한 방대한 분량의 자료집은 야스쿠니문제에 접근하기 위한 가장 기초적인 1차 자료라고 할 수가 있다. 이 자료집에서는 東京招魂社 창건 이래 2006년까지의 138년에 걸친 야스쿠니신사의 역사를 아래와 같이 제1기부터 제5기까지 나누어 시기구분 하고 있다.[1]

제1기 1853년 페리 내항부터 1945년 패전까지 야스쿠니신사의 국가종교화 시기.

제2기 1945년 패전부터 1952년 4월 주권을 회복하기까지의 점령기로 야스쿠니신사가 종교법인화되는 시기.

제3기 1952년 4월 28일 주권회복 이후부터 1974년까지로 야스쿠니신사 국가호지운동이 전개되어 국민적 관심과 논쟁을 거쳐 야스쿠니신사 법안이 국회에서 폐안이 되기까지의 시기.[2]

제4기 1975년부터 2000년까지로 수상의 야스쿠니신사 '공식참배'를 둘러싸고 갖가지 논쟁과 소송이 전개된 시기.

제5기 2001년 이후부터 2006년까지로 고이즈미 준이치로(小泉純一郎)수상이 매년 참배하면서 야스쿠니신사 문제가 국내적으로 재차 논쟁의 중심이 됨과 동시에 중국·한국의 강한 반발과 미국과의 현안문제로

---

1) 国立国会図書館調査及び立法考査局, 『新編靖国神社問題資料集』, 2007, 3-5쪽.
2) 이 시기는 '야스쿠니문제'라는 문제영역이 성립된 시기로 야스쿠니신사법안의 찬반을 둘러싼 방대한 자료가 남아있다. 이 가운데 国立国会図書館調査及び立法考査局, 『靖国問題資料集』, 1976은 1975년까지의 야스쿠니신사법안의 국회심의, 관련법규, 정당, 종교계 등 각계의 의견, 관련재판기록 등을 수록하고 있어 야스쿠니신사 국가호지법안이 폐안되기까지의 과정을 파악하는데 빠트릴 수 없는 중요한 1차 자료이다.

국제적 측면이 한층 명료해진 시기.

이 가운데 오늘날 쟁점이 되고 있는 야스쿠니문제의 출발점은 수상의 참배가 공적인지 사적인지를 둘러싸고 갖가지 논란이 전개되기 시작한 제4기부터라고 할 수 있다. 즉 1974년 야스쿠니신사 국가호지 법안이 폐안된 후 일본의 보수 우파는 그 대안으로 수상의 야스쿠니신사 참배를 공식화하자는 노선으로 방향을 전환했으며 그러한 움직임의 연장선상에서 1985년 나카소네 야스히로(中曽根康弘) 수상이 '공식참배'하면서 국내외의 반발에 부닥쳐 커다란 파문을 불러오기 시작한 것이다. 그럼에도 불구하고 일본의 보수 정치가 야스쿠니신사 참배를 포기하지 않는 이유는 어디에 있는지를 이해하기 위해서는 수상의 공식참배로 야기된 문제가 무엇이며 그것이 일본의 보수정치에서 어떤 의미를 가지는 것인지를 구체적으로 검토할 필요가 있을 것이다.[3]

따라서 본 연구에서는 1974년 야스쿠니신사법안이 폐안된 이후 수상의 '공식참배' 문제가 공론화되는 제4기와 제5기를 중심으로 이 문제를 검토하고자 한다. 구체적으로는 첫째로 나카소네 내각기를 중심으로 '정교분리' 문제에서 '공식참배' 문제로 이행하는 과정을 검토하고, 둘째

---

3) 일본에서의 야스쿠니신사 문제에 관한 연구는 정치, 사회, 문화, 역사 등의 광범위한 분야에 걸쳐 방대한 양에 달하고 있지만 수상의 '참배' 문제를 중심으로 다룬 연구는 日本の戦争責任資料センター에서 간행하는 『季刊戦争責任』에 실린 글 중에서 야스쿠니신사와 관련 있는 논문을 모아 한국어로 번역·편집한 『야스쿠니신사의 정치』(박환무 옮김, 동북아역사재단, 2011) 외에는 거의 찾아보기 어렵다. 따라서 본 연구에서는 주로 『新編靖国神社問題資料集』과 야스쿠니문제에 관한 보수 논단의 논조, 그리고 언론보도 등의 자료를 중심으로 검토하고자 한다.

로 나카소네의 '공식참배'로 인하여 발생하는 'A급 전범' 합사 문제를 둘러싼 보수정치 내부의 갈등을 검토한다. 셋째로 고이즈미 수상의 야스쿠니 참배를 둘러싸고 발생하는 내외의 논란, 특히 국내에서는 새로운 국립추도시설의 건립 논의와 'A급 전범' 분사 문제의 분출, 국외에서는 미국과의 현안문제로 발전하는 과정을 검토한다. 넷째로 위의 시기구분에는 포함되어 있지 않지만 2006년 12월 아베가 수상으로 취임한 이후 야스쿠니문제가 어떤 변화를 보이고 있는지를 살피고 그 추이를 검토하여 야스쿠니문제의 현주소가 어떤 상황에 있는지를 확인해 보고자 한다.

2. 야스쿠니신사 '공식참배' 문제의 공론화(1975~1985년)

2.1. '정교분리' 문제에서 '공식참배' 문제로

1974년 6월 3일 야스쿠니신사 국가호지법안이 5번째 폐안된 후 중의원내각위원장 후지오 마사유키(藤尾正行)는 1975년 2월 이른바 '표경법안'을 제창했다. 그 내용은 국가호지법안에 대한 단계적 조치로서 야스쿠니신사를 종교법인으로 두고, 국가에서 공금지출하지 않으며, 천황, 각료, 국가 기관, 외국 사절 등의 '공식참배'를 가능하게 하자는 것이었다. '표경법안'은 사안에 그치고 국회에 상정되지는 않았지만 야스쿠니신사 국가호지법안이 좌절된 이후 새로운 대안으로 '공식참배' 문제가 처음으로 대두되었다는 점은 주목할 만하다.

같은 해 8월 미키 다케오(三木武夫)가 수상으로서는 처음으로 '종전기념일'인 8월 15일에 참배하면서 수상의 야스쿠니신사 '공식참배' 여부가 정치 문제화되는 출발점이 되었다.[4] 다만 미키는 '사인(私人)'으로서의 참배를 강조하기 위해 ①공용차를 이용하지 않는다, ②다마쿠시료(玉串料)는 개인적으로 부담한다, ③수상의 직함을 기재하지 않는다, ④각료 등의 공직자를 수행하지 않는다는 4가지 원칙을 제시했다.

이후 1978년 8월 15일 후쿠다 다케오(福田赳夫) 수상은 각료를 수행하고 공용차를 사용하여 참배하면서도 '사인의 입장'을 강조했다. 이와 같이 참배 형태에 약간의 변화를 보이면서도 '사인'의 입장이라는 점을 강조한 것은 야스쿠니 법안부터 문제되어 오던 헌법 제20조 제3항에서 금지하는 '종교적 활동'에 저촉된다는 논란을 피하기 위한 것이었다. 특히 1978년 8월 후쿠다 총리가 참배했을 때 국회에서 '사적참배' 여부가 논란이 되자 10월 17일 참의원내각위원회에서 아베 신타로(安倍晋太郎) 관방장관이 처음으로 '사적참배'에 관한 정부의 통일견해를 표명했다. 요점은 총리나 각료와 같이 공적인 지위에 있는 자이더라도 신교의 자유가 보장되어 있으므로 사인의 입장에서 신사, 불각 등에 참배하는 것은 원래 자유이며, 정부의 행사로서 참배를 실시하는 것이 결정된다거나, 다마쿠시료 등의 경비를 공비로 지출하는 등의 사정이 없는 한, 그것은 사인의 입장에서의 행동으로 보아야 한다는 것이었다.[5]

---

4) 정치적 기반이 약한 미키는 일본유족회를 비롯한 구 군인 관련 단체의 지지를 획득하기 위해 8·15 참배를 했다. 하타 나가미, 「고이즈미수상의 야스쿠니신사 참배의 정치과정」, 『야스쿠니신사의 정치』, 동북아역사재단, 2011, 122쪽.
5) 앞의 책, 『新編靖国神社問題資料集』, 567쪽.

그러나 수상이나 각료가 '사인'으로서 야스쿠니신사에 참배하는 것은 '공식참배' 실현을 주장하는 측에서 보면 커다란 불만이었다. 1980년 11월에는 오쿠노 세이스케(奧野誠亮) 법상이 중의원 법무위원회에서 헌법 제20조로 '공식참배'가 금지되어 있다고 단정할 수 없지 않으냐는 의문 제기를 계기로 11월 17일 중의원 의원운영위원회 이사회에서 미야자와 기이치(宮沢喜一) 관방장관이 "국무대신으로서의 자격으로 야스쿠니신사에 참배하는 것은 헌법 제20조 제3항과의 관계에서 문제가 있다는 입장에서 일관"하고 있으며, '공식참배'에 대해서는 위헌이라는 의혹을 부정할 수 없으므로 정부로서는 사안의 성질상 신중한 입장을 취하고, 국무대신으로서의 자격으로 야스쿠니신사에 참배하는 것은 삼갈 것을 일관된 방침으로 삼아왔다는 정부통일견해를 재차 밝혔다.[6]

이와 같이 수상이나 국무대신이 '공인'의 자격으로 참배하는 것은 위헌 소지가 있다는 정부의 통일견해에도 불구하고 역대 수상이 '사인'의 자격을 앞세워 야스쿠니 참배를 계속하지 않을 수 없었던 배경에는 일본유족회 등의 압력이 있었기 때문이었다. 일본유족회는 국가호지 법안이 폐안된 후 국민여론을 환기하고 영령 현창의 결실을 거둔다는 목적으로 1976년 6월 22일 '영령에 답하는 모임'을 발족(초대 회장, 이시다 가즈토(石田和外), 1903~1979, 전 최고재판소 장관)하여 수상의 '공식참배'를 요구하는 운동을 지금까지 전개해 오고 있다.

1981년 3월 18일 국회에서 '다함께 야스쿠니신사에 참배하는 국회

---

6) 위와 같음, 570쪽.

의원의 모임'(회장 다케시타 노보루(竹下登))이 결성된 배경에도 '영령에 답하는 모임'의 움직임이 있었다. 같은 해 5월에는 자민당 정무조사회 내각부회에 '야스쿠니신사 문제에 관한 소위원회'(이하 '소위원회', 소위원장 미하라 아사오(三原朝雄))가 설치되어 8월 15일을 '전몰자 추도의 날'로 한다는 것과 공적 지위에 있는 사람 등의 야스쿠니신사 '공식참배'를 실시해야 한다는 것을 결정했다.

이에 따라 1981년 9월 25일 총리부 총무장관의 사적 간담회로서 '전몰자추도의 날에 관한 간담회'(좌장 이시카와 다다오(石川忠雄))가 개최되어 이듬해 3월 25일, '매년 8월 15일에 전몰자를 추도하고 평화를 기념하는 날로 할 것'이라는 취지의 보고서를 제출했으며 각의에서 '전몰자를 추도하고 평화를 기념하는 날'(8월 15일)이 결정되었다. 이어서 '소위원회'(소위원장은 오쿠노 세이스케(奧野誠亮)로 바뀜)에서는 1983년 7월 21일부터 헌법 판단에 관한 검토를 시작하여 11월 15일에 '공식참배'를 합헌으로 하는 견해를 제시하게 된다.[7]

이 때 '소위원회'가 '공식참배'가 가능하다는 결론을 내리는데 중요한 근거가 된 것은 1977년 7월 13일 津地鎮祭 소송에 대한 최고재판소 판결에서의 헌법 제20조 제3항 '종교적 활동'과 공금지출을 금지한 헌법 제89조에 관한 설명이었다.[8] 수상의 '공식참배' 실현을 요구하는 '영령에 답하는 모임'에서도 津地鎮祭 판결을 근거로 "수상 등의 야스쿠니신사 참배는 이를 '종교상의 행위'로 해석한다 하더라도 결코 '종교적 활동'으

---

7) 위와 같음, 1031-1032쪽.
8) 위와 같음, 1031쪽.

로 해석할 수 없음은 명료하다. 수상이 공식 참배하는 '목적'이 특별히 야스쿠니신사의 종교적 교의를 선전하거나, 야스쿠니신사의 신자를 늘리려는 따위의 취지가 아님이 명백하기 때문이다"고 하여 수상의 '공식참배'를 촉구했다.9)

이러한 움직임을 배경으로 1984년 8월 나카소네 내각에서 후지나미 다카오(藤波孝生) 관방장관의 사적 자문기관인 '각료의 야스쿠니신사 참배문제에 관한 간담회'(이하 '야스쿠니간')가 '공식참배'에 관하여 1년간의 세밀한 검토와 토의를 거쳐 다음과 같은 결론의 보고서를 제출한다.

"(津地鎭祭에 대한) 최고재판소 판결의 목적효과론에 따르면 우리나라에 복수의 종교 신앙의 기반이 있다는 점도 있고, 공식참배는 정식참배의 형태라면 문제가 있겠지만 다른 적당한 형태에서의 참배라면 위헌이라고까지는 말할 수 없다."10)

나카소네 수상은 이에 의거하여 8월 15일 '공식참배'를 단행하기 하루 전날 '내각총리대신 기타 국무대신의 야스쿠니신사 공식참배에 관하여'를 발표하여 "8월 15일은 '전몰자를 추도하고 평화를 기념하는 날'이며, 전후 40년에 해당하는 기념할만한 날이다. 이 날, 내각총리대신은 야스쿠니신사에 내각총리대신으로서의 자격으로 참배를 한다"고 밝히고 "이번에 '각료의 야스쿠니신사 참배 문제에 관한 간담회'의 보고서를

---

9) 위와 같음, 1040쪽.
10) 위와 같음, 1124-1125쪽.

참고로 신중하게 검토한 결과, 이와 같은 방식에 의한다면 '공식참배'를 해도 사회통념상 헌법이 금지하는 종교적 활동에 해당되지 않는다고 판단했다. 따라서 이번 '공식참배'의 실시는 그러한 한도 내에서 종래의 정부통일견해는 변경하는 것"[11]이라고 했다.

나카소네의 '공식참배'에 대한 여론의 반응은 대체로 호의적이었다. 1985년 10월에 아사히신문이 실시한 여론조사[12]에 의하면 수상의 '공식참배'를 '알고 있다'가 93%, '모른다'가 7%로 압도적 다수가 이 사실을 알고 있었다는 것은 그만큼 사회적으로 커다란 이슈가 되었다는 사실을 말해주고 있다. 또한 '공식참배'에 대하여 '잘했다'는 50%, '의문을 느낀다'는 23%였다. 요미우리신문의 여론조사[13]에서도 '공식참배'에 찬성이 51%, 반대가 24%로 비슷한 수치를 보였다.

그런데 이상의 과정에서 주목되는 것은 1979년 4월 19일 아사히신문의 특종 보도로 1978년 10월 야스쿠니신사에 'A급 전범'이 합사되었다는 사실이 이미 밝혀졌지만 나카소네가 '공식참배'하는 1985년까지 6년간 'A급 전범' 문제는 국내에서도 국외에서도 전혀 문제가 되지 않았다는 점이다. 1979년 4월 이후에도 오히라 마사요시(大平正芳) 수상, 스즈키 젠코(鈴木善幸) 수상이 야스쿠니신사에 참배했지만 근린국가로부터의 항의는 없었다. 나카소네가 '공식참배'할 당시에도 아사히신문은 사설을 통해서 수상이 '공식참배'를 되풀이하지 않도록 주문했을 뿐이었

---

11) 위와 같음, 574쪽.
12) 『朝日新聞』, 1985. 10. 21.
13) 『読売新聞』, 1985. 10. 7.

다.[14] 요미우리신문과 마이니치신문도 수상의 '공식참배'에 의문을 제기했지만 'A급 전범'에 대한 언급은 없었다.[15] 당시 아사히신문이 실시한 여론조사에서도 야스쿠니신사에 도조 히데키(東条英機) 등의 'A급 전범'이 합사된 사실을 '알고 있다'가 57%이며 '모른다'가 41%나 되었다.[16] 당시까지는 야스쿠니신사 법안을 둘러싼 논란 이래 '정교분리' 원칙에 저촉되는가의 여부가 최대 관심이었으며 'A급 전범' 문제는 사회적 관심을 모으지 못하고 사실상 간과되고 있었던 것이다.

이렇게 저승에 잠들어 있던 'A급 전범'을 이승으로 불러내고 정치문제, 외교문제로 비화시켜 지금까지 논란을 불러일으키는 계기가 된 것이 나카소네의 '공식참배'였다. 특히 중국의 격렬한 반발과 항의는 결국 이듬해 '공식참배'를 단념하는데 중요한 영향을 미치고 그것이 우파들의 반발을 초래하여 내셔널리즘의 충돌과 연쇄라는 악순환이 시작되었다.

중국이 수상의 '공식참배'에 반발한 가장 큰 이유는 'A급 전범' 때문이었다. 공교롭게도 나카소네가 '공식참배'한 당일은 중국이 '항일전쟁 종결' 40주년을 기념하여 '난징대학살기념관'을 개관하는 날이기도 했다. 중국 외무성 대변인은 "일본군국주의에 의해 큰 피해를 입은 중일 양국 인민을 포함한 아시아 각국 인민의 감정에 상처를 준다"고 비판했으며 만주사변의 계기가 된 유조호(柳條湖)사건 54주년 기념일에 해당하는 1985년 9월 18일에는 북경대학 학생 1000여명이 천안문 광장에서 '나

---

14) 『朝日新聞』, 1985. 8. 16.
15) 『読売新聞』, 1985. 8. 10, 『毎日新聞』, 1985. 8. 15.
16) 『朝日新聞』, 1985. 10. 21.

카소네 내각 타도', '일본군국주의 타도'를 외치며 데모 행진했다.[17]

한편 한국은 "일본군국주의는 침략적 민족주의이며 그 이념적 고행은 신도(神道)라고 할 수 있다. 야스쿠니문제도 이 민족주의의 부활의 표현으로 보아도 좋다"는 식의 비판적 견해가 있었지만 1982년 교과서문제 당시의 반일감정에 비하면 일반국민의 반응은 희박했다.[18] 1984년 전두환의 방일을 계기로 양국 관계에 우호적인 분위기가 형성되고 있었던 것도 배경에 있었다.

중국의 반발에 대하여 일본의 보수층은 민감하게 반응했다. 산케이신문은 야스쿠니신사 참배는 일본인에게 "실로 자연스러운 감정이자 행위"이며 중국의 반발을 내정간섭이라고 비판했다.[19] 또한 보수층의 대표적인 논객으로 '야스쿠니간'의 멤버로 참가했던 에토 준(江藤淳)은 "死者와 生者가 함께 살아가는 것이 일본문화의 근원"이며 천황도 야스쿠니 참배를 계속해 왔다는 것을 이유로 총리가 참배하는 것은 당연한 일이며 중국이 불평을 한다고 참배를 그만 둘 이유는 하등 없다고 주장했다.[20]

또한 일본유족회는 1986년 8월 7일, 수상이 '공식참배'를 하지 않으면 정부주최의 전국전몰자추도식을 중지하도록 주문할 방침을 결정했으며, 13일에는 일본유족회 정치연맹의 이름으로 성명을 발표하여 수상이 '공식참배'를 실행하지 않으면 연맹 소속 16만 여명의 자민당원이 탈

---

17) 上丸洋一, 「『諸君!』, 『正論』の研究1/『靖国』をどう論じてきたか」, 上, 『AIR』21, 2005. 8, 7쪽.
18) 『朝日新聞』, 1985. 8. 7.
19) 『産経新聞』, 1985. 11. 18.
20) 江藤淳, 「生者の視線と死者の視線」, 『諸君』, 1986. 4, 63쪽, 69쪽, 78쪽.

당하겠다고 통고했다. 그러나 외교적 배려를 중시한 나카소네의 발길을 야스쿠니신사로 되돌리지는 못했다. 나카소네가 1986년 참배를 포기한 후부터 2000년의 모리 요시로(森喜朗) 수상에 이르기까지 1996년 7월 29일 하시모토 류타로(橋本龍太郎) 수상이 자신의 생일에 참배한 것을 제외 하고 역대 수상은 야스쿠니신사를 참배하지 않게 된다. 결국 나카소네 는 야스쿠니신사 '공식참배' 추진파에게 최초로 '공식참배'를 실현한 수 상으로서보다, '중국에 굴복한 수상'으로 기억되어 지금까지 반감을 사고 있는 것이다.[21]

그러나 보수층이 한 덩어리가 되어 야스쿠니신사 '공식참배'를 지지하고 중국의 반발에 항의한 것은 아니었다. 특히 나카소네의 '공식참배'에 가장 먼저 반발한 것은 1978년 7월에 야스쿠니신사 6대 궁사로 취임하여 그 해 10월에 'A급 전범' 합사를 단행한 마쓰다이라 나가요시(松平永芳)였다. 마쓰다이라는 사전에 총리관저에서 수상이 참배할 때 종교색을 없애기 위해 신도식의 2례 2박수와 다마쿠시(玉串)를 생략할 것이라는 취지를 알려왔을 때, 그런 식의 참배는 "훈도시 차림으로 참배"하는 것과 마찬가지며 "신들에 대하여 예의에 어긋나기 그지없다"고 격노했다. 8월 14일 관방장관이 야스쿠니신사에 방문했을 때에도 "나는 총리 응접에 나가지 않는다. 흙 묻은 신발을 신은 채 남의 집에 들어오는 식의 참배는 신에 대한 예의가 아니기에 입이 찢어져도 인사할 수 없다"는 말을 나카소네 수상에게 전해달라고 했다. 그는 궁사에서 물러난 후의

---

21) 上丸洋一, 「『諸君!』, 『正論』の研究1/『靖国』をどう論じてきたか」, 上, 17쪽.

강연에서도 "천황도 배전에서는 '오하라이'를 받은 후 경호 없이 시종장만 데리고 參進한다. 그런데 사자의 성전에 무례하기 짝이 없는 짓을 하다니. 7년이 지난 지금 생각해도 분이 삭지 않는다"고 하여 나카소네 수상이 경호원 4명을 데리고 참배한 것에 대해서도 격하게 비판했다.[22]

또 하나 주목되는 것은 외부의 시선을 의식한 '공식참배' 비판이다. 독일문학 전공자로 보수파의 대표적 논객이며 도쿄대학 명예교수인 니시 요시유키(西義之)는 나카소네의 공식참배 당시 독일에 체재하다가 독일에서의 대대적인 뉴스 보도를 접하고 산케이신문 '정론' 란에 '세계에 통용하지 않는 야스쿠니 공식 참배'라는 논고를 게재했다.[23] 그는 남독일신문의 "우리나라에 제2차 대전의 전사자로, 전범으로 처형된 사람들의 혼을 모시는 장소가 설령 있다고 하더라도, 거기에 콜 수상이나 본 정부의 정치가들이 정중하게 머리를 숙이는 일이 있다는 것은 … 우리나라에서 도저히 상상할 수 없는 일이 일본에서는 생각할 수 있는 일인 것이다"고 하는 기사를 소개하면서 일본의 정부 고관이 '전범'의 靈에 경의를 표하는 것은 외국에서 '전범'을 재평가하고 명예 회복한 것이 아닌가하는 의문을 살 가능성이 있으며, 死者의 靈을 위로하기 위해 참배한다는 일본의 변명은 외국인에게는 이해하기 어렵다고 지적했다.

위의 두 가지 사례는 '공식참배'에 대한 비판이라는 점에서 공통점을 가지지만 그 내실은 전혀 다른 의미를 가진다. 전자의 경우에는 'A급

---

22) 松平永芳, 「だれが英霊を汚したのか『靖国』奉仕14年の無念」, 『諸君』, 1992. 12, 169-170쪽.
23) 『産経新聞』, 1985. 11. 28.

전범'을 합사한 당사자가 종교색을 없앤 '공식참배'는 의미가 없다는 점에서 비판한 것이며, 후자의 경우에는 'A급 전범'이 합사되어 있는 곳에 수상이 '공식참배'하는 것은 외부에서 볼 때 '전범'의 명예회복으로 비치기 때문에 전몰자의 위령에 대해서 좀 더 신중하게 검토할 필요가 있다는 의견이었다. 이처럼 두 가지는 'A급 전범'에 대한 상반된 내실을 가지고 있으며 그만큼 'A급 전범' 합사에 대한 보수파 내부의 인식은 단순하게 침략전쟁의 정당화나 군국주의 미화로만 치부할 수 없는 복잡성을 내포하고 있다는 것을 말해주고 있다. 다음에는 'A급 전범' 합사의 경위와 이를 둘러싼 논의에 관하여 좀 더 구체적으로 살펴보기로 하자.

2.2. 'A급 전범' 합사를 둘러싼 논의

1979년 4월 19일 아사히신문은 사회면 톱으로 '야스쿠니신사에 A급 전범 합사'라는 제목의 기사를 도조 히데키 등 14명의 A급 전범의 사진과 함께 특종 보도했다. 기사에서는 합사가 1978년 10월 가을 예대제 전날에 유족과 관계자에게는 알리지 않고 이루어졌다고 하면서 "관계자에게 불필요한 자극을 주고 싶지 않았지만 무리하게 숨길 생각도 없었다. 어디까지나 모셔야 할 시기가 되었다고 생각한다"[24]는 후지다 마사루(藤田勝) 權宮司의 말을 실었다.

당시 아사히신문은 'A급 전범' 합사도 종교 활동의 하나로 보면 '신앙의 자유'에 속하는 것이므로 외부로부터의 비판은 어렵다는 판단으로

---

24) 『朝日新聞』, 1979. 4. 19.

사설에서는 이 문제를 다루지 않았다.[25] 당시로서는 아사히신문도 'A급 전범' 합사가 근린국가를 포함하여 이렇게 큰 파문을 불러일으키는 문제가 되리라고는 예상하지 못하고 있었던 것이다.

1997년부터 2004년까지 야스쿠니신사 궁사를 역임한 유자와 다다시(湯澤貞)의 증언에 의하면 후생성 내의 구 군인 출신들에 의해 'A급 전범'의 祭神名票가 야스쿠니에 송부된 것은 1966년이었다. 야스쿠니신사에서는 이미 'BC급 전범'의 합사가 1953년부터 진행되고 있는 상태에서 1970년에 総代会에서 'A급 전범'을 합사한다는 방침을 결정했다. 그러나 'BC급 전범'의 합사가 1973년에 완료된 이후에도 'A급 전범' 합사가 1978년까지 이루어지지 않았던 배경에는 몇 가지 이유가 있었다. 그 가운데 하나는 1969년부터 1974년에 걸쳐 국회에서 야스쿠니신사 국가호지법안 문제를 둘러싸고 국론이 분열되어 있는 상황에서 'A급 전범'을 합사하면 "법안에 반대하는 세력에 구실을 주어 버린다"는 우려 때문이었다.[26]

또 한 가지 이유는 1946년부터 30년 이상 야스쿠니신사의 궁사로 재직하던 쓰쿠바 후지마로(筑波藤麿)[27]가 総代会의 합사 결정에도 불구하고 사안의 중요성을 인식하고 신중하게 판단하여 합사를 미루어왔기 때문이다. 결국 쓰쿠바가 1978년 재직 중에 사망하고 6대 궁사로 취임한 마쓰다이라가 취임 직후 전격적으로 'A급 전범' 합사를 완료한 것이다. 마쓰다이라는 앞서 보았듯이 나카소네가 신도식 의례를 생략하고

25) 上丸洋一, 「『諸君!』, 『正論』の研究1/『靖国』をどう論じてきたか」, 上, 14쪽.
26) 「緊急インタビュー『靖国の言い分, 英霊たちの声』」, 『正論』, 2000. 8, 49쪽.
27) 쓰쿠바는 山階宮 계통의 구 황족.

'공식참배'한 것에 대하여 격렬하게 비난했던 인물이다. 마쓰다이라는 해군 소령 출신으로 패전 후 육상자위대와 방위연수소전사실 근무를 거쳐 퇴임 후에는 후쿠이시립 향토역사박물관장을 지내다가 1978년 7월 야스쿠니신사 궁사로 취임했으며 신사 제사의 경험이 없어 스스로 '무면허 궁사'라고 자칭한 인물이었다.[28]

　　이러한 마쓰다이라가 궁사로 취임하게 된 배후를 보면 'A급 전범' 합사를 추진하는 세력들이 의도적으로 공작한 정황이 엿보인다. 마쓰다이라에게 궁사를 맡도록 설득한 것은 전 최고재판소 장관 이시다 가즈토(石田和外)인데 이 인물은 마쓰다이라와 같은 후쿠이 출신으로 히라이즈미 기요시(平泉澄)의 황국사관에 공명하는 사이였으며 당시 메이지신궁 총대표이자 '영령에 답하는 모임'의 초대회장이었다. '영령에 답하는 모임'은 육군관계 친목단체인 가이코샤(偕行社), 해군관계 친목단체인 스이코샤(水交社), 전국전우연합회, 일본상이군인회, 군인은급연맹전국연합회 등의 조직을 핵심으로 하여 야스쿠니신사법안이 좌절된 직후 회원 120만으로 발족하여 수상의 '공식참배'를 요구하는 운동을 전개한 단체이다. 이 단체에서 'A급 전범'을 옹호하는 세력이 대두하여 마쓰다이라는 야스쿠니로 보낸 것이다.[29]

　　이러한 지지 세력을 배경으로 마쓰다이라는 취임 후 불과 3개월 만에 'A급 전범' 합사를 완료하고 '영령에 답하는 모임'의 사무소까지 유취관 안에 설치했다. 여기서 더욱 주목되는 것은 그의 역사인식이다. 그는

---

28) 松平永芳, 「だれが英霊を汚したのか『靖国』奉仕14年の無念」, 163쪽.
29) 우에스기 사토시, 「추도의 정치학」(앞의 책, 『야스쿠니신사의 정치』), 90-91쪽.

평소부터 도쿄재판을 부정하지 않는 한 일본의 정신부흥은 불가능하다는 지론을 가지고 있었다. 1992년 그의 강연록을 보면 이러한 역사인식과 'A급 전범' 합사를 단행한 경위가 잘 드러나고 있다.

"나는 취임 전부터 모두 '일본이 나쁘다'고 하는 도쿄재판사관을 부정하지 않는 한, 일본의 정신부흥은 불가능하다고 생각하고 있었습니다. 그래서 취임하자마자 総代会 의사록을 살펴보니 그 수년 전에 숭경자 대표가 '최종적으로 A급은 어떻게 하나'라는 질문이 있었는데, 합사는 기정사실이며 다만 그 시기가 궁사의 결정에 달려있다고 되어 있었습니다. 내가 취임한 것은 1978년 7월로 10월에는 일 년에 한번 합사제가 있다. 합사할 때는 옛날에는 (천황에게) 상주하여 재가를 얻었던 것인데, 지금도 관습에 따라 上奏簿를 御所로 가져간다. 그러한 서류를 만드는 관계가 있기 때문에 9월 조금 전에 '아직 시간이 있는가'하고 담당자에게 물으니 아직 괜찮다고 한다. 그렇다면 하고 천수백 주를 모신 가운데 큰마음 먹고 14주를 넣었던 것입니다."[30]

여기서 마쓰다이라가 "上奏簿를 御所로 가져간다"고 한 것은 제신명표를 천황에게 보고한다는 말인데, 당시 천황의 시종장이었던 도쿠가와 요시히로(德川義寬)가 1995년 아사히신문에 다음과 같은 증언을 남기고 있다.[31]

"야스쿠니신사 합사자 명부는 매년 10월에 신사 측이 천황에게 올리게 되어 있지만 1978년에는 뒤늦게 11월에 올라왔다. A급전범의 14명을 합

---

30) 松平永芳, 「だれが英霊を汚したのか『靖国』奉仕14年の無念」, 166-167쪽.
31) 『朝日新聞』, 1995. 8. 1(「德川侍従長の証言8」).

사한다고 했다. 나는 외부에서 문제가 되지 않을까 했지만 신사 측에서
는 '유족에게만 알렸다'고 말해왔다. 뭔가 꺼림칙한 일이 있었는지. 이듬
해 4월에 신문에 크게 실려 떠들썩했다."

上奏簿가 평소보다 한 달 늦게 올라온 것은 아마도 'A급 전범' 합사
를 검토하는데 시간이 걸렸기 때문일 것이다. 도쿠가와는 또한 마쓰다
이라 궁사 혼자서 결정한 것이 아니라 전시 중에 대동아대신을 역임하
고 1960년대부터 야스쿠니신사법안을 선두에서 추진했던 아오키 가즈
오(青木一男) 참의원 의원이 배후에서 강하게 추진했다는 말도 전하고
있다.

'A급 전범' 합사에 대해서는 처음부터 이를 부정적으로 보는 시각이
보수층 내부에도 적지 않게 존재하고 있었다. 'A급 전범'이 합사된 이듬
해 2월에는 『神社新報』의 편집장 아시즈 야스쿠니(葦津靖国)가 마쓰다
이라 궁사를 방문하여 "야스쿠니신사가 국가호지 되었을 때 떳떳하게
'A급 전범'을 합사한다는 것이 제사제도조사회의 일치된 생각이 아닌가"
하고 항의했지만 마쓰다이라는 "나라에서 명부가 오면 합사한다. 그것
이 절차"라고만 반복했다고 한다.[32]

또한 당시 궁내청 간부들 사이에서도 'A급 전범' 합사에 반대하는
의견이 강했던 것으로 알려져 있는데, 쇼와천황이 'A급 전범' 합사에 불
쾌감을 가지고 야스쿠니신사에 참배하지 않았다는 것이 측근이 남긴 메
모로 세상에 알려지게 된 것은 2006년 7월 20일의 일이었다. 이 부분과

---

32) 『每日新聞』, 2006. 8. 8. 제사제도조사회의 중심인물은 아시즈의 부친 아시즈
우즈히코(葦津珍彦)로 우파 종교계의 거물.

관련해서는 후술하기로 한다.

그러나 'A급 전범' 합사가 세상에 알려진 이후에도 당분간은 크게 문제시 되지 않았다. 그것이 6년이 지나 나카소네 수상이 '공식참배'한 것을 계기로 'A급 전범' 문제를 둘러싼 논의가 내외에서 분출된 것이다. 보수언론 요미우리신문은 1986년 나카소네가 중국의 항의로 '공식참배'를 포기한 것을 받아서 "수상 참배 중지에 대하여 유족회는 관계자의 자민당 탈당 등의 강경수단을 결의하고 있다. 이러한 단체의 요망보다도 근린제국민의 감정을 생각하고 국익을 우선하는 것이 당연한 일이다"고 하면서 "참배를 중지해도 '전범' 합사라는 사실이 있는 한, 야스쿠니문제는 금후도 국제적인 파문을 던질 것이다"고 하여 'A급 전범' 분사를 촉구했다.[33]

나카소네는 이러한 논란에 대응하여 전범 유족들에게 의뢰하여 합사를 취하하는 방안을 검토하기 시작했다. 그러나 종교법인인 야스쿠니신사의 방침에 정부가 직접 개입하는 것은 '정교분리' 원칙에서 볼 때 불가능한 일이었다. 여기서 나카소네는 'A급 전범'으로 사형 당한 7명의 유족에게 연명으로 야스쿠니에 합사 취하를 진정하도록 하는 은밀한 교섭을 이타가키 다다시(板垣正) 참의원에게 의뢰했다. 이타가키는 'A급 전범'으로 사형당한 이타가키 세이시로(板垣征四郞) 전 육군대장의 차남이었다. 당시 나카소네의 브레인이었던 세지마 류조(瀨島龍三)는 이타가키에게 합사문제를 해결하기 위해서는 'A급 전범'의 유족이 야스쿠니

---

33) 「傷跡をうずかせる『戰犯』合祀」, 『読売新聞』, 1986. 8. 14.

와 논의해서 합사 취하에 결착을 보아야 한다고 하면서 "은밀하게 합사한 분들은 은밀하게 취하하는 것이 이상적"이라고 조언했다고 한다.[34]

이타가키는 白菊遺族会(전범자유족회)의 기무라 가누이(木村可縫, A급 전범으로 사형 당한 기무라 헤이타로(木村兵太郎) 전 육군대장의 부인) 회장과 협의하여 유족의 의향이 정리되면 야스쿠니에 진정하기로 의견 일치를 보았다. 그리고 가장 먼저 도조 히데키의 유족에게 의향을 묻는 것이 선결이라고 판단하여 도조의 차남 도조 데루오(東条輝雄)를 방문했지만 단호하게 거절당했다.

당시 아타가키의 방문에 대하여 도조 데루오가 거절한 이유에 대해서는 저널리스트 이토 다츠미(伊藤達美)가 도조 데루오와 인터뷰한 내용에 상세하게 실려 있다. 그 내용을 정리하면 다음과 같다.[35]

> 첫째, A급 전범, 전쟁범죄인이라는 것은 전승국이 일방적으로 지정한 것일 뿐. 만약 합사취하를 진정하면 도쿄재판의 원고 측의 이론, 고인이 목숨을 던져 반론한 그 이론을 시인하는 결과. 자위전쟁이었던 대동아전쟁을 침략전쟁이라고 인정해버리는 결과가 된다.
> 둘째, 야스쿠니신사는 이른바 A급 전범을 범죄인으로서가 아니라 전몰자로 인정해서 합사한 것. 유족으로서 그것을 취하해 달라고 신청할 이유가 없다.
> 셋째, 다수의 전몰자 유족이 수상의 공식참배를 희망하고 있으며, 고인도 그 실현에 도움이 되고 싶다고 생각함에 틀림없을 것이라고

---

34) 「『靖国』と政治」, 『毎日新聞』, 2005. 7. 14.
35) 伊藤達美, 「総理官邸の圧力靖国『A級戦犯』合祀取下げ問題 東条家の言い分」, 『諸君!』, 1987. 1, 37-38쪽.

하지만, 합사 취하나 분사는 고인의 의사에 합치하지 않는다.

넷째, 일본의 국내문제인데 정치가가 중국에 사죄하는 것은 견식이 없는 일. 유족이 나서서 해결할 이유가 없다.

다섯째, 설령 합사 취하해도 공식참배가 헌법의 정교분리 원칙에 저촉할 것인지의 문제는 남을 것. 취하로 전부 해결되는 것은 아니다.

도조 측의 거절 이유에서 특히 주목되는 것은 침략전쟁을 부정하고 따라서 'A급 전범'은 전쟁 범죄자가 아니며 이에 대하여 중국이 관여할 바가 아니라고 주장하는 점이다. 이는 도쿄재판은 부당한 재판이고 'A급 전범' 형사자는 '순난자(殉難者)'이며, 중국 등이 항의하는 것은 내정간섭이라고 주장하는 오늘날 일본 보수층의 일반적인 인식을 그대로 대변하는 것이라 할 수 있다.

이토를 통해서 소개된 도조 데루오의 입장에 대하여 가장 먼저 반론을 제기한 보수 측의 논객은 산케이신문 기자 출신의 평론가 다와라 고타로(俵孝太郎)였다. 그는 "야스쿠니에 모시는 것은 어디까지나 국난에 순직한 전몰자. 국난을 초래한 자여서는 안된다"고 하면서 대일강화조약 제11조와 도조 히데키의 전쟁책임, 그리고 유족의 감정에서 볼 때 'A급 전범' 합사는 시정되어야 한다고 주장했다.[36]

당시 보수 논단의 평론가 야마모토 시치헤이(山本七平)의 경우 'A급 전범'에 대한 비판은 한층 격렬하다. 그는 "도쿄재판 이전에, 일본에서 패전의 책임자는 육군형법으로 재판받고 그 결과 처형된 자는 야스쿠니에 합사되지 않았다. 도쿄재판이 어찌되었든 도조 등의 패전 책임자는

---

36) 俵孝太郎, 「『東条家の言い分』は間違っている」, 『諸君!』, 1987. 2, 206-207쪽.

합사되어서는 안 된다"고 하면서 "일본군의 일본국민에 대한 패전 책임 조차 잊어버리게 한 것이 도쿄재판이다. 이 점을 망각해 버렸기 때문에 도조 데루오와 같은 주장이 나온다"고 하여 'A급 전범'은 도쿄재판의 피해자라는 도식을 근저에서 부정하고 야스쿠니신사의 'A급 전범' 합사를 철저하게 비판했다.[37]

보수 우파를 대변하는 역사학자 하타 이쿠히코(秦郁彦)도 야마모토와 같이 전범들이 육군형법 등으로 처벌 받았다면 야스쿠니에 갈 수 없었을 것이라고 하면서 "도쿄재판은 결과적으로 도조 등의 '죄'를 정화하고 '순난자'로 치켜세우는 역할을 했다"고 분석하여 도조의 패전 책임 지적했다.[38] 이 밖에도 교토대학 교수 가쓰다 기치타로(勝田吉太郎)는 "전쟁지도자를 가미(神)로 모시는 신사인 이상 수상의 공식참배에 심각한 제약이 생기는 것은 당연하다"[39]고 했으며, 도쿄대학 명예교수 니시요시유키는 "나는 적어도 만주사변을 자위전쟁의 일환으로 생각하지 않는다. 도조 씨는 전쟁범죄인이 아닐지도 모르지만 'A급 전범'이 전쟁책임자임은 틀림없다"고 했다.[40]

이와 같이 1980년대까지만 해도 보수우파의 내부에서 'A급 전범'을 전쟁책임자로 인식하고 분사를 주장하는 입장이 적지 않았다. 다만 합사를 반대하고 분사를 주장한다고 해서 반드시 침략전쟁을 인정하거나 도쿄재판을 부당한 재판이라고 생각하지 않는 것은 아니다.

---

37) 山本七平, 「指揮官の責任 東条英機と乃木希典」, 『諸君!』, 1987. 6, 226-228쪽.
38) 秦郁彦, 「東条英機の戦争責任」, 『諸君!』, 1987. 9, 41-42쪽.
39) 『産経新聞』, 「正論」, 1987. 1. 10.
40) 『産経新聞』, 「正論」, 1987. 5. 6.

예를 들면 평론가 무라카미 효에(村上兵衛)는 "도쿄재판은 인정하지 않는다. 그러나 일본을 전쟁으로 이끌고 다대한 희생과 비참한 패전을 초래한 당시 지도자에게 책임은 있다. 그 책임은 일본인 스스로가 분명히 했어야 했다"고 하면서 "저 전쟁에서 중국에 가져다준 것이 무엇인지도 엄숙하게 청산해야 했다. 그러나 일본은 저 전쟁을 '결산'하지 못했다."고 지적했다. 여기서 무라카미는 수상이 공식참배를 해야 한다거나, 'A급 전범'을 분사해야 한다는 말은 하지 않고 있지만 일본의 가해책임을 언급하고 있는 것은 2000년대 이후의 보수 논단이 침략전쟁을 부정하는 논조로 일관하고 있는 점에서 볼 때 주목할 만하다.[41]

나카소네의 공식참배 이후 분출된 'A급 전범' 합사를 둘러싼 논쟁은 도쿄재판에 대한 평가, 전쟁책임에 대한 인식, 그리고 아시아태평양전쟁에 대한 인식의 문제로 다양하게 전개되었다. 그러나 1980년대 후반 이후부터 1990년대까지 야스쿠니를 둘러싼 논의는 더 이상 관심을 모으지 못하고 잠복기에 들어가게 된다. 그것은 나카소네가 야스쿠니신사 참배를 포기한 1986년 이후 '공식참배'하는 수상이 나타나지 않았기 때문이다. 1990년, 쇼와시대 출생으로는 첫 수상이 된 가이후 도시키(海部俊樹)는 "태평양전쟁을 침략전쟁이라고 인식하고 있는가"하는 공산당 의원의 질문에 "그런 인식을 가지고 있다"고 답변했다. 수상의 공식참배 부활을 기도하는 세력에서 보면 위기감을 느끼는 것은 당연한 일이다. 1990년 8월 9일 밤에는 자민당 내의 '영령에 답하는 의원 협의회', '유가족

41) 上丸洋一, 「『諸君!』, 『正論』の研究1/『靖国』をどう論じてきたか」, 上, 19쪽.

의원협의회', '다함께 야스쿠니신사에 참배하는 국회의원의 모임'의 '야스쿠니 3협의회'의 좌장 하라다 겐(原田憲)이 가이후 수상을 방문하여 공식참배 부활을 주장했으며, 14일에는 일본유족회의 하세가와 다카시(長谷川峻) 회장 등이 수상 관저를 방문하여 참배를 촉구했다. 그러나 수상 측근은 "중국 등이 강하게 반발하는 이상 참배할 수 있는 환경이 아니다. 대외적 배려를 우선해야 한다"는 입장을 표명하고 요구를 들어주지 않았다.[42] 이후 야스쿠니문제가 10년의 잠복기를 거쳐 재차 쟁점의 중심이 되는 것은 2001년 고이즈미가 등장하면서부터이다.

3. 야스쿠니신사 참배 문제의 국제화(2001~2006년)

3.1. 고이즈미 수상의 야스쿠니신사 참배 파문

2001년 4월 모리 요시로 수상의 퇴진에 이어 자민당총재 선거에 출마한 고이즈미는 "수상에 취임하면 반드시 8월 15일에 참배한다"고 공약했다. 그 배경에는 총재 선거의 라이벌이었던 하시모토 류타로 전 수상과의 차별화를 강조하고 일본유족회 약 10만 당원의 표를 획득하기 위한 것이었다는 점은 잘 알려진 사실이다. 고이즈미가 수상으로 취임하자 중국과 한국은 거세게 반발하면서 참배 중지를 요청했으며 국내에서도 찬반의 논란이 뜨거웠다.

---

42) 『朝日新聞』, 1990. 8. 16.

아사히신문은 수상의 참배 중지를 요구하는 사설을 5월부터 8월 초까지 5차례에 걸쳐 실었으며[43] 마이니치신문도 5월부터 3차례의 사설을 싣고 8월 2일부터 8월 8일에 걸쳐 「靖国・考」란을 기획하여 5회 연재기사를, 그리고 8월 9일부터 8월 14일까지는 「熟慮の構図/小泉首相と靖国神社」라는 5회 연재 기사를 통해 야스쿠니신사에 참배를 고집하는 고이즈미를 비판했다. 수상의 참배 직전에 아사히신문이 실시한 여론조사에 의하면 '적극적으로 가야한다'가 26%인데 비하여 '신중하게'는 배가넘는 65%에 달했다.[44]

그러나 고이즈미는 끝까지 자신의 고집을 굽히지 않다가 막바지에 가서 측근의 만류로 이틀 앞당겨 8월 13일에 참배를 단행했다. 그리고 동시에 다음과 같은 담화를 발표하여 1995년의 '무라야마 담화'를 답습하는 입장을 밝히면서 일정을 앞당긴 것은 국내외의 비판에 대한 배려였다는 점을 강조했다.

"…이 전쟁에서 일본은 우리 국민을 포함하여 세계의 많은 사람들에게 커다란 참화를 가져다주었습니다. 특히 아시아 근린제국에 대해서는 과거의 한 시기, 잘못된 국책에 의거한 식민지지배와 침략을 행하고 이루 헤아릴 수 없는 참해와 고통을 강요했던 것입니다. 그것은 아직도 이 땅의 많은 사람들에게 치유하기 어려운 상흔으로 남아있습니다. 나는 여기서 이러한 우리나라의 회한의 역사를 겸허하게 받아들이고, 전쟁

---

43) 『朝日新聞』, 「靖国参拝 首相は熟慮して再考を」(5. 12), 「総理,憲法を読んで下さい」(7. 5), 「やはり, やめるべきだ」(7. 28), 「『気持』が国を傾ける」(8. 4), 「平和の礎と靖国の距離」(8. 9).
44) 『朝日新聞』, 2001. 8. 4.

희생자 여러분에 대하여 깊은 반성과 함께 삼가 애도의 뜻을 바치고자 합니다.(중략)

종전기념일에 나의 야스쿠니 참배가, 나의 의도와는 달리 국내외의 사람들에 대하여 전쟁을 배척하고 평화를 중시하는 우리나라의 기본적 생각에 의혹을 품게 하는 결과가 된다면 그것은 결코 내가 바라는 바가 아닙니다. 나는 이러한 국내외의 상황을 진지하게 받아들여 나 자신의 결단으로서 8월 15일 참배를 삼가고 날을 골라서 참배를 완수하고자 생각합니다.[45]

밑줄 친 부분은 '무라야마 담화'를 답습한 내용이지만, 무라야마는 이 담화를 두고 "나의 담화까지 인용하면서 왜 참배했는가. 모순이다. 이렇게 되면 '무라야마 담화'는 단순한 작문이 된다. 부끄러울 뿐이다"고 비판했다. 더구나 '고이즈미 담화'에는 '무라야마 담화'의 '진심으로 사죄'라는 문구가 빠져 있었다.[46]

한편 고이즈미가 이틀 앞당겨 참배한 '양보'에 대하여 앞으로 야스쿠니신사에 참배하지 않겠다는 의사 표명으로 받아들이는 견해도 있었지만 예상과는 달리 고이즈미는 2002년 4월 21일, 2003년 1월 14일, 2004년 1월 1일, 2005년 10월 17일 등으로 매년 참배를 거듭하고 임기 마지막의 2006년에는 끝내 공약으로 내세운 8월 15일 참배를 실현하여 내외의 논란을 뜨겁게 달구었다. 결국 고이즈미의 참배 계속은 1980년대 후반부터 잠복되어 있던 야스쿠니를 둘러싼 갖가지 문제들을 다시 불러일으키는 계기가 되었다. 그 가운데 가장 쟁점으로 부상한 것은 새로운 국립추

---

45) 일본외무성 홈페이지, 「靖国神社参拝に関する小泉内閣総理大臣の談話」.
46) 上丸洋一, 「『諸君!』, 『正論』の研究1/『靖国』をどう論じてきたか」, 下, 98쪽.

도시설 문제와 'A급 전범' 분사 문제였으며 이 두 가지는 별개의 것이 아니라 서로 밀접한 관련을 가지고 전개되었다. 그리고 이 문제의 연장선상에서 2006년 7월 20일 쇼와천황이 'A급 전범'이 야스쿠니신사에 합사된 것에 대하여 불쾌감을 가지고 야스쿠니신사에 참배하지 않았다는 측근의 메모가 공개되면서 커다란 파문을 불러일으켰다.

새로운 국립추도시설에 관해서는 이미 1985년 '야스쿠니신사문제에 관한 간담회'의 토론과정에서 철학자 우메하라 다케시(梅原猛), 작가 소노 아야코(曽野綾子), 헌법학자 사토 이사오(佐藤功), 종교학자 오구치 이이치(小口偉一) 등이 제안했으나 최종보고서에는 반영되지 않고 파묻혀 있었다.[47] 이 문제가 2000년대에 들어와 고이즈미의 참배를 계기로 중국, 한국과의 관계뿐만 아니라 미국과의 관계까지도 악화될 수 있다는 우려에서 다시 거론되기 시작했다. 2001년 후쿠다 야스오(福田康夫) 관방장관의 사적 자문기관으로 출범한 '追悼・平和祈念のための記念碑等施設の在り方を考える懇談会'(이하 '추도간'으로 약칭)에서는 1년간의 검토를 거쳐 2002년 12월 24일 '국립 무종교의 항구적인 시설의 필요'와 여기에는 구군인 군속에 더하여 아시아의 희생자까지 추도 범위를 확대해야 한다는 내용의 보고서가 제출되었다.[48]

이어서 2005년에는 자민당 부총재 야마자키 다쿠(山崎拓)가 "근린 제국에 충분히 배려할 필요가 있다. 특정한 종교에 의거하지 않는 추도시설을 만들어야 한다"[49]는 입장에서 '추도간'의 국립추도시설 제안을

---

47) 『朝日新聞』, 「天声人語」, 1985. 11. 12.
48) 首相官邸ホームページ.

받아 야스쿠니신사와는 별도로 새로운 추도시설의 건설을 위한 의원연맹 '국립추도시설을 생각하는 모임'을 발족하고 회장으로 취임했다. 여기에 민주당, 공명당도 가담하고 야스쿠니에 반대하는 입장의 종교단체 立正佼正會, 新宗連 등이 지지를 표명했다. 초당파 국회의원 100명의 '국립추도시설을 생각하는 모임'은 2006년 6월 15일의 회합에서 새로운 추도시설 건설을 정부에 촉구할 것을 정식으로 결정했다.50)

　　이러한 국립추도 시설의 건립에 관한 움직임은 야스쿠니신사의 'A급 전범' 분사 문제와 밀접한 관계를 가지고 전개되었다. 야마자키 다쿠는 평소부터 'A급 전범' 분사에 적극적인 입장이었다.51) 같은 시기에 고이즈미는 나카가와 히데나오(中川秀直) 자민당 정조회장에게 치도리가후치묘원을 두 배 이상으로 확충하는 안의 프로젝트 팀 발족을 허가했다. 나카가와도 평소부터 야스쿠니 비종교법인화와 'A급 전범' 분사를 주장한 사람이다.52)

　　당시 치도리가후치묘원 확충안에서 주목한 국유지는 약 5천 평방미터의 부지로 궁내청 별실, 공무원 숙사로 이용되고 있으며 국가가 관할하는 치도리가후치묘원에 인접하고 있는 곳이다. 모 국회의원은 "이 국유지를 사용하여 치도리가후치묘원을 확장하고 더 많은 전몰자를 모

---

49) 「靖国問題の極秘革命プラン 宮司交替のウルトラc」, 『週刊アエラ』, 2006. 6. 26. 이하 주간지의 자료는 朝日新聞記事データベース「聞蔵」에서 검색한 것으로 쪽수를 명기 할 수 없음.
50) 우에스기 사토시, 「추도의 정치학」, 94-97쪽.
51) 『週刊朝日』, 2006. 8. 4.
52) 「靖国神社の戦後の歩みと現状 政界の動き「非宗教化論」再び」, 『産経新聞』, 2006. 8. 16.

셔 천황폐하와 수상이 참배할 수 있는 시설로 한다. 식전도 하게 된다면 야스쿠니에 참배하는 정치가는 감소할 것이다… 계획이 실현되어 참배자가 줄어들 것을 우려한 야스쿠니신사가 자주적인 판단으로 분사의 결단을 하도록 만드는 것이 숨은 목적이다"고 했다.53) 이러한 정황에서 보면 새로운 국립추도시설의 건설과 치도리가후치묘원 확충 계획은 서로 연결되어 있을 뿐만 아니라 야스쿠니신사에 대하여 'A급 전범'을 분사시키기 위한 '포위망'의 일환이라는 것을 알 수 있다.

또한 당시 정계에서는 야스쿠니신사의 최고책임자인 궁사를 현재 이세신궁의 '제주(祭主)'로 있는 인물에게 맡기고 그 새로운 궁사의 책임 하에서 야스쿠니신사의 '자주판단'으로 분사를 결정하게 한다는 시나리오가 은밀하게 검토되고 있었다. 이른바 '울트라C 계획'이라는 이 시나리오는 쇼와천황의 4녀로 현 천황의 누이에 해당하는 이세신궁의 '제주' 이케다 아쓰코(池田厚子, 2006년 당시 75세)를 야스쿠니신사의 궁사로 모시고 분사를 추진하자는 것이다. 근거가 전혀 없는 이야기는 아니다. 전국 8만 신사의 태반이 신사본청에 소속되어 있으며 신사본청이 '本宗'으로 받드는 곳이 이세신궁이다. 야스쿠니의 궁사는 최고의사결정기관인 總代会의 결의로 선출되지만 이세신궁의 제주(祭主)가 취임하는 데는 이론이 없을 것이며 "야스쿠니신사나 당시 일본군의 통수권을 가진 천황에게 충성한 도조의 유족도 천황가의 혈통을 잇는 사람의 의향에 이의를 제기하는 것은 간단하지 않을 것이다"는 의견도 설득력을 가진

---

53) 『週刊アエラ』, 2006. 6. 26.

다. 그러나 궁사 교대 문제가 남아있고 무엇보다도 천황의 정치이용이라는 비난을 받을 가능성이 있다. 이 시나리오의 진의를 알기 위해 취재진이 이케다 아쓰코를 방문했지만 취재는 일체 거절되었다.[54]

새로운 국립추도시설 건설과 'A급 전범' 분사 문제가 활발하게 논의되고 있는 움직임에 대응하여 일본유족회 회장 고가 마고토(古賀誠)의 움직임도 활발해졌다. 부친이 필리핀 레이테 전투에서 일개 병사로서 전사한 고가는 평소부터 'A급 전범' 분사를 주장해 온 인물이었다. 당시 그는 야스쿠니신사 숭경자의 총 대표였지만 'A급 전범' 분사를 자유로운 입장에서 주장하기 위해 2006년 8월에 대표직에서 사퇴하고 일본유족회에 'A급 전범' 분사에 관한 검토회를 설치할 방침을 결정[55]하여 분사를 거부하는 야스쿠니신사에 압력을 가하고자 했다. 그의 의도는 치도리가후치묘원의 확충안을 저지하고 정치적 흐름을 야스쿠니로 되돌리려는 것이었다.[56]

이렇게 볼 때 야스쿠니신사는 보수파 내부로부터 2중으로 압력을 받고 있는 형색이 되었다. 야스쿠니신사와 그 지지 세력은 처음부터 1959년 완성된 치도리가후치묘원과 1963년부터 정례화되는 전국전몰자추도식에 대하여 상당한 대항의식을 가지고 있었다. 1969년부터 야스쿠니신사 법안이 제출된 배경에도 이러한 위기감이 있었다. 만약 치도리가후치묘원에서 전몰자추도식이 공식적으로 정착되고 게다가 국립

---

54) 위와 같음.
55) 『産経新聞』, 2005. 8. 16.
56) 우에스기 사토시, 「추도의 정치학」, 97쪽.

추도시설까지 건설되면 그만큼 야스쿠니는 사회로부터 고립되어 그 존재가치가 사라져버리기 때문이다.

이러한 움직임에 대응하여 일본 최대의 우파조직 '일본회의'의 국회의원 간담회 회장인 히라누마 다케오(平沼赳夫)는 'A급 전범' 분사에 반대하면서 야스쿠니신사를 그대로 두고 수상의 공식참배를 정착시키자는 주장을 계속하고 있다.[57] 보수 측의 논단에서도 대부분의 논조는 'A급 전범' 분사는 신도제사상 불가능한 일이라면서 새로운 국립추도시설의 건설에 결사적으로 반대하고 도쿄재판 부정론, 전범 복권론, 자존자위전쟁론과 같은 이제까지의 상투적인 주장을 되풀이했다. 앞서 보았듯이 1980년대 'A급 전범' 문제를 둘러싸고 전개되었던 논쟁에서 다와라, 야마모토 등과 같이 'A급 전범'을 정면에서 비판하는 입장은 거의 모습을 감추어 버렸다. 대부분의 경우 분사를 인정하면 그것은 곧 도쿄재판의 판결을 인정하는 결과가 되기 때문에 반대하고 있으며, 분사가 실현되면 야스쿠니의 존립과 존재의의를 위태롭게 한다는 등의 주장이 주류를 이루고 있었다.[58]

한편 야스쿠니 측은 설령 유족이 분사에 찬성한다고 해도 처음부터 '분사는 불가능'이라는 태도로 일관하고 있다. 『週刊アエラ』가 취재한 다음의 'A급 전범 분사에 관한 야스쿠니신사의 견해'는 야스쿠니의 입장을 그대로 대변하고 있다.

---

57) 위의 논문, 98쪽.
58) 上丸洋一, 「『諸君!』, 『正論』の研究1/『靖国』をどう論じてきたか」, 下, 102-116쪽 참조.

Q : 왜 분사가 안 되는가?

A : 야스쿠니신사에는 246만 6천여 주의 신령을 모시고 있다. 그 가운데 하나의 신령을 분령했다고 해도 원래의 신령은 존재한다. 일단 모신 개개의 신령의 전 신격을 옮기는 일은 있을 수 없다. 만약 설령 모든 유족이 분사에 찬성하는 일이 있어도 그것으로 야스쿠니가 분사하는 일은 있을 수 없다.

Q : 신사가 분사한 전례가 있다. 神田明神의 '遷座'가 그 예인데, 그것은 '신도상 분사할 수 없다'는 견해와 모순이 아닌가.

A : 당 신사에서는 전 제신을 一座로 하여 '야스쿠니의 大神'으로 모시고 있다. 신사계에서도 이치를 말하면 갖가지 사례를 들 수 있겠지만 당 신사에서는 분사를 지금까지도 생각한 적이 없다. 앞으로도 있을 수 없다.

Q : 나중에 생존이 판명된 요코이 소이치(橫井庄一), 오노다 히로오(小野田寬郎)의 경우는 어떤가?

A : 당 신사는 국가가 공적으로 전몰자로 인정한 분들을 그 자료에 의거하여 모시고 있다. 요코이 등은 실제는 전몰하지 않았기 때문에 그 '미타마'는 당 신사에 오지 않았다는 말이 된다. 의식은 거행했지만 당초부터 요코이 등의 '미타마'는 모시지 않았던 것이다.

Q : 야스쿠니신사 문제가 외교관계나 수상 선출에 영향을 미친다. 이 현상을 어떻게 생각하는가?

A : 당 신사는 유족이 조용하게 참배하시도록 하는 데 항상 신경을 쓰도 있다. 그렇기 때문에 정치적으로도 항상 발언을 삼가고 있다. 지금의 상황도 신사 측이 문제를 제공한 것이 아니다.[59]

여기서 神田明神의 '遷座'란 고대 나라시대부터 세워진 도쿄의 神田明神에서 엔무스비 등으로 알려진 '다이고쿠사마(大黑樣)'와 '다이라노

---

59) 『週刊アエラ』, 2006. 6. 26.

마사카도(平将門)'를 모시고 있었는데 메이지 6년(1873) 교부성이 다이라노 마사카도가 '朝敵'이었다는 이유로 제신에서 제외할 것을 요구하여 이듬해 전혀 별도의 장소에 마사카도신사를 신축하고 령을 옮긴 사례를 말한다. 다이라노 마사카도는 1984년 다시 본전으로 '복좌'되었다. 전례가 전혀 없는 것이 아닌데 야스쿠니의 답변은 궁색하기 그지없다. 야스쿠니신사 자신이 한번은 전사했다고 한 요코이 소이치와 오노다 히로오에 관해서도 후일 생환하자 "사망하지 않은 이상 처음부터 합사되지 않았다"고 하는 납득하기 어려운 태도를 보이고 있다. 야스쿠니신사에서 보면 'A급 전범'을 분사하면 그만큼 야스쿠니신사의 무게가 반감될 것이라는 우려가 있을 것이다.

2006년 고이즈미의 임기 마지막을 앞두고 과연 8월 15일 야스쿠니 참배를 단행할 것인지 초미의 관심이 되면서 'A급 전범' 문제를 둘러싼 쟁점이 절정에 달했다. 아사히신문, 마이니치신문뿐만 아니라 요미우리신문까지도 고이즈미의 참배를 비판하는 사설을 연속해서 실었으며,[60] 니혼게이자이신문은 최후의 수단으로 쇼와천황이 'A급 전범'의 합사에 불쾌감을 가지고 참배하지 않았다는 천황 측근의 '도미타 메모'를 공개했다.[61] 도미타는 1978년 'A급 전범'이 야스쿠니에 합사될 당시 궁내청

---

60) 『朝日新聞』, 「靖国参拝・嘆かわしい首相の論法」(8. 4), 「親子で戦争を考える・「侵略」と「責任」見据えて」(8. 13), 「靖国参拝・耳をふさぎ, 目を閉ざし」(8. 16); 『毎日新聞』, 「安倍氏靖国参拝「この先」は明確な言葉で」(8. 5), 「小泉時代考 自己中心の世界で, 靖国と叫び続けた」(8. 8), 「8・15首相参拝 こんな騒ぎはもうたくさん」(8. 16); 『読売新聞』, 「終戦の日・「昭和戦争」の責任を問う」(8. 15), 「首相靖国参拝「心の問題」だけではすまない」(8. 16).
61) 『日本経済新聞』, 2006. 7. 20. '도미타 메모'에 대한 구체적인 분석은 박진우,

장관으로 있던 도미타 도모히코(富田朝彦)를 말한다. '도미타 메모'는 2003년 그가 사망한 후 자택의 침실 서랍에서 40~50권의 일기와 메모를 부인이 발견하여 일부는 1주기에 고인을 기리는 CD-Rom에 수록하여 지인들에게 배부했다고 한다. 니혼게이자이신문은 2005년에 이 메모를 입수하여 극비사항에 부치고 타이밍을 노리고 있다가 고이즈미의 야스쿠니참배가 중국의 항의 등으로 외교문제로 비화되자 최악의 사태를 막기 위해 2006년 7월 20일에 이 메모를 전격 공개한 것이다.[62]

메모 공개는 큰 파문을 불러일으켰다. 이제까지 천황이 야스쿠니신사에 참배하지 않는 것은 'A급 전범' 합사 때문이 아니라고 주장해 온 합사 지지자들은 당혹스러움을 감추면서 내용을 곡해하고 진상에 의문을 제기하거나[63], "천황폐하의 발언을 정치적으로 이용하는 전례를 만들어 진흙탕에 빠질 가능성이 있다"(桜井よしこ), "폐하가 이렇게 말씀하시니까 그 뜻에 복종하라고 한다면 마치 전전회귀의 가장 위험한 사상"(小林よしのり)이라는 식으로 반박했다.[64]

메모 공개 이후 고이즈미 수상이 과연 8월 15일에 참배할 것인지가 초미의 관심이 되었다. 아사히신문은 "A급 전범이 합사되어 있는 곳에

『천황의 전쟁책임』, 제이앤씨, 2013, 73-70쪽 참조.

62) 『週刊アエラ』, 2006. 7. 31.

63) 江崎道朗, 「富田元宮内庁長官メモの政治利用は許されない」, 『正論』, 2006. 9; 伊藤隆, 「富田メモも弄ぶ危険な誘惑」, 『諸君!』, 2006. 10; 千葉展正, 「富田メモはボスたちへの身びいきに満ちた官僚のメモワール」, 『正論』, 2006. 11; 千葉展正, 「入江相政と富田朝彦/宮中のラスプーチンの翻弄された宮内庁長官」, 『正論』, 2006. 12; 斎藤吉久, 「昭和天皇の不快感は本当か」, 『正論』, 2007. 10. 등 참조.

64) 『週刊アエラ』, 2006. 7. 31.

참배하면 평화국가로써 다시 태어난 전후의 발자취를 부정하는 결과가 된다. 쇼와천황은 그렇게 생각했을 것이다"[65]고 하면서 쇼와천황의 '무거운 말'을 중시하여 고이즈미의 참배를 저지하려 했다. '도미타 메모' 공개 이후 고이즈미의 참배에 대하여 산케이신문과 FNN이 공동으로 실시한 여론조사에 의하면 '평가하지 않는다' 44%, '평가한다' 41%로 나타났으며, 차기 정권은 '참배해야 한다' 27%보다 '참배하지 말아야 한다'가 47%로 나타났다.[66]

그러나 메모의 공개는 단순히 고이즈미의 참배를 저지하기 위한 것은 아니었다. 経団連의 오쿠다 히로시(奧田碩) 전회장과 이마이 다카시(今井敬) 명예회장을 비롯한 재계 수뇌는 고이즈미에게 참배에 신중을 기하고 자숙할 것을 수차례 주문했지만 나중에는 포기했다. 결국 "퇴진을 앞두고 있는 고이즈미가 올해 가든 안가든 사태는 변하지 않는다. 오히려 중요한 것은 다음 수상의 언동, 행동이다"는 결론을 내리고 메모를 공개하기로 했다고 한다.[67]

공교롭게도 메모가 공개된 이튿날 당시 아베 신조(安倍晋三) 관방장관의『美しい国へ』가 출간되었다. 아베는 이 책에서 "일국의 지도자가 그 국가를 위해 순사한 사람들에 대하여 존숭의 마음을 나타내는 것은 어느 나라에서도 행하는 행위이다. 또한 그 국가의 전통과 문화에 입각한 기도방식이 있는 것도 극히 자연스러운 일이다"고 하여 야스쿠니

---

65)『朝日新聞』, 2006. 7. 21.
66) 우에스기 사토시,「추도의 정치학」, 100쪽.
67)『週刊アエラ』, 2006. 7. 31.

신사 참배는 당연하다는 입장을 나타내고 'A급 전범'에 대해서는 "국내 법에서 그들을 범죄자라고는 하지 않는다고 국민의 총의를 정했다"고 하여 보수의 입장을 대변했다.[68] 평론가 미야자키 데쓰야(宮崎哲弥)는 "포스트 고이즈미의 최유력자가 책을 출간하는 당일에 금후 아시아와의 관계를 우려하는 경제계를 대표하여 닛케이신문이 스쿠프를 던진 가능성이 있다. 아베의 야스쿠니긍정론을 견제하려는 의도가 아닐까"[69]라고 진단하고 있다. 한편 메모의 공개는 고이즈미의 참배를 저지하기보다도 'A급 전범' 합사를 취하하도록 압력을 가하기 위한 것이라고 보는 견해도 있다.[70]

그러나 '도미타 메모'의 효과를 역설적으로 보는 견해도 있었다. 메모 공개 이후 고이즈미는 "역시 마음의 문제니까"하는 반응을 보였다. "그래도 내 마음이지"라는 식으로도 들리는 대목이다. 고이즈미 측근들의 말을 들으면 더욱 그렇게 들린다. 자민당 간부는 "저 사람은 상식을 넘어서는 부분이 있기 때문에. '안 가면 남자답지 못하다'고 생각하는 타입이다. 중국에서 폭동이 발생할지도 모르지만 설사 일어나더라도 '중국인이 나쁘다'고 말할 것"이라고 했다. 또한 자민당의 유력의원은 "수상은 당초부터 강한 신념이 있어 참배하고 있는 것은 아니다. 주위에서 비판당하면 당할수록 '참배하지 않겠다'고 말하고 싶지 않았을 뿐이다"고도 했다. 자민당 신진의원은 "메모가 오히려 고이즈미에게 참배하는 대의

---

68) 『週刊朝日』, 2006. 8. 4.
69) 『週刊アエラ』, 2006. 7. 31.
70) 우에스기 사토시, 「추도의 정치학」, 100-101쪽.

명분을 주었다. 천황 발언으로 참배를 그만두면 그것이야말로 '천황의 정치이용'이 될 수 있다. 고이즈미는 억지로라도 금년 8월 15일에 야스쿠니에 갈 것"이라고 전망했다.[71]

역시 고이즈미는 그들의 예상대로 8월 15일 참배를 단행했다. "8·15를 피해도 항상 비판과 반발. 그리고 어떻게 해서라도 이 문제를 거론하려는 세력은 변함없다. 언제 가도 마찬가지다. 그렇다면 오늘이 적절한 날이 아닌가 생각하고"[72] 8월 15일에 참배한 것이다. 고이즈미의 참배 강행은 한일, 중일관계를 냉각시켰을 뿐만 아니라 미국 의회와 정부의 대일비판을 초래하고 최대의 동맹국인 미일관계까지도 위태롭게 하는 결과를 가져왔다. 다음에는 고이즈미의 야스쿠니 참배가 미일 간의 현안문제로 부상하게 되는 과정을 구체적으로 살펴보기로 하자.

3.2. 수상의 야스쿠니신사 참배에 대한 미국의 입장

미국은 제2차 세계대전에서 일본과 전쟁을 한 당사국이다. 따라서 반드시 'A급 전범' 문제가 아니더라도 야스쿠니의 전몰자를 현창하는 곳에 일본의 수상이 가는 것에 대하여 미국이 전혀 무관심하다고 할 수는 없을 것이다. 사실 2000년대에 들어와 부시정권은 고이즈미의 야스쿠니신사 참배에 대한 비판이나 자숙 요청을 하지는 않았지만 미국 내 지식인이나 정부 관계자 사이에서는 참배에 대한 우려가 확산되고 있었다.

미국의 일본정치 연구자인 조지 워싱턴대학의 마이크 모치즈키

---

71) 『週刊アエラ』, 2006. 7. 31.
72) 『週刊アエラ』, 2006. 8. 28.

(Mike Mochizuki) 교수가 2006년 일본의 논단에 발표한 논고에 의하면 미국 학계에서는 야스쿠니신사 참배가 과거의 역사를 정당화하는 함의를 가진다고 보는 비판파가 주류를 이루고 있다는 것을 알 수 있다. 또한 미국의 정부관계자들 사이에서도 비판적인 인식이 확산되고 있었다. 전 국무성 일본부장 데이비드 스트럽(David Straub)이 2006년 6월 워싱턴에서의 집회에서 "미국 정부 관계자들 가운데 일본에 야스쿠니신사 참배를 할 권리가 없다고 주장하는 사람은 한 사람도 없다. 그러나 자세한 사실을 알게 되면 누구라도 화를 낼 것이다"라고 한 것은 전형적인 견해라고 할 수 있지만 보다 심각한 문제로 받아들이는 사람도 적지 않았다. 예를 들면 주일공사를 역임한 윌리엄 브리어(William Breer)는 정치인이 야스쿠니신사에 참배하는 것은 일본이 장기간 중국에 대한 침략행위를 인정해 온 노력을 물거품으로 만드는 것이라고 지적했다. 또한 전 국방성 일본부장 폴 지아라(Paul Giarra)는 야스쿠니신사를 "미일관계를 직접적으로 대립시키는 문제"라고 지적하고 A급 전범 합사를 "불쾌하고 구태의연한 정치세력을 상징하는 것"이라고 비난했다.73)

이와 같이 미국 정부 관계자들이 야스쿠니신사 참배 문제를 비판적으로 보기 시작한 것은 일본과 근린국가와의 관계 악화는 미국의 국익에 도움이 안 된다는 우려가 어느 정도 형성되고 있었기 때문이었다. 그것은 첫째로 아시아에서의 일본의 영향력 저하에 대한 우려, 둘째 중국과 한국의 전략적 접근을 조장하는 것에 대한 우려, 셋째 미국이 동아시

---

73) マイク・モチヅキ, 「米国はどうみているか」, 『論座』, 2006. 9, 67쪽.

아에서 군사 충돌에 휘말리는 것에 대한 우려, 넷째 중국을 '책임 있는 이해관계자'(responsibility stakeholder)로 이끌려는 미국의 노력을 저해한다는 우려의 4가지 이유로 뒷받침되고 있었다.[74]

이러한 인식을 배경으로 고이즈미가 야스쿠니신사 참배를 되풀이하는 문제에 미국이 관여해야 한다는 주장이 전개되기 시작하는 것은 클린턴 정권부터였다. 미국에서 일찍부터 고이즈미의 참배에 우려를 보인 것은 클린턴 정권의 국무차관보를 역임하고 동아시아 정책에 정통한 국제정치학자 조셉 나이(Joseph S. Nye)였다. 그는 2001년 8월 아사히신문과의 인터뷰에서 고이즈미의 참배는 "일본에 이익이 되지 않는다"고 지적하고 일본과 중국·한국과의 관계악화는 "미국의 이익에도 영향을 미친다"고 했다.[75]

그러나 클린턴의 뒤를 이은 부시 정권은 발족 당초부터 미일동맹 관계를 중시하는 한편 중국을 '전략적 라이벌'로 공언하고 있었다. 더구나 2001년의 9·11 동시다발테러 이후 미일관계가 자위대를 포함한 일본의 적극적인 대미지원을 배경으로 전례 없는 밀월관계를 맞이하는 가운데 미국은 자국군의 지원을 결단한 동맹국 수상의 개인적 신조에까지 개입할 생각은 없었다.

미국 정부가 야스쿠니문제에 관심을 보이기 시작하는 계기가 된 것은 중일관계가 극단적으로 악화된 2005년 봄이었다. 중국에 의한 동중

---

74) 千々和泰明, 佐々木葉月,田口千紗, 「小泉首相の靖国参拝問題: 対米関係の文脈から」,『国際公共政策研究』12-2, 2008. 3, 146쪽.
75)『朝日新聞』, 2001. 8. 12.

국해 천연가스전 개발과 중국 잠수함의 일본영해 침범 등으로 양국은 현안 문제를 끌어안고 있었으며, 때마침 일본이 유엔안보리의 상임이사 국으로 진입하려는 입장을 밝히자 이에 반발하는 데모가 중국 각지에서 광범하게 발생했다. 또한 한국에서는 노무현 대통령이 3월에 방한한 콘돌리자 라이스(Condoleezza Rice) 국무장관에게 야스쿠니신사 참배 문제에 대한 주의를 환기했으며 6월의 한미 수뇌회담에서는 일본의 역사인식문제를 거론하기도 했다.[76]

미국이 야스쿠니문제에 관심을 가지기 시작하자 일본 정부에서 재빠르게 대응한 것은 마치무라 노부다카(町村信孝) 외상이었다. 그는 2005년 4월 방미 중 뉴욕에서의 연설에서 "고이즈미 총리대신이 야스쿠니신사를 참배하는 것은 일본이 두 번 다시 전쟁을 해서는 안 된다는 것을 맹세하고 전쟁 중에 뜻하지 않게 전쟁터로 가지 않을 수 없었던 분들에게 애도의 성심을 바치기 위한 것입니다"라고 하여 고이즈미 수상의 참배는 일본의 평화주의와 모순하지 않는다는 것을 강조했다.[77]

그러나 일본 국내에서는 가토 고이치(加藤紘一) 전 간사장이 아사히신문에 기고하여 수상의 야스쿠니 참배가 중일 간의 문제에 그치지 않고 미일 간의 현안으로 발전할 수도 있다고 전망하면서 고이즈미를 엄격하게 비판했다. 그는 "일본은 샌프란시스코 강화조약 제11조에서 극동국제군사재판소와 일본 국내 및 국외의 기타 연합국 전쟁범죄법정

---

76) 船橋洋一, 『ザ・ペニシュラ・クェスチョン―朝鮮半島第二次核危機』, 朝日新聞社, 2006, 419쪽.
77) 外務省, 「町村外務大臣のニューヨークにおける政策スピーチ」, 2005. 4. 29.

의 재판을 수락하고 그것을 전제로 국제사회에 복귀했다. 따라서 A급 전범이 합사되어 있는 야스쿠니신사에 설령 사인으로서라도 수상이 참배하면 일본에 강화조약을 지키려는 의사가 있는지 의심받는 결과가 되는 것은 당연하다. … 고이즈미 수상이 계속 야스쿠니를 참배하고 중국과의 관계가 더욱 악화되면 미국으로서도 수상이 강화조약을 유린하고 있다고 지적하지 않을 수 없게 될지도 모른다"[78]고 비판했다.

그럼에도 불구하고 고이즈미는 참배를 포기하지 않았다. 2005년 10월 17일 수상 취임 후 다섯 번째로 야스쿠니신사에 참배한 직후에는 마이니치신문이 '북한의 핵개발 문제에 대한 한국, 중국과의 보조를 흩트리게 된다.' '왜 수상은 억지로 야스쿠니를 참배하는가'하는 미국 정부 내의 우려를 보도했으며[79], 10월 19일에는 뉴욕타임즈가 사설에서 "이 시기에 주변국에 악몽을 불러일으키는 것은 완전한 오류"라고 비판했다.[80] 20일에는 공화당의 하이드(Henry J. Hyde)하원외교위원장이 가토 료조(加藤良三) 주미일본대사 앞으로 "야스쿠니신사는 태평양전쟁에서의 군국주의의 상징 … 일본정부 관계자의 거듭되는 신사참배에 저항감을 느낀다"는 이례적인 서한을 송부했다.[81]

미국의 비판에 대응하여 일본 외무성은 한중영일의 4개국어로 된 '야스쿠니신사참배에 관한 정부의 기본적 입장'을 홈페이지에 실었다. 이 문서에서는 "수상의 참배는 A급 전범을 위한 것이 아니며, 또한 일본

---

78) 『朝日新聞』, 2005. 4. 23.
79) 『每日新聞』, 2005. 10. 18.
80) *New York Times*, 2005. 10. 19.
81) 『每日新聞』, 2006. 1. 1.

이 극동국제군사재판의 결과를 받아들이고 있는 것을 명언하고 있다"는 문구를 넣었다.[82]

한편 고이즈미 본인은 10월 24일자 워싱턴포스트와의 인터뷰에서 중국의 비판에 대하여 "일본을 라이벌시하는 인식을 확산시키고 반일감정을 만들어내는 것은 중국의 지도부로서는 도움이 될 것이다"라고 반박하면서 자신의 참배의 정당성을 강조했다.[83] 또한 11월 16일 교토에서 개최된 미일수뇌회담에서는 부시 대통령이 중일관계 악화에 우려를 표명했음에도 불구하고 그 후의 기자회견에서 수상은 "미일관계가 좋으면 좋을수록 중국, 한국, 아시아 각국과의 양호한 관계를 구축할 수 있다"고 장담했다.[84]

이와 같이 일본과 근린아시아와의 관계 악화가 미국의 국익에 미치는 영향이라는 수준에 머물러 있던 야스쿠니문제가 점차 미일 간의 직접적인 현안으로 떠오르게 되는 것은 2006년부터의 일이다. 2006년 1월 1일 마이니치신문은 '미 정권, 「야스쿠니」에 우려'라는 제목의 기사를 1면에 실고 그 후에도 단속적으로 미국 정부 관계자의 우려 표명에 관한 기사를 실었다.[85]

아사히신문에서도 「야스쿠니」 미일에 그림자 「대일비판 증가」 미국의 일본 전문가들 우려'라는 기사를 실었다.[86] 아사히신문은 "부시 대

---

82) 外務省, 「靖国神社参拝問題に関する政府の基本的立場」, 2005. 10.
83) *Washington Post*, 2005. 10. 24.
84) 『朝日新聞』, 2005. 11. 17.
85) 『毎日新聞』, 2006. 1. 1, 2006. 1. 6.
86) 『朝日新聞』, 2006. 4. 30, 2006. 5. 4.

통령이 수상의 야스쿠니참배를 비판하는 일은 없고 국방총성도 일본의 역사문제를 중시하지 않고 있다. 그러나 외교를 담당하는 국무성 내에는 미일이 협력하여 중국을 국제사회의 파트너로 삼으려는 이 시기에 중일수뇌회담도 열지 못하는 일본에 대한 초조함이 있다"고 하면서 외무성 간부의 말을 빌려 "정권 밖에서는 일본의 역사문제에 대한 워싱턴의 분위기는 엄격하다. 지금은 미일수뇌가 밀월관계에 있어 떠들지 않지만 수상이 바뀌면 어떻게 될지 모른다"는 말을 전하고 있다. 또한 클린턴 정권기에 주일미국대사 고문을 역임한 존스홉킨스대학 동아시아연구소장 캘더(Kent E. Calder)의 "전쟁을 정당화하는 것은 일본과 전쟁을 한 미국의 역사관과 대립한다 … 이웃국가와 대화할 수 없는 일본은 미국으로서도 도움이 되지 않는다"는 지적과 조지워싱턴대학의 아시아연구소 소장 마이크 모치즈키의 "미국의 엘리트는 대체로 야스쿠니신사의 역사관에 부정적이다. 역사문제가 원인으로 일본에 대한 비판적 견해가 강해지고 있다"는 지적을 소개했다.[87]

이러한 과정에서 미국 정부 당국자들의 대부분은 중일관계의 악화가 미국의 국익에 도움이 되지 않는다는 공통된 인식에 도달하고 있었다. 이 문제를 가장 철저하고 체계적으로 고찰한 것은 해군연구소(CNA), 국방분석연구소(IDA), 국방대학(NDU) 및 CSIS 태평양포럼이라는 저명한 4개의 싱크탱크가 합동으로 조직한 '중일대립프로젝트'였다. 이 프로젝트에는 전 정부고관, 정책분석가, 학자에 현직 고관까지 가담하여

87) 『朝日新聞』, 2006. 5. 13.

2006년 3월부터 8월까지 4차례 비공개 워크샵을 가지고 최후의 회의보고서에서는 "중일 간의 전략적 대립관계는 국익에 도움이 되지 않는다. 3개국 간의 협조를 촉진하는 것이야말로 국익에 도움이 된다. … 미국은 중일의 대립을 방치해 두어서는 안 된다"는 결론을 내리고 있었다.[88]

이와 같이 야스쿠니문제에 대한 우려가 확산되는 가운데 그것이 미일 간의 직접적인 현안으로서 표면화된 것은 미국 의회에서였다. 2006년 6월 고이즈미의 임기 중 마지막 미일 수뇌회담이 예정되었고 이 때 일본 수상으로서는 처음으로 상하원 합동회의에서 연설을 하는 것으로 전해지고 있었다. 그런데 고이즈미의 방미를 한 달 앞두고 5월 13일 하이드 하원외교위원장이 해스터트(J. Dennis Hastert) 하원의장 앞으로 고이즈미 수상의 의회연설을 조건으로 야스쿠니신사 참배를 중지할 것을 요구하는 서한을 지난달에 보냈다는 사실이 보도되었다.[89]

이미 지난해부터 고이즈미의 참배에 우려를 표명해 온 하이드는 하원의장에게 보낸 서한에서 "진주만 공격을 단행한 도조 히데키 전 수상 등이 합사되어 있는 A급 전범에게 수상이 경의를 표한다면 프랭클린 루즈벨트 대통령이 진주만 공격 직후에 연설한 장소인 미국 의회의 체면을 구기는 일이 된다", "진주만 공격을 기억하고 있는 세대로서는 수상의 의회연설과 야스쿠니참배가 연속하는 것은 우려를 느끼는데 그치지 않고 모욕당하는 생각조차 들 것이다."라고 지적하고 "연설 후에 야스쿠니에 참배하지 않는다고 의회 측이 이해하고 납득할 수 있는 어떤 조치를

---

88) マイク・モチツキ, 「米国はどうみているか」, 79쪽.
89) 『朝日新聞』, 2006. 5. 13.

취하기 바란다"고 요구했다.[90] 하이드는 필리핀 해전에서 일본군과 사투를 벌인 해군 병사의 한 사람이었다. 결국 고이즈미는 미국 정부로부터의 의회연설 요청을 사퇴하게 된다.[91]

또 한 가지 야스쿠니 참배 문제가 미일 간의 직접적인 현안이 된 사례는 야스쿠니신사에 있는 전쟁 박물관 遊就館의 문제이다. 유취관은 'A급 전범'을 야스쿠니신사에 합사하는데 결정적인 역할을 한 마쓰다이라 나가요시가 궁사로 재임하고 있을 때 대대적인 개장을 계획하여 지금의 모습을 갖추고 전시 내용에 대해서는 영어 번역까지 덧붙이고 있다. 그 가운데 미국과의 전쟁에 관해서는 기본적으로 과거의 전쟁은 '자위전쟁'이었다는 입장에서 루즈벨트 대통령이 3선된 후에도 미국의 경제가 부흥하지 않자 그 타개책으로 자원이 부족한 일본을 금수조치로 몰아가서 개전하지 않을 수 없게 만들었다고 하는 전혀 근거 없는 설명까지 하고 있다.[92] 이러한 遊就館의 전시 내용과 설명에 대하여 하이드 하원외교위원장은 의회에서 "제2차 세계대전은 일본에 의한 서측 제국주의로부터의 해방이라고 젊은 세대에 가르치고 있다"고 지적하면서 수정을 요구했으며, 당시 주일미국대사도 "만약 전시를 보고 설명을 읽으면 어떤 미국인이라도 불쾌하게 생각할 것"이라고 비판했다.[93] 심지어

---

90) 위와 같음.
91) 『日本経済新聞』 석간, 2006. 6. 1.
92) 半藤一利・秦郁彦・保阪正康, 「徹底検証・昭和天皇『靖国メモ』未公開部分の核心」, 『文藝春秋』, 2006. 9, 120쪽. 이러한 설명에 대해서는 일본의 보수적인 입장의 대표적인 역사학자 하타 이쿠히코(秦郁彦) 조차도 "역사관이나 주의 주장이 지나치게 노골적"이라고 비판하고 있을 정도로 평소부터 도쿄재판의 부당성을 주장하던 마쓰다이라 궁사의 역사관이 강하게 반영되어 있다.

미국의 지일파로 알려진 아미티지(Richard L. Armitage) 전 국무부장관도 "일본 수상의 야스쿠니 참배에는 문제가 없더라도 경내에 있는 遊就館의 일부 전시물의 설명문은 미국인과 중국인의 감정에 상처를 준다. 태평양전쟁의 기원 등에 관하여 일본의 일반적인 역사인식에도 반하는 기술이 있다. 일본이 자국의 전쟁을 기록하기 위해 군사박물관을 가지는 것은 중요하지만 거기에 있는 기술이 지나치게 부적절한 것은 일본 측에서도 재고되어야 한다"고 지적했다.[94]

워싱턴포스트도 8월 20일자로 유취관의 전시내용을 비판하는 칼럼을 게재했으며[95] 일본 국내에서도 가토 고이치, 외교 평론가 오카자키 히사히코(岡崎久彦) 등이 遊就館의 반미적인 전시내용을 수정, 또는 철거할 것을 요구했다.[96] 야스쿠니신사는 이러한 내외의 비판에 대하여 2007년 1월에 전시 표현을 7항목에 걸쳐 수정하게 되지만 '자위전쟁'이라고 주장하는 야스쿠니신사의 역사관을 수정한 것은 아니었다.[97]

한편 미국의 우려에도 불구하고 고이즈미가 8월 15일에 6번째로 야스쿠니신사 참배를 단행하자 워싱턴포스트는 차기 수상의 참배 중지를 요구하는 아이켄베리(G. John Ikenberry) 프린스턴대학 교수의 제언을

---

93) 『每日新聞』석간, 2006. 9. 15.
94) 『産経新聞』, 2006. 7. 20.
95) *Washington Post*, 2006. 8. 20.
96) 加藤紘一, 「対米問題となる前に解決しなければならない」, 『中央公論』, 2006. 8, 207쪽, 『産経新聞』, 2006. 8. 24.
97) 『每日新聞』, 2007. 1. 22. 다만 수정을 감수한 담당자는 "오해받는 부분은 표현을 고쳤지만 논지는 바꾸지 않고 사료를 제시해서 보강했다"고 하여 역사관의 수정은 아니라는 점을 강조했다.

게재했다.[98] 이어서 9월 14일에 열린 하원 외교위원회의 공청회에서는 대일비판이 분출했으며 홀로코스트의 생환자인 민주당 란토스(Thomas P. Lantos) 하원의원은 고이즈미의 참배를 "일본의 역사에 관한 건망증의 가장 심한 사례"라고 강한 어조로 비판하면서 "차기 수상은 이 관습을 그만두어야 한다"고 했다.[99]

앞서 보았듯이 일본에서는 쇼와천황의 '불쾌감'에 관한 '도미타 메모'가 공개된 이후 고이즈미의 참배 저지를 포기하고 차기 수상으로 유력시되는 아베 신조의 참배를 막으려는 논조가 지배적이었다. 미국에서도 위와 같이 고이즈미가 마지막 참배를 단행하자 차기 수상의 야스쿠니 참배를 저지해야 한다는 주장이 제기되고 있었다. 그렇다면 과연 고이즈미보다 더 우익적이라고 평가되는 당사자인 아베는 야스쿠니 문제를 어떻게 생각하고 있었을까. 다음에는 이 문제에 대해서 구체적으로 검토해 보기로 하자.

4. 아베 수상 이후 야스쿠니신사 참배 문제의 차별화(2006년 이후)

2006년 8월 15일 고이즈미 수상의 야스쿠니신사 참배는 나카소네 이후 21년만의 일이었다. 9월의 자민당 총재 선거를 앞두고 참배를 단행

---

98) *Washington Post*, 2006. 5. 17.
99) 『每日新聞』, 2006. 9. 15.

한 것은 참배에 신중한 자세를 보이던 후쿠다 야스오(福田康夫)가 입후
보를 보류하고 후계로 지목되는 아베 신조 관방장관의 우위가 굳어진
정세를 배경으로 한 것이었다.[100] 그 해 4월 15일 비밀리에 야스쿠니신
사에 참배한 아베는 참배하기 전에 관계자와의 대화에서 "야스쿠니에
가는 것은 일본인으로서는 당연한 일. 중국은 한 번 양보하면 끝이 없다"
고 하면서도 수상이 되면 갈 것인가를 묻는 질문에 대해서는 "그건 생각
해 볼 일"이라고 얼버무렸다.[101] 아베는 8월 4일 기자회견에서도 4월에
야스쿠니신사에 참배한 것을 묻는 질문에 대하여 "참배했는지 안했는지
에 관해서는 말씀드릴 생각이 없다"[102]고 했다. 이것이 아베와 고이즈미
와의 커다란 차이점이다.

고이즈미는 'A급 전범' 문제에 대해서는 깨끗하게 '전쟁범죄인'이라
고 인정하는 한편, 야스쿠니 참배에 대해서는 '마음의 문제'라고 설명하
면서 참배를 계속했다. 그러나 아베는 4월에 참배한 사실이 보도진에게
알려진 후에도 모두가 알고 있는 자신의 본심을 자신의 입으로 분명하
게 말하지 않는 '애매한 전술'을 취했다. 아베가 야스쿠니신사 참배를 적
극적으로 지지하면서도 이렇게 애매한 태도를 보이는 것은 '포스트 고이
즈미'가 거의 확실시된 상황에서 '외교상의 배려'를 보이기 위해서였다.
즉 고이즈미의 참배로 한중과의 수뇌회담이 단절된 악영향을 생각하면
차기 수상으로 지목되는 자신이 참배 방침을 명확하게 밝히는 것은 득

---

100) 『朝日新聞』, 2006. 8. 15.
101) 『週刊アエラ』, 「靖国問題 安倍の道 保守陣営も四分五裂」, 2006. 8. 28.
102) 『読売新聞』, 2006. 8. 4.

책이 아니라는 판단 때문이다. 한편으로는 아베를 지지하는 '일본회의' 등의 보수층을 생각하면 참배하지 않는다고 공언하기도 어려운 일이다. '애매한 전술'은 이러한 딜레마를 타개하기 위해 고안해 낸 '고육지책'이 라고 할 수 있는 것이다.[103]

이윽고 2006년 9월 제90대 내각총리대신으로 취임한 아베는 참배 를 계속할 의향을 비치고 2007년 1월 17일의 자민당 대회에서 결정된 운 동 방침에서도 '야스쿠니 참배를 계승한다'는 것이 명기되었지만 외교문 제와 정치문제로 비화하는 것을 피하기 위해 자신의 참배에 관해서는 명확하게 밝히지 않고 있었다. 그러나 아베는 만 1년을 채우고 건강상의 이유로 사임하기까지 야스쿠니신사를 참배하지 못했다. 아베는 다시 돌 아온 2012년 9월 14일 자민당 총재선거 후보자에 의한 합동기자회견에 서 수상재임 중에 참배를 못한 것은 "통한의 극치"라고 했지만, 다시 수 상이 되면 참배하겠는가의 질문에 대해서는 역시 명언하지 않고 "그 점 에서 생각해주기 바란다"고 애매하게 답했다.[104]

아베는 2012년 12월 제96대 내각총리대신으로 재임한 후 2013년 2월 중의원 예산위원회에서 이시하라 신타로(石原慎太郎)가 금년 야스 쿠니신사에 참배할 것인가를 묻는 질문에 대해서도 "야스쿠니 참배에 관하여 나는 함부로 외교적, 정치문제로 만들려는 생각은 없다. 내가 야 스쿠니에 참배한다거나 하지 않는다는 점에 대해서는 말하지 않기로 하 고 있다. 한편 국가의 리더가 그 국가를 위해 목숨을 바친 영령에 대하여

---

103) 위와 같음.
104) 『每日新聞』, 2012. 9. 17.

존숭의 마음을 표명하는 것은 당연한 것이라고도 생각한다"고 답하고 있다.[105] 이시하라가 "좀처럼 알기 어려울 듯 알 것 같은"이라고 응수했 듯이 애매모호한 답변으로 본심을 숨겼다. 그리고 제2차 아베내각 출범 후 만 1년이 되는 2013년 12월 26일에 제1차 아베내각을 포함하여 자신 이 수상이 된 후 최초로 야스쿠니신사에 전격적으로 참배했다.[106]

　　아베가 참배 직후에 발표한 '항구평화에 대한 맹세'라는 제목의 담 화에서는 고이즈미 수상의 '야스쿠니참배에 대한 정부의 기본적 입장'과 의 사이에 '가해의 역사'에 대한 인식차가 선명하게 드러나고 있다. 고이 즈미는 야스쿠니 참배를 끝까지 고집하면서도 '가해의 역사'와 도쿄재판 을 인정하고 'A급 전범'에 대한 참배가 아니라는 것을 거듭 강조하고 있 었다. 그러나 아베는 담화에서 "일본은 두 번 다시 전쟁을 해서는 안 된 다, 나는 과거에 대한 통절한 반성에 입각하여 그렇게 생각하고 있습니 다. 앞으로도 부전의 맹세를 견지하겠다는 결의를 새롭게 해 왔습니다" 라고 하여 '가해의 역사'에 대한 언급을 피하고, "중국, 한국인들의 심정 에 상처를 줄 생각은 전혀 없습니다. 야스쿠니신사에 참배한 역대 수상 이 그러했듯이, 인격을 존중하고 자유와 민주주의를 지키며 중국, 한국 에 대하여 경의를 가지고 우호관계를 구축해 가고자 합니다"[107]라고 하 여 한국과 중국에 대한 사죄와 반성을 언급하지 않은 채 우호관계를 강 조하면서 마무리하고 있다. 여기서도 아베의 '애매한 전술'을 확인할 수

---

105) 『産経新聞』, 2013. 2. 13.
106) 『読売新聞』, 2013. 12. 26.
107) 首相官邸 홈페이지, 「安倍内閣総理大臣の談話~恒久平和への誓い~」.

있다.

아베의 야스쿠니신사 참배에 대하여 한국과 중국은 당연히 항의하고 비판했다. 중국의 외상은 러시아의 외상, 한국의 외교부 장관, 미국의 국무장관 등과 전화 회담을 통해 야스쿠니 참배를 비판하는 국제여론을 만드는데 앞장섰다.108) 한국 외교부의 보도관도 2014년 1월 23일 정례기자회견에서 "참배는 제국주의 시대에 일본이 범한 과오를 반성하지 않는 것과 마찬가지다. 수상 등의 지도자가 야스쿠니신사에 참배하지 않는 것이 한일우호, 지역의 안정의 출발점이다"라고 비판했다.109)

미국 정부는 아베의 참배에 대하여 공식적인 언급을 하지 않았지만 주일미국대사관에서는 "일본은 중요한 동맹국이며 우호국이지만 근린 국가와의 긴장관계를 악화시키는 것과 같은 행동을 취한 것에 실망하고 있다"는 성명을 발표했다.110) 미국 국무성의 보좌관은 미국대사관이 성명에서 '실망하고 있다(disappointed)'는 표현을 사용한 것에 대하여 "아베의 야스쿠니 참배 그 자체에 대하여 논평한 것이 아니라 중국과 한국과의 관계 악화를 우려한 것"이며, "의견의 차이가 있을 때 서로 솔직하게 발언할 수 있는 것은 그만큼 긴밀한 관계의 증거"라고 하면서 "일본은 중요한 동맹국이자 우호국이며 (아베의 참배는) 미일관계 전체에 영향을 미치지 않는다"고 하여 미일관계의 중요성을 우선하는 인식을 보였다.111)

---

108) 「中ロが靖国参拝批判で国際世論づくり」, 『日刊スポーツ』, 2014. 1. 1.
109) 『時事通信』, 2014. 1. 23.
110) 『朝日新聞』, 2013. 12. 26.
111) 『読売新聞』, 2013. 12. 31.

한편 콜롬비아대학의 제럴드 커티스 교수는 강연에서 아베의 참배에 대한 미국정부의 '실망' 표명에 대하여 "아베 수상은 충격이었을지 모르지만 세계는 변화하고 있다. 중국의 대두라는 새로운 현실에 임하지 않으면 안 된다"고 했다.[112] 또한 미국의 월스트리트저널에서도 "일본의 군국주의 부활의 공포를 자국의 권익확대의 구실로 삼고 싶은 중국에 대한 선물"이라고 비판했다.[113] 미국에서는 수상의 야스쿠니신사 참배로 인한 근린국가와의 관계악화, 특히 중국과의 관계 악화가 미국의 국익에 도움이 되지 않는다는 고이즈미 이래의 대일인식을 대부분이 공유하고 있었다.

그런데, 아베가 제2기 내각을 출범한 2012년 12월부터 야스쿠니신사에 참배하는 2013년 12월까지의 1년간의 사이에 야스쿠니신사 참배를 둘러싸고 미국과 일본과의 사이에 미묘한 신경전이 있었던 것은 향후의 야스쿠니문제를 생각하는데도 매우 중요한 의미를 가진다. 문제의 발단은 아베수상이 야스쿠니신사와 미국의 알링턴국립묘지를 동일시하는 미국의 대학교수의 주장을 근거로 야스쿠니신사 참배를 정당화하는데서 비롯되었다. 여기서는 그 경위에 대하여 구체적으로 살펴보기로 하자.

2006년 5월 미국의 조지타운대학 동아시아언어학부의 학부장 캐빈 독(Kevin Doak) 교수가 산케이신문에 수상의 야스쿠니신사 참배를 지지하는 논고를 3회 연속으로 기고하여 화제를 모았다.[114] 그의 주장은 아

---

112) 『時事通信』, 2014. 1. 13.
113) 『共同通信』, 2013. 12. 27.

베의『美しい国へ』에도 인용되었으며 이후『諸君!』,『週刊文春』등의 우파 미디어에서도 종종 발언하여 주목을 모으고 있다.

아베가 그의 저서에서 야스쿠니를 옹호하는 근거로 인용하는 부분은 알링턴국립묘지에는 노예제를 위해 싸운 남군 장병도 매장되어 있지만 미국의 역대대통령이 참배한다고 해서 그것이 노예제를 찬성하는 것을 의미하는 것은 아니다. 마찬가지로 일본의 수상이 야스쿠니신사에 참배한다고 해서 그것이 도조 히데키 등의 전범의 행위에 대한 찬동을 표명하는 것이 되지 않는다. 따라서 자국의 전사자를 애도하는 것은 '자연스러운 행위'이기 때문에 수상의 야스쿠니신사 참배는 '장려'되어야 한다는 주장이다.[115]

알링턴국립묘지와 야스쿠니신사를 동일시하여 수상의 야스쿠니신사 참배를 '장려'하는 캐빈 독의 주장은 미국의 '권위'에 영합하는 일본 우익들에게는 크게 환영받을 일이겠지만 역사적인 사실 인식이 정확하지 않을 뿐 아니라 논리적 설득력이 결여되어 있다. 무엇보다도 알링턴국립묘지는 노예제 폐지 여부를 둘러싼 역사인식과는 전혀 무관한 곳인데 비하여, 야스쿠니신사는 도쿄재판을 부정하고 'A급 전범'을 전쟁범죄자가 아니라고 주장하는 입장에서 아시아태평양전쟁을 '침략전쟁이 아닌 '자위자존을 위한 전쟁'이었다는 역사인식을 스스로 공언해 오고 있는 곳이다. 전혀 성격이 다른 곳을 비교하는 자체에 무리가 있는 것이다.

캐빈 독의 그 밖의 주장도 이제까지 일본의 보수 논단이 주장해 오

114)『産経新聞』,「靖国参拝の考察」, 上・中・下, 2006. 5. 26-28쪽.
115)『産経新聞』,「靖国参拝の考察」, 中, 2006. 5. 27.

던 상투적인 논리와 크게 다르지 않으며 오히려 더욱 적극적으로 수상의 참배를 옹호하고 있다. 예를 들면 전쟁에서 죽은 선인을 애도하는 것은 극히 '자연스러운 일'이며, 수상의 참배에 대해서도 정치적 의도가 없다는 수상의 말은 '타자의 존엄에 대한 정신적 경의'에 의거한 개인의 표현으로 보아야 하는데도 불구하고 중국이나 한국이 이를 비판하는 것은 '인간의 마음을 배제'하는 부당한 태도라고 비판한다. 심지어 캐빈 독은 "비인도적인 독재자 모택동과 김일성, 김정일의 미라를 만든 중국이나 북한의 시설이야말로 추악하고도 위험한 의도의 응축이며 한국의 일본 대사관 앞에 있는 위안부 소녀상이야말로 왜곡된 자기연민과 수치심의 결여를 응축한 것"이라고 하여 노골적으로 혐오감조차 드러내고 있다.[116] 또한 야스쿠니신사 참배를 비판하는 국가는 "공산당 독재의 정당성을 연결하는 무신론의 국가와, 일본 비판을 민족의 긍지로 연결하는 정서적인 한국"밖에 없다고 비난하면서 일본군의 가장 큰 피해를 입은 동남아시아와 장기간 통치를 받은 대만에서도 비판은 나오지 않는다고 하여 사실과는 전혀 다른 주장까지 전개하고 있다.[117]

이러한 캐빈 독의 주장에 대해서 같은 조지타운대학의 동료교수로 일본근대사를 전공하는 조르단 샌드(Jordan Sand)가 반론을 제기하는 부분이 흥미롭다. 그 요지를 정리하면 다음과 같다.[118]

---

116) 「ケビン・ドークの靖国論―中韓の批判に応じることの危険性」, 『週刊文春』, 2013. 6. 30.
117) 古森義久, 「ケビン・ドーク教授 '靖国参拝は心の問題」, 『産経新聞』, 2013. 6. 8.
118) http://members.jcom.home.ne.jp/nokato/data12.html. 加藤哲郎のネチズン・カレッジ/学術論文データベース12(転載/リンク自由); ジョルダン・サンド, 「アメリカよりみた「靖国問題」－ドーク氏に反論する」, 2007. 5. 3.

중요한 것은 참배하는 행위의 정치성과 예상되는 외교상의 영향을 알면서도 일본의 정치가가 계속해서 가고 있다는 사실.

국가 간의 조약은 체결되었지만 식민지지배와 침략전쟁에 의한 개인적 피해에 대하여 일본정부는 아무런 배상도 하지 않고 있으며, 더구나 그 피해 자체를 적지 않은 일본의 정치가는 지금도 인정하지 않고 있다. 이러한 상황을 배경으로 침략당한 국가의 대다수 사람들은 야스쿠니신사 참배라는 상징적인 의사표명에 대하여 분노하고 있는 것이다.

중국정부가 피해의 기억을 악용하여 국민의 내셔널리즘을 선동하고 있는 것은 사실이지만 그렇다고 해서 학살이나 잔학행위의 사실이 있는 한 일본제국이 책임을 사면받는 것은 아니다.

일본 병사에 의한 비무장 시민의 대량 살육을 의심하는 역사가는 없다. 또한 강제 연행된 노동자나 포로 수십만 명이 아사, 과로사한 것을 의심하는 역사전문가는 많지 않다.

야스쿠니문제에 대한 윤리적인 입장을 순화하는 모든 성실한 노력은 개인의 추도하는 권리와 국내외의 피해자에 대한 국가의 책임을 변별하는 데서부터 출발해야 한다.

샌드는 정곡을 찌르는 지적과 반론을 전개하면서 마지막으로 아베가 왜 캐빈 독의 논설을 인용하게 되었는지를 다음과 같이 날카롭게 지적하고 있다. 즉 "일본의 저널리스트나 학자가 같은 글을 썼다면 아베가 그 이름을 인용했을까. 미국의 대학교수가 쓴 것이기 때문에 독의 말에 부가가치를 부여하고 있다고 해도 좋을 것이다." 그리고 마지막으로 다음과 같이 마무리하고 있다. "'영령'을 위해 무엇을 할 것인가보다도 피해자를 위해 무엇을 할 것인가의 쪽이 국가의 도덕적 정통성을 잴 수 있는 보다 좋은 척도가 아닐까"라고.

그러나 아베에게 샌드의 반론은 안중에도 없었다. 아베는 2013년 5월 중순 미국외교잡지 『FOREIGN AFFAIRS』 편집국장과의 인터뷰에서도 캐빈 독의 견해를 인용하여 야스쿠니신사는 알링턴국립묘지와 같은 것이라고 설명했다.[119] 이러한 발언의 전후 관계를 살펴보면 아베의 발언이 이미 계획적으로 치밀하게 준비된 것이었다는 것을 알 수 있다. 2007년 사임한 후 2012년 컴백하기까지의 사이에 나름대로 내공을 쌓고 지능적으로 진보한 것이라고나 할까. 아베는 『FOREIGN AFFAIRS』와 인터뷰하기 전인 2013년 2월 22일 미국을 방문할 때부터 야스쿠니신사=알링턴국립묘지라는 등식을 염두에 두고 있었다. 그는 귀국 후 2월 28일 중의원 예산위원회에서 다음과 같이 답변하고 있다.

> "지난번에 방미했을 때 알링턴 묘지에 참배했습니다. 그것은 곧 미국을 위해 싸우다 목숨을 잃은 병사들에게 경의를 표하기 위해서이며 국제적인 의례로서 수뇌 간의 방문에 즈음해서 행하여지는 일입니다. 미국을 방문했을 때 CSIS(米戦略国際問題研究所)라는 곳에서 강연을 했는데, 거기서 질문을 받기로 되어 있어 경우에 따라서는 저의 야스쿠니 참배에 관한 질문이 나올지도 모른다고 생각하고 나름대로 답변을 준비했습니다. 그 답변은 곧 제가 알링턴 묘지에 참배한 것은 국가를 위해 싸운 병사들에게 경의를 표하는 일이며 그것은 당연한 일이라고 생각한다는 것이었습니다. 그리고 그러한 가운데 일본에서는 야스쿠니에 합사되어 있는 일본을 위해 싸우고 목숨을 바친 영령에 대하여 국가의 지

---

119) 『産経新聞』, 2013. 6. 8. 캐빈 독은 2013년 6월 아키다의 국제교양대학에서 일본내셔널리즘의 집중강의를 위해 방일한 후 아베 수상을 표경 방문했다.

도자가 경의를 표하는 것은 당연한 일이라고 말할 생각이었습니다. 또한 알링턴에는 남군의 병사도 북군의 병사도 묻혀있는 곳으로 그것은 예를 들면 남군 병사가 남북전쟁에서 노예제도를 유지하기 위해 싸웠다는 이념과는 관계없이 국가를 위해 싸웠다는 점에 경의를 표하는 것이며 그 이념과는 무관하다는 점을 말하려고 했습니다. 아무튼 국가를 위해 싸운 영령에 대하여 경의를 표하는 것은 당연한 일이라고 생각합니다."[120]

여기서 야스쿠니신사를 알링턴국립묘지와 등식화하는 아베의 숨은 의도를 엿볼 수 있다. 즉 알링턴국립묘지와 야스쿠니신사를 동일시하여 일본의 수상이 알링턴국립묘지에 방문한 것이 아무런 문제가 되지 않듯이 외국 원수가 야스쿠니신사에 참배해도 문제가 되지 않으며, 따라서 일국의 지도자가 외국을 방문 할 때는 상대국의 동등한 시설을 방문하는 것이 '국제적 의례'라는 점을 강조하려는 것이다. 알기 쉽게 말하자면 자신이 알링턴국립묘지를 참배했으니 미국의 국가원수도 야스쿠니신사에 참배하기 바란다는 말이다. 아베는 이러한 의도를 숨기고 『FOREIGN AFFAIRS』와의 인터뷰에서 야스쿠니신사와 알링턴국립묘지를 동일시하는 발언을 한 것이다.

그러나 아베를 비롯한 야스쿠니 지지파들의 기대와 달리 2013년 10월 3일 일본을 방문한 미국의 케리 국무장관과 헤겔 국방장관은 야스쿠니신사에 가지 않고 치도리가후치묘원에 헌화했다. 이는 미국의 요청에 의한 것으로 외국 요인이 헌화한 것은 최초의 일이었다. 이와 관련하

---

120) 「日本訪問のアメリカ閣僚による一つの珍事が起きた. ≪千鳥ケ淵墓苑で献花 =米国務長官ら≫」, 『時事ドットコム』, 2013. 10. 3.

여 미 국방부 고관은 치도리가후치묘원은 알링턴국립묘지와 '가장 가까운 존재'라고 말했다.[121] 이는 곧 5월의 인터뷰에서 아베가 한 발언을 의식한 메시지였다. 즉 아베가 알링턴국립묘지와 야스쿠니신사는 같다고 발언한 것에 대하여 알링턴국립묘지를 야스쿠니신사와 같은 부류로 말하지 말라는 '무언의 경고'를 행동으로 나타낸 것이다. 그것은 또한 아베 정권을 경계하는 중국과 한국에 대하여 냉정한 태도를 유지하도록 일본을 포함한 동아시아 각국에 메시지를 보낸 것으로도 해석할 수 있을 것이다.[122] 미국의 두 각료는 '국제적 의례'로 야스쿠니신사가 아닌 신원불명의 약 35만구의 유골이 안치된 치도리가후치묘원에 헌화함으로서 아베의 주장과 달리 알링턴국립묘지와 치도리가후치묘원을 등가치화한 셈이다. 이로써 아베는 더 이상 야스쿠니신사와 알링턴국립묘지를 동일시하는 발언을 하기 어렵게 된 것이다.[123] 이렇게 볼 때 2013년 12월 23일 아베가 야스쿠니 참배를 단행한 것은 미국의 '무언의 경고'에 대한 '무언의 반발'이 아니었을까.

5. 야스쿠니문제의 전망

1980년대부터 지금까지 야스쿠니문제는 주로 나카소네, 고이즈미,

---

121) AFP통신 영어판, 2013. 10. 4(http://peacephilosophy.blogspot.kr/2013/10/blog-post.html).
122) 『朝日新聞』, 2013. 10. 4, 『時事通信』, 2013. 10. 4.
123) 『日本経済新聞』, 2013. 10. 5.

아베라는 3명의 수상이 야스쿠니신사에 참배함으로써 크게 논란을 불러일으키면서 주목을 모아왔다. 수상의 참배로 인하여 특히 쟁점이 된 것은 'A급 전범' 문제였다. 'A급 전범' 문제는 단순히 합사냐 분사냐의 문제가 아니라 도쿄재판에 대한 평가, 나아가 아시아태평양전쟁을 침략전쟁으로 보느냐 자위전쟁으로 보느냐의 역사인식 문제와 밀접한 관계에서 전개되었다.

1985년 나카소네 수상이 보수 우파들의 요구를 대변하여 '공식참배'를 실현했지만 이로 인하여 국내외에서 비판이 집중되면서 나카소네 수상은 참배를 포기하고 'A급 전범'의 분사를 본격적으로 검토하기 시작했다. 이를 계기로 보수 우파에서 'A급 전범'에 대한 평가를 둘러싸고 내부 분열이 표면화되었다. 특히 1980년대 보수 우파의 논쟁에서 주목되는 것은 'A급 전범'에 대하여 패전 책임자로서 당연히 처벌받아야 하며 야스쿠니신사에 합사될 자격이 없다는 인식이 적지 않게 공유되고 있었다는 점이다. 이 부분은 2000년대 이후 고이즈미 수상의 야스쿠니신사 참배로 재차 불붙게 되는 야스쿠니문제를 둘러싼 논의에서는 볼 수 없는 현상으로 주목해야 할 부분이다. 물론 그들이 'A급 전범'을 비판하고 야스쿠니신사에서의 분사를 주장한다고 해서 반드시 침략전쟁을 인정하거나 도쿄재판을 부정하지 않는 것은 아니다.

2001년 고이즈미 내각에서의 야스쿠니문제를 둘러싼 논의의 특징은 첫째로 새로운 국립 추도시설을 건설하여 야스쿠니신사의 'A급 전범'을 분사하는 객관적인 환경을 만들자는 우회적인 전략이었다. 이는 곧 나카소네 내각에서 야스쿠니신사와 유족의 반대로 분사론이 좌절된 후 새롭게 구상된 것이었다. 둘째로 고이즈미의 참배 계속으로 인하여 대외적인 비판이 미국으로까지 확대되어 갔다. 미국에서의 비판은 새로운 국립추도시설 구상과도 무관하지 않다. 셋째로 '도미타 메모'가 공개되어 커다란 파문을 불러일으켰지만 고이즈미는 끝내 임기 마지막 해에 8월 15일 참배를 단행했다. 천황의 '권위'로도 고이즈미의 발길을 막을 수 없을 만큼 고이즈미는 개성이 강한 정치가였다. 넷째로 고이즈미는 6회에 걸쳐 야스쿠니신사에 참배했지만 '공식참배'는 단 한 번도 없었다. '공식참배'에서 '참배'로 격하된 점은 향후의 야스쿠니문제를 생각할 때 예의주시할 필요가 있을 것이다.

아베는 역대 내각의 그 누구보다도 우익적이면서도 야스쿠니신사 참배에 대해서는 자신의 본심을 명확하게 드러내지 않는 '애매한 전략'을 일관하고 있다. 아베가 애매한 태도를 보이는 배경에는 내외의 비판을 피하면서도 자신의 지지 세력인 보수우파들의 요구를 만족시켜야 하는 딜레마가 있기 때문이다. 2015년 8월 14일의 '전후 70년' 담화가 애매하고 불분명한 '사죄'와 '반성'이라는 형태가 되어 버린 것도 이러한 사정과 무관하지 않을 것이다.

아베가 역대 내각과 차별화되는 또 하나의 특징은 야스쿠니신사와 미국의 알링턴국립묘지를 등가치화하여 미국의 국가원수가 야스쿠니신사를 참배할 수 있는 여건을 마련하고자 하는 전략이었다. 그러나 미국은 알링턴국립묘지와 '가장 가까운 존재'는 치도리가후치묘원이라고 선을 그었고 아베의 의도는 보기 좋게 빗나가고 말았다.

아베는 2013년 12월 참배한 이후 지금까지는 야스쿠니신사 참배를 하지 않고 있다. 앞으로 아베가 재임 중에 참배를 할 것인지의 여부는 예측할 수 없는 일이지만 야스쿠니신사 문제에 더하여 일본군위안부 문제가 국제사회에서 주목을 받고 있는 상황에서 굳이 대외적인 비판을 자초할 무리수는 두기는 어려울 것이다. 그러나 한편으로는 안보법 개정을 실현하고 헌법 개정을 추진하는 과정에서 내각지지율의 추이나 국내정치와 국제정치의 상황 변화에 따라 발길을 옮길 가능성을 전혀 배제할 수도 없을 것이다.

현대일본생활세계총서 **13**

일본 정치의 구조 변동과 보수화
: 정치적 표상과 생활세계의 실상

일본 교과서 문제의 역사적 경위와 실태
국제주의와 애국주의의 길항*

남상구

1. 일본 교과서 문제란 무엇인가?

일본 자민당은 2012년 중의원 총선거 「종합 정책집 J-파일(2012)」에서 "많은 교과서에 아직도 자학사관(自虐史觀)에 근거를 두는 등 편향된 기술이 존재한다"며, '근린제국조항'을 수정하겠다고 주장했다. 자신의 보수성을 상징하는 표상으로 교과서 문제를 적극적으로 활용해 온 것은 아베 신조(安倍晋三) 총리였다. 자학사관의 극복을 주장해 온 아베 총리가 1차 내각의 중요한 성과로 내세우는 것 중 하나가 교육기본법의 개정(2006.12)이었다. 아베 총리는 교육기본법 개정에 관한 담화에서 "오늘 성립한 교육기본법의 정신에 따라 개인의 다양한 가능성을 개화시키고, 뜻을 가진 국민을 기르고, 품격을 갖춘 아름다운 나라 · 일본을

---

* 이 글은 『한일관계사연구』제54호(2016. 8)에 게재된 논문을 수정 보완한 것임을 밝힌다.

만드는 것이 가능하도록 교육재생을 추진하겠습니다."[1]라고 주장했다. 교육기본법 개정에 대해서는 일본 국내에서 찬반양론이 격렬하게 대립했는데 논쟁의 핵심은 '애국심 조항'이었다. 찬성론은 자학사관 극복을 위한 애국심의 중요성을 내세웠고, 반대론은 강요된 애국심의 위험성을 지적했다. 그런데 개정된 교육기본법을 보면 "전통과 문화를 존중하고 이러한 것들을 길러온 우리나라와 향토를 사랑함(A)과 동시에, 타국을 존중하고 국제사회의 평화와 발전에 기여하는 태도(B)를 기를 것"이라는 교육 목표(5항)에 나타나 있듯이 애국주의(A)뿐 아니라 국제주의(B)도 들어가 있다.[2] 즉 '아베=보수적・애국주의적 교육'이라는 표상이 실상에서 어떻게 적용되는지 대해서는 사실에 기초한 구체적인 검토가 필요하다.

일본 교과서 문제에 대해 국내에서는 "점점 치밀하게 확산되는 일본교과서 역사왜곡"(한국일보 사설, 2016.3.18), "日 아베 정권, 4년 전엔 통과한 교과서 내용에 대거 '빨간줄'"(연합뉴스, 2016.3.19)이라는 보도에 나타나 있듯이 교과서 왜곡이 심화되고 있다고 비판하고 있다. 한편 일본 우익은 자국의 교과서가 '자학적'이고 '중한(中韓) 예속사관'에 기초하여 기술되었다고 주장하고 있다.[3] 이러한 상반된 주장이 제기되고 있

---

1) 教育基本法改正法成立を受けての内閣総理大臣の談話(2006. 12. 15. 일본 문부과학성 홈페이지).
2) 본고에서 애국주의는 애국심을 이유로 내세워 식민지배와 침략전쟁 관련 기술을 축소하려는 시도로, 국제주의는 국제이해라는 차원에서 식민지배와 침략전쟁 관련 사실을 기술하려는 시도라는 의미에서 사용하고자 한다.
3) 新しい歴史教科書をつくる会. 홈페이지(http://www.tsukurukai.com/hikaku/hikaku.html).

는 것 역시 일본 교과서에 애국주의적인 기술뿐 아니라 국제주의적인 기술이 중첩되어 있기 때문이라고 할 수 있다.

본고의 목적은 1945년 8월 이후 일본 교과서 기술은 국제주의와 애국주의가 길항(拮抗)하는 가운데 변화해왔다는 인식을 토대로(〈표 1〉참조), 식민지 지배와 침략전쟁, 영토문제 관련 기술이 구체적으로 어떻게 바뀌어 왔는지, 이러한 기술의 변화에 일본 정부가 어떻게 관여했는지에 대해 검토하는 것이다. 검토에 있어서는 식민지 지배와 침략전쟁에 관한 특정한 역사적 사실이 기술되었는지 여부와 더불어 역사적 흐름 속에서 각 시기별 교과서 기술과 그 변화가 갖는 의미에 주목했다.[4]

연도	애국주의	국제주의
1946		일본 문부성 발간 교과서에 난징대학살 기술
1949		교과서제도 국정에서 검정으로 변경
1955	민주당(여당),『걱정스런 교과서 문제』라는 소책자 배포	
1965		이에나가 사부로가 교과서 검정제도는 위헌·위법 소송 제기
1970		이에나가 소송 1심 판결, 검정은 헌법과 교육법 위반
1974		고등학교 교과서에 난징대학살 재등장
1975		중학교 교과서에 난징대학살 재등장
1980	자민당(여당)이 당 기관지에 "지금 교과서는−교육 정상화를 위한 제언" 연재	
1982	고등학교 검정결과 발표(아사히신문이 중국 화북(華北) 침략이 진출로 바뀌었다고 보도)	미야자와 기이치 관방장관 담화 발표, 교과서 검정기준에 '근린제국조항' 신설
1984		모든 중학교 역사교과서에 난징대학살

---

4) 1945년 8월부터 2001년까지의 일본 교과서 문제의 역사적 경위를 검토한 연구로는 俵義文,『教科書攻撃の深層』, 学習の友社, 1997; 남상구,「일본 역사교과서 문제를 보는 눈」,『역사연구』제9호, 2001. 이 있다.

연도	애국주의	국제주의
		기술
1985		모든 고등학교 역사교과서에 난징대학살 기술
1986	일본을 지키는 국민회의, 원서방(原書房)에서 고등학교 역사교과서『신편 일본사』발간	
1993	자민당, '역사·검토위원회' 설치	고노 요헤이 관방장관 담화 발표, 일본군 '위안부' 문제에 대해 사죄와 반성 표명
1994		1993, 1994 검정통과 고등학교 일본사 교과서 '위안부' 기술(23종 중 22종)
1995		무라야마 도미이치 총리 담화 발표, 침략과 식민지 지배에 대해 사죄와 반성 표명
1996	'밝은 일본·국회의원 연맹' 결성.	검정 통과 중학교 역사교과서 7종 전부에 '위안부' 기술
1997	'새로운 역사교과서를 만드는 모임'('새역모') 결성, '일본의 앞날과 역사교육을 생각하는 젊은 의원모임' 결성	
1999	국기·국가법 제정	
2001	'새역모', 부상사(扶桑社)에서 중학교 역사/공민 교과서 발간	제1기 한일역사공동연구위원회 발족
2005	중학교 역사교과서 '위안부' 기술8종 중 2종으로 감소	민간단체인 한중일3국공동역사편찬위원회,『미래를 여는 역사』발간
2006	'새역모'와 '일본교육재생기구' 분열, 교육기본법 개정('애국심' 조항 신설)	
2007		제2기 한일역사공동연구위원회 발족
2008	중학교 학습지도요령해설서에 독도 명기	
2011	'새역모'와 '일본교육재생기구' 자유사(自由社), 육붕사(育鵬社)에서 역사/공민교과서 발간, 중학교 역사교과서에서 '위안부' 기술 사라짐, 모든 중학교 지리, 공민 교과서에 독도 기술	
2014	중·고 학습지도요령해설서에 독도는 일본 고유의 영토, 한국이 불법점거 명기	
2015	검정통과 중학교 지리, 공민, 역사 교과서 18종 전부에 독도는 일본영토 기술	마나비사(学び社) 중학교 역사교과서 '위안부' 기술
2016	검정통과 고등학교 지리A/B, 정치경제, 현대사회, 일본사A/B 24종 전부에 독도는 일본영토 기술	
2017	개정 초·중학교 학습지도요령에 독도는 일본 고유의 영토 명기	

〈표 1〉 일본 교과서 문제 연표

2. 일본 교과서 문제의 역사적 경위[5]

2.1. 제1기: 패전에서 제1차 교과서 공격전까지(1945-1955)

1945년 일본을 점령한 연합군 최고사령관 총사령부(GHQ/SCAP)의 지시에 따라 태평양전쟁 당시 황국사관에 의해 기술된 교과서는 폐기되고 새로운 역사교과서가 발행되었다. 1946년 문부성은 『나라의 발자취』(초등학교), 『일본의 역사 하』(중학교), 『일본의 역사』(고등학교), 『일본역사』(사범학교)를 발간했는데, 여기서는 난징대학살에 대해 "난징을 침범하고", "난징을 점령했을 때 거기에서 행한 잔학행위가"라고 기술되었다.[6] 1949년부터는 교과서 발행이 국정제도에서 검정제도로 변경되었는데 만주사변, 중일전쟁, 동남아시아 침략을 일본의 '침략'이라고 기술한 교과서도 있었다.[7] 하지만 일본의 침략전쟁 관련 내용이 기술된 것은 일본의 역사인식 변화가 아닌 점령정책의 결과였다.

2.2. 제2기: '제1차 교과서 공격'에서 '이에나가 소송'까지 (1955-1965)

점령이 끝나자 침략전쟁과 가해 사실을 교과서에 기술한 것에 대한 보수 세력의 공격이 시작되었다. 오카노 기요히데(岡野淸豪) 문부대신의 "태평양전쟁의 선악은 말하지 않겠지만, 어쨌든 세계 각국을 상대로

---

5) 본장은 남상구, 「일본 역사교과서 문제를 보는 눈」, 『역사연구』 제9호, 2001. 을 수정·보완했다.
6) 俵義文, 『教科書攻撃の深層』, 学習の友社, 1997, 169-170쪽.
7) 俵義文, 『教科書攻撃の深層』, 学習の友社, 1997, 29쪽.

해서 4년간이나 전쟁을 한 것은 일본인의 우수성을 보여주는 것으로, 일본인은 자신감을 되찾는 것이 필요하다"[8]는 발언에 상징적으로 나타나 있듯이 보수 세력은 일본이 패전으로 상실했던 자신감을 되찾는 것을 과제로 내걸었다. 이러한 인식의 연장선상에서 1955년 8월부터 11월까지 여당인 민주당이『걱정스런 교과서 문제』라는 소책자(총 3권)를 배포하면서 교과서에 대한 공격을 시작했는데 이것을 제1차 교과서 공격이라고 한다. 공격의 초점은 일본교직원조합이 편향된 교과서로 좌편향적 정치교육을 한다는 것이었다. 중국을 침략한 사실을 교과서에 기술한 것에 대해서는 "이것이 과연 일본 교과서로서의 역할을 할 수 있겠느냐"고 비판했다. 이러한 비판을 계기로 일본 정부는 교과서 기술에 대한 통제를 강화했다.

정부 통제가 강화된 1957년도 교과서 검정에서는 불합격률이 30%나 되었다.[9] 이에나가 사부로(家永三郎) 교수가 쓴 고등학교 일본사 교과서『신일본사』도 "과거의 사실에 대해 반성을 추구하려는 열의가 지나쳐, 학습을 통해서 선조의 노력을 인식하고 일본인으로서의 자각을 높이고 민족에 대한 풍부한 애정을 키운다는 일본사의 목표와는 거리가 멀다"는 이유로 불합격 판정을 받았다.[10] 일본 정부가 검정제도를 이용하여 교과서 기술을 강력하게 통제한 결과, 일본의 침략과 가해에 대한 기술은 줄어들게 되었다.

---

8) 아사히신문의 천성인어(天声人語)에 실렸던 것으로, 중의원 예산위원회(1953. 2. 9) 회의록에 게재되어 있는 것을 인용했다.
9) 浪本勝年, 「1950年代の教科書」,『立正大学文学部論叢』通号 83, 1986, 71쪽.
10) 家永三郎,『教科書検定: 教育をゆがめる教育行政』, 日本評論社, 1965, 71쪽.

정부의 이러한 교과서 통제에 대해 1965년 12월과 1957년 12월에는 교과서 집필자가, 1960년에는 일본역사학협회와 역사학 관련 9개 학회가 각각 학문의 자유를 침해한다며 공개적으로 우려를 표명했다. 이에 나가 교수는 1965년 교과서 검정제도는 위헌·위법이라는 소송을 제기했다(제1차 소송). 그리고 1967년, 1968년도용 교과서 검정에서 3건 6곳의 불합격 처분을 받은 것에 대해서도 불합격 취소 청구소송을 제기했다(제2차 소송).

2.3. 제3기: '한일국교정상화'에서 '제2차 교과서 공격'까지 (1965-1982)

1965년 1월 17일 한일회담 조인을 앞두고 한국을 방문한 시나 에쓰사부로(椎名悦三郎) 외무대신은 "양국 간의 긴 역사 중에 불행한 기간이 있었던 것은 매우 유감스런 일이며 깊이 반성한다"는 성명서를 발표했다. 시나 외무대신은 1965년 2월 24일 중의원 외무위원회에서 "일한 사이에 과거에 불행한 기간이 있었다는 사실을 깊이 반성하면서 장래의 일한 우호친선 관계를 구축해 나가고자 하는 결의를 의미하는 것이라고 이해해 주시길 바랍니다. 즉, 더 말씀드리자면 한 민족이 역사적·문화적 전통을 갖고 있는 타 민족을 지배한다는 것 자체가 지배당한 민족의 민족감정이라는 점에서 보아도 또는 국제정치의 관점에서도 정당한 것은 아니라고 생각하고 있는 바입니다"라고, 자신이 발표한 성명서가 식민지 지배의 부당성에 대해 반성을 표명한 것이었음을 명확하게 밝혔다.[11] 한일 국교정상화 이후 일본의 한국 식민지 지배 관련 기술이 늘어나기 시작했다(126쪽 〈표 3〉 참조).

식민지 지배와 침략전쟁 관련 기술은 1970년대 접어들어 대폭 증가했는데, 그 원인으로는 첫째, 1970년 스기모토 료기치(杉元良吉) 재판장이 이에나가 2차 소송 1심 판결에서 "교과서의 사상 내용을 심사한다는 것은 인정할 수 없고 더욱이 교과서 내용 개입에도 일정한 한계가 있다"며 교과서 검정은 헌법과 교육법에 위배된다고 판결한 사실을 들 수 있다. 둘째, 1972년 중일 국교정상화를 계기로 이나바 오사무(稲葉修) 문부대신이 동년 9월 29일 국회에서 "전쟁을 통해서 중국 국민에게 얼마나 중대한 피해를 끼쳤는지에 대해 국민은 잘 알 필요가 있습니다. 금후 초중등 교육과 그 밖의 사회교육에서 해야 할 일이 많다는 것은 야스나가 의원의 생각과 같습니다"고 답변한 것에 상징적으로 나타나 있듯이 일본 정부의 정책 변화를 들 수 있다. 중일공동성명에서 일본은 중국 침략에 대해 "과거 일본국이 전쟁을 통해서 중국 국민에게 중대한 손해를 입힌 책임을 통감하고 깊이 반성한다"고 표명했다. 이나바 문부대신의 발언은 중일공동성명에서 밝힌 일본 정부의 이러한 견해를 반영한 것으로, 일본과 중국의 국교 회복이 일본의 교과서 기술에 영향을 주었다고 할 수 있다.

그 결과 난징대학살에 대한 기술이 1974년판 고등학교 일본사 교과서에 다시 등장했다. 중학교 교과서에도 1975년판 개정판에 다시 등장

---

11) 남상구, 「아베정권의 역사인식과 한일관계」, 『한일관계연구』 제46호, 2013, 234-235쪽.

했다. 이에나가 소송으로 대표되는 일본 시민사회와 학계의 노력, 한중과의 국교수교라는 외적 요인이 다시 국제주의적 기술의 대두를 가져왔던 것이다.

교과서에 일본의 침략에 대한 기술이 늘어나자 보수 세력에 의한 교과서 공격이 시작되었다. 이것을 제2차 교과서 공격이라고 한다. 1980년 1월 여당인 자민당이 당 기관지『자유신보(自由新報)』에 "지금 교과서는 ─교육 정상화를 위한 제언" 연재를 시작했다. 동년 7월에는 오쿠노 세이스케(奧野誠亮) 법무대신이 기자회견에서 "현행 교과서는 나라를 사랑한다는 말을 피하고 있는 등 큰 문제가 있다"고 주장하는 등 교과서에 대한 공격이 본격화되었다. 검정을 통한 교과서 기술 통제도 눈에 띄게 늘어났다.

2.4. 제4기: 1982년 교과서 '파동'에서 1996년 중학교 교과서 일본군 '위안부' 기술까지(1982-1996)

제2차 교과서 공격을 배경으로 진행된 고등학교 역사교과서 검정에서 문부성에 의해 화북(華北) '침략'이 '진출'로 바뀌고 침략전쟁 관련 기술이 대폭 삭제되었다는 내용이 1982년 6월 26일『아사히(朝日)신문』에 보도되었다. 1982년 검정을 통과한 교과서에서 화북 침략이 진출로 수정된 사례는 없었다. 단, 1976년도 중학교 사회(역사), 1977년도 고등학교 세계사, 1979년도 중학교 사회(역사) 검정에서는 '침략'이 '진출'로 바뀐 사례가 있었다. 1981년도 검정에서도 동남아시아 침략이 진출로 바뀐 사례가 있었다.

『아사히신문』보도를 계기로 한국과 중국이 강력하게 반발하자, 일본 정부는 동년 8월 26일 '근린제국조항'을 신설하겠다는 취지를 담은 미야자와 기이치(宮澤喜一) 관방장관 담화를 발표했다. 근린제국조항이란 "근린 아시아 여러 나라와 관계된 근현대의 역사적 사상(事象)을 다룰 때는 국제이해와 국제협력의 견지에서 필요한 배려를 하도록 할 것"이라는 것으로, 교과서에 식민지 지배와 침략전쟁 관련 내용도 사실대로 기술하겠다는 국제사회에 대한 약속이라 할 수 있다.

제2차 교과서 공격은 침략전쟁 관련 기술을 축소시키려던 보수 세력의 의도와는 달리 기술을 개선시키는 방향으로 작용했다. 그 결과 1984년판 중학교 교과서, 1985년판 고등학교 교과서 전체에 난징대학살이 기술되었다.

1990년대에 접어들자 일본군 '위안부' 문제를 필두로 일본 정부에 대해 전후보상을 요구하는 소송이 제기되는 등 일본의 전후처리에 대한 아시아 피해자들의 문제제기가 본격화되었다. 일본 정부는 1993년 고노 요헤이(河野洋平) 관방장관 담화를 통해 '위안소'의 설치 및 '위안부' 동원에 일본 정부와 군이 관여한 점을 인정하고 사죄했다. 1995년에는 무라야마 도미이치(村山富市) 총리가 담화를 통해 침략전쟁과 식민지 지배에 대해 사죄와 반성을 표명했다. 일본 정부의 이러한 대응은 교과서 기술에도 영향을 미쳤다. 1993년과 1994년 검정을 통과한 고등학교 일본사A/B 교과서 23종 중 22종, 1996년 검정을 통과한 중학교 역사교과서 7종 전부에 일본군 '위안부' 문제가 기술되었다. 1997년도 대학센터시험

(한국의 대학수학능력시험에 해당함)에는 조선인·중국인 강제연행과 일본군 '위안부' 관련 문제가 제출되기도 했다.[12)]

2.5. 제5기: 교과서에 대한 새로운 공격(1993-현재)

일본 정부 차원에서 식민지 지배와 침략전쟁에 대한 사죄와 반성을 표명하고, 교과서에 일본군 '위안부'가 기술되는 등 식민지 지배와 침략 전쟁 관련 기술이 늘어나자 이에 대한 보수파의 공격이 시작되었다. 1993년 8월, 자민당은 '역사·검토위원회'를 설치했는데, 동위원회는 태평양전쟁은 아시아 해방을 위한 전쟁이었고, 난징대학살과 일본군 '위안부'는 허구로, 침략과 가해를 기술하고 있는 교과서와의 '싸움'이 필요하며, 이를 위해 학자를 동원한 국민운동이 필요하다고 주장했다. 1996년 6월에는 '밝은 일본·국회의원 연맹', 1997년 2월에는 '일본의 앞날과 역사교육을 생각하는 젊은 의원모임'이 결성되어 "우리나라의 역사를 침략국가로 죄악시 하는 자학적 역사인식과 비굴한 사죄외교에 결코 동조할 수 없다"고 주장하면서 일본군 '위안부'에 대한 기술을 삭제할 것을 요구했다. 1998년 6월 5일 국회에서는 마치무라 노부타카(町村信孝) 문부대신이 역사교과서가 특히 메이지 이후 부정적인 요소를 너무 많이 열거하는 등 편향되어 있다고 주장했다.

---

12) 藤岡信勝, 「作問の原則を逸脱したセンター入試問題」(http://www.jiyuushikan.org/
   rekishi/rekishi79.html). 후지오카(藤岡)에 따르면 1990년부터 2004년까지 일
   본사와 세계사 시험에 강제연행 문제가 7차례 출제되었다. 2004년 강제연행
   문제에 대해 비판이 제기된 후 지금까지 관련 문제는 출제되지 않았다.

이러한 정치권의 움직임과 맞물려 1997년 1월 니시오 간지(西尾幹二)를 중심으로 한 '새로운 역사교과서를 만드는 모임'(이하, '새역모')가 결성되었다. '새역모'는 결성 초기에는 기존의 역사교과서가 일본군 '위안부'를 기술한 것은 '자학사관'에 따른 것이라고 비판하는 데 주안점을 두었다. 2001년부터는 중학교 역사·공민교과서를 직접 발간했다. 2001년 이후 일본 교과서 문제는 '새역모' 계열(2006년 10월 '새역모'는 '새역모'와 '일본교육재생기구'로 분열)에 의해 발간된 교과서의 역사왜곡 문제를 중심으로 전개되고 있다. 그리고 '새역모' 등 우익세력에 의한 공격의 결과, 중학교 역사교과서의 일본군 '위안부' 관련 기술이 1996년 7종 중 7종, 2001년 8종 중 3종, 2005년 8종 중 2종으로 감소하다가 2011년에는 모든 교과서에서 사라지게 되는[13] 등 식민지 지배와 침략전쟁 관련 기술이 위축되었다. 2011년 일본 중학교 교과서 검정에서 '새역모' 계열의 역사교과서가 1종에서 2종으로 늘어났고 채택률도 0.039%(2001년)에서 3.8%로 증가했다. 2015년에는 채택률이 약 6.3%로 증가했다. 반면 일본군 '위안부'를 가장 충실하게 기술했던 일본서적(2005년 일본서적신사로 출판사명 변경) 중학교 역사교과서 채택률은 1996년 13.7%, 2001년 5.9%, 2005년 3.1%로 감소, 결국 2011년에는 검정 신청을 포기했다.

2012년 12월 다시 집권한 아베 총리는 총리 자문기관으로 설치한 '교육재생실행회의'와 자민당 내에 설치한 '교육재생실행본부'를 중심으로 교육 관련 제도 개정 추진을 추진함과 동시에 교과서의 침략전쟁 관

---

13) 2015년 검정을 통과한 마나비사(学び社) 중학교 역사교과서에 일본군 '위안부'가 기술되었다.

련 기술에도 압력을 넣었다. 교육재생실행본부의 '교과서 검정 문제 검토 특별부회(部會)'는 2013년 5월 28일 자민당 국회의원 약 45명이 참석한 가운데 동경서적(東京書籍), 실교출판(実教出版), 교육출판(教育出版) 사장과 편집 책임자를 출석시켜 의견을 청취했는데, 이 자리에서 난징대학살, 일본군 '위안부' 문제, 영토문제 등에 관한 교과서 기술에 대해 질의하고 '경위에 대한 설명이 부족', '편향되어 있다' 등의 의견을 제시했다.[14] 2014년 1월 17일에는 검정기준 일부를 개정하여 검정기준에 특정 사실을 너무 강조하지 않을 것, 근현대사에서 통설적인 견해가 없을 경우는 그것을 명시하고 아동·생도가 오해하지 않도록 표현할 것, 각의결정 기타 방법으로 제시된 정부의 통일적 견해와 최고재판소의 판례가 있을 경우 이에 기초한 기술을 할 것이라는 내용을 신설했다. 그리고 동년 1월 28일에는 중·고등학교 학습지도요령해설서를 개정하여 일본정부 견해를 반영하여 독도, 센카쿠제도 영유권 문제를 교과서에 기술하도록 지시했다.

3. 식민지 지배와 침략전쟁 관련 기술 추이

일본에서 교과서는 학습지도요령에 기초하여 작성되는데, 1945년 일본 패전 이후 중학교 학습지도요령 개정과 이에 따른 역사교과서 발간 현황을 정리하면 〈표 2〉와 같다.

---

14) 『朝日新聞』, 2013. 5. 30.

학습지도요령		검정에 합격한 교과서 사용 시기								
고시	실시									
	1952	1952	1953	1954	1955	1956	1957	1958	1959	1960
1958	1962	1962	1966	1969						
1969	1972	1972	1975	1978						
1977	1981	1981	1984	1987	1990					
1989	1993	1993	1997							
1998	2002	2002	2006	2010						
2008	2012	2012	2016							

〈표 2〉 중학교 학습지도요령 개정과 교과서 발간 현황

1952년부터 2011년까지 계속해서 교과서를 발간한 7개 출판사(東京書籍, 教育出版, 清水書院, 帝国書院, 大阪書籍(日本文教出版), 中教出版(日本文教出版), 日本書籍(日本書籍新社)를 중심으로 하여 식민지 지배와 침략전쟁과 관련해서 어떤 내용이 언제부터 기술되었는지를 정리하면 〈표 3〉과 같다.

주제		사용 시기
식 민 지 지 배	한국병합 (식민지화)	1952(日書,清水), 1955(教出,帝国), 1956(東書,大阪), 1957(中教)
	식민지 가해 실태(한국)	1966(日書), 1975(東書,教出), 1978(帝国,大阪,清水,中教)
	황민화 정책(한국)	1984(東書), 1987(中教,大阪), 1990(教出), 1993(日書,帝国), 1997(清水)
	3·1운동	1957(日書), 1962(教出,中教), 1969(大阪), 1972(帝国,清水), 1975(東書)
	관동대지진 조선인 학살	1966(日書), 1975(大阪), 1978(東書,教出,中教,帝国,清水)
	강제동원(한국)	1966(日書), 1974(教出), 1978(中教,帝国,清水), 1981(東書,大阪)
	일본군 '위안부'	1997(日書,東書,教出,帝国,清水,大阪,日文) 2002(日新,清水,帝国), 2006(日新,帝国), 2012(없음), ※2016(学び社)

주제		사용 시기
식민지지배	식민지화·저항 (타이완)	1978(東書), 1993(日書), 1997(帝国,大阪,日文), 2002(教出), 2012(清水)
	동화(황민화) 정책(타이완)	1997(帝国,日文), 2002(日書,教出), 2006(東書), 2012(清水)
	강제동원(타이완)	1981(日書), 1990(教出), 1993(清水,中教), 2012(帝国)
침략전쟁	중국침략 (용어)	1984(日書,東書,教出,大阪,清水,中教), 1990(帝国)
	난징대학살	1975(日書), 1978(東書,教出), 1981(中教), 1984(大阪), 1987(清水), 1990(帝国)

〈표 3〉 식민지 지배와 침략전쟁 관련 기술 추이(개요)

주: 日書(日本書籍), 日新(日本書籍新社), 東書(東京書籍), 教出(教育出版), 帝國(帝國書院), 清水(清水書院), 大阪 (大阪書籍), 日文(日本文教出版), 中教(中教出版).

일본의 식민지 지배와 침략전쟁 관련 기술의 추이와 특징은 다음과 같다. 첫째, 한국의 식민지화에 관한 기술은 교육출판(教育出版, 1957)의 "일본은 전쟁 후 즉시 영일동맹을 개정하여 한국에 대한 지도권을 인정하도록 해, 마침내 메이지 43년(1910년)에 한국을 병합했다.(중략) 이렇게 하여 영국과 미국은 한일병합을 인정했지만"이라는 기술에 나타나있듯이 1950년대까지 한국의 식민지화는 러일전쟁의 결과로, 국제적으로 인정을 받았다는 점이 강조되었다. 1960년대부터는 저항을 무력으로 억누르고 식민지로 했다는 기술로 바뀌는데, 타이완과 조선을 식민지(보호국)로 한 것이 시모노세키(下関)조약과 포츠머스조약의 결과라는 점은 여전히 강조되고 있다. 그리고 1966년에 식민지 지배 가해 실태가 처음 기술되는데, 1978년부터는 모든 교과서에 가해실태가 기술되었다. 한국인 강제동원도 1966년부터 기술되기 시작하는데 1982년에는 모든 교과서로 정착되었다. 한편 일본군 '위안부' 관련 기술은 1997년에는 모든 교과서에 기술되었으나 점차 축소되어 2012년에는 모든 교과서에서 삭제되었다. 2016년에는 마나비사가 일본군 '위안부' 관련 내용을 기술했는데, 이것이 검정에서 통과되었다.

둘째, 한국과 타이완 식민지 지배에 대한 기술의 이중성이다. 타이완 식민지 지배에 대해서는 일부 교과서를 제외하면 1993년 이후 기술된다. 그리고 한국에 비해 분량도 매우 적다. 타이완에서의 동화·황민화 정책, 강제동원 기술은 한국 관련 기술 다음에 약간 언급하는 정도다. 또한 독립운동에 대해서는 모든 교과서가 한국의 경우 3·1운동을 크게 기술하고 있지만 타이완의 경우는 제국서원(帝国書院, 2012)이 타이완의 회 설치운동을, 오사카서적(大阪書籍, 2005) 우서사건(霧社事件)을 기술하는 정도다. 또한 교육출판(2012)과 육붕사(育鵬社, 2012)는 하타 요이치(八田與一)를 다룬 칼럼을 통해 일본의 식민지 지배가 타이완의 근대화에 기여한 것처럼 기술하고 있다. 한편 제국서원(2002)은 〈한국·타이완에서의 식민지 정책〉, 청수서원(清水書院, 2012)은 〈일본 통치하의 타이완〉, 〈조선의 식민지화〉라는 소제목으로 타이완과 한국 식민지 지배 문제를 동렬(同列)로 다루고 있다.

		저항·무력진압	황민화 정책	피해 실태	전쟁 동원	개발 추진
東書	타이완	1978-	2006-			
	한국	1966-	1984-	1975-	1981-	
教出	타이완	2002-	2002-		1990-	2006-2015
	한국	1962-	1990-	1975-	1974-	2006-2011
日書 (日新)	타이완	1975-1980, 1993-	2002-		1981-	
	한국	1957-	1993-	1966-	1966-	1975-1996
帝国	타이완	1997-	1997-	1997-	2012-	1997-2001
	한국	1975-	1993-	1978-	1978-	
大阪	타이완	1997-		2002-2005		
	한국	1970-	1987-	1978-	1981-	
中教 (日文)	타이완	1997-	1997-		1993-	
	한국	1957-	1987-	1978-	1978-	
清水	타이완	2012-	2012-	2002-	1993-	
	한국	1973-	1997	1978-	1978-	1974-1986

〈표 4〉 한국과 타이완의 식민지 지배 관련 기술 비교

셋째, 식민지를 제국의 일부로서가 아니라 억압·수탈과 저항이라는 틀에서 기술하고 있는데, 저항보다는 억압·수탈이 많은 비중을 차지하고 있다. 한국의 식민지 피해실태와 관련해서는 토지조사사업에 의한 토지 약탈, 일본어와 일본의 역사 교육 강제에 대해 기술하고 있다. 그리고 황민화 정책의 사례로 창씨개명과 신사참배 강요를 기술하고 있다. 저항에 대해서는 의병 등 무력에 의한 저항을 기술하고 있으나 문화적 저항은 언급하지 않고 있다. 그리고 일본의 식민지 지배가 한국 사회와 사람들의 생활에 미친 영향에 대해서는 임금과 생활에서 차별을 받았다는 점을 기술하고 있다. 교육출판의 '지역에서 역사를 생각한다'는 칼럼 속의 조선인 강제동원 기술(1981-2005), 동경서적(東京書籍)의 '조선인

강제연행'이라는 칼럼 게재(1997) 등에 나타나 있듯이 강제동원 관련 내용이 식민지 피해의 대표적인 사례로 기술되었다. 그러나 2006년부터는 칼럼이 사라지고 분량도 축소되었다.

3·1운동 관련 기술은 운동이 식민지 지배로 고통을 받고 있던 민중의 공감을 얻어 전국적으로 확산되었지만, 일본 군대와 경찰에 의해 진압되었다는 것을 기본으로 하고 있다. 1990년대에는 운동에 참가하였다가 희생된 유관순(柳寬順) 기술이 추가되었다(東京書籍 1997, 2002). 그리고 1997년부터는 야나기 무네요시(柳宗悅) 등 소수이지만 독립운동과 식민지 조선에 공감을 갖고 일본에 비판적이었던 일본인이 기술되었는데, 2012년 동경서적에는 아사가와 다쿠미(淺川巧) 관련 칼럼이 실리고, 이시카와 다쿠보쿠(石川啄木)의 시가 자료로 게재되는 등 구체적인 인물을 매개로 한 기술이 늘어나고 있다.

		東書	教出	日書(日新)[15]	帝国
기술	3·1운동 경위	1975-2015	1962-2015	1957-2011	1972-2015
	식민지 지배로 고통을 받던 민중의 공감을 받음	1975-1996		1993-2011	
	전국 각지로 확산	1975-2015	1962-2015	1957-2011	1978-2015
	군대와 경찰이 진압	1975-1996	1981-2015	1957-2011	1978-2001
	(무력으로) 진압	1997-2015	1962-1980		
	구체적인 희생자 수	1975-1977	1987-2005	1966-2011	1990-2001
	독립선언(내용)		1981-2005, 2012-2015	1993-2011	
	독립운동은 그 후도 계속됨	1981-2015		1962-1987	1990-2001

		東書	教出	日書(日新)[15]	帝国
기술	운동으로 지배정책 전환	1997-2015	2012-2015		
	유관순	1997-2005	1993-2005	2006-2011	2002-2015
	운동에 공감한 일본인	2002-2015	1997-2001, 2012-2015		2012-2015
	칼럼		1993-2001		
도표·사진	운동 발생 지역(지도)	1975-1997	1975-2015	1978-2011	
	여학생 데모	1993-2001	1993-2001	2002-2011	1990-1996
	유관순	1997-2005	1993-2005	2006-2011	2002-2015
	독립운동 조각		2006-2015		
	독립선언서		2012-2015		

〈표 5〉 3·1운동 관련 기술

넷째, 난징대학살은 1978년부터 기술된다. 2002년부터 구체적인 숫자 대신에 '대량이'나 '다수가' 살해되었다로 바뀌었다. 동경서적의 경우 2001년까지는 "약 20만 명이라고도 알려진 중국인을 살해했다"고 기술했으나, 2002년부터는 "중국인을 대량으로 살해했다"로 바뀐다. 2012년에는 "피해자 숫자에 대해서는 여러 조사와 연구가 이루어졌지만 아직 확정되지 않았습니다"라고 기술되었다. 일본 정부는 1995년 무라야마 총리 담화에서 '다대한 손해와 고통'을 끼쳤음을 인정했으나, 교과서 기술의 변화를 보면 오히려 손해와 고통의 실태를 불명확하게 기술하는 방향으로 바뀌었다.

---

15) 日書(日新)은 2011년도 검정에는 교과서를 신청하지 않음.

		東書	教出	日書(日新)	帝国
희생자 수	다수	1978-1984, 2002-2015	1978-1985, 2002-2015	1977-1986	1990-2015
	십 수만, 20만, 중국은 30만	1985-2001	1987-2001	1987-2011	
	4만 2천		1975-1977	1975-1977	
희생자 대상	포로	2012-2015	1997-2015	1987-2011	
	병사	1978-1996	1981-2001		2001-2015
	주민(민간인)	2012-2015	1975-1980, 2006-2015	2002-2011	
	여성, 아이들	1978-2011	1981-2001	1975-1997	1990-2015
학살(용어)		1997-2001	1987-2001	1987-2001	1990-2015

〈표 6〉 난징대학살 관련 기술

4. 영토문제 관련 기술 변화

4.1. 일본 정부의 인식과 정책 변화

일본 정부가 영토문제 교육에 대해 어떤 인식을 갖고 대응해 왔는 지는 교과서 집필의 실질적인 기준이 되는 학습지도요령해설서에 상징 적으로 나타나 있다. 본고에서는 의무교육으로 영토문제 관련 기술변화 가 뚜렷하게 나타나는 중학교 지리, 공민, 역사 교과서를 분석 대상으로 했다. 먼저 학습지도요령해설서의 영토문제 관련 기술은 〈표 7〉과 같다.

연월일	내용
1959.9.10	관련내용 없음.
1970.5.30	〈지리〉 영토문제, 특히 미해결의 문제에 대해서는 우리 나라가 정당하게 주장하고 있는 입장에 기초하여 당면한 문제의 요점을 적확하게 인식시키는 것이 필요하다.
1978.5.20	〈지리〉 우리 나라가 당면한 영토문제와 경제수역 문제 등에 착목시켜, 그 이해를 심화시키기 위한 기초를 갖추는 것도 중요하다. 그 때 미해결의 영토문제에 대해서는 우리 나라가 정당하게 주장하고 있는 입장에 기초하여 그 요점을 적확하게 이해시키는 것이 필요하다. 〈공민〉 영토에 대해서는 영해범위 등이 현실 문제로 거론되도록 한다.
1989.7.15	〈지리〉 우리 나라가 당면한 영토문제와 경제수역 문제 등에도 착목시켜, 그 이해를 심화시키기 위한 기초를 갖추도록 한다. 그 때 북방영토에 대해서는 우리 나라 고유의 영토라는 점과 우리나라가 반환을 요구하고 있다는 점 등에 대해, 우리 나라가 정당하게 주장하고 있는 입장에 기초하여 적확하게 다룰 필요가 있다. 〈공민〉 영토(영해, 영공을 포함)에 대해서는 미해결의 문제도 남아있지만 평화적 수단에 의해 해결해야 한다는 점을 이해시킴과 동시에
1999.9.30	〈지리〉 우리 나라가 당면한 영토문제와 경제수역의 문제 등을 착목시키는 것도 중요하다. 그 때 '북방영토가 우리 나라의 고유의 영토라는 점 등, 우리 나라의 영역을 둘러싼 문제도 착목시키도록 한다'(내용의 취급)고 되어있는데, 북방영토(하보마이제도, 시고탄섬, 구나시리섬, 에도로후섬)에 대해서는 그 위치와 범위를 확인시킴과 동시에 북방영토는 우리 나라 고유의 영토이지만, 현재 러시아연방에 의해 점거되고 있기 때문에 그 반환을 요구하고 있는 사실 등에 대해 우리 나라가 정당하게 주장하고 있는 입장에 기초하여 적확하게 다룰 필요가 있다. 〈공민〉 국가 사이의 문제로 영토(영해, 영공을 포함)에 대해서는 우리 나라도 미해결의 문제도 남아있고 평화적 수단에 의한 해결을 위해 노력하고 있는 사실을 이해시키는 것이 중요하다.
2008.7.14	〈지리〉 우리 나라가 정당하게 주장하고 있는 입장에 기초하여 당면한 영토문제와

연월일	내용
	경제수역 문제 등을 착목시키는 것도 중요하다. 그 때'북방영토가 우리 나라의 고유의 영토라는 점 등, 우리 나라의 영역을 둘러싼 문제도 착목시키도록 한다'(내용의 취급)고 되어있는데, 북방영토(하보마이제도, 시고탄섬, 구나시리섬, 에도로후섬)에 대해서는 그 위치와 범위를 확인시킴과 동시에 북방영토는 우리 나라 고유의 영토이지만, 현재 러시아연방에 의해 점거되고 있기 때문에 그 반환을 요구하고 있는 사실 등에 대해 적확하게 다룰 필요가 있다. <u>또한 우리 나라와 한국 사이에 다케시마에 대한 주장에 차이가 있다는 점 등에 대해서도 취급, 북방영토와 동일하게 우리 나라의 영토·영역에 대한 이해를 심화시키는 것도 필요하다.</u> 〈공민〉 국가 사이의 문제로 영토(영해, 영공을 포함)에 대해서는 우리 나라도 미해결의 문제도 남아있고 평화적 수단에 의한 해결을 위해 노력하고 있는 사실, 국제사회에서 국가와 국제기구 이외의 조직이 활동하고 있다는 점을 이해시킨다.
2014.1.28	〈지리〉 북방영토(하보마이, 시코탄, 구나시리, 에토로후섬)와 다케시마에 대해서는 각각 위치와 범위를 확인시키는 것과 동시에 <u>우리 나라의 고유 영토이나 각각 현재 러시아연방과 한국에 의해 불법 점거되어 있고, 북방영토에 대해서는 러시아연방에 대해 반환을 요구하고 있다는 사실과 다케시마에 대해서는 한국에 대해 누차에 걸쳐 항의하고 있다는 사실에 대해 정확하게 다루고,</u> 우리 나라의 영토·영역에 대해 이해를 심화시키는 것도 필요하다. 또한, 센카쿠에 대해서는 우리 나라 <u>고유의 영토</u>이며, 현재 우리 나라가 이를 유효하게 지배하고 있어 해결해야하는 <u>영유권 문제는 존재하지 않음을</u> 그 위치와 범위와 함께 이해시키는 것이 필요하다. 〈공민〉 그 계기에 지리적 분야 및 역사적 분야에 있어서의 학습 성과에 입각하여, 국가간의 문제로서 영토(영해·영공을 포함)에 대해서는 우리 나라도 <u>고유의 영토인 북방영토와 다케시마와 관련하여 미해결의 문제가 남아있다는</u> 점과 그 현황에 다다른 경위, 우리 나라가 정당하게 주장하고 있는 입장, 우리 나라가 평화적인 수단에 의해 해결을 향해 노력하고 있음을 이해시킨다. 또한 우리 나라 공유의 영토인 센카쿠를 둘러싼 정세에 대해서는 현황에 다다른 경위와 우리 나라의 정당한 입장을 이해시킨다. 센카쿠제도에 대해서는 해결해야할 영유권의 문제는 존재하지 않는다는 점을 이해시킨다. 〈역사〉 「영토의 획정」에서는 러시아와의 영토의 확정을 비롯하여, 류큐(琉球) 문제를 비롯하여 홋카이도의 개척을 다룬다. 동 기회에 우리 나라가 국제법상 정당한 근거에 기반하여 <u>다케시마 및 센카쿠제도를 정식으로 영토에 편입한 경위도 언급한다.</u> 또한 중국과 조선과의 외교도 다루도록 한다.

〈표 7〉 중학교 학습지도요령해설서 영토문제 관련 내용 변화 추이

〈표 7〉을 보면 학습지도요령해설서에 영토문제가 처음 기술되는 것은 1970년이다. 구체적인 영토문제로 남쿠릴열도(북방영토)는 1989년, 독도는 2008년, 센카쿠제도는 2014년에 기술된다. 특히 2014년에는 처음으로 독도가 일본 고유의 영토인데 한국이 불법점거하고 있다는 내용이 기술되었다. 남쿠릴열도에 대해서도 불법점거라는 표현이 처음 들어간 것은 2014년이다. 영토문제 교육에 대한 일본 정부의 입장이 2014년을 기점으로 강경하게 바뀌었는데, 이것은 아베 정권의 보수적인 성격을 반영한 것이다. 학습지도요령해설서의 영토문제 기술은 식민지 지배와 침략전쟁 관련 기술과는 달리 애국주의를 강조하는 방향으로 일방적으로 바뀌었다. 그 정점이 2014년의 개정이었다.

2014년 개정 의미에 대해 아베 총리는 국회에서 "이번 학습지도요령을 바꾸는 과정에서 확실하게 명기해 나간다는 것은 매우 중요하다고, 역사적으로도 국제적으로도 우리 나라의 고유영토라고 명확하게 기술하여, 해외에서도 만약 아이들이 논쟁했을 때에도 확실하게 일본의 견해를 주장하는 것이 가능하다는 점이 중요하다고 생각합니다."고 답변했다.[16) 개정 경위에 대해서는 시모무라 하쿠분(下村博文) 문부과학대신이 "적절한 근현대사를 확실하게 가르치는 것이 필요하기 때문에 작년 말에 교과서 검정 개혁 플랜을 발표했습니다. 이것은 새로운 교육법에 따라 먼저 학습지도요령 속에서 근현대사에 대해, 역사교육에 대해 확실한 기술을 하려는 것을 전제조건으로 설정한 것입니다. 그리고

---

16) 186회-참의원-예산위원회(2014. 2. 5)(国会会議録検索システム, http://kokkai.ndl.go.jp/).

지금 곧바로 바꿔야 하는 것으로, 이것은 학습지도요령해설 개정을 통해서"17)라고 국회에서 답변했다.

이 개정에 대해서는 여당인 자민당뿐만 아니라 야당인 민주당과 일본유신회도 "센카쿠제도와 다케시마는 일본 고유의 영토다. 그 사실을 기술하는 것은 아무런 문제도 없다", "당연한 판단이다. 지금까지 기술되지 않은 것이 놀랍다"며 찬성을 표명했다.18)『요미우리(読売)신문』도 사설을 통해 "일본의 장래를 짊어질 아이들에게 영토에 관한 정확한 지식을 습득시키는 것이 중요"하다며, "정부견해에 기초하여 영토교육의 충실을 기하는 것은 문부과학성으로서는 당연한 일이다. 국제사회에서 일본의 입장을 주장할 수 있는 인재를 육성한다는 의미에서도 그렇다"19)며 개정을 지지했다.

4.2. 교과서 기술 변화

1947년부터 2015년까지 검정을 통과한 중학교 교과서 종수20)를 보면, 지리 222종, 공민 204종, 역사 247종이다. 1947년 이후 일본 중학교 사회과 교과서에 독도가 어떻게 기술되었는지에 대한 추이를 과목별로 보면 2001년부터 지리를 중심으로 독도 관련 기술이 늘어나고 2015년에는 지리, 공민, 역사 교과서에 독도 기술이 정착된다.21)

---

17) 186회-중의원-예산위원회제4분과회(2014. 2. 26)(国会会議録検索システム, 상동).
18) 『産経新聞』, 2014. 1. 29.
19) 『読売新聞』, 2014. 1. 29.
20) 일본 교과서 도서관 '교과서 목록 정보 데이터베이스(http://mokurokudb.textbook-rc.or.jp/kyoka/KYL010.aspx).

검정통과 연도	종수	기술+지도	기술	지도	계(백분율)
1955	19			1	1(5%)
1971	8			2	2(25%)
1974	8			1	1(13%)
1977	8			3	3(38%)
1980	8		2	2	4(50%)
1983	8		2	2	4(50%)
1986	8		1	3	4(50%)
1989	8		1	4	5(62%)
1992	8			5	5(62%)
1996	7			4	4(57%)
2001	7	1		6	7(100%)
2005	6	2		4	6(100%)
2011	4	4			4(100%)
2015	4	4			4(100%)

〈표 8-1〉 일본 중학교 지리교과서 독도기술 추이

검정통과 연도	종수	기술+지도	기술	지도	계(백분율)
1961	13			1	1(8%)
1971	8			1	1(13%)
2001	8	1		1	2(25%)
2005	8	3		1	4(50%)
2011	7	6		1	7(100%)
2015	6	6			6(100%)

〈표 8-2〉 일본 중학교 공민교과서 독도기술 추이

검정통과 연도	종수	기술+지도	기술	지도	계(백분율)
2011	8		1	2	3(37%)
2015	8	7	1		8(100%)

〈표 8-3〉 일본 중학교 역사교과서 독도기술 추이

---

21) 남상구, 「전후 일본 중학교 교과서의 독도 기술 추이와 현황」, 『영토해양연구』 제1호, 2011.

교과서 기술 내용도 2015년 검정을 통과한 교과서는 그 이전과 확연한 차이를 보인다. 1980년대에는 "일본의 최서단에 해당되는 센카구제도 및 시마네현 앞바다에 있는 다케시마도 일본의 영토인데, 전자는 중국, 후자는 한국이 각각 자국의 영토라고 주장하여 그 영유가 문제가되고 있다"(1980년 검정통과, 淸水書院)고 일부 교과서에 기술되거나, 독도를 竹島로 표기하고 일본의 영토에 포함시킨 지도를 게재하는 정도였다. 2001년 검정을 통과한 교과서에도 공민에 "역사적으로 우리나라 고유의 영토"(扶桑社)라는 기술이, 지리에 "일본과 한국 사이에는 일본해의 다케시마를 둘러싼 문제가 있다. 일본 정부는 한국 정부와 교섭하여 다케시마 주변 수역은 우선 양국에서 공동 관리하는 잠정어업 수역으로하는 새로운 어업협정을 체결하였다"(日本書籍)라는 기술이 1곳씩 들어가는 정도였다. 하지만 2005년부터 〈표 9〉와 같이 독도관련 기술이 증가하고 그 내용도 일본 정부의 영유권 주장과 그 구체적인 근거들을 반영했다. 2011년에 결과가 발표된 검정은 일본 민주당 정권하에서 이루어졌지만 독도 관련 내용은 이전에 비해 대폭적으로 증가했다. 이것은 민주당 정권의 정책을 반영한 것이 아니라 2008년 개정된 학습지도요령해설서를 반영한 결과였다.

	2001년 검정통과 (지리 7종, 공민 8종, 역사 8종)	2005년 검정통과 (지리 6종, 공민 8종, 역사 9종)	2011년 검정통과 (지리 4종, 공민 7종, 역사 7종)	2015년 검정통과 (지리 4종, 공민 6종, 역사 8종)
한국이 불법으로 점거		공민 1종	지리 1종 공민 3종	지리 4종(전부), 공민 5종, 역사 4종
일본 고유의 영토	공민 1종	공민 2종	지리 3종, 공민 4종, 역사 1종	지리 4종(전부), 공민 6종(전부), 역사 5종
竹島로 표기하거나, 국경선에 포함 시키거나, 일본의 배타적 경제수역에 포함시킴	공민 1종	지리 6종(전부), 공민 3종	지리 4종(전부), 공민 7종(전부), 역사 2종	지리 4종(전부), 공민 6종(전부), 역사 6종
일본 영유권 주장의 구체적 근거 제시			공민 3종, 지리 2종	
① 17세기 초부터 어업으로 이용				지리 3종, 공민 2종, 역사 3종
② 17세기 중반 영유권 확립			공민 2종	공민 2종, 역사 3종
③ 1905년(국제법에 따라) 시마네현에 편입			지리 2종, 공민 2종	지리 3종, 공민 3종, 역사 8종(전부)
④ 제2차 대전 후에도 관할권 인정받음			공민 2종	공민 1종
⑤ 강화조약에서 일본이 포기한 영토에 포함되지 않음/일본 영토임을 인정				공민 3종, 역사 2종
⑥ 미국이 독도가 한국 영토였던 적이 없다고 주장				역사 2종
⑦ 1952(53,54)년부터 한국 영유권 주장, 점거			지리 2종, 공민 2종	지리 3종, 공민 4종, 역사 5종
'이승만 라인'을 일방적 선포, 독도 점거			공민 1종	공민 3종, 역사 2종
한국이 국제사법재판소를 통한 해결 거부			공민 2종	지리 2종, 공민 3종. 역사 3종
한국과 주장이 서로 다름/한국은 자국 영토라고 주장	지리 1종		지리 2종, 공민 1종	

〈표 9〉 일본 중학교 사회과 교과서 독도관련 기술 변화(2005~2015)

독도 관련 기술 분량도 2001년 이후 점차로 증가 경향을 보이다가 2014년 1월 개정된 학습지도요령해설서의 영향으로 공민뿐 아니라 지리, 역사교과서에도 대폭적으로 증가했다.

5. 교과서 기술에 대한 일본 정부의 개입

5.1. 학습지도요령해설서를 통한 기술 지시

정부가 교과서 기술에 개입할 수 있는 길은 학습지도요령과 그 해설서를 통해 정부의 견해를 적극적으로 기술하게 하는 방법과 검정을 통해 기술된 내용을 수정하게 하는 방법 두 가지가 있다. 먼저 학습지도요령과 그 해설서를 통한 기술 개입에 대해 살펴보겠다. 일본에서 교과서 기술의 근거가 되는 것은 법적으로는 학습지도요령이나, 요령은 큰 틀만 제시하기 때문에 실질적인 기준이 되는 것은 이것을 구체적으로 설명한 학습지도요령해설서라 할 수 있다. 다만 학습지도요령은 약 10년을 주기로 개정되기 때문에 정권의 역사인식이나 견해를 반영하는 데는 한계가 있다.[22] 중학교 역사과목 학습지도요령해설서의 식민지 지배와 침략전쟁 관련 기술은 〈표 10〉과 같다.

---

22) 2014년 1월 28일 일본 정부는 독도와 센카쿠제도에 대한 교육을 강화하기 위해 2008년 7월 개정된 학습지도요령해설서 일부를 개정했는데 이것은 예외적인 경우라 할 수 있다.

시기	주요 내용(※밑줄은 필자)
1959.9	- 일본이 대륙진출에서 전쟁으로의 길을 걸었다. - 특히 전쟁(태평양전쟁)이 초래한 인류의 불행에 대해 깊게 생각하도록 하는 것이 중요하다.
1970.5	- 이 전쟁(러일전쟁)이 아시아의 민족적 자각을 고양시킨 것을 다룬다. 또한 러일전쟁 당시 국내 일부에 반전론이 있었다는 사실과 민족적 자각이 나중에는 대국의식이 되어 아시아 여러 민족에 대한 우월감을 갖게 되었다는 것 등을 다룬다. 메이지 말기부터 다이쇼 초기에 걸쳐 <u>조선의 움직임</u>에 대해서는 일본의 <u>한국병합</u>을 (중략) 일본과 관련하여 동아시아 정세의 추이를 다룬다. - 일본의 <u>대륙진출</u>이 어떤 관계를 갖고 있었는지에 대해. - 전쟁 중의 국민생활에 대해서는 이 대전이 이른바 총력전으로, 일화사변(日華事變) 이후 장기전으로 인해 물자가 극도로 부족하여 국민생활이 곤란해진 점, 모든 것이 전쟁을 위해 동원된 사실을 다룬다. 패전에 대해서는 히로시마(広島)・나가사키(長崎) 원폭투하, 소비에트연방의 대일선전도 있어 불리하게 되어 결국 패전에 이르게 된 사정을 이해시킨다.
1978.5	- 또한 이 전쟁(러일전쟁)의 승리가 한편에서는 아시아 여러 나라의 민족적 자각을 촉진시켰으나, 그 반면 일본인이 여러 민족에 대한 지도자 의식을 갖게 되었다는 점을 깨닫도록 한다. 러일전쟁 후의 대륙과의 관계에 대해서는 한국병합에 대해 그 사정을 이해시킨다. - 대전 후 아시아, 아프리카에서의 민족운동이 발흥하고 발전을 보였다는 점, 특히 중국혁명의 진전, 인도의 독립운동에서 이 시대의 특징을 볼 수 있다는 점 등을 이해시킨다. - 이 경향이 군부의 대두를 초래하여 <u>중국대륙으로의 진출</u>을 가져왔다는 사실을 파악시킨다. - 그 때, 나가사키, 히로시마에 원폭이 투하된 사실에 착목시켜, 원자력시대라고 불리는 오늘날에 있어서 <u>전쟁의 참화</u>가 또 다시 일어나지 않도록 민주적이고 평화로운 국제사회 실현을 위해 노력하는 것이 중요하다는 것을 이해시킨다.
1989.7	- '청일・러일전쟁'에 대해서는 그 원인, 전쟁의 경과 및 결과, 국내외 반응에 대해 구체적으로 이해시켜, 러일전쟁 후의 <u>한국 식민지화</u>와 중국의 민족운동, 중화민국의 성립과 더불어 아시아 정세를 폭 넓게 파악할 수 있도록 한다. - 아시아에서의 민족운동이 고양되었다는 사실을 깨닫도록 한다. - 군부의 대두를 초래, 결국 <u>중국대륙으로의 진출</u>로 이어졌다는 점을 이해시킨다. - 또한, 대전이 인류 전체에 많은 참화를 초래한 점을 토대로, 세계평화의 실현을 위해 노력하는 것이 중요하다는 점을 이해시킨다.
1998.12	- '청일・러일전쟁'에 대해서는 대륙을 둘러싼 당시 국제정세를 배경으로 전쟁에 이르기까지의 우리나라의 움직임, 전쟁의 개요와 국내외 반응, 한국 식민지화 등을 다룬다. - 그 때, 중국과 <u>조선에서의</u> '<u>민족운동의 고양</u>'과 국제연맹의 설립과 군축조약 체결로 대표되는 '국제평화의 노력'을 깨닫도록 한다. - 군부가 대두하여 <u>대륙으로 세력을 확장한 사실</u>, (중략) 이해시킨다. - 우리나라가 많은 국가들, <u>특히 아시아 여러 나라 사람들에게 많은 손해를 끼친 사실</u>, 우리나라의 국민이 커다란 전화(戰禍)를 입은 사실, 나아가 대전이 인류 전체에 참화를 쳤다는 사실을 이해시켜, '국제협조와 국제평화의 실현을 위해 노력하는 것이 중요하다는 사실을 깨닫게'(내용의 취급)하도록 한다.
2008.7	- '청일・러일전쟁'에 대해서는 '이 무렵의 대륙과의 관계에 착목시켜'(내용의 취급)에서 전쟁에 이르기까지의 우리나라의 움직임, 전쟁의 개요와 국내외 반응, 한국 식민지화 등을 다룬다. - '민족운동의 고양과 국제협조 움직임'에 대해서는 중국과 <u>조선에서의 민족운동 고양</u>, 국제연맹 설립과 군축조약의 체결 등을 다루도록 한다. - 군부가 대두하여 <u>대륙으로 세력을 확장한 사실</u>, 중국과의 전쟁이 장기화 한 사실. - 우리나라가 많은 국가들, 특히 아시아 여러 나라 사람들에게 많은 손해를 끼친 사실, 각지에의 공습, 오키나와전, 히로시마・나가사키에의 원자폭탄 투하 등, 우리나라의 국민이 커다란 전화를 입은 사실 등으로부터 대전이 인류 전체에 참화를 미쳤다는 사실을 이해시켜, '국제협조와 국제평화의 실현을 위해 노력하는 것이 중요하다'(내용의 취급)는 것을 깨닫게 한다.

〈표 10〉 중학교 학습지도요령해설서의 식민지 지배와 침략전쟁 관련 기술 변화

III. 일본 교과서 문제의 역사적 경위와 실태 161

학습지도요령해설서를 보면 히로시마·나가사키 원폭투하로 인한 피해는 1978년부터 기술되나, 일본이 아시아 여러 나라 사람들에게 손해를 끼친 사실에 대해서는 1998년부터 기술된다. 1963년 이에나가 일본사 교과서의 불합격 사유 중 하나가 '본토 공습', '원자폭탄과 그 때문에 폐허가 된 히로시마'라는 전쟁에 관한 어두운 사진이 실렸다는 것이었는데, 1978년 학습지도요령 해설서에는 전쟁의 참화와 관련하여 원폭 피해를 구체적으로 제시하고 있다.

학습지도요령해설서에 없는 내용을 기술해서는 안 되는 것은 아니고, 실제로 1970년대부터 식민지 지배의 실태(가해와 피해) 관련 내용이 기술되었다. 하지만 학습지도요령해설서는 일본 정부의 공식적인 견해라는 점에서 그 의의가 있다. 학습지도요령해설서를 보면 매우 소략하지만 식민지 지배와 침략전쟁으로 인한 피해를 기술하는 방향으로 바뀌어 왔다. 특히 1998년의 기술 변화는 식민지 지배와 침략전쟁으로 인한 손해와 고통에 대해 사죄와 반성을 표명한 1995년 무라야마 총리 담화를 반영했다고 할 수 있다.

한편 학습지도요령해설서는 앞에서 살펴본바와 같이 일본 정부의 영토문제에 대한 입장을 강제로 교과서에 기술하게 하는 역할을 하고 있다.

5.2. 검정제도를 통한 기술 개입

일본 정부는 1950년대 중반부터 검정제도를 통해 식민지 지배와 침략전쟁 관련 기술을 통제해 왔다. 이에나가 소송도 이러한 검정제도가 헌법을 위반한다는 것이었다. 그러나 2000년대 접어들어서는 오히려 '새역모' 계열 교과서에 식민지 지배와 침략전쟁 관련 내용이 기술되도록 하는 기능을 수행하기도 했다. 즉 같은 제도지만 시대에 따라 그 기능이 변하게 된다는 점에 유의할 필요가 있다. 검정제도가 식민지 지배와 침략전쟁 관련 교과서 기술에 어떤 영향을 끼쳤는지 구체적으로 살펴보기로 하겠다.

1950년대 후반부터 1960년대까지 "태평양전쟁에 대해서는 일본의 잘못은 너무 쓰지 말고, 그것이 사실이어도 로맨틱하게 쓸 것", "일본의 과거 전쟁을 제국주의 침략전쟁으로 규정하는 것은 좋지 않다. 일본이 중국을 지배하여 불행하게 했다는 것은 부적당하다", "'태평양전쟁'은 역사적인 용어가 아니다. 대동아전쟁으로 할 것", "'우리나라는 특히 태평양전쟁에 의해 아시아 여러 민족에게 헤아릴 수 없는 고통과 피해를 주었다'고 되어 있으나, 태평양전쟁에 의해 아시아 여러 민족에게 독립의 기회를 제공했다는 의견도 있는 바, 이 기술을 삭제할 것" 등의 검정의견이 제시되었다.[23] 이로 인해 식민지 지배와 침략전쟁 관련 기술이 축소되었다.

일본 정부가 검정제도를 활용하여 교과서 기술을 통제한 사실은 "사토 전 총리가 예산위원회에서 '중일전쟁은 유감이었다'고 발언, 닉슨 방중이 발표된 이후 기묘하게도 각사의 후기 제출본에 '중일전쟁' 소제목이 붙은 것에 대해서는 어떤 지시도 없었다.(지금까지는 '일화사변' 등

---

23) 俵義文, 『教科書攻撃の深層』, 学習の友社, 1997, 168-169쪽.

으로 변경을 명령했다) 또한 '중국 침략'이라는 용어도 통과했다. 명백하게 정부=자민당의 정책 변경을 수용해, 정치적 배려를 한 흔적이 보인다. 얼마나 충실하게 정부의 의도를 반영하여 검정이 실시되고 있는지를 보여준다"[24]는 주장에 잘 드러나 있다. 이것은 일본 정부의 정책적 고려에 따라 침략전쟁 관련 기술에 대한 검정 수위가 변해왔음을 보여준다.

1972년 중일 국교정상화 이후 일본 정부의 통제가 약화되기는 했으나, 1980년대 초까지는 여전히 식민지 지배와 침략전쟁 관련 기술에 정부가 개입했는데, 대표적인 사례는 아래와 같다.[25]

검정 연도	과목	검정 제출 원고	수정지시[26]
1973	고교 일본사	태평양전쟁	일본에서는 대동아전쟁이라고 했다. (1974, 19쪽)
1976	중학 역사	(조선으로의 침략, 한국병합) "(조선인이) 토지를 빼앗겼다", "토지를 잃어버려"	사실에 반한다. 토지조사의 결과다. (1977, 12쪽)
	고교 일본사	조선인이 … 강제적으로 연행되어, 중일전쟁의 포로로 연행된 중국인과 함께 전혀 인권을 무시한 노예적 노동을 강요당했다.	"강제적으로 연행되어"는 실태로서는 그렇지만, 일본인으로 취급되었기 때문에 강제적은 아니다. 국민징용령에 의해로 하는 것은 어떤가. "전혀 인권을 무시한 노예적 노동"도 많은 경우는 그렇지만 전부가 그랬었는지 어떤지는 당시 실정을 토대로 검토할 것. (1977, 20쪽)
1977	고교 세계사	일본의 중국침략	안 된다. '침략'은 진출 혹은 침입으로 할 것. (1979, 24쪽)
1979	중학 역사	많은 조선인이 강제적으로 일본 본토로 이주당해	당시 조선은 일본령으로, 국민징용령에 의해 모집된 것이기 때문에 강제적이라고는 할 수 없음. (1980, 31쪽)

24) 日本出版労働組合連合会, 『73教科書レポート』, 1973, 12쪽.
25) 출처는 日本出版労働組合連合会에서 매년 발간하는 『教科書レポート』.
26) 연도와 쪽수는 『教科書レポート』 출판연도와 상기 내용이 기술된 쪽수.

검정 연도	과목	검정 제출 원고	수정지시[26]
1981	고교 현대 사회	침략	'침공', '침입', '침출'을 사용하기 바람. '침략'에는 나쁘다는 가치판단이 들어 가 있음. (1982, 13쪽)
	고교 일본사	중국에서는 서안사건을 계기로 해서 국민정부와 공산당의 항일 통일전선이 성립하여, 일본의 침 략에 대항하여 중국의 주권을 회 복하려고 하는 태도가 강경하게 나타나기 시작했다.	'일본의 침략'이라고 되어 있지만, 본서 에서도 다른 곳에서도 '진출', '침입' 등 의 단어로 같은 내용이 기술되어 있기 때문에 정합성을 유지할 것. 자국의 역사 교과서라는 입장에서도 '침략'이라는 단 어는 어떨지 의문이다. (1982, 49쪽)

〈표 11〉 식민지 지배와 침략전쟁 관련 수정지시 사례

일본 정부의 식민지 지배와 침략전쟁 기술에 대한 개입은 1982년 일본 교과서 왜곡 파동 해결 방안으로 '근린제국조항'이 신설된 것을 계기로 약화되었다. 1986년 6월에는 '일본을 지키는 국민회의'가 제작한 고등학교 일본사 교과서 『신편일본사』가 검정을 통과한 것에 대해 한국과 중국이 비판을 제기하자, 나카소네 야스히로(中曽根康弘) 총리는 문부성에 전면적인 재검토를 지시했고, 문부성은 출판사에게 이례적으로 4회에 걸쳐 127곳에 대한 수정을 지시했다.[27] 대표적인 보수정권인 나카소네 정권에서 오히려 교과서 기술 개입은 줄어들고 식민지 지배와 침략전쟁 관련 기술이 늘어난 것이다. 이것은 중국과 한국과의 관계를 중시하는 외교를 펼쳤던 나카소네 정권의 정책을 반영한 것으로[28], 교과서의 식민지 지배 및 침략전쟁 관련 기술과 보수정권과의 관계가 일면적인 것은 아니라는 사실을 보여준다.

---

27) 日本出版労働組合連合会, 『教科書レポート'87』, 1987, 16쪽.
28) 吉田裕, 『日本人の戦争観』, 岩波書店, 1995.

'새역모' 역사교과서도 검정 의견에 의해 식민지 지배와 침략전쟁 관련 기술이 〈표 12〉의 사례에 보이듯이 일부 개선되었다. [29]

검정 연도	신청 내용	검정 의견	수정 내용
2001	1910(메이지43)년 일본은 한국을 병합했다(한국병합). ① 이것은 동아시아를 안정시키는 정책으로 구미 열강으로부터 지지를 받았다. ② 한국병합은 일본의 안전과 만주의 권익을 방위하기 위해서는 필요했지만, 경제적으로도 정치적으로도 꼭 이익을 가져오는 것만은 아니었다. 단 실행되었던 당시로서는 ③ 국제관계의 원칙에 따라 합법적으로 진행되었다. ④ 그러나 한국 국내에서는 당연히 병합에 반대하는 찬비양론이 있었고 반대파의 일부로부터 격렬한 저항이 있었다.	① 일본의 한국병합 시 서구열강이 병합에 대해 지지를 표명한 것으로 오해할 우려가 있는 표현이다. ② 한국병합에 대해 일면적으로 '필요'성과 '이익'이 기술되어 병합과 통치의 실태에 대해 오해할 우려가 있는 표현이다. ③ "국제관계의 원칙에 따라 합법적으로 이루어졌다"고만 기술하는 것은 병합과정의 실태에 대해 오해할 우려가 있는 표현이다. ④ 한국 국내의 병합 반대파의 '격렬한 저항'이 일부밖에 없었다고 오해할 우려가 있는 표현이다.	② 일본 정부는 한국병합이 일본의 안전과 만주의 권익을 방위하기 위해 필요하다고 생각했다. ① 영국, 미국, 러시아 3국은 조선반도에 영향력을 확대하는 것을 서로 경계하고 있었기 때문에 이에 대해 이의를 제기하지 않았다. 이리하여 1910(메이지43)년 일본은 한국내의 반대를 무력을 배경으로 억압하고 병합을 단행했다(한국병합). ④ 한국 국내에서는 일부 병합을 받아들이는 목소리도 있었지만 민족의 독립을 상실하는 것에 대한 극렬한 저항이 일어나 그 후에도 독립회복을 위한 운동이 끈질기게 전개되었다. 한국병합 후 일본은 식민지로 만든 조선에 철도·관개시설을 정비하는 등 개발을 하고 토지조사를 개시했다. 그러나 이 토지조사사업에 의해 경작지에서 쫓겨나는 농민도 적지 않았다. 또한 일본어 교육 등 동화정책이 실시되었기 때문에 조선 사람들은 일본에 대한 반감을 강화했다. ③ 삭제
	[국민의 동원](전체)	대만과 조선의 상황에 대해서는 거의 언급하고 있지 않아 전체적으로 조화를 이루지 못하고 있다.	〈아래 내용 추가〉 이러한 징용과 징병 등은 식민지에서도 실시되어 조선과 대만의 많은 사람들에게 여러 희생과 고통을 주었다. 이 밖에도 다수의 조선인과 점령하의 중국인이 일본의 광산 등에

---

29) '새역모' 교과서 기술과 검정의견에 관한 연구로는 남상구, 「'새역모' 발간 교과서의 검정실태에 나타난 일본교과서 검정제도의 문제점」, 『역사교육논집』 43권(2009)이 있다. 〈표 12〉도 동 논문을 인용한 것이다.

검정 연도	신청 내용	검정 의견	수정 내용
			끌려와 열악한 조건 아래서 노역 당했다. 또한 조선과 대만에서는 일본인으로 동화시키는 황민화정책이 강화되어 일본식 성명을 사용하게 하는 정책 등이 실시되었다.
2005	공습의 피해 ···메이지 이후, 일본의 국민이 처음으로 체험한 패전이었다.	학습지도요령에 제시된 '내용'(5)의 가 "또한 (세계)대전이 인류 전체에 참화를 끼쳤다는 것을 이해시킨다."에 비추어 볼 때 일본인의 피해만을 기술하고 있어 취급이 부적절하다.	메이지 이후, 일본의 국민이 처음으로 체험한 패전이었다. 일본의 항복에 의해 제2차 세계대전은 종결되었다. 대전 전체의 전사자는 2200만 명, 부상자는 3400만 명이라고 추정된다. (또한 206쪽에 중국의 희생, 207쪽에 동남아시아의 희생을 상기 검정에 대한 대응으로 추가했음.) *206쪽 : 이 전쟁은 전쟁터가 되었던 아시아 여러 지역의 사람들에게 커다란 손해와 고통을 주었다. 특히 중국의 병사와 민중은 일본군의 침공에 의한 다수의 희생자를 냈다. *207쪽 : 일반 시민도 포함한 다수의 희생자가 나왔다.
2009	[대동아회의] 이 회의 이후, 일본은 구미세력을 배제한 아시아에 의한 대동아공영권 건설을 전쟁의 목적으로 보다 명확하게 내세우게 되었다.	'대동아회의'에 대해 오해할 우려가 있는 표현이다.	[대동아회의] 이 회의 이후, 일본은 "구미세력을 배제한 아시아인에 의한 대동아공영권 건설"을 전쟁의 표면적 목적으로 강조하게 되었다.

〈표 12〉 '새역모' 교과서에 대한 검정 의견과 수정 내용

한편 고등학교 일본군 '위안부' 기술의 경우는 검정에 의해 군의 관여와 강제성을 약화시키는 방향으로 바뀌어 왔다. 1996년도 검정에서는 "일본군은 조선과 타이완 등지의 여성을 종군위안부로서 전쟁터에 보냈는데, 이것이 현재 국제적인 문제가 되고 있다"는 기술에 대해 "종군위안부에 대한 일본군의 관여에 대해서는 현시점에서의 조사상황을 고려해,

오해가 없는 기술을 하도록 모색하여야 한다"는 검정의견이 제시되었다. 결국 '일본군은'이라는 주어가 삭제되고, "조선과 타이완 등지에서 종군위안부로서 전쟁터에 보내진 여성도 있고"라고 기술되었다. 2003년 고등학교 검정에서도 '일본군 위안부'라는 표기는 일반적인 것이 아니라는 이유로 '위안부'로 수정되었으며, "일본군은 다수의 여성을 강제 연행하여 견디기 힘든 고통을 안겨주었다"는 기술에서 주어인 '일본군'을 삭제토록 요구하는 검정의견이 제시되었다. 2006년 고등학교 검정에서는 "일본군에 의해 위안부로 된"이라는 표현이 오해의 소지가 있다는 검정의견에 따라 "일본군의 위안부로 된"으로 수정되었다.

2014년 1월 17일 개정된 검정기준을 근거로 실시된 2015년과 2016년 검정결과를 보면 난징대학살, 관동대지진 조선인 학살 관련 구체적인 숫자나 수천 명 등의 표현이 '다수'로 바뀌었다.

영토문제 관련 기술도 2015년부터 일본 정부가 적극적으로 개입하여 일본 정부 입장을 반영하는 방향으로 수정하고 있다. 이전에는 한일 양국 간에 독도를 둘러싼 의견의 차이가 있다는 기술이 인정되었으나, 2015년부터는 독도가 일본 영토라는 것을 전제로 하지 않은 기술은 허용되지 않고 있다.

6. 기로에 선 애국주의와 국제주의

교과서의 식민지 지배 및 침략전쟁, 영토문제 관련 기술 변화를 애국주의와 국제주의의 길항이라는 관점에서 정리하면 다음과 같다.

첫째, 일본 패전 이후 식민지 지배와 침략전쟁 관련 기술은 국제주의와 애국주의가 길항하는 가운데 피해 사실 기술이 점차 확대되고 정착되었다. 최근 들어 애국주의 흐름에 따라 일본군 '위안부' 관련 기술 축소, 관동대지진 당시 학살된 조선인과 난징대학살 피해자의 구체적인 숫자를 다수로 기술하는 등 후퇴한 측면도 있으나, 식민지 지배와 침략전쟁으로 인한 피해사실을 기술해야 한다는 국제주의의 기본 틀은 유지되고 있다. 일본 정부는 2015년 한일 정부 일본군 '위안부' 합의에서 '일본군의 관여 아래 다수 여성의 명예와 존엄이 깊은 상처를 입었다는 사실과 일본 정부의 책임을 인정하고, 이에 대해 총리 명의로 사죄와 반성을 표명'했다. 하지만 2017년 검정을 통과한 고등학교 일본사 교과서를 보면 위안소 설치와 관리, '위안부' 모집과 이송 등에 일본군이 관여했다는 사실을 명확하게 기술하지 않고 있다. 그리고 '위안부' 합의에 대해 피해자들이 반발하고 있음에도 불구하고 일본 정부가 자금을 거출하는 것으로 '위안부' 문제가 '최종적 불가역적'으로 해결되었다는 것에 초점을 맞추어 기술하고 있다.

둘째, 일본 사회나 정권의 보수화 경향이 식민지 지배와 침략전쟁 관련 기술에 직접적으로 반영되지는 않으며 반영되더라도 제한적이라는 점이다. 자학사관의 극복을 주장한 아베 정권하에서 검정을 통과한 교과서도 기술 변화는 매우 제한적이다. 이것은 교과서 기술이 10년을 주기로 개정되는 학습지도요령과 그 해설서를 근거로 하고 있고, 한국과 중국 등 주변국과의 외교관계와 무라야마 담화 등 일본 정부의 공식적인 역사인식, 시민운동과 연구의 성과를 반영하기 때문이다. 일본 교과서가 애국주의와 국제주의의 기로에서 어느 방향으로 갈지는 정해진 것이 아니라 건전한 견제세력이 얼마나 힘을 발휘할 수 있느냐에 따라 바뀔 수 있다.

셋째, 일본 사회의 보수화와 애국주의를 적극적으로 반영한 기술은 영토문제에 관한 것으로, 아베 정권은 2014년 1월 학습지도요령해설서 개정 등을 통해 영토문제 관련 기술에 적극적으로 개입하고 있다. 그 결과 일본 정부의 견해를 그대로 반영한 기술이 급속하게 증가하고 있다. 영토문제 관련 기술에서 국제주의는 찾아볼 수 없다. 앞으로도 영토문제 관련 기술은 애국주의를 고양시키는 수단으로 활용될 것으로 보인다.

넷째, 침략전쟁 당시 일본인의 인도주의를 보여주는 기술이 늘고 있다. 2015년 검정을 통과한 중학교 동경서적 교과서에 '일본판 쉰들러 리스트'라는 스기하라 지우네(杉原千畝) 관련 내용이 처음 기술되었다.[30] 도쿠시마(德島)현과 나루토(鳴門)시는 2018년에 독일과 공동으로 반도(板東) 포로수용소 관련 자료[31]를 세계기록유산에 등재 신청을 할 예정이다. 사건 자체는 객관적인 사실이나 아시아태평양전쟁 중에 일본

---

30) 스기하라 관련 내용은 2005년부터 일본 우익 성향의 중학교 역사교과서(부상사)에 기술되기 시작했는데, 2015년 검정을 통과한 중학교 역사교과서에는 8종 중 3종(동경서적, 육붕사, 자유사)에 기술되어 있다.
31) 등재 신청 추진 단체는 1917년부터 1920년까지 운영된 반도 포로수용소는 독일군 포로를 최대 1,000명까지 수용했는데, 당시 수용소 소장(마쓰에 도요히사(松江豊寿) 육군 대좌)이 포로를 인도적으로 처우하고 음악과 연극, 스포츠 활동을 허용하여 독일 포로병들이 교향악단을 만들어 1918년 6월 1일 베토벤 교향곡 9번(합창)을 일본에서 처음으로 연주하였다고 주장하고 있다.

군이 저지른 반인도적인 정책을 희석시키거나 왜곡된 이미지를 만들 수 있다는 점에서 두 시도는 일치하는 측면이 있으며, 두 사건 모두 새로운 형태의 역사 이미지 만들기라는 점에 주목할 필요가 있다.

현대일본생활세계총서 **13**

일본 정치의 구조 변동과 보수화
: 정치적 표상과 생활세계의 실상

제2부

정치적 보수화의 실상들

: 일본회의, 자위대

Ⅳ 김태기

'일본회의'의 성장과 종교단체의 역할
'생장의 집(生長の家)'을 중심으로

Ⅴ 남기정

자위대는 군대가 될 것인가?
'자주방위의 꿈'과 '미일동맹의 현실'

현대일본생활세계총서 13

일본 정치의 구조 변동과 보수화
: 정치적 표상과 생활세계의 실상

'일본회의'의 성장과 종교단체의 역할
'생장의 집(生長の家)'를 중심으로*

김태기

1. 종교와 정치의 접점

　1997년 5월 30일 '일본을 지키는 회(日本を守る会)'와 '일본을 지키는 국민회의(日本を守る国民会議)'가 통합하여, '일본회의(日本会議)'라는 거대한 우익단체가 결성되었다. 일본회의는 결성 초기에 '우익'으로 자리매김 되는 경향이 있었지만, 현재는 우파 혹은 우경단체의 하나로 자리매김 될 정도로 일본정치에 많은 영향을 미치고 있다.

　일본회의는 현재 북해도를 비롯해 전국 9개 블록에 47개 도도부현(都道府県)본부와 약 240개의 지부가 있다. 일본회의 국회의원 간담회(日本会議国会議員懇談会) 소속 국회의원은 자민당을 중심으로 약 280명이나 포진되어 있다. 지금도 아베 신조(安倍晋三) 수상 및 아소 다로

---

* 이 글은『한일관계사연구』제54집(2016. 8)에 게재된 논문을 수정 보완한 것이다.

(麻生太郎) 전수상이 이 간담회의 특별고문이며, 히라누마 다케오(平沼
赳夫) 자민당 중의원 의원이 회장이다. 2012년에 발족한 제2차 아베내각
의 각료 19명 중 13명이 간담회 소속이라는 것은 널리 알려진 이야기
이다. 일본회의지방의원연맹(日本会議地方議員連盟) 소속 의원은 약
1,700명이다.[1]

2016년 2월 현재 일본회의 명예회장은 미요시 도루(三好達) 전 최고
재판소장관이고 회장은 다쿠보 다다에(田久保忠衛) 교린대학(杏林大
学) 명예교수이다. 그런데 고문 5명 중 4명은 '현직' 신도 및 불교 관계자
이고, 대표위원 41명 중에서 '현직' 신도 및 불교단체 관계자는 16명이다.
실질적으로 종교단체와 연관이 있는 사람까지 포함하면 종교단체 관계
자는 훨씬 많을 것이다.[2]

즉 일본회의의 중심적인 세력이 종교단체이며, 일본회의의 대내외
적 정치 활동에 이들 종교단체가 중요한 역할을 하고 있다. 즉 지금과 같
이 일본회의가 거대한 정치집단으로 성장하게 된 데는 종교단체의 역할
이 크다. 일본회의와 종교단체의 연관성에 대해서는 이미 과거부터 지
적되었고,[3] 최근 쓰카다 호타카(塚田穂高)가 자신의 박사학위 논문을

---

1) 『朝日新聞』, 2016. 3. 23.
2) 일본회의와 종교단체의 최근의 경향에 대해서는 塚田穂高, 『宗教と政治の転
   轍点: 保守合同と正教一致の宗教社会学』, 花伝社, 2015, 73-107쪽 참조.
3) 예를 들어 부락문제전문가로 일본전쟁책임자료센터(日本の戦争責任資料セ
   ンター) 사무국장을 맡고 있는 우에스기 사토시(上杉聰)가 「日本における『宗
   教右翼』の台頭と『つくる会』『日本会議』, 『季刊 戦争責任研究』 39, 2003, 44-56쪽,
   「宗教右翼と現代日本のナショナリズム」, 『年報 日本現代史』 12, 2007. 등을
   발표하였다. 필자 또한 「일본 우익의 사상과 활동에 관한 사적 고찰」, 『한일
   민족문제연구』 13권, 2007, 51-101쪽에서 일본회의와 종교우익의 관계에 대

정리하여『종교와 정치의 전철점: 보수합동과 정교일치의 종교사회학(宗教と政治の転轍点: 保守合同と正教一致の宗教社会学』(花伝社, 2015)을 발간하였다. 이 책은 일본회의에 관여하고 있는 주요 종교단체의 성격에 대해 분석하고 있다. 따라서 일본회의와 이른바 '종교우익'의 관계에 대해서 지적하는 것은 새삼스러운 것이 아닐 수 있다.

하지만 패전 이후 일본의 종교단체가 어떻게 지금과 같이 일본을 대표하는 우파단체인 일본회의의 중요한 위치를 점하게 되고, 중심에서 활동하게 되었을까 하는 것에 대해서는 여전히 의문이 들지 않을 수 없다. 이러한 의문에 답하기 위해서는 다양한 관점에서 접근할 수 있으나, '정치세력'과 '종교세력'의 상관관계에서 볼 때, 다음과 같은 가정이 우선 가능할 것이다.

첫째는 애당초 전후 일본의 종교단체는 우파적인 성향이 강한데 일본사회의 우경화의 흐름과 함께 종교단체가 일본정치에 중요한 영향을 미치는 존재가 되었다는 가정이다. 즉 ①일본의 경제 대국화와 함께 일본 국민의 자긍심 고양 및 ②보수 온건 및 혁신의 자기(일본) 부정적인 역사의식에 대한 반발 그리고 ③일본정부의 사죄외교에 대한 반발이라는 일본사회의 총체적인 보수 강경의 흐름 속에서, 우파적인 성향을 띠어온 종교세력이 지지를 받게 되고 그로 인해 영향력이 강화되었다고 볼 수 있다.

둘째는 애당초 정치세력화하는 데 관심을 가지고 있던 일본의 종교

해서 지적한 바 있다.

우익이 성공적으로 정치세력으로 진입하는 데 성공했다는 가정이다. 즉 전후 일본의 종교우익은 자신들의 세력을 확장하기 위해 꾸준히 노력해 왔고, 그들의 노력에 의해 일본의 우경화가 보다 진전되었고, 일본의 총체적인 보수 강경의 흐름 속에서 그 주도 세력으로서 역할하게 되었다고 볼 수 있다.

그 외에도 일본의 보수정치가들이 자신들의 세력을 보전하기 위해 종교세력을 효율적으로 활용해 왔다고도 가정할 수 있다. 즉 일본정치의 주도적인 세력은 여전히 보수정치가들이고, 이들 정치가들이 표밭으로서의 종교세력과 결탁하고 있다는 것이다.

물론 다른 가정도 가능하겠지만, 이 논문에서는 특히 두 번째 가설을 중심으로 '생장의 집(生長の家. 이하, 생장의 집)'의 정치 활동을 사례로 종교단체가 일본회의에서 중요한 위치를 차지하게 된 배경을 살펴보고자 한다. 물론 이 논문이 두 번째 가설이 가지고 있는 모든 요소를 입증할 수 있는 것은 아니다. 특정 단체의 세력 확장의 성공요인을 체계적으로 살펴보기 위해서는 리더의 사상, 리더의 역할, 조직, 구성원의 활동, 자금, 전략 등 다양한 요소에 대한 분석이 동반되어야 할 것이다. 이 논문에서는 이들 요소 중에서 ①리더의 사상과 역할, ②조직 그리고 ③활동에 초점을 맞추어 살펴보고자 한다. 그리고 이 글은 시론(試論)의 성격을 가지고 있으며, 추후 자료 보완 및 관계자 인터뷰를 통해 보다 실증적인 입증을 해나가고자 한다.

한 가지 지적해 두고 싶은 것은 현재 일본회의의 현직 임원이나 대표위원 명부에서는 생장의 집 '현직' 관계자를 찾아 볼 수 없다는 것이다.

그럼에도 불구하고 이 논문이 생장의 집에 대해서 주목하는 것은 일본 회의라는 단체가 탄생하고 발전해 나가는 데 있어, 과거의 생장의 집의 역할을 무시할 수 없는 측면이 있기 때문이다. 이에 대해서는 본문에서 밝혀질 것이다.

그간 생장의 집에 대한 선행연구가 없었던 것은 아니다. 일찍이 생장의 집 활동을 나름 체계적으로 소개한 것은 일본공산당의 종교연구자 히구마 다케노리(日隈威德)였다. 그는 「생장의 집의『교의』와 운동: 부활하는 '전범종교'의 정체(生長の家の『教義』と運動: 復活する'戦犯宗教'の素顔)」(『前衛』通号493号, 1983.6, 201~222쪽)[4]에서 생장의 집의 교리와 과거의 선교활동 그리고 정치활동을 패전 이후부터 1982년경까지 포괄적으로 정리하고 있으며, 반공주의자인 생장의 집 교조 다니구치 마사하루(谷口雅春)에 대해 '반동(反動)'이라는 관점에서 비판을 가하였다.

한편 일본 우익연구자인 호리 유키오(堀幸雄)는『증보 전후의 우익세력(増補 戦後の右翼勢力)』(勁草書房, 1993, 219-230쪽)에서 종교우익으로서의 생장의 집의 중요성을 지적하였으며, 특히 원호법제화 운동을 중심으로 생장의 집의 활동을 정리하였다.

그리고 이후 종교학자 데라다 요시로(寺田喜朗) 다이쇼대학(大正大学) 교수가 생장의 집의 민족주의 사상에 초점을 맞춘 「신종교와 에스노센트리즘: 생장의 집의 일본중심주의의 변천을 둘러싸고(新宗教とエスノセントリズム: 生長の家の日本中心主義の変遷をめぐって)」(『東洋学研

---

4) 같은 논문을 日隈威徳, 「或る右派教団の軌跡: 生長の家の「教義」と運動」, 『宗教と共産主義』, 新日本出版社, 1985, 93-156쪽에 게재.

究』通号45, 2008, 169-198쪽)를 발표하였다.[5] 이 연구는 생장의 집, 특히 다니구치 마사하루의 교리와 사상을 중점적으로 고찰하였다. 데라다에 의하면 생장의 집은 1930년부터 1932년 사이에는 보편주의적인 세계주의 교리를 전개하였고, 1932년부터 1945년에는 국수주의적 민족주의를 전면에 내세웠다. 그리고 패전 이후부터 1985년경까지는 천황절대론은 약화되었으나, 천황제 중시와 일본문화 우월사상은 여전히 일관되게 주장하였다고 정리한다.

그리고 최근 앞서 소개한 쓰카다의『종교와 정치의 전철점: 보수합동과 정교일치의 종교사회학』도 생장의 집에 대해서 지면을 할애하여 간단히 소개하고 있다. 또한 스가노 다모쓰(菅野完)는 지난 6월에『일본회의의 연구(日本会議の研究)』(扶桑社, 2016)를 발간하였다. 르포형식의 이 연구는 현재의 일본회의의 활동과 생장의 집 출신 우익 활동가의 연관성을 부각시키면서, 특히 일본회의는 물론 아베정권이 이들의 영향을 받고 있다고 비판적으로 소개하고 있다.[6]

이들 선행연구를 통해 생장의 집의 사상과 활동 그리고 일본회의와의 연관성에 대한 개략은 어느 정도 밝혀졌다고 할 수 있다. 하지만 현재 일본 우익 활동에 지대한 영향을 미친 생장의 집의 역량에 비하면, 그간

---

5) 데라다는『台湾における生長の家の受容』이라는 제목으로 도요대학(東洋大学) 에서 2007년에 박사학위를 받았다. 이 연구는 박사학위 논문의 제2장 2절 및 3절을 가필 수정한 것이다.
6) 스가노의 저서가 사회적 반향을 불러일으키자, 일본회의는 스가노의 연구에 사실 오류가 있다며 출판사(扶桑社)에 대해 출판정지를 요구하고 있다(『朝日新聞』, 2016. 5. 12, http://www.asahi.com/articles/DA3S12352007.html, 2016. 7. 20. 인출).

의 생장의 집에 대한 연구는 충분하다고 할 수 없다. 특히 패전 이후 생장의 집이 일본 우익의 중심적인 세력이 되기까지의 과정에 대하여 체계적이고 분석적으로 연구한 선행연구는 아직 보이지 않는다. 따라서 이 연구의 과제는 ①다니구치 마사하루를 중심으로 한 생장의 집이 일본 패전 이후 어떠한 정치적 주장을 하였으며, ②생장의 집을 정치세력화하고 정치적 목적을 달성하기 위하여 어떠한 종교 및 정치 활동을 전개하였고, 또한 ③어떠한 전략과 방법을 가지고 구체적으로 이를 실현했는지 살펴보는 것이 과제라고 할 수 있다.

2. '생장의 집'과 그 특성

2.1. 생장의 집의 종교 사상과 초기 활동

생장의 집 창시자인 다니구치 마사하루(이하, 마사하루)는 1893년에 고베(神戶)에서 태어나 와세다대학(早稲田大学) 영문학과를 중퇴하였다. 이후 신흥종교인 오모토(大本)에서 활동하였지만 1922년에 제1차 오모토사건을 계기로 탈퇴하여, 심령과학과 자기개발 등에 관심을 가지고 활동을 지속하였다. 이후 1930년 1월 1일부터 자신의 실상(實相) 사상을 정리하여 소개하는 『생장의 집(生長の家)』(월간)을 출간하기 시작하면서부터 이른바 교조(敎祖)로서 나서기 시작하였다.[7]

---

7) 生長の家本部, 『生長の家50年史』, 日本教文社, 1980, 147-174쪽, 215-216쪽.

그의 종교사상은 기독교와 불교 그리고 신도 사상을 융합한 것으로, (1)모든 종교는 하나의 진리=하나의 신=하나의 실상(實相)으로 귀결하는 것이며, (2)인간은 신의 자식이라 영원불멸의 생명이며, (3)현실세계는 진리가 현상이라는 그림자로 나타난 것이며, 세상의 진리 즉 실상(實相)=신(神)의 자식이라는 것을 깨달으면 병도 낫고 행복해 질 수 있다는 것이다. 생장의 집의 의미에 대해서 마사하루는 다음과 설명한다.

"'생장의 집'이라는 것은 대우주를 말합니다. '생장(生長)한다'는 것은 창조한다는 것으로, 얼마든지 무한하게 창조해 신장해 가는 것이 우주의 실상(實相)입니다. 따라서 대우주를 '생장의 집'이라고 하는 것으로 이 대우주에 만연해 있는 생명창화(創化)의 법칙을 연구하고 그 법칙을 선전하며 널리 인류를 교화하려는 목적의 단체를 '종교법인 생장의 집'이라고 부르고 있습니다.
불교에서는 모든 것이 만연하는 실상(實相)의 정토를 적광토(寂光土)라고 하는데, 이것이 바로 생장의 집이며, "생장의 집"이라는 실상이 가령 세계에 그림자를 투영하여 나타난 것이 지상의 생장의 집입니다. 여러분의 집에서도 실상의 선(善)이 현현(顯現)한다면 모두가 생장의 집입니다. 이 '실상'의 정토인 '생장의 집'이 지상에 형태를 비춰서, 문장으로— 그 말의 울림으로 나타난 것이 처음에 이 『생장의 집』이라는 잡지였던 것입니다."[8]

1930년 1월부터 『생장의 집』을 발간한 이후 8월부터 가가와(香川), 아이치(愛知)를 비롯하여 전국에 지부가 설립되기 시작하였다. 『생장의 집』

---

8) 谷口雅春, 『生長の家とは如何なるものか: 生長の家家族の祈願および修養』, 日本教文社, 1971, 4-7쪽.

의 성공으로 마사하루는 1934년 8월 도쿄로 상경하였다. 1934년 11월에는 주식회사 광명사상보급회(光明思想普及会: 1944.3. 일본흥농사(日本興農社)로 개칭, 1946.7. 일본교문사(日本教文社)로 개칭)를 설립하고, 1935년 4월에는 주주(株主)를 모집하는데 성공하였다. 공식적인 종교활동의 모체도 없는 상황에서『생장의 집』구독자 증가로 수익이 급증하자, 보다 체계적인 조직구성이 요구되었다. 결국 마사하루는 1936년 1월에 정식으로 "교화단체 생장의 집(教化団体生長の家)"을 설립하고(1940년 4월 종교단체법의 실시에 따라 종교결사가 됨), 광명사상보급회는 출판전문회사로 분리하였다. 나아가 각 지방에 상애회(相愛会)를 두어 신도를 관리하였다.[9]

생장의 집의 특성으로서는 우선 교육 관계자의 조직화를 도모했다는 것이다. 1935년 5월 생장의 집 교육부를 창설하고, 8월부터『생명의 교육(生命の教育)』(1941.10. 종간)을 발간하였다. 그리고 생장의 집 교육관계자를 중심으로 1936년부터 "생장의 집 교육자연맹(生長の家教育者連盟)"이 각지에 결성되었다.[10]

그리고, 1936년 2월에는 여성 신도를 대상으로 백구회(白鳩会)(총재: 마사하루와 부인 데루코[輝子])를 결성하고, 3월부터『백구(白鳩)』(1943.9.『決戦』으로 개칭)를 발간하기 시작하였다. 나아가 초심자 및 공장 노동자 교화를 목적으로 3월부터 기관지『광천(光の泉)』을 발간하기 시작하였다. 지방에서 상경한 여성 신도를 대상으로 기숙사를 제공하는

---

9) 生長の家本部, 앞의 책, 232-234쪽, 283-292쪽, 296-300쪽.
10) 같은 책, 293-294쪽.

등 사회활동도 전개하였다.[11]

2.2. '생장의 집'의 성공 요인

유사종교라고 불린 일본의 신흥종교는 1920년대 중반에서 1930년대 초에 걸쳐 급증하였다. "1926년 6월 사회교육협회가 실시한 조사에 의하면 신도계의 65를 필두로, 불교계 29, 기독교계 4로 계 98단체였던 것이 1930년에는 계 416단체로 증가하였다"[12] 그 사회적 배경으로는 세계대전에 대한 두려움, 세계공황으로 인한 일본경기 침체 및 사회불안 등을 들 수 있다.[13] 그 외에도 당시 열악하고 일부 비정상적인 의료행위를 하는 의료계의 상황이 이를 조장하는 경향도 있었다고 본다. 즉 많은 신흥종교들이 자신들의 종교를 믿으면 병을 고칠 수 있다는 것을 들고 나왔는데, 당시의 의료계에 대한 일반인의 불신이 신흥종교에 관심을 갖게 했다는 것이다.[14]

하지만 모든 신흥종교가 교세를 확장한 것은 아니었다. 생장의 집의 성공에 대해 주주모집과 광고효과를 가장 큰 요인으로 꼽는다. 생장의 집은 잡지 판매는 물론 출판사의 주주 모집을 통해 자금을 확보하고, 그 자금을 가지고 적극적으로 신문광고를 하였다. 즉『생장의 집』을 읽으면 병이 낫는다며 전집『생명의 실상(生命の実相)』구매를 선전하는

---

11) 같은 책, 294쪽, 297-298쪽.
12) 大宅壮一,『宗教を罵る』, 信正社, 1937; 小野泰博,「生長の家」(清水雅人外,『新宗教の世界V』, 厚徳社, 1979, 50쪽에서 재인용.
13) 生長の家本部, 앞의 책, 227쪽.
14) 小野泰博, 앞의 책, 50-51쪽.

신문광고를 거의 매일 신문에 게재하여 성공하였다는 것이다.[15]

　이와 같은 평가와 더불어, 신도의 조직화와 이들 신도를 통한 잡지 판매를 통해 안정적인 기반 확보와 세력 확대가 가능하지 않았나 생각된다. 또한 지방에서 상경한 여성 등을 대상으로 소규모 가정료(家庭寮)를 운영하고, 사회적 소외계층에 대한 포교 방식도 세력 확장에 도움이 되었을 것이다.

　앞서 소개한 데라다의 연구가 밝히고 있는 것처럼, 마사하루는 1932년 이후 국수주의적 민족주의를 주창하기 시작하고 특히 중일 전쟁 이후 일본의 대륙침략을 적극 지원하였다. 마사하루는 천황제를 적극 주장(「천황신앙(天皇信仰), 『生命の教育』, 1940. 9)하거나, 1942년 2월에는 육군과 해군에 전투기를 헌납하고 1944년에는 아카사카(赤坂)의 본부도장도 군에 헌납하였다. 나아가 황도대학료(皇道大学寮)를 만들어 청년학도병을 배출하기도 하였다. 태평양 전선에서 일본군이 후퇴하는 속에서도 마사하루는 『생장의 집』 1944년 7월호에 "대일본은 신국이다. 천황은 절대자이다. 절대자의 나라는 절대로 승리한다."는 '황국신민의 신념(皇国臣民の信念)'을 라디오로 방송하여 일본국민 및 군의 정신력을 강화해야 한다고 정부에 건의하기도 하였다.[16] 하지만 생장의 집은 전시의 물자 부족 등으로 결국 1944년 10월 『생장의 집』, 『백구』, 『결전』 등을 종간하지 않을 수 없는 상황에 몰리게 되었다.[17]

---

15) 生長の家本部, 앞의 책, 290쪽.
16) 生長の家本部, 앞의 책, 333-336쪽.
17) 寺田喜朗, 앞의 논문, 188-190쪽; 生長の家本部, 앞의 책, 332쪽.

3. '생장의 집'의 재기와 '생장의 집 정치연맹'의 결성

3.1. 전후 생장의 집의 조직 재편과 학생 조직 강화

일본 패전 직후, 마사하루는 1945년 11월부터 『생장의 집』과 『백구』를 복간하였으며, 종교단체의 정치세력화에 관심을 가지고 있었다. 『생장의 집』 복간 1호에서 '일본구국・세계구제'를 위한 10대 구상을 밝혔는데, 첫 번째 항목이 '정치결사 전국정신주의연맹'의 창립이었다. 이후, '생장의 집 사회사업단(生長の家社会事業団)'을 설립하여 1946년 1월 8일 재단법인으로 인가를 받았다. 11월경에는 아카사카(赤坂)에 위치한 생장의 집 본부시설 내에 전쟁고아구제를 위한 아동보호시설인 '신국료(神の国寮)'(1966.7. 구니타치시[国立市]로 이전)를 개설하였다. 1946년 7월에는 생장의 집 출판사인 일본흥농사를 일본교문사(日本教文社)로 사명을 변경하여 활동을 재개하였다.[18]

GHQ/SCAP(General Headquarters of the Supreme Commander for the Allied Powers, 이하 GHQ)는 마사하루의 전쟁협력에 대한 책임을 물어 1947년 9월에 공직추방 대상자로 가(仮)지정하고, 1948년 6월에 공직에서 추방하였다. 하지만 그 와중에도 생장의 집 활동은 정상적으로 이루어져, 1947년 4월에는 청소년을 대상으로 한 『히카리노 이즈미』를 복간하고, 1947년 10월에는 『생장하는 청년(生長する青年)』(『생장(生長)』(1953. 5), 『이상세계(理想世界)』(1955. 9)로 개칭)을 창간하였다.

---

18) 生長の家本部, 앞의 책, 367-369쪽.

패전 이후에도 생장의 집은 '출판종교'라고 불릴 정도로 출판사업에 적극적이었으며, 특히 청년층에 대한 교화 및 조직화에 관심을 가지고 사업을 진행하였다.

패전 이후 생장의 집은 고교생 및 대학생 신도를 조직화하기 위해 '생장의 집 학도연맹(生長の家学徒連盟)'을 결성하였다. 생장의 집이 종교법인이 되자 생장의 집 학도연맹은 1948년 3월 '생장의 집 청년회(生長の家青年会)'로 개편되었다. 생장의 집은 1948년 3월 27(~28)일에 '제1회 생장의 집 청년회 전국대회(第1回生長の家青年会全国大会)'를 본부도장에서 개최한 이후 매년 청년회 전국대회를 개최하였다. 마사하루는 1951년 8월 6일 공직추방에서 해제되어 공식적인 활동이 가능해졌다.[19]

생장의 집은 1952년 4월에 '신교육자연맹(新教育者連盟)'을 발족(1967.5. 재단법인)하고, 1956년 3월부터 『신교육통신(新教育通信)』(1977.8. 생명의 교육(生命の教育)으로 개칭)을 발간하기 시작하였다. 생장의 집 초기 활동에서 보인 것처럼, 청소년 및 청년층을 지도할 교육관계자의 교육 및 조직화에 힘을 쏟은 것이다.[20]

생장의 집은 교세확장과 함께 1954년 3월에 하라주쿠(原宿) 명치신궁 바로 앞으로 새롭게 본부를 이전하였다. 전후에도 생장의 집은 출판을 통해 수익을 얻고, 그 자금으로 조직을 강화하여 교세를 확장시켜나간 것이다.

1957년에는 교조(教祖), 교주(教主), 총지(総持)를 총재, 부총재, 이

---

19) 같은 책, 374-379쪽.
20) 같은 책, 420-421쪽.

사장으로 조직을 개편하여 외형적으로 종교색을 희석시키는 한편, 1959년 3월 2일(~5일)에 열린 제4회 간부연수회에서는 상애회(相愛会), 백구회(白鳩会), 청년회(青年会)의 3자 협력 체제를 확립하였다.[21] 1959년 8월에는 제1차 5개년 계획을 세워, 헌법개정, 히노마루 운동, 우생보호법(優生保護法) 개정 등 정치적 목적 달성과 조직 확대를 계획하였다. 1959년 11월 8일부터는 라디오 방송 '행복으로의 출발(幸福への出発)'도 시작하였다.[22]

생장의 집 조직의 특성으로는 청소년 등 학생에 대한 교육과 조직 강화에 있다고 할 수 있다. 1956년 6월 13일(~16일)에는 제1회 생장의 집 전국간부연수회를 가지고, 8월 16일(~20일)에는 생장의 집 신도 자녀를 대상으로 제1회 고교생 연성회(錬成会)를 개최하였다. 이들 간부회나 연성회는 이른바 대회 형식으로 하루만 열리는 것이 아니고, 4~5일간 합숙을 하였는데, 이는 단순한 종교 교육만이 아니라, 마사하루의 천황제 교육 그리고 회원 간의 결속 강화를 의도했다고 볼 수 있다.

생장의 집은 고교생을 대상으로 매년 합숙을 통한 수련회를 개최하였다. 이들 고교생 신도들은 각 지방에 '이상세계의 모임(理想世界の集い)'을 결성하였는데, 1960년 5월 1일 제12회 청년회전국대회에서, 정식으로 '생장의 집 고교생연맹(生長の家高校生連盟, 이하 생고련)'이 결성되었다.[23]

---

21) 같은 책, 417-419쪽; 谷口雅宣外, 『歴史から何を学ぶか: 平成15年度生長の家教修会の記録』, 世界聖典普及協会, 2004, 50쪽.
22) 生長の家本部, 앞의 책, 454-473쪽.
23) 같은 책, 415-416쪽, 454쪽, 773쪽.

또한 이들이 성장해 감에 따라 대학생 조직도 결성되었다. 생장의 집 신도의 자녀 및 생고련 출신인 대학생 신도들은 1965년에 전국적으로 '생장의 집 학생회(生長の家学生会)'를 조직하였는데, 이를 발전시켜 1966년 5월 1일 제18회 청년회 전국대회에서 '생장의 집 학생회 전국총연합(生長の家学生会全国総連合 이하, 생학련)'을 결성하였다.[24]

이후 생학련은 일본 우익 학생운동의 중심적인 역할을 하게 된다. 현재 메이세이대학(明星大学)교수이며, 일본회의에서 적극적으로 활동하고 있는 다카하시 시로(高橋史朗)는 와세다대학 재학 중에 생학련 위원장을 역임하였다.

3.2. 생장의 집과 정치세력화

마사하루는 미군에 의한 일본 점령시기에는 감히 천황제 부활을 공공연하게 주장할 수 없었으나, 천황을 '국가 생명의 대표자'로 위엄(威嚴)적인 존재라고 칭하며 천황의 중요성을 강조하였다. 또한 미군 점령 하에서 서구적인 자유주의 사상이 확산되자, 개인주의 및 이기주의는 도덕적 황폐이며, 일본적 이에(家) 제도의 붕괴가 그 원인이라고 주장하였다.[25] 즉 이에 제도를 중심으로 한 전통사회로의 복귀와 천황제 부활을 간접적으로 주장한 것이다.

대일평화조약 발효 이후, 마사하루는 본격적으로 자신의 주장을 펴기 시작하였다. 마사하루는 『생장의 집』 1952년 8월호에서 점령군에 의

---

24) 같은 책, 493쪽.
25) 寺田喜朗, 앞의 논문, 192-193쪽.

해 약체화된 일본 재건이 시급한 과제라며, 천황중심의 국가 재건과 천황을 중심으로 한 이에(家) 제도의 부활을 적극적으로 주장하기 시작하였다. 또한 마사하루는 당시 우생보호법도 개정해야 한다고 주장하였다. 1948년에 만들어진 우생보호법에 의해 합법적으로 허용되는 임신중절제도는 일본을 약체화시키고, 성도덕을 어지럽히는 것이라고 주장하였다. 나아가, 일본의 대외적 위력(威力)을 위해서는 인구가 많아야 한다며, 이를 위해 우생보호법을 개정해야 한다고 주장하였다.[26]

마사하루는 자신의 생각을 실현하기 위해 생장의 집의 조직 강화와 함께, 생장의 집의 정치세력화를 위해 본격적으로 움직이기 시작하였다. 1953년 2월 28일 열린 제13회 생장의 집 전국대표자회의에서 다음과 같이 발언하였다.

> "단순히, 인간은 신의 자식이며 물질이 아니다. 육체는 없고 병은 낫는다는 그것만이 아니라, 아마테라스 오미카미의 빛이 우주에 비칠 수 있도록, 천황폐하의 위광을 발현시켜, 일본을 구하고 세계를 구하는 것에 생장의 집의 출현의 진정한 의의가 있다.
> 따라서 단순히 개인의 구원에 그치는 것이 아니라, 종교적 자각을 해나가고 국가의 성불, 인류전체의 성불, 우주의 성불이라는 데까지 가지 않으면 안 되며, 그 하나가 정치활동인 것이다."[27]

즉 정치활동을 통해 천황국가를 완성하고, 천황을 통해 인류를 구

---

26) 谷口雅春, 「日本再建の道を拓くもの」, 『生長の家』 1952年8月; 谷口雅春, 「卷頭言」, 『白鳩』, 1952年7月(日隈威德, 「生長の家の『教義』と運動: 復活する"戰犯宗教"の素顔」, 앞의 논문, 214-215쪽).
27) 生長の家本部, 앞의 책, 478쪽.

원하겠다는 포부를 밝힌 것이다. 마사하루는 자신의 의도대로 조직 내에 선거대책위원회를 만들어 1953년 4월 20일 열린 참의원선거 전국구에 북해도 생장의 집 연합회 회장 마에노 요사키치(前野与三吉)를 추천하고 조직적으로 지원하였다. 하지만 마에노는 석패하였다.[28]

당시 종교단체가 참의원 후보를 추천하여 국회에서 영향력을 미치려 한 것은 생장의 집만은 아니었다. 1953년 4월에 열린 참의원 선거에서 종교계에서는 21명의 후보를 내세웠다. 이중에서 4명이 당선되었는데 순수하게 종교단체의 지원에 의해 당선된 것은 2명에 지나지 않았다. 선거 결과 신구(新舊) 의원을 포함해서, 히가시혼간지(東本願寺) 4명, 니시혼간지(西本願寺) 2명, 천리교(天理教) 3명의 종교단체 의원이 포진하고 있었다.[29] 이는 달리 이야기하자면 당시까지 종교세력은 일본 정치에 중요한 영향을 미치는 존재가 아니었다는 것을 의미한다.

마사하루는 전후 혁신단체의 부흥 속에서 이에 대항하기 위한 우익단체 연합에도 적극적이었다. 1958년 말 경 '점령체제 후유증'과 '좌익세력의 사상운동에 대항'한다는 명목 하에 우익단체들이 모여 "자위국민회의(自衛国民会議)"라는 연락협의체를 결성하였다. 이후 1959년 3월 10일 국민사회당의 제창으로 '아시아 도모노회의(アジア友の会議)', 민족사회당, 일본상이군인회, 일본향우연맹 등 구(舊)군인조직, 생장의 집, 신사본청(神社本庁) 등의 종교단체와 옵서버 단체를 포함하여 51개 단체가 모여 자위국민회의를 개편한 일본국민회의(日本国民会議)를

---

28) 같은 책, 479쪽.
29) 『朝日新聞』, 1953. 4. 29.

정식으로 결성하였다. 발기인 속에는 마사하루가 포함되었다. 이들은 일교조에 대한 해산 요구를 하는 등 좌익세력에 대한 반대운동을 전개하였다.[30] 이른바 일본회의의 모태가 이미 이 시기에 만들어 진 것이다. 그리고 생장의 집은 독자적인 정치활동은 물론, 좌익세력에 대항하기 위한 우익세력의 연대에도 주도적으로 나섰다는 것을 알 수 있다.

한편 마사하루가 의도한 대로 생장의 집 신도를 국회에 입성시키는 것은 쉬운 일이 아니었다. 10년 가까이 지난 1962년 7월의 참의원선거 전국구에도 다마키 가즈오(玉置和郎)를 출마시키고 조직적으로 지원을 하였지만 역시 석패하였다.

생장의 집은 보다 조직적으로 선거에 대처하기 위해 1964년 8월 "진리국가로서의 일본의 실상현현(実相顕現)과 정치체제의 기본 확립"을 중심과제로 한 제2차 5개년계획을 설정하고[31], 1964년 8월 28일 '정치결사 생장의 집 정치연맹(政治結社生長の家政治連盟. 이하, 생정련)'을 발족하였다. 그리고 1965년 7월에 열린 참의원 선거 전국구에서 생정련이 추천한 다마키 가즈오가 마침내 3위로 당선하였다[32]. 생장의 집이 마침내 정치적 영향력 확대를 위한 교두보를 마련한 것이다.[33]

---

30) 『読売新聞』, 1960. 1. 16(夕刊; 生長の家本部, 앞의 책, 433-434쪽). 이 조직이 단순한 우익세력의 결집인지, 혹은 60년 안보를 둘러싸고 혁신세력의 안보조약 개정반대운동이 1959년 확산되자, 이에 대항하여 개정 촉진을 주장하기 위해 결성되었는지는 아직 불분명하다.
31) 日隈威徳, 「生長の家の『教義』と運動: 復活する"戦犯宗教"の素顔」, 앞의 논문, 218쪽.
32) 生長の家本部, 앞의 책, 479-480쪽.
33) 생장의 집의 정치 진출과 관련해 히구마는 "1950년대 중반부터 정치 진출을 시작한 창가학회에 자극 받아, 60년대 이후 종교단체의 정치결사 만들기, 정당계열화가 진행되었다. 릿쇼코세카이(立正佼成会)등 신종련(신일본종교단

정계 진출에 성공한 생장의 집은 우생보호법의 개정은 물론 각종 단체와 연대하여, 건국기념일 제정, 히노마루 게양운동, 자주헌법제정 국민회의, 안전보장추진국민회의 등 다양한 운동을 주도하게 된다.[34] 한편 1967년 12월 신사본청(神社本庁)은 신도정치연맹(神道政治連盟)을 결성하여 신도세력의 정치세력화를 시작하였다. 그리고 신도정치연맹의 이념에 찬동하는 국회의원 모임인 '신도정치연맹국회의원간담회(神道政治連盟国会議員懇談会)'가 1970년 5월에 결성되었다.[35]

생장의 집의 조직적인 정치활동에 힘입어, 1971년 6월 27일 참의원 선거 전국구에서 앞서 소개한 다마키 가즈오는 물론 가시마 도시오(鹿島俊雄)도 당선되었다. 이들의 정계 진출을 통해 생장의 집의 정치적 영향력도 당연히 확대되었다.

체연합회) 산하의 제교단은 정치결사신정련을 결성하고, 교단 전체가 자민당(일부 민사당)을 지지하고 레이유카이(靈友会)는 이시하라 신타로(石原慎太郎) 등과 결탁하였다. 기성 불교 측에서도 1960년 불교정치동맹이 만들어져, 67년에는 정치결사니시혼간지시사협회(政治結社西本願寺時事協会)도 설립되었다. 생장의 집의 정치진출은 창가학회에 대항하려는 일반종교계의 동향의 하나의 예이기도 하였다."(日隈威徳, 「生長の家の『教義』と運動: 復活する "戦犯宗教"の素顔」, 앞의 논문, 217쪽)고 평가하였다. 종교단체의 정치세력화가 당시 하나의 흐름과 같은 현상이었던 것은 사실이지만, 그것이 창가학회의 성공적인 정치세력화에 대항하기 위한 것이었는지 그 원인에 대한 규명은 필요하다.

34) 谷口雅宣外, 앞의 책, 52쪽.
35) 2016년 7월 26일 현재 간담회 의원수는 297명(중의원:223명, 참의원:74명)에 이른다(http://www.sinseiren.org/ouenshiteimasu/ouensimasu.htm, 2016. 7. 28. 인출). 신도정치연맹 또한 현재 일본정치에 많은 영향력을 미치고 있다.

4. 메이지헌법의 복원운동과 '일본청년협의회'

4.1. 마사하루의 메이지헌법 복원운동

앞서 소개한 것처럼 마사하루는 미군에 의한 일본 점령의 기억이 채 가시기도 전에 메이지헌법 복원운동에 나섰다. 그리고 1950년대 중반 이후 그의 주장은 더욱 거세졌다. 마사하루는 당시 보수 강경파의 대부로서 생장의 집의 열성적인 신도였던 하토야마 이치로(鳩山一郎) 수상 및 그 부인과 친밀한 사이였다. 하토야마는 『생명의 실상』을 신시대의 성서라고 평가하였다. 마사하루는 1955년 4월에는 이른바 '사상교육 운동서'라며 하토야마와 함께 『위기에 선 일본: 그것을 구하는 길(危機に立つ日本: それを救う道)』를 함께 발간하기도 하였다.[36]

1955년 7월에는 일본민주당(日本民主党), 자유당(自由党) 그리고 녹풍회(緑風会) 소속 국회의원에 의한 '자주헌법기성의원연맹(自主憲法期成議員同盟)'[37]이 결성되고, 1955년 12월에는 보수세력이 결집하여 결성한 자유민주당(이하, 자민당) 내에 헌법조사회가 발족되었다. 헌법 개정에 대한 보수 강경파의 조직적 활동이 시작되고 헌법개정에 대한 정계의 분위기는 고양되었지만, 1956년 7월의 참의원 선거에서 자민당 등 보수계 의원이 2/3의석 획득에 실패하였다. 이에 마사하루는 8월에

---

36) 生長の家本部, 앞의 책, 439-440쪽.
37) 2007년 3월 신헌법제정의원동맹(新憲法制定議員同盟)으로 명칭을 변경하여, 자민당을 포함한 각 당의 의원들이 참가하고 있음. 현재 회장은 나카소네 야스히로(中曽根康弘) 전수상.

하토야마 수상에게 현행 헌법 무효선언을 제안하고, 10월에는 "명치 헌법의 복원 운동에 협력하라(『生長の家』, 1956.10)"는 등 공개적으로 헌법 개정을 요구하였다.

일본국민의 전쟁에 대한 상흔과 혁신세력의 확산 속에서도 일관되게 천황제를 옹호하고 메이지헌법을 복원하라는 마사하루에 대해 일부 혁신계 주간지는 1956년경부터 헌법개악과 파쇼 추진의 일익을 담당하고 있다고 비판하기 시작하였으며, 그는 '반동적', '파쇼', '우익 운동의 정신적 지주'로 세간의 관심을 받게 되었다.[38]

한편 자민당의 보수 강경파의 정치가와 우익은 상호협력의 관계에 있었다. '60년 안보'를 둘러싸고, 혁신세력이 연합하여 안보조약 개정반대 운동을 전개하자, 안보조약 자체를 반대해야 할 우익단체는 기시(岸) 정권에 협력하여 안보개정국민연합(생장의 집도 가맹)[39]을 결성하여 안보개정 촉진 운동을 전개하고 반대 세력을 공격하였다. 나아가 1960년 6월의 아이젠하워 대통령 방문에 대비하여 생장의 집을 포함한 우익세력은 결집하여 집회, 가두행진 등을 전개하고, 혁신세력의 운동을 방해하는 행동을 취하였다.[40]

당시 안보투쟁 반대를 통해 혁신세력의 결집력은 강해지고 국민지지는 확대되었다. 이러한 상황에서 우익은 위기의식을 느끼고 있었으며, 혁신세력 타도가 중요 과제였다. 마침내 6월 17일 우익청년이 일본

---

38) 寺田喜朗, 앞의 논문, 195쪽, 208쪽.
39) 日隈威徳, 「生長の家の『教義』と運動: 復活する "戦犯宗教"の素顔」, 앞의 논문, 216쪽.
40) 堀幸雄, 앞의 책, 33-37쪽.

사회의당의 유력정치가 가와카미 죠타로(河上丈太郎)를 칼로 찌르고, 10월 12일에는 17세의 야마구치 오토야(山口二矢)가 아사누마 이네지로(浅沼稲次郎) 사회당 당수를 회의장에서 칼로 암살하는 사건이 발생하는 등 행동우익들이 폭력으로 혁신세력을 위협하는 사건이 발생하여 사회적인 충격을 주었다.

특히 야마구치가 아마테라스 오미카미의 현현(顯現)인 천황을 위해 자기를 희생하는 것이 대의(大義)라는 내용을 담은 마사하루의 『천황절대론과 그 영향(天皇絶対論とその影響)』(光明思想普及会, 1941)을 암송할 정도로 탐독했다는 것이 알려지자, 언론은 마사하루를 테러를 유발하는 우익사상가로 비난하였다.[41] 당시 언론이 마사하루를 비난한 것은 그가 대표적인 우익사상의 사상적 리더와 같은 존재였기 때문일 것이다. 마사하루는 행동우익처럼 폭력적 우익운동을 주장한 적은 없지만, 그의 사상이 폭력적이건 비폭력적이건 우익 청년의 지침서와 같은 역할을 했다는 것을 짐작할 수 있다.

헌법개정을 요구하는 마사하루의 주장[42]은 혁신세력의 압력 그리고 전쟁에 대한 일본 국민의 트라우마와 특히 1960년대 중반 이후의 경제성장과 함께, 일본 국민의 지지를 얻지 못했다. 60년 안보를 거친 이후 1964년의 동경올림픽을 성공적으로 치룬 1960년대 중반의 일본은 '번영과 성장'이 국민통합의 유효한 수단이었다. 1952년의 해방 이후 1950년

---

41) 寺田喜朗, 앞의 논문, 195쪽.

42) 마사하루는 명치 헌법 복원 외에도 1960년에 『일본은 구축하는 것(日本を築くもの)』, 『히노마루인가 적기인가(日の丸か赤旗か)』를 비롯하여, 이후에도 팸플릿을 통해 반공애국주의를 발신하였다(寺田喜朗, 앞의 논문, 195쪽).

대 후반에 걸쳐 하토야마와 기시(岸)라는 보수 강경파들이 추구하였던 히노마루, 기미가요 및 도덕 교육 등 국가주의 의식을 고양하려는 교육은 후퇴하였다. 전쟁의 트라우마를 가지고 있는 일본 국민이 이를 받아들이려고 하지 않은 측면도 있지만, 혁신정당과 전교조(全教組) 그리고 이에나가(家永) 교수의 교과서 소송 등 혁신적인 세력의 투쟁이 많은 역할을 하였다. 패전 후 일본 역사학계는 강좌파의 영향을 받은 역사학연구회, 일본사연구회 등 마르크스주의 역사학이 주류를 이루고 있었다. 침략의 역사에 대한 반성이 그들 연구의 출발점이었다.[43)]

이들 혁신세력에 대한 보수세력의 사상적 저항 또한 만만치 않았다. 생장의 집은 '좌익학자'에 의해 왜곡된 역사를 바로 세운다는 명목 하에 산하 출판사인 일본교문사를 통해 '일본인을 위한 국사총서(日本人のための国史叢書)'를 기획하여 1965년 2월부터 무라오 지로(村尾次郎)의 『민족 생명의 흐름(民族の生命の流れ〈上〉–日本全史)』(1965)를 비롯하여, 가와카미 고이치(河上光一)의 『중국에서 본 일본(中国から見た日本)』(1967)에 걸쳐 총17권이나 되는 총서를 발간하였다.[44)] 이것은 우익 교과서로 불리는 『새로운 역사교과서(新しい歴史教科書)』(扶桑社)의 모태라고도 할 수 있을 것이다.

한편 신사관계자를 중심으로 한 우익세력들은 GHQ가 1948년에 폐지한 기원절(紀元節)을 복원시키기 위해 점령 통치 종료 이후 지속적으로 운동을 전개하였다. 특히 생장의 집은 기원절을 건국기념일(建国記

---

43) 深谷克己, 『東アジア文明圏の中の日本史』, 岩波書店, 2012, 12-15쪽.
44) 生長の家本部, 앞의 책, 483쪽.

念の日)로 부활시키려는 운동의 중심에 서서 조직을 동원하였다.[45] 예를 들어 생장의 집 백구회는 1966년 5월 13일 '건국의 날 제정 추진전국부인대회(建国の日制定推進全国婦人大会)'를 자민당 홀에서 개최하기도 하였다. 마침내 1966년 6월 '건국기념일'을 정하는 '축일법개정안(祝日法改正案)'이 국회에서 통과되었다. 총리부는 12월에 2월 11일을 건국의 날로 제정하여, 1967년 2월 11일부터 시행하였다.

건국기념일이 제정된 이후, 마사하루는 현행 헌법을 폐기하고 메이지헌법을 복원하라는 주장을 더욱 거세게 표명하였다.[46] 당시 일본의 우익들은 '70년 안보' 개정을 앞두고 마치 일본이 미일안보체제 속에 매몰되어 버릴 것 같은 초초함을 보였다. 좌익에서 우익으로 전향한 하야시 후사오(林房雄)는 『일본은 국가인가(日本は國家か)』(讀賣新聞社, 1969)라는 책에서 일본은 안보조약체제 속에서 전력 없는 군대와 연약한 경찰을 가진 '반국가'라고 비난하였다.

1969년 9월 미시마 유키오(三島由紀夫)는 이시하라 신타로(石原慎太郎)와의 대담에서 "자네, 지금 일본은 내셔널리즘이 점점 침식되어서 지금대로 가면 내셔널리즘의 9할 정도 좌익에 빼앗겨 버려요"라고 발언하고 일본이 마지막으로 지켜야 하는 것은 3종의 신기(神器)라며 천황제의 중요성을 강조하였다.[47] 미시마는 마사하루의 메이지헌법 복원 주장

---

45) 日隈威徳, 「生長の家の『教義』と運動: 復活する"戦犯宗教"の素顔」, 앞의 논문, 221-222쪽.
46) 生長の家本部, 앞의 책, 491쪽.
47) 『月刊ペン』, 1949. 9(生長の家祭務部, 『天皇国日本』, 日本教文社, 1980, 124-125쪽에서 재인용).

과 생각을 같이하고 있었다.

당시 이들보다 강도 높게 이른바 '점령헌법'을 부정하고 메이지헌법을 복원해야 한다는 입장을 주장한 것이 바로 마사하루였다. 마사하루는 1969년 5월에는 미시마가 서문(序文)을 쓴『점령헌법하의 일본(占領憲法下の日本)』(日本教文社)을, 그리고 1970년 4월에는『속 일본점령하의 일본(続日本占領下の日本)』(日本教文社)을 발간하여 현행 헌법을 거세게 비난하였다. 이후에도『점령헌법하의 정치비판(占領憲法可の政治批判)』(1971),『제악의 근원 현헌법(諸悪の因現憲法)』(1972) 등 헌법에 대한 자신의 생각을 피력하였다.

특히 마사하루는『속 일본점령하의 일본』에서 현재의 "일본의 정치체제는 일본인이 정한 정치체제가 아니고, 점령군, 특히 미군이 원자폭탄이라는 정상이 아닌 불법병기를 사용하여 일시적으로 일본국민에게 저항의 자유의지를 상실하게 하여, 협박에 의해 강요한 현행의 일본국헌법 – 즉 '점령헌법'이 만든 정치체제"(9쪽)이며, 현행 헌법은 아마테라스오미카미의 천손강림의 신칙(神勅)에 근거한 천황의 신성성(神聖性)과 일본국가의 천황중심이념의 결락, 국가 방위의 소극적 자세, 전통적인 이에(家)제도의 파괴, 오야케(公)보다 개인주의 조장, 반국가적 사상 및 학문의 자유를 보장하고 있다(20-36쪽)고 비난하였다.

나아가 "점령헌법에는 국민 하나하나의 주권은 있지만, 국가 그 자체에는 주권이 인정되지 않는 것이다"(122쪽). "따라서 이에나가 사부로(家永三郎)교수나 와카모리 다로(和歌森太郎)교수, 이노우에 기요시(井上清)교수 등이 일본국의 불명예가 되는 일방적인 관점에 지나지 않는 사항을 저술하고, 예를 들어 그것을 교과서로 학교에서 가르쳐도 또한 일교조(日教組) 선생들이 교단에서 학생·생도에 대하여 사회과 수업 때, 예를 들어 일청·일로 전쟁처럼 방위를 위해 어쩔 수 없는 전쟁이었어도 그것을 침략전쟁이었다고 일본국의 불명예가 되는 곡필무문(曲筆舞文)적 강의를 해도 국가에 대한 명예훼손이 성립하지 않는 것이다." (122-123쪽). "이들 불령배(不逞輩)가 국가 권력을 인정하지 않는 입장에 서서 행동할 수 있는 것은 현행 헌법이 '국민'은 있고 '국가'가 없기 때문이다"(123쪽), "현행 헌법은 이러한 현재의 실정을 돌이켜 볼 때 반드시 긴급하게 폐기하고 메이지헌법의 복효(復効)를 선언"(123쪽)해야 한다고 주장하였다.

마사하루는 메이지헌법 복원을 위해 단체를 결성하고 자신의 생각을 공개적으로 주장하였다. 마사하루는 붓쇼고넨카이(佛所護念会), 국제승공협회 등에 제안하여 개헌을 위한 대중운동단체인 '자주헌법제정국민회의(自主憲法制定国民会議)'를 1969년 5월 결성하였다. 회장으로는 기시 전 수상이 취임하였다.[48] 그리고 이 단체가 1969년 5월 2일과

---

48) 日隈威徳,「生長の家の『教義』と運動: 復活する"戦犯宗教"の素顔」, 앞의 논문, 217쪽. 기시 노부스케는 맥아더를 중심으로 한 점령군이 "일본을 어떻게 하면 약체화 시킬까, 일본을 두 번 다시 일어설 수 없게 하는 것이 점령정책의 모든 것이었다"(NHK,「スペシャル 戦後70年 ニッポンの肖像-政治の模索-第1回 保守·二大潮流の系譜」, 2015. 7. 18)고 인터뷰에서 회고한 것처럼, 점령정책에 대한 불신감을 가지고 점령체제의 일소를 정치적 사명으로 삼았다. 자주헌법제정국민회의는 새로운 헌법을 만드는 국민회의(新しい憲法をつくる国民会議)라는 명칭으로 이어지고 있다. 2016년 5월 제47회 새로운 헌법을 만드는 국민대회를 개최하였다. 현재 회장은 회의 결성 당시 사무국장을 담당했던 기요하라 준페이(清原淳平)이다. 새로운 헌법을 만드는 국민회의

1970년 5월 3일에 개최한 제1, 2회 자주헌법제정국민대회에서 마사하루는 일본국헌법의 무효를 주장하고, 메이지헌법을 복원하여 대정봉환을 해야 한다고 주장하였다.[49]

마사하루는 출판물을 통해 천황제와 헌법 개정의 필요성을 주장하는 우익들의 견해를 앞장서서 대변하였다. 일본교문사는 "조국 일본 방위에 이론적 근거를 주는 책(祖国日本の防衛に筋金を与える書)이라며 시리즈물로 1969년과 1970년에 미시마 유키오(三島由起夫), 『젊은 사무라이를 위하여(若きサムライのために)』(1969); 하야시 후사오(林房雄), 『일본에 대한 경고(日本への警告)』(1969); 오케타니 시게오(桶谷繁雄), 『현대에 항의한다(現代に抗議する)』(1969); 이시다 게이스케(石田圭介), 『전후의 천황 옹호론(戰後の天皇擁護論)』(1970); 니시우치 다다시(西内雅), 『일본의 방위: 사상·정치·경제 무력전의 위협과 억지(日本の防衛: 思想·政治·経済武力戰の脅威と抑止)』(1970)를 차례로 출판하였다.

이와 같은 와중에 미시마가 1970년 11월 25일 육상자위대 동부방면 총감부 발코니에서 헌법 개정을 주장하며 자살하는 소동이 벌어졌다. 당시 보수정치가들은 미시마의 행동을 평가절하하였지만, 미시마와 교감을 가지고 있던 마사하루는 1년 뒤인 1971년 11월 『애국은 생과 사를 넘어: 미시마 유키오의 행동과 철학(愛国は生と死を超えて: 三島由起夫の行動と哲学)』(일본교문사)를 발간하여 그를 칭송하였다. 당시 생장의 집은 일본헌법 개정운동을 적극 지원하고 홍보하는 우익세력의 교두보

홈페이지(http://www.sin-kenpou.com/index.html) 참조.
49) 生長の家本部, 앞의 책, 778쪽.

와 같은 존재였다.

4.2. '일본청년협의회'

1960년대 중반 이후 일본의 전국 대학에서는 전일본학생자치회총연합(全日本学生自治会総連合, 이하 전학련), 전학공투회의(全学共闘会議, 이하 전공투) 등 좌익 학생단체가 학생회관이나 교사 등을 점거하는 사태가 벌어지고 있었다.

나가사키대학(長崎大学)의 경우, 가바시마 유조(椛島有三) 등 생장의 집의 생학련 학생이 중심이 되어 학원정상화를 주장하며 1966년 10월 나가사키대학 학생회관을 점거하고 있던 좌익학생단체(전국반제학생평의회연합 全国反帝学生評議会連合)를 배제하는데 성공하였다. 이들을 중심으로 하여 1967년 7월 전학련 및 전공투에 조직적으로 대항하기 위해 '나가사키대학 학생협의회(長崎大学学生協議会)'를 결성하였다.[50] 이것이 이후 규슈지방 대학의 우익학생단체 결속에 영향을 미쳐, 각 대학에 학생협의회가 결성되었고, 1969년 5월 이후 나가사키대, 구마모토대(熊本大学), 가고시마대학(鹿児島大学) 등에서 전공투를 배제하는데 성공하였다.

생학련과 일본학생동맹(와세다대학 민족파 학생을 중심으로 1966. 11. 결성)은 좌익학생 운동에 대항하기 위해 1968년 5월 전국학생단체협의회(전학협)를 결성하였다. 하지만 안보와 헌법개정에 대한 노선 차이

---

50) 菅野完, 앞의 책, 44쪽.

로 1969년 5월 3~4일 도쿄 구단회관(九段会館)에서 생학련을 중심으로 전국 252개 대학이 민족파학생 조직인 '전국학생자치체연락협의회(全国学生自治体連絡協議会→全国学生協議会連合. 이하, 전국학협)'을 결성하고, 같은 날, 일본학생동맹을 중심으로 동경도내 10여 대학이 모여 전일본학생헌법회의를 결성하였다.[51]

전국학협은 결성당시 약 250개 대학, 약 2,700명의 규모로 결성되었는데, 실질적으로 전국학협의 중심모체는 생학련, 통일협회의 원리연구회(原理研究會)의 학생이었다.[52]

일본의 좌익 학생운동은 1969년의 야스다 강당사건(安田講堂事件), 그리고 일본대학투쟁(日大闘争)을 계기로 식어가고 있었는데, 그와는 반대로 우익 학생 단체는 강화되는 양상이었다. 전국학협의 초대 위원장이 된 것도 생학련 출신의 스즈키 구니오(鈴木邦男)였다. 스즈키는 생장의 집 신도인 모친의 영향으로 소학생 때부터 생장의 집에 관계하였고, 이후 생학련의 서기장으로도 활동하였다.[53] 즉 이미 이 시기부터 일본 좌익 청년세력의 쇠퇴와는 반대로 우익 청년 세력의 조직화가 이루어졌고, 그 중심적인 위치에 생학련이 있었다.

---

51) 『朝日新聞』, 1969. 5. 3.
52) 川島(広)政府委員의 발언, 「第61回国会 地方行政委員会 第30号, 1969. 5. 9」 (http://kokkai.ndl.go.jp/SENTAKU/syugiin/061/0050/06105090050030a.html).
53) 스즈키는 내부 갈등으로 전국학협의 위원장을 취임 직후 사퇴하였다. 1970년 3월 와세다대학 대학원 정치학전공 석사과정을 중퇴하고 정치와는 거리를 두었으나, 11월의 미시마 사건의 충격을 받아, 1972년 생학련 및 전국학협 시대의 동료(犬塚博英, 四宮正貴, 阿部勉)를 중심으로 잇스이카이(一水會)를 결성하여, 이후 일본 우익활동에 많은 영향을 끼쳤다. 鈴木邦男, 『新右翼 民族派の歴史と現在(改訂増補版)』, 彩流社, 2005, 11-57쪽.

전국학협 출신자들은 1970년 11월 3일 '일본청년협의회(이하, 일청협)'를 결성하여, 우익청년단체 활동의 기반을 마련하였다. 일청협은 결성 초기 우익 단체 학생들과 데모를 하거나 일본교직원조합의 집회를 방해하는 등의 활동을 하였다.[54]

일청협의 결성 및 그 이후의 활동에 중요한 역할을 한 것 또한 앞서 소개한 생학련의 가바시마 등 생장의 집 멤버였다. 나가사키대학을 중퇴한 가바시마는 일청협의 결성에 참가하였고, 일청협의 기관지『조국과 청년(祖国と青年)』을 담당하였다. 이후 서기장 및 회장을 맡게 되었다.

앞서 소개했듯이 1970년 11월 미시마 사건이 발생했는데, 당시 미시마와 함께 육상자위대에 들어간 것은 다테노카이(盾の会)의 모리타 마사카쓰(森田必勝, 25세), 고가 마사요시(小賀正義, 22세), 오가와 마사히로(小川正洋, 22세), 고가 히로야스(古賀浩靖, 23세)였다. 이들 중 고가 마사요시와 고가 히로야스는 생장의 집 출신이었다.

신(新)우익으로 알려진 잇스이카이(一水会)는 1972년 5월에 결성되어 얄타·포츠담 체제를 부정하고 자주헌법을 주장하는 행동우익으로 자리매김 된다. 이 단체는 스즈키 구니오, 이누즈카 히로히데(犬塚博英), 다하라 야스쿠니(田原康邦), 이토 구니노리(伊藤邦典), 아베 쓰토무(安部勉)를 중심으로 결성되었다. 스즈키, 이누즈카, 다하라는 생학련 출신이고, 이토와 아베는 미시마가 결성한 다테노카이(盾の会) 출신이다.[55]

---

54)「日本青年協議会・日本協議会四〇年の歩み」,『祖国と青年』398号, 2011. 11.
55) 堀幸雄, 앞의 책, 93쪽.

4.3. 원호법제화와 일본청년협의회의 역할

마사하루를 중심으로 한 생장의 집은 적극적인 정치활동과 함께, 여전히 교세 확장을 위해 노력하였다. 마사하루는 생장의 집 입교 40주년이 되는 1969년부터 교세확장을 신도들에게 적극 지시하였다. 교세확장이라는 것은 결국 생장의 집에서 발간하는 기관지의 구독자를 확보해 가는 것이었다. 이를 위해 생장의 집은 성인 신도 모임인 상애회, 여성 신도 모임인 백구회, 청년 신도 모임인 청년회에 각각 교세확장의 임무를 부여하였다. 특히 생장의 집은 1971년 10월 일본교문사에서 발간하는 『생장의 집』, 『히카리노 이즈미』, 『정신과학(精神科学)』3개 잡지를 동시에 구독하는 자를 성인신도 모임인 상애회의 회원으로 하기로 결정하였다. 그 결과 여성 회원 기관지인『백구』는 1973년 8월에 100만부를 돌파, 청년 회원 기관지인『이상세계』는 1976년 1월에 100만부를 돌파하였다.[56]

당시 마사하루는 생장의 집의 정치세력화를 위해 꾸준히 노력하였다. 마사하루는 1974년 7월의 참의원 선거 직후, "우리들은 용기를 가지고 처음부터 다시 시작해야 한다. 앞으로 재출발은 각 현(県) 각 지방에 현시정촌(県市町村)의 의원선거에 반드시 청년회의 유력한 멤버를 한 사람 이상 후보로 세워서, 반드시 그를 당선시켜, 지방에 토대를 확실하게 구축하고, 일본전국에 확고한 정치력의 지반을 닦아, 그 위에 우리들의 대표를 국회로 보내는 것이다. 이 토대가 지금까지 확실치 않았기 때문

---

56) 生長の家本部, 앞의 책, 497-506쪽.

에 참의원선에서는 후원회에서 서명한 사람이, 단지 서명만 하고, 정말로 우리들 대표한테 투표를 하지 않은 결과가 나타나서 다나카(田中)와 무라카미(村上) 두 후보가 아깝게 낙선하는 고통을 당한 것이다. 우리들은 이 체험을 살려, 다시 힘을 내서 일어나자"57)라고 지시하였다. 나아가 12월에는 "또한 우리들은 힘이 부족해 참의원선에 졌지만 이것은 영원히 패배한 것이 아니다. 다시 일어나서 신지(神誌) 보급을 500만, 1천만으로 증가해, 실력을 함양하고, 마침내 국회에 100석 이상의 의석을 확보해"58)야 한다고 주장하였다.

지방의회를 우선 장악하고 중앙을 장악하자는 마사하루의 전략은 물론 이미 좌익 세력의 기본적인 운동 전략이지만, 이후 일본회의의 전략으로 자리 잡고 있다. 즉 이러한 방향 설정에도 마사하루의 영향을 무시할 수 없을 것이다.

나아가 종교우익단체의 연합에도 앞장섰다. 임제종(臨濟宗)의 승려 아사히나 소겐(朝比奈宗源)이 주도하여 1974년 4월 2일 신도 및 불교 그리고 신흥종교 관계자가 함께 일본회의의 전신(前身)이며 종교우익인 '일본을 지키는 회(日本を守る会)'를 결성하였다. 마사하루는 대표위원으로 취임하였다. '일본을 지키는 회'는 메이지신궁(明治神宮), 센소지(浅草寺), 임제종(臨濟宗), 붓쇼고넨카이(仏所護念会), 생장의 집 등 종교단체를 망라하였다.59)

---

57) 『理想世界』, 1974. 10, 30-31쪽.
58) 『理想世界』, 1974. 12, 34쪽.
59) 발족 당시의 대표위원은 日隈威徳, 「生長の家の『教義』と運動: 復活する"戦犯宗教"の素顔」, 앞의 논문, 218쪽 참조.

그리고 당시 일본을 지키는 회의 사무총장은 후쿠시마 히로유키(副島廣之, 명치신궁 権宮司)였으며, 실질적으로 사무국을 주도한 것은 생장의 집 간부인 무라카미 마사쿠니(村上正邦)였다. 오랫동안 고다마 의원의 비서관으로 활동을 하던 그는 생장의 집 추천으로 1974년 7월 참의원 선거에 출마하였으나 낙선하자, 생장의 집 대리인 자격으로 일본을 지키는 회의 사무국에서 활동을 하게 되었다. 무라카미는 1975년에 일본을 지키는 회 주도로 '쇼와천황 재위50년 봉축행렬(昭和天皇在位50年奉祝行列)' 행사를 예정대로 마쳤다. 그리고 원호법 제정 운동을 시작하였는데 이를 위해 1977년에 일청협을 사무국으로 끌어들였다. 당시 일청협은 생장의 집 관계자가 많이 포진하고 있었고 42세가 된 가바시마 유조가 서기장이었다.[60]

1968년의 메이지(明治) 백년기념행사를 계기로 원호법제화 움직임이 일기 시작하여, 쇼와(昭和) 50년에 해당하는 1975년경부터 자민당 내부에서도 원호법제화에 대한 논의가 본격화 되었다.[61] 1970년대 중반 이후, 천황 및 수상의 야스쿠니신사(靖国神社) 공식 참배, 교육칙어(教育勅語) 예찬, 기미가요 국가화(君が代国歌化)를 비롯해 원호법제화가 정치적 쟁점이 되고 있었다.[62]

특히 원호법제화를 부정하는 국민보다 긍정하는 국민 여론이 압도적으로 많은 상황에서, 1978년 5월 말에 '원호법제화촉진 국회의원연맹

60) 菅野完, 앞의 책, 46-47쪽.
61) 堀幸雄, 앞의 책, 225쪽.
62) 法政大学大原社会問題研究所, 『日本労働年鑑 第50集 1980年版』, 労働旬報社, 1979. 11, http://oohara.mt.tama.hosei.ac.jp/rn/50/rn1980-406.html.

결성준비위원회(元号法制化促進国会議員連盟結成準備委員会)'가 발족되는 등 이에 동조하는 국회의원이 급격히 증가하였다.[63]

　한편 최고재판소 장관을 역임하고 보수계 판사로 알려진 이시다 가즈토(石田和外)[64]는 1978년에 7월 관련 단체를 규합하여 일본회의의 또 하나의 전신인 '원호법제화실현 국민회의(元号法制化実現国民会議)'를 결성하고 의장으로 취임하였다. 원호법제화실현 국민회의 사무총장은 일본을 지키는 회의 사무총장인 후쿠시마 히로유키가 겸임을 하였다. 그리고 일청협이 사무국 역할을 하게 되었다. 원호법제화실현 국민회의가 '일본을 지키는 국민회의'로 개칭하고 나서도 일청협이 사무국 역할을 하였다.

　즉 일청협은 일본을 지키는 회는 물론 '원호법제화실현 국민회의'의 사무국 역할도 겸하게 된 것이다. 일청협의 가바시마는 당시 원호법제화국민회의의 사무국장을 담당하였다. 결국 행동대의 역할을 하는 일청협을 중심으로 양 단체가 활동을 하고 있었기 때문에 이미 이 단계에서 양 단체는 하나의 단체로서의 성격을 가지고 있었다. 즉 일본회의는 이미 1978년에 결성되었다고 보아도 무리가 아닐 것이다.

　원호법제화실현 국민회의 결성 이후 자민당(自民党), 신자유클럽

---

63) 王福順, 「日本の年号の一考察: 平成の改元を中心に」, 『修平人文社會學報』, 2007. 9, 127쪽.

64) 이시다는 당시 1976년 6월 22일 설립된 "영령에 보답하는 회"(英霊にこたえる会, 전국전우회연합회[全国戦友会連合会]가 중심이 되어 결성한 야스쿠니신사 국가호지관철국민회의[靖国神社国家護持貫徹国民会議]의 후신) 회장으로 야스쿠니신사에 A급전범 13구를 독단으로 합사한 마쓰다이라 나가요시(松平永芳)를 야스쿠니신사 제6대 구지(宮司)로 추천한 인물이기도 하다.

(新自由クラブ), 민사당(民社党), 공명당(公明党)의원에 의한 "원호법제화촉진 국회의원연맹"(중의원과 참의원 의원 411명)이 결성되었다. 원호법제화실현 국민회의는 지방에서 현민회의(県民会議)를 결성하고 지방의회에서의 법제화실현 결의운동을 전개하였다.[65] 물론 지방의회 결의에는 일본을 지키는 회, 일청협 등이 적극 움직였다. 특히 이들 지방 활동에서 '생장의 집 정치연맹(政治結社生長の家政治連盟)'의 공인(公認)의원이 중심적인 역할을 하였다. 일청협이 1977년에 일본을 지키는 회의 사무국 역할을 시작할 때, 서기장이었던 가바시마가 원호법제화를 실현하기 위해서는 원호법 관련 단체를 각 지방에 조직하고, 이들이 현의회 및 시정촌 의회에 요구하여 법제화 결의를 이끌어 내, 정부와 국회에 압력을 가하자는 전략을 제시하였고, 이후 일본을 지키는 회의 소속 종교단체의 동원력을 이용하여 이를 성사시켰다고 한다.[66] 그리고 생장의 집은 당시 단순히 '행동대'로 동원된 것이 아니었다. 애당초 관련 법규를 '내각고시(内閣告示)'가 아니라 '법제화'로 해야 한다고 강력히 주장한 것은 생장의 집이었다.[67] 이론정립에서부터 기획 그리고 집행에 이르기까지 생장의 집은 중심적인 역할을 한 것이다.

이들의 의도대로 오히라 마사요시(大平正芳) 내각은 1979년 2월 원호법안을 국회에 제출하여, 6월 6일에 원호법이 통과되었다.

---

65) 1979년 7월까지 46개 도도부현(都道府県), 과반수의 1632 시정촌(市町村)에서 의회 결의를 하였다고 한다. 일본회의 홈페이지(http://www.nipponkaigi.org/activity/ayumi) 참조.
66) 堀幸雄, 앞의 책, 225-228쪽; 菅野完, 앞의 책, 47-48쪽.
67) 日隈威徳, 「生長の家の『教義』と運動: 復活する"戦犯宗教"の素顔」, 앞의 논문, 202쪽.

이와 관련해 호리(堀)는 "원호법제화의 원동력이 된 것은 그야말로 생장의 집이었다. 게다가 그 운동방법은 과거 우익과 같은 폭력이 아니고 또한 간부만이 당사자와 교섭을 하는 것도 아니었다. 스스로 조직을 동원해서 산하 지방의원을 통해, 지방에서 중앙으로 공격해가는, 과거 혁신이 지방자치제를 장악하여 중앙을 포위한 것과 거의 같은 방법으로 공세에 나선 것이다. 거기에 고도성장시대와는 다른 우익의 새로운 운동방법이 나타난다."[68]고 지적하였다. 즉 우익의 특성인 행동(폭력)이 아니라 대중운동을 조직적으로 전개한 것이다.

당시 우익세력의 이러한 운동 방식에 대하여 스즈키 구니오는 "당시 우파학생은 좌파와 싸우는 속에서, 써클을 만들고, 자치회에 진출하고, 전단지를 뿌리고, 언론과 싸우고, 데모하고, 집회를 갖는 등 노하우를 배운 것이에요. 전공투(全共鬪)가 없었다면, 가바시마도, 그리고 신우익도 없었겠지요. 운동론, 조직론이 있으니까, 그들은 어디에서나 대접받는 것입니다."[69]라고 발언하였다. 즉 좌익학생 단체의 조직과 전술(활동)을 배워서 우익학생 단체가 유효하게 활용했다는 것이다.

원호법제화실현 국민회의는 원호법 제정 이후인 1981년 10월에 '일본을 지키는 국민회의'로 개칭하였다.[70] 일본을 지키는 국민회의는 보수계 문화인 및 단체, 구일본군관계자를 중심으로 구성되었으며, 『일본

---

68) 堀幸雄, 앞의 책, 229쪽.
69) 藤生明, 「右派論壇,仁義なき戦い「つくる会」分裂だけじゃない」, 『アエラ』, 2006. 12. 4, 25쪽.
70) 日隈威徳, 「生長の家の『教義』と運動: 復活する"戦犯宗教"の素顔」, 앞의 논문, 218쪽.

의 숨결(日本の息吹)』라는 기관지를 발간하였다. 가바시마는 일본을 지키는 국민회의에서도 사무국장을 담당하였다.

5. '생장의 집 정치연맹' 활동의 정지와 원리주의운동

5.1. '생장의 집 정치연맹'의 영향력

생장의 집이 추천한 다마키 가즈오는 1965년 7월 참의원 전국구 의원으로 당선된 이후 1983년까지 3기 18년간 참의원 의원을 역임하였다. 그리고 생장의 집이 정치활동을 정지한 이후인 1983년 12월에는 중의원 의원 선거에 출마하여 또 다시 당선하였다. 그는 자민당 강경파 그룹의 청람회(靑嵐会)에 소속하였으며, 1987년 11월에는 종교정치연구회를 결성하여 회장으로 취임하여, 한 때 회원이 100여 명을 넘어서기도 하였다.[71]

1982년 11월 21일 자민당 총재 예비선에 입후보한 나카소네 야스히로(中曽根康弘) 행정관리청 장관과 나카가와 이치로(中川一郎) 과학기술청장관이 나가사키(長崎) 생장의 집 총본산에서 열린 추계대제(大祭)에 나란히 참가[72]할 정도로 생장의 집은 정계에 영향력을 가지고 있었다.

'일본을 지키는 회'의 사무국에서 일을 하며 원호법제화를 이끌어 낸 주역의 한 명인 무라카미는 1980년 참의원의원 선거에서 당선되었다.

---

71) 『読売新聞』, 1987. 1. 26.
72) 『読売新聞』, 1982. 11. 22.

무라카미는 초선이기는 했지만, 생장의 집을 배경으로 참의원에서 영향을 미치고 있었다. 무라카미는 정계에 진출하자 바로 젊은 자민당의원을 설득하여 '헌법을 생각하는 쇼와회(憲法を考える昭和の会)'를 결성하였다. 그리고 1981년 3월에 결성된 "다 같이 야스쿠니 신사를 참배하는 국회의원의회(みんなで靖国神社を参拝する国会議員の会)" 사무국장과 자민당 헌법조사회 총괄소위원회 제2분과회 주사(主査)를 담당하였다. 무라카미는 이후 '참의원'으로 불리게 되었다.

생장의 집은 1982년 2월 28일 생정련 전국위원장·사무국장회의를 개최하여 "10대 정책"과 "4대 중점 활동"을 수립하였다. 10대 정책은 다음과 같다.[73]

①정통헌법의 추진, ②황실 경모 국민운동 전개, ③야스쿠니신사에 대한 공식참배의 실현, ④건국기념일 봉축식전의 정부 및 지방자치체주최·후원 추진, ⑤국기 '히노마루' 게양운동·국가 '기미가요' 제창운동 추진, ⑥생명존중운동과 우생보호법개정의 추진, ⑦자유주의진영의 입장에 선 외교 추진과 방위체제 확립, ⑧교육의 정상화 활동 추진, ⑨농업의 재건과 서수(瑞穂)의 국가 만들기 운동 전개, ⑩정치의 정화(浄化) 추진.

4대 중점정책은 ①정통헌법실현운동 추진(국민운동 및 국민 대연합 등), ②지방의회 활동의 강화(공인의원 100명, 추천의원 500명 실현), ③회원 확대 운동, ④우생보호법개정 추진을 설정하였다.

---

73) 日隈威徳, 「生長の家の『教義』と運動: 復活する"戦犯宗教"の素顔」, 앞의 논문, 220-221쪽.

3월 1일 개최된 생정련 총회에는 자민당 의원을 중심으로 약 200명의 국회의원이 참가하였다. 이 총회에서 5인 고문의 한명으로 선출된 나카소네는 헌법 개정과 우생보호법 개정에 찬동하는 축사를 하였다.[74] 그리고 4월에는 수상으로서는 처음으로 야스쿠니 신사에 공식 참배하였다. 1982년 8월 스즈키 내각의 각료였을 때는 "개인자격"이라고 말했던 나카소네는 수상으로서의 공식참배임을 밝힌 것이다.

5.2. '생장의 집 정치연맹'의 해산

일본의 우경화가 진전되고 또한 일본정치에 영향을 미치게 된 생장의 집은 갑자기 1983년 7월 5일 자치성(自治省)에 생정련의 활동을 중지한다고 통고하였고, 1981년에 결성된 '생정련 지방의회연맹(生長の家政治連盟地方議員連盟)'도 당연히 활동을 중지하였다.[75] 당시 마사하루는 90세였다.

생장의 집은 본문에서 소개했듯이 출판종교라고 불릴 정도로 많은 월간지를 발간하고 있었으며, 당시 6종의 월간 기관지(『生長の家』, 『白鳩』, 『光の泉』, 『精神科学』, 『理想世界』, 『理想世界ジュニア版』)와 일반 월간지 6종을 출판하고 있었다. 즉 외부에서 보았을 때, 생장의 집은 자금과 조직력 그리고 대외적 영향력을 가지고 있는 견실한 종교단체였다.

그런데 왜 생장의 집은 갑자기 정치활동을 중단하였을까? 이와 관련해 생장의 집 간부인 모리타 세이시(森田征史)는 그간의 "생장의 집 정

---

74) 같은 논문, 221쪽.
75) 『読売新聞』, 1983. 8. 3, 1985. 6. 17.

치활동이 성공하지 못하였다"고 평가하고 그 이유를 다음과 같이 정리하였다. 첫째, 생장의 집이 국회를 움직일만한 신도수를 확보할 수 없었고 행동력이 부족했다. 둘째, 순수한 종교 활동을 하는 조직과 정치활동을 하는 조직의 역전 현상이 생장의 집 내부에 발생하였다. 셋째, 마사하루의 정치적 요구를 과감히 실천할 수 있는 정치가가 없었다. 넷째, 권모술수의 정치세계에 생장의 집 지방 정치가들이 능숙하게 대처하지 못했다. 다섯째, 비례대표제의 도입으로, 생장의 집은 독자 후보를 세우지 못하고, 자민당에 종속되는 하나의 지지단체로 전락할 상황에 놓이게 되었다.[76]

즉 당시 생장의 집은 외부에서 보았을 때는 자금과 조직력 그리고 대외적인 영향력이 큰 조직으로 성장하였으나, 자체적으로는 실패한 정치활동으로 평가한 것이다. 그 이유에 대해서는 명확하지 않지만, 당시 생장의 집은 정치세력화의 한계를 느끼고 있었으며, 종단 내의 종교세력과 정치세력 간의 내부적인 갈등이 증폭되고 있었다고 한다. 결국 생장의 집의 정치활동이 기본적인 종교활동에 타격을 주고 있었다고 추측할 수 있다.[77]

---

76) 谷口雅宣外, 앞의 책, 64-66쪽.
77) 생장의 집 관계자 인터뷰, 2015년 3월 18일. 나아가 1982년에 일본국회는 참의원 선거 방식을 개인명으로 투표하는 전국구제에서 특정 정당을 투표하는 비례대표제로 바꾸고 1983년부터 시행하기로 결정하였다. 전국구제는 전국에서 개인명으로 투표하기 때문에 선거비용이 많이 들고, 노조, 업계단체 그리고 종교단체 등 전국적인 조직을 갖는 후보에게 유리한 투표방식이었다. 결국 특별정당을 투표하는 비례대표제는 신도를 정치가로 배출하려는 생장의 집으로서는 불리한 선거제도였다.

5.3. 생장의 집의 노선 변경

정치활동 정지를 선언한 2년 뒤 1985년 6월 17일 마사하루가 사망하였다.[78] 마사하루가 사망한 후 데릴사위인 다니구치 세이쬬(谷口清超, 이하 세이쬬)가 제2대 총재로 취임하였다. 세이쬬는 전혀 대외적인 정치활동을 하지 않았다. 세이쬬가 총재가 된 이후 생장의 집은 큰 변화를 맞이하였다.

세이쬬는 1985년 11월 22일 총재 취임식에서 "지금의 폐하는 만주사변을 확대시키지 말라고 말씀하셨다. 하지만 어심(御心)과는 달리 점점 만주로 군을 진격해 마침내 그것이 지나(支那)사변, 그리고 중국대륙에 포진하는 대전쟁이 되어 버렸다. 거기에 미국이 여러 가지를 지적하여 일미교섭이 곤란에 빠졌다. 당시에도 폐하는 미국과 교섭하라고 강력히 말씀하셨지만 군부 및 정부는 그렇게 하지 않고 개전(開戰)의 방향으로 결정을 몰고 갔다. 그것은 국민여론이 매우 그것을 지지하고 있었기도 하지만, 그렇게 해서 마침내 대동아전쟁으로 돌입하고, 결국 패전하게 되었다"[79]고 발언하였다. 즉 천황의 말을 어기고 군부가 강행한 전쟁은 성전(聖戰)도 아니고 정당화될 수 없다고 주장한 것이다.

그리고 생장의 집은 마사하루가 과거의 전쟁에 대하여 적극적으로 긍정하고 협력한 것에 대해서도, 마사하루는 당초 천황의 의지가 반영된 전쟁이라고 생각했기 때문에 전쟁에 적극 협력하였으나, 나중에 그

---

78) 『読売新聞』, 1985. 6. 17.
79) 生長の家本部, 『新編聖光録』, 日本教文社, 1997, 298-299쪽(谷口雅宣外, 앞의 책, viii쪽에서 재인용).

렇지 않다는 것을 알고 "대동아전쟁을 폐하의 의사를 무시한 침략전쟁이라고 부정적으로 평가하기에 이르렀다. 그러나 대전 후에 찾아온 미소 '냉전'이라는 새로운 사태하에서 국내에 전전(戰前)의 일본사회를 부정하고 사회주의 공산주의 혁명을 지향하는 세력이 대두하고 국정에 영향을 미치게 되었다. 거기서 선생님[마사하루: 필자 쥐은 천황을 포함한 일본의 전통을 옹호하는 입장에서 과거의 전쟁도 아시아·아프리카 제국의 독립 등 '좋은 결과'도 가져왔다는 점에서 적극적인 평가를 발표하게 되었다."[80]고 합리화하였다. 즉 일본의 침략전쟁을 두둔한 마사하루가 그것이 침략전쟁이었다는 것을 알고 있었으면서도, 일본의 사상적 위기에 봉착해, 어쩔 수 없이 긍정적인 해석을 부여했다는 것이다.

이후 세이쵸의 지도하에서 생장의 집은 마사하루의 국수주의적인 가르침을 부정하고 국제평화를 지향하는 입장을 신도들에게 표명하였다. 생장의 집은 1993년 2월 28일 개최된 전국대표자회의에서 마사하루가 입교 이후 주창해온 '인류광명운동' 대신 '국제평화신앙운동'을 주창하였다. 당시 세이쵸의 차남으로 부총재의 지위에 있던 다니구치 마사노부(谷口雅宣, 이하 마사노부)는 1993년 8월 브라질에서의 강연에서, "가능한 많은 사람들에게 진리를 알리고 싶은 것입니다. 그 목적은 초기의 인류광명운동과 내용적으로 다른 것은 없습니다. 그러나 운동의 규모가 확대되고 개인뿐만 아니라 국가 간의 문제도 포함하게 되었습니다. 즉 과거 수십년에 걸쳐 개인 간의 조화와 행복을 가져오는데 크게 공

---

80) 谷口雅宣外, 앞의 책, vi쪽.

헌한 우리들의 운동이 그 목적을 넓혀 이 좁아지는 세계 속에서 국가간의 조화와 번영 실현을 지향하는 단계에 왔다는 것을 나타내고 있습니다."[81]라고 발언하였다.

세이쬬는 1992년에 발간한 『환희로의 길(歡喜への道)』(日本教文社)에서도 이른바 일본의 '대동아전쟁'을 부정하는 입장을 밝혔다. 그리고 그의 차남인 마사노부 부총재도 "전쟁의 본질은 파괴이고 살인인 것이다. (중략) 그러한 잘못됨(迷い)의 전체를 지칭하는 '대동아전쟁'이라는 것은 평가하지 않는 것이 바른 것이다. (중략) 조금 잘못되면 우익이 되어 버린다. 단순한 민족주의나 국수주의가 되어 버린다. 일본인만이 번영하면, 다른 나라 사람은 어떠한 비참한 일을 당해도 그것이 바르다고 생각하는, 그런 우리들의 신앙과는 전혀 관계없는 생각에 빠져 버린다."[82]고 주장하였다. 즉 1993년부터 생장의 집은 과거의 폐쇄적인 애국주의를 부정하고, 국제사회의 조화와 평화를 주장하는 종교단체로 변모해 있음을 확인할 수 있다.

2008년 10월 세이쬬가 사망하자 차남인 마사노부가 2009년 3월 총재로 취임하였다. 마사노부 총재는 세이쬬의 영향을 받아 천황신앙 사상이나 메이지헌법 복원의 노선을 사실상 폐기하고 과거 국수주의적인 마사하루의 저서는 절판 처분하고, 과거의 잘못된 언행에 대해서는 선종의 불립문자(不立文字)의 가르침[83]으로 이를 정당화하고 있다고 한

---

81) 같은 책, 258쪽.
82) 같은 책, 75쪽.
83) 깨달음은 말로 쓸 수 있는 것이 아니니, 말이나 문자에 구애되어서는 안 된다는 뜻.

다. 이러한 생장의 집의 노선 전환이 국제사회에서의 포교를 위한 것이라는 지적도 있으며, 현실적으로 브라질에서의 신도수는 급격히 증가(약 300만 명)하는 추세라고 한다. 나아가 마사노부 총재 이후 생장의 집이 중점적으로 추진하고 있는 것이 지구환경보호운동이다. 생장의 집 홈페이지에 들어가도 지구환경보호 캠페인이 눈에 띈다. 실질적으로 생장의 집은 2013년 10월 하라주쿠(原宿)를 떠나 야마나시현(山梨県) 호쿠토시(北杜市)의 산속에 새롭게 본부를 건설하여 이전하였다. 새롭게 지은 본부 건물은 태양열 등으로 전기를 발전시키는 제로에너지 건물이다. 마사노부 부부는 자택에서 본부까지 자전거로 출퇴근하고 있다고 한다.[84]

필자는 생장의 집의 실상을 확인하기 위해, 2016년 3월 16일 동경도 조후시(調布市) 도비다큐(飛田給)에 위치한 "생장의 집 본부 연성도장(生長の家本部練成道場)"에서 생장의 집이 실시하는 연성회(2박 3일)의 일부에 참석하여 직접 체험을 하였다. 수련장에는 히노마루가 게양되어 있으며, 신도들은 행사 도중 기미가요를 불렀다. 그리고 강연을 듣고 비디오를 보았으며, 생장의 집 성경을 읽고 찬송가를 불렀다.

생장의 집 연성회의 모습(2016.3.18)

---

84) 생장의 집 관계자 인터뷰, 2016. 3. 18.

이들 내용은 모두 마사하루의 종교사상을 가르치는 것이었다. 그 외에 특별한 우익적인 언사나 정치적인 홍보 같은 것은 찾아 볼 수 없었다. 이와 같은 수련회가 일본 전국 각지에서 성인, 여성, 청소년을 대상으로 정기적인 합숙을 통해 이루어지고 있다.

5.4. 생장의 집 원리주의 운동

세이쵸와 마사노부가 마사하루의 우월적 민족주의 노선을 폐기하고 세계평화운동을 추진하자, 일부 간부들이 반발하였다. 2002년경에는 신교육자연맹과 생장의 집 사회사업단이 마사하루 원리주의를 주장하며 생장의 집에서 이탈하였다.

신교육자연맹은 생장의 집 교육관계자 등을 중심으로 1953년에 설립(1967.5. 법인설립)되어, 기관지『생명의 교육(生命の教育)』을 발간하고 다양한 사회교육 활동을 전개해 온 단체이다. 동경도 구니타치시 (国立市)에 위치한 본부는 일본식 맨션에서 작은 사무실을 운영하고 있으며, 전국에 25개 지부, 회원 약 3천 명이 활동하고 있다. 본부 중심의 조직이 아니고, 전국에 있는 지부가 협의체 형식으로 통합되고 있다는 인상을 받았다. 본부는 기관지와 어린이를 대상으로 한 일본 위인전이나 고사기(古事記) 등을 출판하고 있으며, 각 지부는 일반인을 대상으로 고사기를 알리는 강의 등 다양한 일본전통문화 관련 강좌를 개설하여 교육활동을 전개하고 있다. 본부 관계자는 일본정부가 일본의 전통을 중시하는 새로운 교육을 모색하고 있기 때문에 앞으로 자신들의 조직도 확대되리라는 자신감을 보였다.[85]

한편 생장의 집 사회사업단은 구니타치시에 위치한 '생장의 집 신국료(生長の家神の国寮)'를 운영하는 것이 주요 사업이다. 이 기숙사는 이혼이나 병, 출산, 가정 학대 등으로 인해 가정에서 생활하기 어려운 아동이나 청소년을 보호하는 시설이다. 생장의 집 사회사업단 설립 당시 마사하루는 『생장의 실상(生長の実相)』[86]를 비롯하여 주요 저서에 대한 저작권 일부를 사회사업단에 기부하였는데, 사회사업단이 생장의 집에서 이탈한 이후 생장의 집 본부와 저작권을 둘러싸고 법정다툼을 하고 있다.

또 하나의 마사하루 원리주의 단체는 '다니구치 마사하루 선생을 배우는 회(谷口雅春先生を学ぶ会, 이하 배우는 회)'이다. 이 회는 일본교문사 전사장인 나카지마 쇼지(中島省治)가 대표이며, 출판사로 광명사상사(光明思想社)도 설립하였다. 동경도 주오구(中央區)에 본부가 있으며, 홈페이지를 보면 전국에 76개 지부가 있다고 하나 그 실체는 확실치 않다. 앞서 소개한 생장의 집 신교육자연맹이나 사회사업단 관계자와도 밀접한 관계에 있다고 할 수 있다. 예를 들어, 생장의 집 사회사업단이 가지고 있는 마사하루의 일부 저작권을 이용해, 광명사상사가 마사하루의 저서를 출판하기도 한다.[87]

'배우는 회'는 2013년 4월에 제1회 전국대회를 개최하였으며, 2016년 4월 24일에는 제4회 전국대회를 개최하였다. 약 1천 명의 신도들이 참석

---

85) 신교육자연맹 관계자 인터뷰, 2016. 3. 17.
86) 『생장의 집』 잡지를 묶은 전집.
87) 그 일례로 谷口雅春, 『古事記と日本国の世界的使命』, 光明思想社, 2006. 이 있다.

하였다. 2015년 4월에 열린 제3회 전국대회에서는 오선화(吳善花) 다쿠쇼쿠대학(拓殖大学) 교수가 기념강연을 하기도 하였다.[88]

'배우는 회'에는 자민당의 이나다 토모미(稲田朋美), 에토 세이치(衛藤晟一) 등 정치가를 포함해, 모모치 아키라(百地章) 일본대학 교수, 다카하시 시로 메이세이 대학 교수 등이 참가하고 있다고 한다.[89]

6. '종교의 정치세력화'로서의 우경화

마사하루는 일본 패전 전후(前後) 일관된 천황제주의자였다. 특히 그는 천황제 복원을 위해 자기의 사상과 주장을 출판과 공개적인 활동을 통해 적극적으로 주장하였다. 생장의 집은 청소년 조직과 교육에 중점을 두고, 젊은 우익 인재를 배출하였다. 그리고 행동우익이 아니라, 우익운동을 대중으로 확대하는 전술을 선택하였다. 생장의 집은 1960년대와 70년대 일본 우익운동의 거점과 같은 존재였다. 그들의 활동과 함께 일본회의도 성장하였다.

1980년대 중반 이후 생장의 집은 평화운동과 환경운동으로 노선 전환을 하였지만, 마사하루가 육성한 청년 우익활동가들이 성장하여 일본

---

88) '배우는 회' 홈페이지(http://manabukai.org/).
89) 이나다 국회의원이 생장의 집 성경을 들고 있는 모습을 유튜브에서 확인할 수 있으며, '배우는 회' 전국대회에서 강연을 하기도 하였다. 모모치는 谷口雅春, 『古事記と日本国の世界的使命』의 편찬위원회 명부에서 확인할 수 있다. 모모치의 이력에 대해서는 菅野完, 앞의 책, 200-204쪽.

회의의 중심적인 역할을 하고 있다. 마사하루 원리주의자들도 적극적으로 활동하고 있다.

1983년 7월 생장의 집의 정치활동 정지 이후에도 일본사회의 보수 우경화는 착실히 전개되었다. 1985년 8월 문부성은 입학식과 졸업식에 히노마루와 기미가요 제창을 철저히 행하도록 각 학교에 통지하였고, 이를 강제하는 국기・국가 법안이 1999년 9월에 국회에서 통과되었다. 일본 수상의 야스쿠니 참배는 당연한 절차로 자리 잡고 있다. 일본정부는 2006년 12월 개정된 교육기본법을 공포・시행하였다. 그 중심적인 내용은 "전통과 문화를 존중하고, 그것들을 만들어온 우리나라와 향토를 사랑"90)하는 청소년을 육성하는 것이라고 할 수 있다.

돌이켜 보면 생장의 집이 설정한 과제가 하나씩 달성되어 온 것이다. 헌법 개정에 대한 일본국민의 여론은 아직 부정적이지만, 일본회의는 이를 향해 꾸준히 활동을 전개하고 있다. 일본회의 연관 단체인 '아름다운 일본의 헌법을 만드는 국민의 회(美しい日本の憲法をつくる国民の会)'의 2015년도 활동 내용을 돌이켜 보면 2015년 7월 1일~21일: 전국횡단 캐러밴(47개 도도부현 방문), 2015년 9월: 지방의회결의 촉진, 2015년 11월 10일: 헌법개정촉진 1만 명 대회(무도관 대회)91)등을 집행하였다. 헌법개정에 대한 의견서・청원을 가결・채택한 부현의회는 2014년 여름까지는 19개 현의회(県議会)였지만, 2015년 5월에는 25개 부현의회(府県議

---

90) 教育基本法(平成18年法律120号), 第1章(教育の目的および理念), 第1条(教育の目的)의 제5항.
91) 『朝日新聞』, 2015. 12. 25.

会)로 확대되었다. 헌법개정에 대한 지방의회에서의 결의가 착실히 증가하고 있는 것이다.[92]

즉 생장의 집의 과거의 운동방침과 전략 그리고 전술이 지금도 일본 우파 운동에서 유효하게 작용하고 있는 것이다. 그리고 실질적으로 일본회의의 핵심적인 역할을 하고 있는 것은 생장의 집 출신들이다. 생장의 집의 정치활동은 중지되었지만, 마사하루가 육성한 생장의 집 운동가들이 성장하여 일본 우파 정치에서 중요한 역할을 하고 있는 것이다.

최근 발간된 스가노 간(菅野完)의 저서에서 밝혀진 것처럼 생장의 집 관계자와 일본회의의 관계를 생각할 때, 현재의 생장의 집은 일청협을 중심으로 한 가바시마 그룹과 일본정책연구센터 대표인 이토 데쓰오(伊藤哲夫) 그리고 마사하루 원리주의 운동 그룹으로 나눌 수 있다.

현재의 일청협은 독자적인 세력 확대보다는 과거처럼 일본회의의 '행동대'와 같은 역할을 하고 있다. 민주당이 정권을 잡았을 때, 하토야마 유키오(鳩山由紀夫) 수상이 2010년에 오자와 이치로(小沢一郎)와 주도하여 영주외국인에게 지방참정권을 부여하려고 하자, 지방의회의 보수계 의원들과 연계하여 동법안 반대결의를 통해 중앙에 압력을 가한 것도 일청협이 주도한 것으로 알려지고 있다.[93] 일청협은 그간 인권옹호법안, 선택적 부부별성법안, 국립추도시설 건립법안 등에 대한 반대 운동은 물론, 천황제 강화 및 전몰자 위령현창(顯彰) 등의 활동을 전개해

92) 『朝日新聞』, 2015. 5. 4.
93) 지방의회의 영주외국인 참정권 반대 결의에 대해서는 김태기, 「일본민주당과 재일영주외국인의 지방참정권-하토야마 유키오의 의욕과 좌절-」, 『한일민족문제연구』 19권, 2010, 235-277쪽 참조.

왔다.[94]

일청협 관계자는 이미 '청년'은 물론 '장년'도 아니고 '노년'기에 접어들었다. 일청협은 2005년 4월 새롭게 일본협의회(日本協議会)를 결성하여, 일청협은 청년운동을 중심으로 하는 부서로 자리매김하고, 일본협의회가 지도적 위치에 서게 되었다.[95] 하지만 실질적으로 일청협이나 일본협의회는 같은 조직이다. 여기에서 일본우익단체의 노령화가 엿보인다. 현재 일청협 및 일본협의회의 회장은 여전히 가바시마로 그는 2016년 4월 현재 71세이다. 가바시마 회장이 일본회의 사무총장을 역임하고 있다. 1980년대 초 생장의 집이 정치활동을 중지한 이후, 젊은 세대가 공급되지 않아 일청협의 세대교체가 이루어지지 않고 있다는 것을 짐작할 수 있다.

일본정책연구센터 대표 이토 데쓰오(伊藤哲夫, 1948년생)는 생장의 집에서 청년회중앙선전부장(青年会中央教育宣伝部長)을 역임하는 등 청년회의 주요 인물이었다.[96] 생장의 집이 정치활동을 중지하자 1984년에 센터를 설립하여 소장으로 부임하였다. 현재 일본회의 상임이사이기도 하다. 이토는『경제대국과 천황제: 국가의 정신적 기반이란 무엇인가(経済大国と天皇制: 国家の精神的基盤とは何か)』(オーエス出版, 1987),『헌법 신화의 주박을 넘어서(憲法神話の呪縛を超えて)』(日本政策研究センター, 2004,『일본국가의 '모양'을 생각한다(日本国家の「か

---

94) 日本青年協議会·日本協議会 홈페이지(http://www.seikyou.org/nihonkyogikai.html).
95) 같은 홈페이지.
96) 菅野完, 앞의 책, 196-200쪽.

たち」を考える)』(日本政策研究センター, 2012年), 『메이지헌법의 진실 (明治憲法の真実)』(致知出版社, 2013) 등 출판을 통해 천황제를 강조하고 헌법개정을 꾸준하게 주장해왔다. 이토 대표는 현재 68세이다. 또한 동센터 소장인 오카다 구니히로(岡田邦宏)는 『조선인 강제연행은 있었나 (朝鮮人強制連行はあったのか)』, 日本政策研究センター, 2003)를 비롯해, 영주외국인참정권을 반대하거나, 위안부에 대한 일본의 책임을 회피하는 홍보 책자를 발간해 왔다.

'배우는 회' 등의 생장의 집 원리주의 그룹들 또한 마사하루의 그간의 종교사상과 그리고 1950년대 중반이후부터의 정치적 주장을 그대로 신봉하거나 이용하여 이를 자신들의 창과 방패로 삼고 있다. 마사하루의 종교 및 정치사상과 생장의 집의 조직과 활동력이 여전히 일본회의에 남아서 영향을 미치고 있는 것이다.

마사하루의 1960년대의 우익 활동과 관련해 스즈키 무네노리(鈴木宗憲)는 1968년에, 자민당 정치가들이 "마음은 있어도 발언할 수 없는 헌법개정, 자위대재군비론, 오키나와 핵무기, 1970년에 닥쳐온 안보재개정 등을 생장의 집이라는 종교단체가 직접적인 형태로 대변한 것에 지나지 않는다"[97]고 평가절하하였다. 호리(堀) 또한 "우파가 전술상, 큰 소리로 말하지 않았던 것을 우익이 주장했던 것이다"[98]라고 평가하였다.

이들의 평가처럼 당시의 종교우익은 아직 정치세력화하는 초기 단

---

97) 鈴木宗憲, 「生長の家」『別冊あそか』, 1968. 4(堀幸雄, 앞의 책, 223쪽에서 재인용).
98) 堀幸雄, 앞의 책, 224쪽.

계라 영향력이 크지 않아 보수정치가에 협조하는 단체로 자리매김 될 수도 있다. 하지만 종교우익의 정치세력화가 어느 정도 확립된 현재의 시점에서는 그 평가를 달리할 필요가 있을 것이다.

자위대는 군대가 될 것인가?
'자주방위의 꿈'과 '미일동맹의 현실'*

남기정

1. 자위대의 군대화: 보수화인가 우경화인가?

1.1. 아베큐리티와 헌법개정

일본국 헌법 자민당 개헌안(2012)의 제9조 2항에는 새로운 국방군 규정이 들어있다. 그 내용은, "국방군은 (중략) 국회의 승인과 기타 통제에 따른다. 국방군은 (9조) 1항이 규정하는 임무를 수행하기 위한 활동과 기타 법률이 정하는 바에 따라 국제사회의 평화와 안전을 확보하기 위해 국제적인 협조 하에 실시되는 활동 및 공적 질서를 유지하거나 국민의 생명 또는 자유를 지키기 위한 활동을 할 수 있다"는 것이다. 이는 자민당의 개헌이 '자위대의 군대화'를 목적으로 하고 있음을 단적으로 보여주는 규정이며, 개헌의 핵심이기도 하다.

---

* 이 글은 『일본연구논총』 43호(2016. 5)에 게재된 논문, 「자위대에서 군대로? : '자주방위의 꿈'과 '미일동맹의 현실'의 변증법」을 수정·보완한 것이다.

제2차 아베 내각의 등장 이후 일본에서 안보정책의 급격한 변화가 목격되면서, 그 궁극적 목표가 국방군 창설을 위한 개헌에 있다는 관측이 나왔다. 아베 본인도 그러한 의도를 숨기지 않는다. 2016년 1월의 소신표명연설과 3월 2일의 참의원 예산위원회에서도 임기 내 개헌의 의도를 내비친 바 있다. 한편 미일동맹의 강화 방침에 대해서도 아베는 기회가 있을 때마다 확언하곤 했다. 2012년 12월 제2차 아베 내각이 발족하고, 바로 이듬해 1월 28일에 열린 국회에서 소신표명연설을 통해 아베는 외교 안보정책에서의 '근본적인 재검토가 급무'라고 하고, 그 기축인 미일동맹을 강화할 방침을 천명했다. 이어서 2월 7일, 수상 관저에 '안전보장의 법적기반의 재구축에 관한 간담회(안보법제간담회)'가 설치되었다.[1] 그해 말인 12월 4일에는 내각에 국가안전보장회의를 설치했고, 이를 관장할 담당부서로 국가안전보장국을 내각관방에 설치했다. 그로부터 2주 후인 12월 17일, 국가안전보장회의 및 각의에서『방위계획 대강』,『중기방위력정비계획(중기방)』,『국가안전보장전략』이 채택되었다.

2014년 5월 15일, 안보법제간담회는 보고서를 발표했고, 이에 대해 아베는 기자회견을 통해, 한정적 집단적 자위권의 행사가 헌법상 용인된다고 하여, 헌법해석의 변경을 위해 여당협의를 갖고 각의 결정할 방

---

1) 안보법제간담회는 2007년 5월, 제1차 아베 내각 때 수상의 사적자문기관으로 설치되었다. 그해 8월까지 5차례 회합이 있었고, 2008년 6월에 야나이 슌지(柳井俊二) 좌장 이름으로 보고서가 제출되었지만, 이후 활동이 단절되었다가 제2차 아베 내각에서 재개되었던 것이다. 1차 간담회 때 참가하지 않았던 호소야 유이치(細谷雄一) 게이오대 교수가 2차 간담회에 새로 참가한 것 이외에 나머지는 모두 같은 구성으로 이루어져 있다.

침과, 관련 법안의 국회 제출 방침 등을 밝혔다. 7월 1일에는 국가안전보장회의와 각의에서 집단적 자위권의 행사를 용인하는 헌법해석 변경을 각의 결정했다. 자민당 공명당 연립 여당은 이에 따른 법제도 정비를 위해 안보관련 법안 마련에 들어갔다. 2015년 5월 14일, 국가안전보장회의 및 각의에서 평화안전법제 관련 2개 법안이 결정되었고, 15일에 중의원 및 참의원에 법안이 제출되었다. 이 법안은 7월 16일 중의원 본회의를, 9월 19일 참의원 본회의를 통과해 가결되어 성립했다. 그리고 2016년 3월 29일 0시를 기해 이 법안은 시행되었다.[2]

과연 집단적 자위권 행사의 용인과 안보관련법의 통과 및 시행은 '자위대의 군대화'를 위한 전 단계인가, 아니면 '자위대의 활용도 제고'를 위한 기반마련인가. 그 대답은 '자주국방의 꿈'과 '미일동맹의 현실' 사이에 있는 듯하다. 전자가 우경화로의 드라이브를 거는 동력이라면 후자는 보수화의 깊이를 심화하는 구조라고 할 수 있다.

아베의 급격한 안보 드라이브에 대해 일본 국내는 물론 국제 사회

---

2) 휴즈(Christopher W. Hughes)는 아베를 최고의 역사수정주의 이데올로그 (arch-revisionist ideologue)로서의 면모를 지니는 인물로 평가하고, 그가 추구하는 급진적 대외정책이 전후 일본의 안보정책에서 하나의 독트린으로까지 격상했던 요시다의 외교안보 노선(요시다 독트린)을 대체할 만한 것이라 하여 아베 독트린으로 부르고 있다. 휴즈는 아베 독트린에 대해 명시적인 규정을 하지 않지만, 대체로 다음과 같은 내용들을 아베의 적극적 외교 안보 노선의 특징으로 지적하고 있다. 과거의 반군사주의적 제한에 덜 구속적인 안보정책, 더 통합적이고 일체화된 미일동맹, 동아시아 외교에서 가치지향적 외교에 대한 강조 등이 그 내용이다(Christopher W. Hughes, *Japan's foreign and security policy under the 'Abe Doctrine': new dynamism or new dead end?*, Palgrave Macmillan, 2015. p.2).

에서도 '위험한 선택'이라는 비판이 나오고 있으며, 이러한 움직임을 가속화시키는 아베를 '우익'으로 비난하고 있다. 그런데 그의 주변에서 이러한 움직임에 이론적 근거를 대고 있는 사람들은 이른바 '정치적 현실주의자'라고 불리는 사람들이다. 물론 다모가미 도시오(田母神俊雄)를 비롯한 '우익' 인사들은 '국방전선', '국군' 등의 표현을 써 가며, '전전의 군국주의' 냄새가 짙은 방위론을 전개하고 있기도 하다.

이 글은 아베 내각이 추진하는 일본의 안보 방위정책을 '아베큐리티(Abecurity)'로 명명하고, 그 가운데에서 추진되는 '자위대의 군대화'의 의미를 추적하고자 하는 것이다. 이러한 움직임은 미일동맹의 현실에서 자위대의 '기능'을 충실화하기 위한 '현실주의적 계산'에서 시도되고 있는 측면과, 일본의 '국가주의적 개조'를 목표로 한 교두보=표상의 의미를 동시에 지니고 있다. 본론에서는 이 두 가지 움직임을 동시에 추적하되 이를 분리하고 그들이 길항하는 전선을 확인함으로써 향후 일본의 변화의 향방을 가늠해보고자 한다. 이때 염두에 두고자 하는 것은, '국가주의적 개조'를 목표로 한 '신국방론'이 사실은 최근에 대두하기 시작한 것이 아니라, 강화조약 체결을 전후한 시기부터 일기 시작한 '자주독립'의 개헌론에 뿌리를 두고 있다는 점이다. 반면 '정치적 현실주의자'들이 개헌과 국방군 창설을 논의하기 시작한 것은 최근의 일이며, 이것이 일본의 '우경화' 이미지를 낳는 이유가 되고 있다는 점을 밝혀보고자 한다.

1.2. 아베의 등장과 일본의 변화: 우경화인가 보수화인가

한국에서는 아베 내각의 안보 드라이브를 '우경화 프레임'으로 받아들여 보도하고 있다. 여기에는 한국의 보수, 진보의 구분이 없다. 가령 2015년 9월의 '평화안전법안'의 통과에 대해 새누리당 대변인은 "아시아 전체의 평화를 위협하는 아베 총리의 우경화 행보에 엄중히 경고한다" 고 비판했으며(새누리당 공보실, 2015.9.18), 한겨레신문도 사설에서 일본이 집단적 자위권과 안보법안을 통과시켜 '우경화'의 길을 걷고 있다고 비판했다(한겨레신문, 2015.9.19).

일본에서도 '우경화'는 사회과학적 용어가 되어가고 있다. 일본의 정치변동을 연구하는 조치대학(上智大学) 국제교양학부의 나카노 고이치(中野晃一) 교수가 이와나미신서로 발간한 책은 제목부터 『우경화하는 일본정치(右傾化する日本政治)』이다. 나카노는 특히 아베 신조의 정권 복귀 이후 일본에서 높아지고 있는 '우경화'에 대한 우려의 목소리를 담아내는 것을 목적으로 하고 있다.[3] 한국에서는 오래전부터 이미 일본의 군사적 보통국가화의 움직임을 '우경화'로 불러 왔기에 새삼 아베의 움직임을 '우경화'로 부르는 것만으로는 아베의 다른 점을 설명하기 곤란한 난점이 있다. 그런 가운데 언론 보도에서 나오는 '우경화'의 우려에도 불구하고, 미일동맹의 강화라는 점에서는 한국에 긍정적인 측면도 있다며 그 양면성을 드러내 보이는 발언들도 있다.

반대로 일본에서 '우경화'라는 용어가 사용되고 있는 것은 '보수화' 프레임으로는 더 이상 담아내지 못하는 아베 내각의 움직임을 포착하려는 시도로 이해할 수 있다. 우선 아베의 움직임을 보수화로 부른다면 보

---

3) 中野晃一, 『右傾化する日本政治』, 岩波新書, 2015, 序章.

수주의 그 자체가 파탄에 이를 수밖에 없다는 주장이 있다. 즉 "본래 국체와 동의어이며, '보수'적이어야 할 헌법이, 전후 일본의 경우에는 '혁신'적인 것이 되어 있다"며, 이런 상황에서 "급격한 변화를 피하고, 과거로부터 이어지는 전통의 연속성을 무엇보다도 중시하는 입장"으로서의 보수주의는 존립 그 자체가 불가능하다고 할 수 있다.[4] 또한 '보수'의 최종적인 승리로 인해 보수 일색이 된 일본 정치에서 '진정한' 보수의 경연밖에 보이지 않는 현실에서, 그 결과로서 보수주의의 '범람'과 '형해화(無內容化)'가 진행되고 있으며[우노 시게키(宇野重規)], '보수'는 길을 잃고 있다[나카노 다케시(中野剛志)]는 진단이 나오고 있다.

그러나 모두가 언급했듯이 분명히 아베 내각에 들어와서 시도되는 안보 방위 관련 정책들은 그 폭이나 깊이, 그리고 속도의 면에서 전후 그 어느 내각보다도 뚜렷하게 다른 양상을 보이고 있다. 이러한 움직임이 더 가팔라 보이는 것은 아베 이전의 민주당 정권이 소극적인 안보정책을 펼쳤다는 것과 비교되기 때문이다. 이것이 아베 내각이 시도하는 변화를 '우경화'라는 용어로 설명하려는 태도를 낳고 있는 것이다.

그런데 과거 일본 사회에서 '우경화'는 적어도 세 차례 파도처럼 일어났다가 사라져 갔다. 전후 일본에서 '우경화'라는 말은 1950년을 전후해서 처음으로 시민권을 얻은 것으로 보이는데, 이 말은 본디 혁명적 마르크스주의에서 벗어나려는 노동운동을 비난하는 용어로 사용되었다.

---

4) 일본에서 '보수'라는 말이 지니는 뒤틀림현상에 대해서는 다음 연구들을 참조. 中野剛志, 『保守とは何だろうか』, NHK出版新書, 2013; 宇野重規, 「日本の保守主義, その『本流』はどこにあるか」, 『中央公論』, 2015. 1.

그러던 것이 1968년에 첫 번째 '우경화'의 파도가 일렁이면서 사회현상을 표현하는 용어로 사용되기 시작했다. 1980년에서 1982년에도 '우경화'가 사회분위기를 나타내는 용어로 사용되었다. 그리고 '우경화'는 2002년에서 2003년에도 책과 논문의 제목으로 자주 등장하는 용어가 되었다. 그리고 2013년부터 현재까지 일본의 도서 출판 및 논문의 제목에서 '우경화'의 네 번째 파도가 일렁이고 있다.5) 그런데 이러한 '우경화'의 파도에는 '역사'와 '안보' 사이의 인력이 작용하고 있음을 알 수 있다.

1968년의 제1의 파도는 '구라이시 발언'에 의한 것이라고 볼 수 있다. 구라이시 발언이란 당시 사토 내각의 농림대신이었던 구라이시 다다오(倉石忠雄)가 푸에블로호 사건의 여파로 동해상의 어업조업에 지장을 받고 있던 상황에서 "현행 헌법은 남에게 모든 것을 맡겨 버린 형국이다(他力本願だ). 역시 군함과 대포가 필요하다", "이런 바보같은 헌법을 갖고 있는 일본은 첩이나 마찬가지다"고 발언했던 사건을 말한다. 이는 전후 일본의 성립을 부정하는 역사인식을 보이고 있다. 안보 문제를 역사와 관련시킨 첫 번째 사례에 해당한다.

---

5) 일본 국회도서관(国会図書館), http://iss.ndl.go.jp/books?locale=ja&any=右傾化 (최종 검색일: 2016. 5. 16). 검색결과는 다음과 같다. 전후에 '우경화'를 주제어로 한 도서와 기사, 논문은 1950년에 처음 등장해서 대부분의 해에서 1~6건이었던 것이 1968년에 처음으로 10건을 초과해서 13건을 기록했다. 1969년부터 다시 10건 미만으로 줄었다가 다시 10건을 초과하는 것은 1978년(26건)이다. 특히 1980년(37건), 1981년(82건), 1982년(38건)에 매우 많은 건수를 기록하고 있다. 1989년 이후 다시 잠잠하다가 2002년에 30건, 2003년에 17건을 기록하고 있으며, 이후에 10건 이하로 줄었다. 그리고 아베 제2차 내각이 성립한 2013년에 34건, 2014년에 46건, 2015년에 23건, 2016년 5월 현재 11건을 기록 중이다.

1980년 전후의 '우경화' 파도는 스즈키 내각과 나카소네 내각에서 전개된 미일동맹 긴밀화가 역사교과서의 기술을 변경하려는 시도와 함께 진행되던 시기에 일어났다. 제3의 '우경화' 파도가 일었던 2002년에서 2003년은 미국의 대테러전쟁 시기로 미일동맹의 긴밀화가 고이즈미 준이치로 수상의 야스쿠니 참배와 함께 진행되던 시기이다. 그리고 2013년 이후의 제4의 파도를 맞이하고 있는 것이다. 이와 같이 일본에서 '우경화'에 대한 기우는 안보방위정책에서 기존의 노선을 수정하는 움직임이 수정주의적 역사인식의 등장과 동시에 일어날 때 나타나고 있었다.

그런데 이러한 '역사인식'과 '안보정책'의 동기화는 보다 깊은 연원이 있는 듯 하다. 나카노 고이치(中野晃一)는 이에 대해 '우경화의 내용으로서 국가주의'라는 시점에서 국가주의에 대해 "국가주의는 시민사회와 국제사회에 대해 국가의 권위를 강화하려는 보수반동세력의 '실지회복' 운동이었다"고 정의하고 있다. 전후 국가 일본이 잃어버린 '실지'는, (국민의) 헌법이라는 실지와 (국민의) 역사라는 실지였으며, 이를 되찾겠다는 것이 아베 내각에서 전개되는 우경화의 내용이라는 분석이었다.[6] 헌법을 개정하여 국민의 군대를 갖는 것은 두 가지 실지를 되찾는 일종의 '일석이조'였던 것이다.

이렇듯 국가주의의 고조를 우경화의 하나의 지표로 들 수 있을 것이다. 자위대에서도 철저히 문민통제의 원칙이 일관되게 강조되었던 것에서 볼 수 있듯이 '국가(오야케=公의 영역)'에 대해 '사회(고=個의 영역)'가

---

6) 中野晃一, 앞의 책.

우위를 점하던 전후체제가 '사회'주의(social-ism)의 시대였다고 한다면, 이를 '사회'에 대한 '국가'의 부활로서 수정한 국가주의(statism)의 등장이 '우경화'의 커다란 흐름을 주도하고 있는 것이다. 이 경향은 더욱 첨예화하고 있어서 담론의 전선은 국가주의로부터 민족주의(nationalism)로 이동하고, 이는 다시 인종주의(racism)으로 이동하고 있다. 이는 특히 시민사회와 언론공간을 지배하는 담론에서 확인되는 경향으로, 이 글에서는 이러한 변동을 '시민사회의 우경화'로 정의하고자 한다. 이러한 이동은 '사회의 "현실"보다는 공동체의 "이상"을' 강조하는 방향으로의 변화를 반영하고 있으며, 이러한 변화는 '헌법개정'을 요구하지만 '미일동맹'에 대해서는 이완 또는 해체를 요구하는 힘으로 작동하고 있다.

한편 '전후 레짐'으로서 '헌법'의 개정 여부는 필연적으로 '미일동맹'에 대한 태도 여부와 불가분의 관계를 갖는다. 이는 이른바 평화헌법으로 인한 안보공백을 미일동맹으로 보완해온 역사가 전후사이기 때문이다. 여기에서 우리는 다음과 같은 매트릭스를 만들어볼 수 있다.

동맹에 대한 태도(자주/동맹)와 헌법에 대한 태도(호헌/개헌)의 교차로 만들어진 매트릭스에서, 우경화란 ⟨1. 호헌/자주국방⟩과 ⟨2. 호헌/미일동맹⟩의 쟁투에서 ⟨2⟩의 승리로 '전후사'가 종결되는 90년대 이후 개시되어, ⟨2. 호헌/미일동맹⟩과 ⟨3. 개헌/미일동맹⟩의 쟁투에서 ⟨3⟩의 승리가 가시화되는 과정을 거쳐 ⟨3. 개헌/미일동맹⟩과 ⟨4.개헌/자주국방⟩의 쟁투로 대립 전선이 이행하고 있는 경향을 말한다. 이를 그림으로 표현하면 다음과 같다.[7]

1. 호헌/자주국방 자 사회민주주의자	4. 개헌/자주국방 주 국가주의적 개조론자
호 헌	개 헌
2. 호헌/미일동맹 동 제도적 자유주의자	3. 개헌/미일동맹 맹 정치적 현실주의자

이를 다시 좌와 우 사이에 펼쳐지는 정치적 스펙트럼으로 표현하면 다음과 같다.

1. 호헌/자주국방 사회민주주의자	2. 호헌/미일동맹 제도적 자유주의자	3. 개헌/미일동맹 정치적 현실주의자	4. 개헌/자주국방 국가주의적 개조론자

따라서 '국가주의'의 대두로서 우경화는 이 스펙트럼상에서 〈4〉의 영역에서 발생하는 인력에 〈4〉보다 왼쪽에 있는 영역이 〈4〉의 방향으로

---

7) 박영준은 개헌과 미일안보체제에 대한 태도 여부에 더해, 55년 체제와 통상 국가노선에 대한 평가 여부를 기준으로 네 가지의 국가구상을 구분하고 있다. 네 가지는 복고적 국가주의, 현상유지노선, 열린 내셔널리즘, 개방적 지역 주의다. 로즈맨(Rozman)은 일본이 '국가정체성의 교차로'에 서 있다고 하여 일본에 국가주의(statism), 민족주의(ethnic nationalism), 국제주의(international-ism), 평화주의(pacifism) 등 네 가지의 사상적 지형이 각축하고 있는 것으로 보았다. 글로서맨과 스나이더(Glosserman and Snyder)도 탈냉전기 이후 일 본의 움직임을 네 가지 관점(접근)으로 나누어 설명하고 있다. 첫째, 통상적 인 설명으로, 냉전의 종언이 일본의 내셔널리즘을 억제해 왔던 제한들을 제 거하고 적극적 외교 안정정책으로의 전환을 가져왔다는 것이다. 둘째, 신중 한 접근으로, 안보정책에서의 변화를 인정하면서도 그 점진적 성격을 강조 하는 태도이다. 셋째, 일본이 전개할 수 있는 공간이 눈에 띄는 것보다 훨씬 작다고 보는 입장이 있다. 넷째, 전통적인 평화국가노선이 지속되고 있다고 보는 입장이 있다. 케네스 파일(Keneth Pyle)은 진보주의자들(progressives), 통상주의자들(mercantilists), 자유주의적 현실주의자들(libral realists), 신민족

이끌려오는 현상을 말하는 것으로 정리해 볼 수 있다. 한편 ⟨3⟩과 ⟨4⟩의 영역 사이에는 건너기 어려운 간극이 발견된다. 정치적 현실주의는 근대 '국가'가 동원하고 조직하는 낭만적 요소와의 사상적 결투 속에서 나온 정치적 입장이기 때문이다. 따라서 ⟨3⟩의 영역에는 ⟨4⟩와 대결하면서 ⟨1⟩과 ⟨2⟩의 영역을 이끌어오려는 힘이 발생한다. 이 글에서는 이러한 현상을 우경화와 구별되는 '보수화'로 설명하고자 한다. 다시 말하면 보수화는 외교 안보정책이 기원하는 국제질서관이 자유주의(liberalism)에서 현실주의(realism)로 크게 이동하고, 현실주의의 영역 안에서 중상주의적 현실주의(Mercantilism)에서 권력정치적 현실주의(Realpolitik)로

주의자들(new nationalists)로 구분하여 설명한다. 마이크 모치즈키(Mike Mochizuki)는 비무장 중립주의자들(unarmed neutralists), 정치적 현실주의자들(political realists), 군사적 현실주의자들(military realists), 일본형 드골주의자들(Japanese Gaullists)로 구분한다. 리처드 사무엘스(Richard Samuels)는 미일동맹에 대한 태도 여하와 국제분쟁에서의 무력 사용에 대한 태도 여하에 따라 평화주의자들(pacifists), 미들파워 국제주의자들(middle-power internationalists), 보통국가론자들(normalnationalists), 신자주국방론자들(neoautonomists)로 구분한다. 히라타 게이코(Hirata Keiko)는 무장에 대한 찬반, 자주와 국제주의에 대한 태도에 따라 평화주의자들(pacifists), 통상주의자들(mercantilists), 보통국가론자들(normalists), 민족주의자들(nationalists)로 구분하고 있다. 이에 대해서는 다음을 참조. 박영준, 『제3의 일본』, 한울아카데미, 2008, 32쪽. Brad Glosserman and Scott Snyder, *The Japan-South Korea Identity Clash: East Asian Security and the United States*, Columbia University Press, 2015, pp.29-30.

박영준	개방적 지역주의	현상유지	열린 민족주의	복고적 국가주의
G. Rozman	pacifism	internationalism	ethnic nationalism	statism
K. Pyle	progressives	mercantilists	liberal realists	new nationalists
M. Mochizuki	unarmed neutralist	political realists	military realists	Japanese Gaulists
R. Samuels	pacifists	middle-power internationalists	normal nation-alists	neo autonomists
K. Hirata	pacifists	mercantilists	normalists	nationalists

이동한 뒤, 다시 권력정치적 현실주의의 영역 안에서 방어적 현실주의(defensive realism)에서 공격적 현실주의(offensive realism)로 이동하고 있는 현상을 말하는 것이다. 이 글에서는 이러한 변동을 외교안보정책의 보수화로 정의하고자 한다. 이는 '평화의 "이상"보다는 국제정치의 "현실"'을 강조하는 입장으로의 변화이며, 이러한 변화는 일본에서 미일동맹의 심화 및 강화를 추동하는 원인이 되고 있다.

문제는 '보수화'의 변동이 '우경화'의 목소리를 타고 전개되고 있는 현상이다. 이 때문에 안보 방위정책에서의 변화가 총체적으로 '우경화'로 받아들여지고 있는 것이다. 그 때문에 안보 방위정책에서의 실질적인 변화의 내용과 방향을 파악하기 어려운 실정이다. 따라서 실제 정책의 변화로서의 '보수화'를 시민사회의 '우경화' 경향과 분리해 그 내용을 분석하고 전망을 제시하려는 노력이 필요하다.

2. '자주방위의 꿈'과 '미일동맹의 현실' 사이의 변증법

2.1. '자주방위의 꿈': 국방군의 창설

우선 '우경화'의 하나의 지표가 되고 있는 헌법개정과 그 결과로서의 '국방군'의 창설이 무엇을 의도하고 있는 것인지 헌법개정 시안에서 확인해 보고자 한다. 자민당이 그동안 공표해 온 헌법개정 시안들은 다음과 같다.

1956년 4월 28일, 『중간보고: 헌법개정의 필요와 문제점(中間報告–憲法改正の必要と問題点)』

1972년 6월 16일, 『헌법개정대강 초안(시안): 헌법개정의 필요와 그 방향(憲法改正大綱草案(試案)–憲法改正の必要とその方向)』

1982년 8월 11일, 『일본국헌법 총괄 중간보고(日本国憲法総括中間報告)』

2005년 11월 22일, 『신헌법 초안(新憲法草案)』

2012년 4월 27일, 『일본국헌법개정 초안(日本国憲法改正草案)』

이 가운데 현재 개헌논의의 기원이 되고 있는 것은 물론 2012년도의 개정안이다. 이 2012년도 『일본국헌법개정 초안(日本国憲法改正草案)』이 발표된 것은 샌프란시스코 평화조약의 발효 60주년인 2012년 4월 28일이었다. 이는 2005년도 신헌법초안 이후 헌법개정을 위한 국민투표법이 시행되고, 중참 양원에 헌법심사회가 설치되어 헌법개정 논의가 본격화되고 있는 상황에서 구 초안(2005년)을 재검토하고 내용을 보강한 것이었다. 그 내용은 천황과 관련한 장에서 원수 규정, 국기/국가 규정, 원호 규정, 천황의 공적행위 규정 등이 새로 포함되고, 안전보장과 관련한 장에서 자위권을 명기하고, 국방군 설치를 규정하고, 동시에 영토 등의 보전 의무를 규정한 것이 특징이다.

자민당 헌법개정추진본부는 2009년 12월 4일, 제1회 회합을 가진 이후, 산하에 기초위원회를 설치했던 바, 여기에서 초안을 만들어 추진본부에서 논의를 한 결과 만들어진 것이 『일본국헌법개정 초안』이었다. 그 동안 기초위원회가 12회, 추진본부가 31회 개최되었다.[8]

---

8) 『日本国憲法改正草案 Q&A』, 3-4쪽.

이 글의 주제와 관련해서 특히 주목할 점은 안전보장과 관련한 규정들이다. 『초안』에는 새로 9조 2항을 설치하여 '자위권' 규정을 추가했다. 이때 '자위권'에는 유엔헌장이 인정하는 개별적 자위권과 집단적 자위권이 모두 포함되는 것으로 간주되었다. 또한 이 '자위권'의 행사에는 '침략전쟁을 부정하는 평화주의'를 규정한 9조 1항에 의해 제약을 받지 않는다는 내용이 규정에 포함되었다. 가장 주목을 받은 것은 '국방군' 규정이다. 『초안』은 9조 2의 1항에 "우리나라의 평화와 독립, 그리고 국가 및 국민의 안전을 확보하기 위해 내각총리대신을 최고지휘관으로 하는 국방군을 보유한다"고 규정해 놓았다. 그리고 이에 대해 자민당 초안의 설명문에는 "독립국가가 그 독립과 평화를 유지하고, 국민의 안전을 확보하기 위해 군대를 보유하는 것은 현대의 세계에서는 상식"이라고 하여 이를 합리화하고 있다. 그 명칭에 대해서는 당초의 초안에서는 자위대와의 연속성에 배려해서 '자위군'이라는 명칭이 사용되었으나, 독립국가로서 보다 이에 상응하는 명칭으로 변경해야 한다는 의견이 나와, "최종적으로 다수의 의견을 감안하여", '국방군'이라는 명칭이 사용되었던 것이다.[9]

여기에서 국가주의적 사고가 지배하고 있는 현실을 엿볼 수 있다. 그러나 이는 2012년 헌법개정 초안과 비교해서 독창적인 것이 아니며, 자민당 창당시의 목표를 재천명한 것에 지나지 않는다. 자민당 창당시의 '당의 정강'(1955.11.15)에는 마지막 제6항에서 다음과 같이 헌법개정

---

9) 『日本国憲法改正草案 Q&A』, 9-10쪽.

을 목표로 제시하고 있었다. "평화주의, 민주주의 및 기본적 인권 존중의 원칙을 견지하면서 현행헌법의 자주적 개정을 도모하고, 또 모든 점령법제를 재검토하여, 국정에 맞추어 그 개정 폐지를 실시한다"는 것이었다. 또한 같은 날 발표된 입장선언에서도 대외적으로 '자주독립의 권위를 회복'할 것을 주장했다. 이는 자민당이 평화헌법의 유지를 고집하는 요시다 시게루(吉田茂)의 자유당과 헌법개정을 통한 자주방위를 주장하는 하토야마 이치로(鳩山一郎), 기시 노부스케(岸信介) 등 민주당 계열 인사들의 합당으로 창당된 당이었고, 그 과정에서 헌법개정론자들의 입장이 반영되어 만들어진 것이기 때문이다. 그러나 후술하다시피 전후 일본에서 헌법개정은 하토야마와 기시의 시대에 시도되었다가, 60년 안보투쟁에서 기시가 패배한 이후 일종의 금기사항이 되어 왔다. 이것이 2005년 신강령에서 부활했다. 2005년 11월 17일 창당 50년을 맞이해서 발표한 신강령에서 자민당은 "가까운 장래, 자립한 국민의식 하에서 새로운 헌법이 제정되도록 국민합의의 형성을 위해 노력할 것"이라는 입장을 첫머리에 제시하고 있다. 이렇듯 '자주방위'와 이를 위한 헌법개정은 자민당의 오랜 숙원이었고 아베는 전후 70년을 의식하며 이를 강력하게 부활시키고 있는 것이다. 그러나 '자주방위의 꿈'은 '미일동맹의 현실'에 의해 좌절되곤 했다. 그 구도가 요시다 시게루 시기에 마련되었다.

2.2. '미일동맹의 현실': "국제상의(国際相依)의 질서"

'자주방위의 꿈'은 패전 직후에는 물론, 헌법 공포와 시행에도 불구하고 일부 구 군인들과 자유주의적 정치인 지식인들 사이에서는 '당연한 권리로서의 재군비'론으로 존재해 왔다. 그것은 핫토리 다쿠시로(服部卓四郎), 우가키 가즈시게(宇垣一成) 등 구 군인, 아시다 히토시(芦田均), 하토야마 이치로 등의 자유주의적 정치가들, 시게미쓰 마모루(重光葵)와 기시 노부스게 등 총력전 체제를 지탱했던 외무 통상 관료들, 아라하타 간손(荒畑寒村)과 고보리 진지(小堀甚二) 등 일부 사회주의자, 심지어는 노사카 산조(野坂参三)와 같은 공산주의자 등 폭넓은 스펙트럼에 걸쳐 존재했다. 그러나 한국전쟁이 발발하고 경찰예비대가 발족하면서 우선 우가키와 핫토리 등 구 군인들이 추진했던 재군비 계획은 분열되어 소멸되었다.[10]

요시다 시게루의 군비 반대는 오히려 이 시기 정치지형에서 보면 소수파였다. 잘 알려진 바와 같이 요시다는 본격적인 재무장을 거부하고 경무장 경제중심 노선을 설정해서 추진했다. 이른바 요시다 노선이다. 그것은 요시다의 정확한 정세판단과 강한 신념이 결합된 결과였다. 군이 외교를 장악한 것이 전시기 일본이 실패의 원인이었다고 파악한 요시다의 눈에 군은 '정치의 암'이며 '절개 제거'되어야 하는 존재였다.[11] 요시다가 보기에 안보조약을 개정하겠다는 것도 국제정세에 대한 무지에서 나오는 우행이었다. 즉 요시다는 전후에 정착된 세계질서가 '공동방위, 국제상의(相依)'의 질서라고 하여, "자주라거나 쌍무라거나 하는 진부한 논의"는 찬성할 수 없다고 하고 "'자주독립'이라는 구 사상은 오늘

---

10) 남기정, 『기지국가의 탄생: 일본이 치른 한국전쟁』, 서울대학교출판문화원, 2016, 64-70쪽; 『1949年の大東亜共栄圏−自主防衛への終わらざる戦い』, 新潮社, 2014, 173쪽.
11) 吉田茂, 『吉田茂書翰』, 中央公論社, 1994, 553쪽.

날 같은 집단보장의 시대에서 중립을 지키려면 커다란 군비가 필요"한
데, "자주외교 등 시골정담이 여론을 장악하여 문제가 있다"고 한탄했
다.12) 요시다 노선은 '자주국방의 자주적 부정'이었다고 할 수 있다. 그러
나 요시다는 장래의 헌법개정과 재군비를 완전히 부정한 것은 아니었
다. 그 증거를 요시다가 기시 노부스케를 자유당 헌법조사회 회장에 임
명한 데에서 확인해 볼 수 있다. 기시의 회고록에 따르면, 요시다는 기시
를 기용함에 있어서 기시가 '현행 헌법에 대해서는 나도 불만이 있다'고
하여 헌법개정론자의 면모를 지니고 있었다고 평가하고 있다.13) 요시다
에 의해 부정되었던 자주국방의 꿈이 다시 꿈틀거리는 것은 기시 노부
스케의 자유당 헌법조사회 회장 취임(1953.12.15)을 계기로 한 것이었다.

2.3. 기시 노부스케: 자주를 위한 자주의 부정

요시다 장기 내각이 무너진 뒤, 하토야마 내각에서 대미 '자주' 외교
가 시도되었다. 그것은 요시다의 '대미 일변도 외교'에 대한 비판에서 나
온 것이었다. 하토야마는 우선 1955년 4월, 미국과의 방위분담금 교섭을
시도하지만, 미국은 시게미쓰 외상의 방미 요청을 거부했다. 8월 말에
미일회담이 열리지만, 여기에서 일본 측의 대미 설득은 '자주' 외교의 논
리에 입각한 것이 아니라, 거꾸로 국내의 반미 '자주'를 잠재우기 위한 것
이라는 논리가 동원되었다. 그러나 이에 대해서도 일본은 미국의 냉담
한 반응에 직면했다. 미국은 '미일의 공동방위라는 것은 현행 일본의 헌

---

12) 吉田茂, 앞의 책, 71, 80, 285쪽.
13) 岸信介, 『岸信介回顧録—保守合同と安保改定』, 広済堂出成, 1983, 106-107쪽.

법 하에서는 불가능한 것 아닌가. 일본은 해외파병이 불가하기 때문에 공동방위의 책임을 질 수 없지 않는가. 스스로 체제를 정비하지 못하면서 안보조약 개정은 말이 안된다'는 반응이었다.[14] 일본으로서는 해외파병까지는 아니라 해도 아시아에서의 역할 확대로 미일관계를 대등한 지점으로 가져가야 했다. 그것이 동남아시아에서의 일본의 역할 확대였다. 수상이 된 기시는 적극적인 동남아시아 외교를 통해 미국의 이해를 얻을 수 있었으며, 그 보답이 기시-아이젠하워 공동선언이었다. 그 내용은 안보조약 개정을 확인하는 것이었다. 기시는 그 다음에 자연스럽게 헌법개정의 수순으로 넘어가는 그림을 그리고 있었다. 그러나 기시의 대미외교는 국민들이 보기에 굴종이었다. 기시는 안보반대 투쟁으로 그 꿈을 접을 수밖에 없었다. 여기에서 '자주국방의 꿈'이 '미일동맹의 현실'에 투영되어 스러지는 원형을 볼 수 있다. 이케다는 수상 취임 직후의 소신표명연설에서 국민적 공감대로서 개헌이라는 방향으로 수렴하기 전에는 개헌을 추구하지 않겠다고 선언함으로써, '자주방위의 꿈'은 꾸어서는 안 되는 꿈이 되었다.

2.4. 나카소네 야스히로: 자주를 위한 동맹의 선택

미국이 데탕트로 전환하는 1960년대 후반부터 70년 전후 시기 일본에서는 '자주방위'론이 대두했다. 그 배경에는 베트남전쟁의 격화에 따라 일본이 전쟁에 말려들 수 있다는 우려가 국민 사이에서 고조된 것이

---

14) 岸信介, 앞의 책, 192-196쪽.

하나의 요인으로 자리잡고 있다. 1970년의 미일안보 연장 문제를 앞두고 안보조약에 대한 연장론과 폐지론 등 안보논의가 활성화되었다는 것도 또 하나의 요인이 되었다. 오키나와 문제의 부상과 기지공해의 피해 등으로 대미종속에 대한 국민적 반감이 고조되고 있었다는 점 또한 중요한 배경이 되었다.15) 이런 상황에서 방위청장관에 취임한 것이 나카소네 야스히로(中曽根康弘)였다. 나카소네는 자주방위를 적극주장하는 '나카소네 구상'을 제시하고 이를 실현하려 했으나 결과적으로 이는 성공하지 못했다. 오히려 나카소네는 80년대 수상이 되어서는 미국과의 협력을 추진해서 미일 간의 밀월시대(론-야스 관계)를 열었다. 이는 결코 나카소네의 기회주의적 행동도 아니고, 우연한 전개의 결과도 아니다. 나카소네의 자주방위론을 둘러싼 국제환경과 그 안에서 기능하는 미일안보체제의 성격이 나카소네의 자주국방론을 미일안보의 긴밀화로 이끄는 동인이 되고 있었음을 알 수 있다.

나카소네의 자주국방 구상이 좌절되는 과정과 그 의미를 신방위력정비계획의 추진과 성립의 과정에서 추적해 보고자 한다.16) 신방위력정비계획은 1970년 10월에 개요가 발표되어 1971년 4월에 방위청 원안이 확정되었다. 개요와 원안의 차이 중에 명확한 점은 미일안보체제와의 관계에서 발견된다. 개요에서는 다음과 같이 서술되어 있다. 즉 일본의 방위는 예상되는 침략사태에 대해 "전수방위로 유효히 대응하는 방위력을 정비 유지함과 동시에 미국과의 안전보장체제를 견지하여 침략을 미

---

15) 佐道明広, 『戦後日本の防衛と政治』, 吉川弘文館, 2004, 203-204쪽.
16) 佐道明広, 앞의 책, 240-241쪽.

연에 방지하는 것을 기본으로 하고 있다"고 하여 미일안보를 억지력으로 활용하는 방식을 채택하고, 직접침략에 대해서는 "우리의 방위력으로 먼저 대처하여 (중략) 침략의 조기 배제에 노력한다. 이 경우 공격적인 작전은 미군에 기대한다. 또한 핵의 위협에 대해서는 미국의 핵억지력에 의존한다"고 하여, '자주'에 중점이 놓여 있었다.[17]

그러나 원안에서는 미일안보체제의 비중이 훨씬 강조되어 '자주성'이 희석되는 변화를 겪게 되었다. 그 배경에는 미일안보 중심주의의 입장에서 기존 국방정책의 유지를 요구하는 국방족의 반대, 자주국방을 위한 해공 자위대 중시 개혁에 대한 방위청 내부의 반발 등이 있었다. 이어서 1971년에는 두 차례의 닉슨 쇼크로 인해 나카소네 구상의 전면적 재검토가 필요하게 되었다.[18] 철수하는 미국에 의한 방기의 위험이 미일동맹의 수복 및 강화로 나서게 했다고 할 수 있다. 이로서 데탕트를 배경으로 하여 1970년을 전후로 일어났던 자주국방론은 데탕트의 진전으로 인해 미일동맹의 유지 강화로 회귀되었던 것이다.

기시의 사례와 나카소네의 사례 속에서 '자주국방의 꿈'이 '미일동맹의 현실' 앞에서 스러지는 구조를 확인할 수 있다. 그렇기에 자주국방의 꿈을 꾸려는 자들에게 미일동맹의 전후체제는 극복되어야 할 과제이며, 이를 호소하는 도구로서 '미일동맹으로 뒤틀린 민족의 역사'가 소환되어 나오는 것이다. 개헌론이 수정주의적 역사관과 친화적인 이유가 여기에 있다. 한편 자위대 그 자체가 미일동맹에서 일본의 입지를 확대

---

17) 佐道明広, 앞의 책, 240쪽.
18) 佐道明広, 앞의 책, 239-249쪽.

하는 도구가 될 수 있다. 즉 자위대의 기능을 확대하는 것으로 대미 자주를 이루는 방법이 있다는 것이다. 이렇듯 자위대 문제가 존재하는 방식에서 '표상'과 '기능'이 애매하게 혼재되는 양상을 확인할 수 있다.

3. 아베의 안보 방위정책과 제약요인들

3.1. '아베큐리티(Abecurity)'

이러한 역사적 전제 위에서 아베의 안보 방위정책이 전개되고 있다. 아베 정권의 트레이드 마크로 아베노믹스를 들 수 있는데 이는 과거의 경제성장 노선을 답습하고 있다는 점에서 크게 독창적인 것이라고는 할 수 없지만, 민주당 정권기의 침체와 혼돈기를 거치면서 대담한 정책적 전환으로 보이는 착시현상을 낳고 있다. 이와 함께 아베의 안보 방위정책의 노선 역시 2000년대 이래의 군사적 '보통국가' 노선 위에 설정되어 있다는 점에서 특별히 특이한 것은 아니지만, 이전의 정권과 달리 그 변화의 폭과 깊이와 속도가 대담하다는 점이 특징이다.

이러한 점을 포착하면 아베 내각에 들어서서 전개되는 안보 방위정책을 아베노믹스에 빗대어 아베큐리티(Abe's security, Abecurity)라고 부를 수도 있겠다. 아베큐리티는 다음과 같은 것을 속성으로 하고 있다. 첫째, '적극적 평화주의'라는 이름하에 변화하는 대외환경에 대한 능동적 대응을 주장한다. 둘째, 개헌을 포함하여 군사적 보통국가의 확립을 안보방위정책의 최종 목표로 설정하고 있다. 셋째, '간단없는(seamless)' 동맹으로서 미일동맹의 격상과 강화를 추구한다. 이는 아베큐리티의 세가지 화살이라고 할 수 있다. 그러나 아베큐리티는 무엇보다도 그 가파른 속도에 특징이 있다. 이것이 강권정치로 비치는 요인이기도 하다. 그변화의 내용에 대해서는 앞에서 밝힌 바 있다.

이러한 변화 중에서 아베의 특징은 '속도'와 '방위비' 증액이라는 양적 변화가 두드러진다는 점이다. 아베 내각에 들어 방위정책 개정에 가속도가 붙었으며, '방위비'가 증가 추세로 전환하여 2016년에는 드디어 5조엔 선을 넘어서고 있다. 그러나 그 방위력 개념의 내용적·질적 변화는 사실은 직전의 민주당 정부에서 만들어진 2010년 『방위계획대강』에서 시도되었으며, 아베의 주도로 개정된 2013년 『방위계획대강』은 2010년의 방위력 개념을 답습하고 있을 뿐이다.[19]

냉전기에 만들어진 최초의 방위대강이 처음 개정된 것은 약 20년만인 1995년이었다. 그로부터 개정의 간격은 9년, 6년, 3년으로 짧아졌다.

---

19) 현재까지 일본의 방위계획 대강은 1976년 방위계획 대강이 최초로 책정된 이후, 1995년, 2004년, 2010년, 2013년에 총 4번의 개정이 이루어졌다. 최초의 방위계획대강은 다케오(三木武夫) 정권시기인 1976년에 『쇼와 52년 (1977년) 이후에 관계되는 방위계획 대강에 관하여[昭和52年度以降に係る防衛計画の大綱について]』라는 이름으로 책정되었다. 이는 일반적으로 책정된 해의 일본식 연호를 붙여서 『51년 방위대강』이라는 약칭으로 불린다. 마찬가지로 이후의 방위대강들도 연호를 붙여서 부르는데, 이후에 책정된 방위대강들은 헤이세이기에 들어서 책정되었기에 『07년 방위대강』, 『16년 방위대강』, 『22년 방위대강』, 『25년 방위대강』 등으로 불린다. 이 글에서는 일본 연호를 서기로 고쳐서, 각각 『1976년 방위대강』, 『1995년 방위대강』, 『2004년 방위대강』, 『2010년 방위대강』, 『2013년 방위대강』 등으로 부르고자 한다. 이들 개정의 간격이 일본 방위정책이 변화하는 가속도를 보여준다.

특히 아베 정권에 들어서는 이전 방위대강으로부터 3년만의 개정이었다. 이에 따라 방위력 개념도 변화를 겪어왔다. 1976년 방위대강에서 채택된 개념은 '기반적 방위력' 개념이었다. 이 개념은 냉전 이후의 상황에 조응해서 책정된 1995년 방위대강에서도 기본적으로 유지되었다. 9·11 이후 미국 대테러전쟁을 개시하고 이에 조응하여 미일동맹을 조정할 필요가 제기된 상황에서 다시 개정된 2004년 방위대강에서는 '방위력' 개념이 특별히 개념화되지는 않았지만, 방위력의 즉응성, 기동성, 다목적성 등이 강조되고 통합운용능력과 정보기능의 강화가 방위력 정비의 주된 목적이 되었다.

방위력 개념이 근본적으로 변화하는 것은 2010년 방위대강에서였다. 여기에서 제창된 것이 '동적 방위력' 개념이었다. 여기에서 처음으로 '기반적 방위력' 개념이 폐기되었다. 이는 일본의 안보위협이 근본적으로 변화한 데다 예산상의 압박이라는 조건을 고려한 것이었다. 2013년 방위대강에서도 그 기본 개념은 유지되고 있다. 다만 그 통합성을 강조하여, '통합적 기동방위력'이라는 개념이 도입되었다. 이것이 미일동맹의 효율성을 극대화시키고자 하는 노력의 일환이라는 점은 의심의 여지가 없다. 그렇다면 이는 '자주방위의 꿈'과는 먼 현실이라고 할 수 있다. 오히려 미군과의 '간단없는(seamless)' 협력과 이를 위한 자위대 통합의 수준은 더욱 높아지는 것이라 할 수 있다. 그렇다면 '자주방위의 꿈'이 '미일동맹의 현실'에 의해 좌절되는 구도는 아베 내각의 안보 방위정책, 즉 아베큐리티로 인해 더 분명해지고 있다고 할 수 있다.

3.2. '아베큐리티'의 제약요인 1: 여론

개헌과 일본 국민의 태도를 확인하는 것은, 여론조사와 선거를 통해 가능하다. 그러나 이 둘 사이의 관계는 반드시 정합적이지는 않다. 전후 일본에서 처음으로 개헌론이 공식적으로 제기된 것은 한국전쟁을 배경으로 한 일본의 안보공백에 대한 우려에서 기인된 것이었다. 전통적 자유주의자인 하토야마와 아시다, 이시바시, 아시아주의자이며 만주에서의 경험으로 국가주의적 성향을 가진 기시 등이 본격적인 재군비를 주장하며 개헌을 거론하기 시작했으며, 일부 사회주의자들도 군대가 '필요악'이라 하여 그 필요성을 인정하는 분위기가 마련되었다. 마침 공직 추방에서 해제되어 복귀한 구 군인들과 일부 우익 사이에서도 재군비 움직임이 활발히 일어났다. 이러한 상황에서 국민 사이에서는 재군비에 대해 매우 긍정적인 여론이 만들어지고 있었다.

한국전쟁 개전 직후인 1950년 8월과 9월의『요미우리신문』및『아사히신문』의 여론조사에서 재군비에 대한 찬반은 각각 37.5 대 32.7, 59 대 29로 찬성이 반대를 웃돌았다. 이후 재군비를 찬성하는 여론은 반대를 계속 웃돌았으며, 1951년 9월의『마이니치신문』의 여론조사에서는 재군비 찬성이 76.3%에 이르기도 했다. 1952년 2월의『요미우리신문』여론조사는 헌법개정에 대한 찬성이 47.3%로 반대 여론의 17.4%를 두 배 반 이상 웃돌고 있었다. 비슷한 시기『마이니치신문』여론조사(1952년 4월)도 개헌 찬성이 43.2%, 반대가 26.8%였다. 그러나 막상 선거에서의 결과는 이러한 여론조사와는 딴판이었다. 1952년과 1953년의 두 차례의 중의원 선거는 헌법개정과 재군비를 내걸고 싸운 선거임에도 불구하고, 일본 국민은 개헌과 재군비를 주장한 정치세력에게 과반은 물론 3분의 1도 되지 않는 의석을 주었을 뿐이다. 이러한 결과에 대해서는 여러 가지 해석이 가능하겠지만, 재군비를 주장한 세력이 전전과의 단절을 명확히 의식하지 못하는 세력이었다는 점에서 국민들의 신뢰를 얻지 못했던 것으로 해석해 볼 수 있다.[20]

일본내각부가 헌법 문제에 대해 여론조사를 시작한 것은 1953.2~3월의 여론조사가 최초인 것 같다.[21] 국제문제에 관한 여론조사의 명목으로 실시된 이 여론조사에서 일본 국민의 62.2%는 군대보유의 필요성을 인정하여 개헌에 찬성하는 입장이었다. 반대는 26.5%였다. 그러나 1955년 8월에 실시된 전후 10년의 회고와 전망에 관한 여론조사에서는 헌법개정의 찬반을 묻는 설문에 대해 반대가 27%, 찬성이 26%로 근소하게 반대가 웃돌았다. 이후 1950년대 중반, 재군비에 대해서는 반대가 우세하면서 개헌을 따로 묻는 설문에 대해서 간혹 찬성이 적게나마 우세한 시기가 있었다.[22] 그러다가 1958년부터 60년까지의 조사에서는 군대를 갖지 않는 현행 헌법을 유지할 것인지를 묻는 설문에 대해 유지하자는 호헌론이 개정론을 두 배 가량 앞서는 결과를 보였다.

1961년부터 설문이 바뀌어 '개헌해서 재군비하자'는 데 대한 찬반을

20) 남기정, 앞의 책, 404-421쪽.
21) 内閣府, 「国際問題に関する世論調査」, 昭和28年2月10日~3月16日.
22) 이하 일본내각부 여론조사 사이트의 국제문제, 자위대, 방위문제, 헌법 등에 대한 여론조사 참조. 「国際問題に関する世論調査」, 「防衛問題に関する世論調査」, 「憲法に関する世論調査」, 「自衛隊・防衛問題に関する世論調査」 등, http://survey.gov-online.go.jp/index-all.html(최종 검색일: 2016. 5. 31).

묻고 있는데 이에 대해서는 찬반이 엎치락뒤치락하는 시기가 이어진다. 개헌과 재군비를 결부시킨 질문에 대해서는 1965년 조사에서 반대가 찬성을 압도하는 모습을 보였다. 이에 이듬해부터는 다시 설문을 바꿔 일반론으로서의 개헌 찬반 여부를 묻고 있다. 이에 대해서는 개헌을 지지하는 여론이 다시 반대하는 여론에 우세한 모습을 보였다. 헌법에 관한 여론조사는 1971년 이후 실시되지 않았다. 이후에는 자위대/방위 문제에 대한 여론조사가 실시되고 있는데, 바람직한 일본의 안보태세에 대해 묻는 질문들에 대해 현행헌법을 지지함과 동시에 미일안보조약을 지지하는 입장이 강화되고 있는 것을 볼 수 있다.

1969년부터 2006년까지 실시된 여론조사에서 확인되는 것은, 헌법 제9조의 전수방위와 미일안보조약의 결합으로서의 안보를 선호하는 여론이 시간이 갈수록 늘고 있다는 것이다. 이는 최근에 실시된 3번의 여론조사에서도 확인되고 있다. 이를 '암반 같은 일본 국민의 여론'이라고 표현하기도 한다.

2013년 8월 자민당이 참의원 선거 공약으로 개헌과 국방군의 창설을 포함시킨 이후의 여론조사와 선거에서도 일본 국민은 절묘하게 균형을 취하고 있는 것 같다. 2013년 NHK 여론조사의 경우, 제9조의 개정이 필요하다는 응답이 33.1%로 개정이 필요하지 않다는 29.9%를 웃돌고 있지만, 자위대를 국방군으로 변경하자는 의견에 대해 어떤 입장인지를 묻는 설문에 대해서는 반대가 44.8%로 19.1%의 찬성 의견을 압도하고 있다. 2015년의 NHK 여론조사에서도 개정 찬성이 28%, 반대가 25%로 찬성이 근소하게 많았지만, 9조에 대해서는 현상유지가 38%, 개정필요가

22%로 2013년의 조사에서보다도 9조 개정론은 줄어드는 결과를 보였다. 2016년 4월 조사에서는 개정필요가 27.3%인데 비해 개정반대가 30.5% 였다.[23]

집단적 자위권의 행사 여부에 대해서도 여론에서는 반대 여론이 웃도는 결과를 보였다. 『아사히신문』(2013.8.26)의 2013년 8월 조사에서는 집단적 자위권 행사 용인에 찬성한다는 의견이 27%였으나 반대가 59%로 두 배 이상의 다수를 차지했다. 2014년 7월 1일의 각의 결정 이후에도 『요미우리신문』(7.3.실시, 찬성=36%/반대=51%), 『아사히신문』(7.5.실시, 찬성=30%/반대=50%), 『마이니치신문』(6.29.실시, 찬성=32%/반대=58%)의 여론조사가 모두 반대 의견 다수의 결과를 보였다. 개헌에 대한 입장은 최근 엎치락뒤치락하는 모습을 보이지만 전반적으로 신중한 편이라고 할 수 있다. 2014년 4월에 『요미우리신문』이 실시한 조사에서 개헌 찬성이 51%, 반대가 31%로 찬성이 크게 웃도는 모습을 보였다. 그러나 비슷한 시기 『산케이신문』의 조사에서는 찬성이 39%, 반대가 47%로 오히려 개헌 반대 여론이 우세했다. 이는 2013년 4월 조사(찬성=61%, 반대=26%)와는 크게 역전된 것으로 의외의 결과였다고 할 수 있다.

『요미우리신문』이 2015년 2월에 실시한 조사에서는 개헌 찬성이 42%, 반대가 41%로, 3월에 실시한 조사에서는 찬성이 51%, 반대가 46%로 찬성이 조금 우세를 보였다. 2015년 5월 3일 헌법기념일을 전후해서 실시된 조사들에서는 『아사히신문』, 『마이니치신문』, 『니혼게이자이신문』,

---

23) NHK 世論調査.

『산케이신문』들이 개정 반대가 우세한 반면,『요미우리신문』과 NHK의 조사에서는 찬성이 우세한 결과를 보였다. 헌법개정과 관련하여 국민여론이 거의 양분되는 결과라고 할 수 있다.

그러나 2015년 9월 안보법제 통과에 대해서는 거의 모든 여론조사에서 통과에 반대하는 여론이 웃돌았다.『아사히신문』(9.19~20.실시, 찬성=30%/반대=51%),『산케이신문』(9.19~20.실시, 법안통과 평가=38.3%/반대=56.7%),『마이니치신문』(9.19~ 20.실시, 법안통과 평가=33%/반대=57%),『요미우리신문』(11.10.실시, 법안통과 평가=40%/반대=47%), FNN (11.8.실시, 법안통과 평가=34.3%/폐안해야 한다=65.7%) 등의 결과를 보였다.

2016년 1월 21일에 아베 수상이 참의원 결산위원회에서 헌법개정을 언급하고, 3월 2일 참의원 예산위원회에서 재임중의 헌법개정을 언급한 이후에도 개헌에 대해서는 반대여론이 더 굳어지고 있다.『마이니치신문』의 2월 1일 조사에서는 참의원에서 개헌세력의 2/3 초과에 기대하지 않는다가 46%로 기대하지 않는다의 40%에 앞선 것을 비롯해,『도쿄신문』이 3월 13일에 실시한 조사에서는 '헌법개정이 필요하다'는 의견이 54%, '필요없다'는 의견이 40%로 개헌파가 웃돌았으나 9조개정에 대해서는 반대가 57%, 찬성이 38%로 9조를 개정하는 데 대해서는 여전히 반대가 우세했다. 3월 15일에 실시된『아사히신문』에서는 재임 중 개헌 발언에 대해 '긍정적으로 평가한다'가 38%, '부정적으로 평가한다'가 49%로 비판적인 여론이 다수를 차지했다. 3월 16일에 실시된『요미우리신문』에서도 헌법개정 찬성이 49%, 반대가 50%로 2015년 조사와 반대의 결과가 나왔다.

여론은 여전히 개헌에 걸림돌이 되고 있는 것이다. 이런 상태에서는 혹시 중참 양원에서 개헌 찬성 세력이 2/3 의석을 차지해서 헌법개정안이 발의되더라도 국민투표에서 통과되는 것을 낙관할 수 없다. 통과된다 해도 일본의 국민과 시민사회는 양분될 것이며, 극도의 혼란이 예상된다. 만일 국민투표에 물었다가 부결당하는 일이라도 있다면 향후 상당 기간은 개헌론을 제기하지도 못할 상황이 될 수 있다. 이런 모험을 하기에는 자민당 정권이 그렇게 안정적이지는 않은 것이 현실이다.

이러한 경향은 최근 선거에서도 확인할 수 있다. 최근의 선거에서 국민의 동향을 보면, 국민들은 미묘한 균형을 표현하고 있다. 2012년 12월의 중의원 선거 결과, 자민당과 유신의당, 다함께당 등 개헌세력을 합치면 366명이 되어 321명의 개헌선을 초과했다. 이에 따라 개헌선 달성이 주목되었던 2013년 7월의 참의원 선거에서는 이 세 정당의 의석수를 합쳐도 142명으로 개헌선인 162명에 20명 모자란 결과가 되었다. 다시 2014년 12월의 중의원 선거에서 개헌세력이 탄력을 받을 수 있을지 주목되었는데, 선거 결과는 민주당의 선전, 개헌을 전면에 내세워 선거전을 치렀던 차세대당의 몰락, 전통적 호헌세력인 공산당의 약진이라는 결과를 가져와 개헌의 추진력은 오히려 약화되었다고 할 수 있다. 2016년 7월의 참의원 선거도 아베의 자민당은 '개헌론'을 공약으로 내걸지 않은 상태에서 선거를 치를 수밖에 없었다. '개헌'이 쟁점이 되는 순간 반대여론이 조직화할 수 있다는 것을 두려워했기 때문이다.

3.3. '아베큐리티'의 제약요인 2: 재정

아베가 씨름해야 하는 문제는 여론 말고도 또 있다. 아베는 국내적으로는 고령화 저출산으로 인한 '초고령 소자화 사회'의 도래가 확실시되는 가운데 장기적 저성장 국면을 탈피해야하는 과제를 안고 있다. 더불어 고령화의 진행으로 인한 사회복지 급부금의 지속적 증가 속에서 재정수지 적자 폭을 줄여나가면서 재정재건을 도모해야하는 어려움을 안고 있다. 가까운 미래를 예측하는 일본의 사회경제 지표들은 일본의 미래가 결코 낙관적이지 않다는 사실을 보여주고 있다.

2020년 일본의 기초적 재정수지 적자는 GDP대비 -3.0%, 재정적자는 -5.3%가 예상되고 있으며 2030년까지 약간의 개선이 가능하다는 비교적 낙관적인 예상이 있는 반면, 2030년까지 전혀 개선이 되지 않거나 더 악화할 것이라는 비관적인 전망도 나오고 있다. 또한 2014년에 GDP대비 200%를 넘어선 채무잔고도 2030년에 250%까지 상승할 것이 예상되는 등 재정수지와 채무잔고도 쉽게 개선될 전망이 보이지 않는다.[24] 일본 정부는 2020년까지 기초적 재정수지 흑자화를 목표로 삼고 있기는 하지만, 실질 GDP성장률이 0.8%를 유지한다고 가정할 경우 2020년의 기초적 재정수지는 16.4조 엔 정도의 적자가 예상되고 있다. 이럴 경우 가령 소비세율만으로 목표를 달성하고자 한다면 16%의 인상이 필요하다는 시산이 나온다.[25]

---

24) 内閣府, 『国民経済計算年報』; 財務省, 『我が国の財政事情』, 2015. 12.
25) 『中長期経済財政に関する試算』, 2015. 2. 2030년까지의 평균 실질 GDP성장률에 대해 한 경제전망 보고서는 세계경제가 호전된다는 낙관적 전망을 전제로

기초적 재정수지 흑자화를 위해서는 성장에 의한 세입을 확보하고, 사회보장비를 억제하고, 기타 세출을 억제하고 증세 등에 의한 세입을 확보하는 등 복합적인 처방을 시행해야 하는 상황이다. 그런데 2015년에서 2030년까지의 잠재성장률은 대체로 0.4%에서 0.7%정도로 예상되고 있다. 여기에 사회보장 급부비는 2015년에 약 116조 엔이었던 데에서 2025년에는 약 141조 엔으로까지 확대될 전망이어서 재정재건은 요원한 과제인 것으로 보인다.[26]

이러한 재정 및 경제상황의 악화가 일본의 방위력 정비사업에 압력요인으로 작용하고 있다. 과거 민주당 정부에서는 이러한 실정을 감안하여 방위관계비의 축소와 이에 따른 효율화가 방위력 정비 작업의 핵심이었다. 하토야마 내각이 들어서기 바로 직전인 2009년 4월에 재무성에서 발간된『일본의 재정과 방위력 정비(日本の財政と防衛力の整備)』라는 제목의 책자는 과거『1995년 방위대강』과『2004년 방위대강』에 비해 "재정상황은 더욱 악화되고 있으며, 경제상황은 나쁘다"고 하여 향후 재정 및 인구자원의 제약의 전망은 더욱 엄혹해지고 있기 때문에 방위력 정비에 이러한 사정이 반영되어야 한다는 것을 강조하고 있다. 하토야마 정권에 들어서서 마련된 같은 제목의 재무성 자료도 같은 인식을 보여주고 있다. 여기에서는『1995년 방위대강』작성시의 공채잔고가

할 경우 1.6%를 유지할 수 있을 것으로 내다보고 있으며, 세계경제가 여전히 불투명한 상황이 지속된다는 비관적 전망을 전제로 할 경우 0.5%에 불과할 것으로 예상하고 있다(電力中央研究所,『2030年までの日本経済中期展望−財政再建への道』, 2012. 6).

26)『日本の財政と防衛力の整備』, 平成21年4月.

225조 엔이었던 것에 비해『2004년 방위대강』작성시에는 499조 엔, 그리고 2010년에는 637조 엔에 이를 것으로 보면서 이러한 환경에서『2010년 방위대강』이 작성될 수밖에 없음을 지적하고 있다.[27]

이러한 인식에 기초해서 보고서는 마지막에 전전 일본의 비극을 상기시키며 이를 반복하지 말 것을 경고하고 있다. 그 하나가 1934년 2월 24일 다카하시 고레키요(高橋是清) 대장상이 귀족원 예산위원회에서 답변한 발언이고, 다른 하나가 1921년 12월 27일, 워싱턴군축회의의 수석 전권이던 가토 도모사부로(加藤友三郎) 해군상이 해군차관 앞으로 보낸 전언이다. 보고서는 다카하시의 발언 가운데 "아무리 군함이 만들어지고 병비가 정비되어도, 만약 국민 경제력이 이를 유지하고 움직일 수 있는 힘이 없다면 전혀 국방에는 도움이 되지 않는 것이다. (중략) 결국 외교가 제일 중요하며, 외교의 배경이 되고 후원이 되기도 하는 것이 국방인 것이다. 이 국방의 정도는 국민의 재력이 감당할 정도이지 않으면 안 된다"는 부분을 발췌하여 밑줄 친 부분을 강조하고 있었다. 또한 가토 전권위원의 전언 가운데에서는 "국방은 국력에 상응하는 무력을 정비함과 동시에 국력을 함양하는 한편 외교 수단에 의거하여 전쟁을 피하는 것이 현재 시세에서 국방의 본의임을 믿는다. 즉 국방은 군인의 전유물이 아니라는 결론에 도착한다"는 부분을 발췌해서 인용하고 있다. 즉 재무성의 입장에서 방위력 정비를 통제하겠다는 입장이 제시되고 있는 것이다.

하토야마 내각에서 책정된 방위대강은 이러한 입장을 반영한 것이

---

27)『日本の財政と防衛力の整備』, 平成22年4月.

었다. 특히『2010년 방위대강』에서는 미군기지 관련 비용에 대한 상세한 분석이 실려 있었고, 민주당 정권하에서 미군에 대한 일본의 방위비 분담 문제가 크게 주목될 것이 예상되었다. 그러한 사정이 후텐마 기지 이전 문제를 둘러싸고 미일 간에 긴장이 고조되었고, 이어서 등장한 간 내각과 노다 내각에서는 틀어졌던 미일관계를 봉합하는 것이 큰 과제가 되고 있었던 것이다. 그럼에도『2010년 방위대강』과 이에 대응한 중기방의 방침이 책정하고 있던 큰 방향, 즉 방위비 예산의 감소와 이에 대응한 방위력의 조정 개편은 그 기조가 유지되고 있었다.

아베는 이를 수정하기를 원했다. 아베 제2차 내각이 탄생한 직후 2013년 1월 아베는 '2013년도 방위력 정비 등에 관한 각의 결정'을 통해 적극적인 방위정책으로의 전환을 예견하게 했다. 이후 전개된 아베큐리티의 속도전에 대해서는 전술한 바 있다.

적극적인 방위정책의 전개와 함께 아베 제2차 내각이 들어서며 방위비도 증가하고 있다. 2012년 전년대비 1.3% 감소액인 4조 7,134억 엔이던 방위관계예산은 아베 내각이 들어선 2013년에 0.8% 증가한 4조 7,538억 엔, 2014년엔 2.8% 증가한 4조 8,848억 엔, 2015년엔 2.0% 증가한 4조 9,801억 엔이었다가 2016년엔 1.5% 증가한 5조 541억 엔이 되어 드디어 5조 엔을 넘어섰다. 2013년 이후의 증액은 2013년의 중기방 계획의 실시에 따른 것들이다. 특히 2016년의 방위관계 예산 편성의 기본적인 구상은 2013년 중기방위력정비계획에 따라 일본 남서지역의 도서부에서의 방위태세 강화를 위한 것임이 강조되었다.[28]

아베 내각에 들어와서 미군 재편 등에 따른 경비도 부활 확대되었다. 기지를 보유한 지자체에 대한 부담경감분이 890억 엔으로 2014년에는 전년(2013년) 대비 244억 엔이 증가했다. 구체적으로 그 내역을 들여다보면, 오키나와 미해병대의 괌 이전(전년 대비 11억 엔 증가)에 더해 아쓰기 비행장으로부터 이와쿠니 비행장으로의 항모탑재기 이주를 위한 비용이 전년대비 227억 엔으로 대폭 증가한 것이 원인이었다.

이러한 변화에 대해 일본정부는 중국의 부상에 대응한 것으로 설명하고 있다. 일본 경제가 활력을 잃고, 장기적으로 수축할 수밖에 없는 인구구조와 재정 문제를 안고 있는 가운데, 중국의 부상과 동중국해 및 남중국해에서의 적극적인 해상활동이 일본을 긴장시키고 있다. 아베노믹스와 함께 가파른 속도로 전개되는 방위정책의 전개는 이에 대한 대응이라는 것이다. 중국의 적극적인 해상, 항공 활동은 일본 항공자위대의 긴급발진의 추이에서 잘 드러나고 있다. 특히 동중국해상의 영공에서의 중국 항공기의 접근에 대한 일본 항공 자위대의 긴급발진이 급격히 증가하고 있다. 2009년 299건에 불과하던 긴급발진 수는 중국의 GDP가 일본을 추월한 2010년부터 급격히 증가하여 이 해에 386건을 기록했으며, 2014년에는 943건을 기록해서 2009년 이후 5년 만에 3배가 증가했다. 이는 냉전기 소련 항공기의 접근에 대한 긴급발진이 가장 많았던 944건(1984년)에 맞먹는 수치이다. 중국기에 대한 긴급발진만을 보면 2009년 38건에 미치지 않던 수가 2010년에는 2.5배인 96건으로 증가했고, 2014년에는 12배인 464건으로 긴급발진의 거의 절반에 해당하는 수치로 급

---

28) 『平成28年度防衛関係予算のポイント』, 平成27年12月, 堀内主計官.

증했다.[29] 일본이 동중국해와 남중국해에서의 중국의 해상 및 항공 활동의 활발한 전개에 민감하게 반응하고 있는 것은 일본의 경제적 생존에 불가결한 조건인 시레인(sealane)의 안전에 이러한 중국의 움직임이 위협으로 비치고 있기 때문이다.

3.4. '아베큐리티'의 제약요인 3: 인구

그러나 일본은 이러한 중국의 위협에 독자적으로 대처할 능력을 아직은 갖추고 있지 않다. 그렇기 때문에 미일동맹으로 더욱 기울게 되는 것이며, 미일동맹의 효율화와 긴밀화를 위해 일본의 역할 확대를 추구하고 있는 것이다. 그러나 이는 앞서 열거한 일본의 성장에 대한 제한 조건들, 즉 초고령 저출산의 인구구조와 재정적자의 심각한 진행이라는 이중의 압박 속에서 모색되고 있다.

특히 고령화로 인한 인구구성의 변화가 심각하다. 전체인구에서 65세 이상 인구가 차지하는 고령화율은 1990년 12.1%였던 것이 2015년에는 그 두 배 이상인 26.8에 달했으며, 2030년에는 31.6%에 이를 전망이다. 65세 이상 인구를 부양해야 하는 15세에서 64세 사이의 사람 수는 1990년 5.8명이었던 것이 2015년에는 2.3명으로 줄었고, 2030년에는 1.8명이 된다. 즉 2030년에는 일본인 3명 중에 1명이 고령자이며, 2명이 이 1명을 부양해야 한다는 결론이 나온다. 총인구는 2010년에 1억 2,806명으로 최고를 기록한 뒤 감소하기 시작해서 2030년에는 1억 2천만 명 선 아래로

---

29) 『防衛白書』, 2015.

내려앉을 전망이며 2050년에는 1억에도 미치지 못한다는 예측이 나오고 있다.[30]

인구구조의 변화는 자위관의 인적구성에 영향을 주고 있다. 18세에서 26세 사이의 남자 인구는 1994년에 900만 명에 가까이 이르러 최고를 기록한 뒤 점차 줄어들고 있다. 2016년에는 약 570만 명으로 감소하고 있다. 이에 따라 자위관 정원도 줄이고 있는데 그 감소폭에 비해 18세~26세 남자 인구의 감소폭이 훨씬 커서, 자위관 모집에 어려움이 커지고 있다. 1991년 자위대 정원은 27.5만 명이었던 것이 2008년도 정원은 24.8만 명으로 1991년 대비 9.5%의 감소한 데 비해 자위관 모집의 대상 인구인 18~26세 인구는 같은 시기에 23.7% 감소하고 있었던 것이다. 이에 따라 자위관 평균연령도 같은 시기에 32.2세에서 35.1세로 고령화 경향을 보이고 있다.[31]

같은 시기 실질 인원을 보면, 1991년에 237,969명이었던 자위관은 2008년에 232,855명으로 줄었다. 이를 간부급, 준/조급, 사급 대원으로 나눠서 보면, 간부급 대원은 38,386명에서 40,120명으로, 준/조급 대원은 127,561명에서 140,453명으로 증가한 데 비해 사급 대원은 72,022명에서 52,282명으로 줄었다. 자위대 대원의 신규 모집에 난항을 겪고 있다는 것을 알 수 있다.[32] 이는 18세에서 26세 사이 인구의 급격한 감소를 여실히 반영하고 있다.[33]

---

30) 『高齢化白書』, 2015.
31) 「自衛官の人的施策の論点」, 『防衛白書』, 2015.
32) 「冷戦期以降の3自衛隊(陸海空計)の実員の変化」, 『防衛白書』, 2015.
33) 「自衛官年齢別人員分布の変化」, 『防衛白書』, 2015.

한편 이를 육상, 해상, 항공 자위대별 인원수로 보면, 위의 시기 육상자위대가 5,656명 감소한 데 비해 해상자위대가 376명, 항공자위대가 166명 증가하고 있다. 그런데 같은 시기 실제 인원수가 증가하고 있는 해상, 항공 자위대에서도 신규채용수는 각각 1,125명, 2,249명이 감소하고 있다. 이는 채용 및 퇴직의 회전이 빠른 임기제 자위관 총수가 자위관 총수 보다 더욱 대폭으로 감소하고 있기 때문인 것으로 분석된다. 즉 퇴직해서 나가는 임기제 자위관을 줄이기 위해 비임기 자위관을 늘려 퇴직수를 줄이는 방향으로 개편되고 있는 것이다. 이러한 수치 또한 젊은 신규 자위관을 확보하기가 점점 더 어려워지고 있다는 것을 의미하고 있다.[34]

4. 안보담론: 일본의 '대전략'들과 아베의 위치

4.1. 사회민주주의자들

평화주의에 무게를 두면서 아베의 안보정책에 대안을 제시하려는 노력들을 민간 싱크탱크에서 구현해 보려는 노력의 일환으로 신외교 이니셔티브(New Diplomacy Initiative, ND)가 설립되었다. 이들은 평화헌법의 유지를 주장하며, 미일동맹을 상대화하려는 의도를 숨기지 않는다는 의미에서 사회민주주의자들의 안보론이라고 할 수 있다. 그 중심이 되는 생각들을 모아 발간한 것이 『허구의 억지력: 오키나와, 도쿄, 워싱

---

34) 「自衛官採用数の変化」, 『防衛白書』, 2015.

턴발 안전보장정책의 새로운 기축(虛構の抑止力－沖縄・東京・ワシン
トン発安全保障政策の新機軸)』, 旬報社, 2014.8)이었다.

공저자인 야나기사와 교지(柳澤協二)는 2004년부터 2009년까지
2/3차 고이즈미 내각, 1차 아베 내각, 후쿠다 내각, 아소 내각에서 내각관
방 부장관보를 역임하며, 안전보장 위기관리 관계의 실무를 담당했던
인물이다. 퇴임 후 저술활동을 통해 아베 2차 내각이 추진하는 안보정책
에 실무적 관점에서 이의를 제기하고 있다. 2014년에는 '자위대를 살린
다－21세기의 헌법과 방위를 생각하는 모임(自衛隊を活かす－21世紀の
憲法と防衛を考える会)'을 설립, 대표로 활동하고 있으며, 국제지정학
연구소(国際地政学研究所)의 이사장이기도 하다. 이와나미의 일본의 안
전보장 시리즈 제2권 『일미안보와 자위대(日米安保と自衛隊)』의 저술
에도 참가했다(遠藤誠治 編, 2015). 그 외에도 한다 시게루(半田滋), 사루
타 사요(猿田佐世), 마이크 모치즈키(Mike Mochizuki) 등 『허구의 억지력』
집필진은 이와나미 시리즈 제2권의 집필진과 다수 중복된다.

신외교 이니셔티브는 도리고에 슌타로(鳥越俊太郎), 후지와라 기
이치(藤原帰一), 마이크 모치즈키, 야마구치 지로(山口二郎), 야나기사
와 교지, 야라 도모히로(屋良朝博) 등이 평의원으로 활동하고 있고, 사루
타 사요가 사무국장으로 활동하고 있다. 설립 취지서를 보면, 미일관계
를 중시하면서도 비군사적 영역에서의 일본의 역할 확대를 통해 지역의
안정을 꾀한다는 입장을 보이고 있다. 자연히 시민사회 영역에서의 활
동을 중시하는 입장이며, 신외교 개념은 의원외교, 지식인외교, 민간경
제외교, 시민사회외교 등을 포괄하는 개념으로 구사하고 있다.[35]

『허구의 억지력』저자들이 거의 중복된다는 점에서 신외교 이니셔티브의 외교 안보구상은 이와나미 시리즈 제2권이 지향하는 것과 거의 같다고 할 수 있다.『일미안보와 자위대』는 결론에 해당하는 제10장에서 현재 일본에서 진행되는 일본의 안보정책에 대한 대안을 모색하고 있다. 대두하는 중국을 상대로, 미국 자신도 군사적 대항 수단에만 의존하지 않는 상황에서 억지력의 강화만으로는 안정적인 동아시아 질서를 형성할 수 없으며, 따라서 일본의 안전보장 자체도 불안정한 상황이 계속되는 것이 분명한 이상, 미일 동맹은 대체할 수 있는 안전보장 구상을 준비하는 것이 불가결하다는 것이 그 결론이다. 결국 일본 안보정책의 궁극적 과제는 억지에 대신하는 신뢰에 기초한 국제관계로의 전환을 어떻게 도모할 것인가를 탐구하는 것이 과제라는 것이다.[36]

이를 과제로 설정할 때, 전후 일본이 전수방위 하에서 유지해 온 자위대는 "국가 행위로서 타국민을 죽인 경험이 없으며, 전투에서 사망한 자도 없는 특수한 군대로서 존속"해 왔다. 이는 총력전 시대의 군대상을 전제로 한다면 이례적인 일이지만, 인간 안전보장의 시대에서는 오히려 바람직한 군대상을 제시하고 있다고 할 수 있다. 이러한 실적이야말로 중시되어야 하며, 일본의 글로벌 발신력의 중심이 되어야 한다는 것이다. 이러한 방향에서 일본이 취하는 이니셔티브는 '적극적 평화주의'와는 다른 방향에서 안전보장의 딜레마에서 탈피하여, 신뢰양성을 구축하기 위한 이니셔티브로서 의미가 있다고 주장하고 있다.[37]

---

35) 新外交イニシアティブ, http://www.nd-initiative.org(최종 검색일: 2016. 5. 31).
36) 遠藤誠治(編),『日米安保と自衛隊』, 岩波書店, 2015, 18쪽.

4.2. 제도적 자유주의자들

상호의존의 국제질서와 국제 규범의 존재를 강조하는 제도적 자유주의자들의 안보 구상으로는 평화안전보장연구소(RIPS)의 정책제언 시리즈를 주목할 만하다. 이들은 현행 헌법의 테두리 안에서 일본이 적극적인 안보 역할을 수행할 수 있으며, 그 영역은 군사력의 영역이 아니라 평화와 국제규범이라는 도덕의 영역일 수 있음을 지적하고 있다. 미일동맹 또한 이를 위한 수단이다.

2010년 1월 31일에 발표된 제9호 정책제언은 마쓰무라 마사히로(松村昌廣) 모모야마대학 교수가 작성한 것으로 「현실과 괴리되는『기반적 방위력 구상』: 새로운 방위전략의 필요성(現実と乖離する『基盤的防衛力構想』―新たな防衛戦略の必要性)」이라는 제목으로 나온 것이다. 마쓰무라는 기반적 방위력 구상의 제기와 전개를 살피고 이 구상이 냉전 종결 이후의 구조 변동 속에서 현실성을 잃었으며, 특히 중국의 대두와 미국의 상대적 조락 속에서 새로운 '방위계획대강'을 책정해야 한다고 주장하고 있다. 그럼에도 미국이 동아시아에서 압도적인 군사력을 유지하고 있는 상황에서는 요시다 독트린과의 급격한 결별은 불필요하고 무의미하다며, '국가방위전략' 수준의 구체론으로부터 착수할 것을 요구하고 있다.[38]

평화안전보장연구소(RIPS)의 정책제언 「일본의 국제평화협력의 새로운 접근: 국제평화에 적극적으로 관여하는 일본을 지향하여(日本の

---

37) 遠藤誠治(編), 앞의 책, 318-323쪽.
38) RIPS, 「現実と乖離する『基盤的防衛力構想』―新たな防衛戦略の必要性」, 16-17쪽.

国際平和協力の新しいアプローチ-国際平和に積極的にコミットする
日本へ)」(2013.1)도 일본의 평화국가로서의 국제공헌에 보다 중점을 두
고 있는 정책제언이다. 제언은 일본이 분쟁 후 평화구축 과정에서의 지
원만이 아니라, 분쟁예방, 평화창조, 평화강제, 평화유지, 분쟁 후 평화
구축 등의 각 국면에서 적극적인 지원을 할 것을 제안하고, 이를 위해 전
정부 차원에서 전략을 추진할 필요를 강조하여 '국제평화협력추진실'의
설치를 제안하고 있다. 나아가 이를 위해 미국과의 연계는 물론 호주와
의 연계를 강조하고 있다.[39]

일본국제문제연구소의 정책제언 「인도-태평양시대의 일본외교:
스윙국가로의 대응(インド太平洋時代の日本外交-スイング・ステーツへ
の対応)」에도 제도적 자유주의의 오랜 영향이 남아있다. 이 보고서는
2014년 연구사업에 의해 만들어진 보고서로 2015년 3월에 발표되었다.
좌장은 기쿠치 쓰토무(菊池努) 아오야마학원대학 교수, 이토 도루(伊藤
融) 방위대 준교수, 가타타 사오리(片田さおり) 남캘리포니아대 준교수,
가토 요이치(加藤洋一) 아사히신문 편집위원, 가미야 마타게(神谷万丈)
방위대 교수, 다카기 세이이치로(高木誠一郎) 국제문제연구소 연구고
문, 나카야마 도시히로(中山俊宏) 국제문제연구소 객원연구원/게이오
대학 교수, 후쿠다 다모츠(福田保) 도요에이와여학원대 강사, 혼나 준
(本名純) 리쓰메이칸대 교수, 야기 나오토(八木直人) 해상자위대 간부학
교 교관 등이 참여했다. 그 메시지는 간결하다. 중국의 A2AD 전략에 맞

---

39) RIPS, 「日本の国際平和協力の新しいアプローチ-国際平和に積極的にコミットする
日本へ」, 2013. 1.

서 해양에서 일본의 기존 국익을 유지하고 확대해야 한다는 것으로, 인도양과 태평양을 잇는 중간지대로서 아시아태평양 지역개념이 등장하고 있는 상황에서 이 지역에서 미국과의 협조를 중핵으로 인도, 인도네시아, 호주, 베트남 및 필리핀 등 스윙 스테이트들과의 관계 강화에 나서야 한다는 것이다.[40]

다음으로 제도적 자유주의에서 정치적 현실주의에 걸쳐 있는 구상으로 PHP종합연구소의 일련의 제언서들이 있다. 특히 2010년대 초반에 작성된 제언들이 그러한 두 가지 면모를 같이 내포한 내용들로 구성되어 있다. 그 대표적인 사례가 2011년 5월에 발표된 「『선진적 안정화세력 일본』의 대전략: 『선진국/신흥국 복합체』에서 찾는 일본의 생존방식(『先進的安定化勢力・日本』のグランド・ストラテジー—『先進国/新興国複合体』における日本の生き方)」이라는 긴 제목의 제언이다. 프로젝트팀은 'PHP「일본의 대전략(日本のグランド・ストラテジー)」연구회'의 이름으로 구성되었으며, 야마모토 요시노부(山本吉宣) 도쿄대 명예교수이자 PHP종합연구소 고문을 좌장으로 하고, 나야 세이지(納屋政嗣) 아오야마학원대학 교수, 가미야 마타케 방위대학교 교수, 이노우에 도시가즈(井上寿一) 가쿠슈인대학 교수, 가네코 마사후미(金子将史) PHP종합연구소 수석연구원 등이 참가했다. 2008년에 발족한 연구팀으로, 매월 1회의 회합을 가진 결과 3년 만에 낸 보고서였다. 연구팀의 발족 이후 일본은 세계 2위의 경제대국의 지위를 양보했고, 동일본대지진의 충격

---

40) 日本国際問題研究所, 「インド太平洋時代の日本外交—スイング・ステーツへの対応」, 1장 中山(나카야마) 논문, 8장 神谷(가미야) 논문.

을 겪었다. 그런 상황에서 일본에게 '대전략'의 구상은 '초미의 긴급'이라 하여, 이를 구상하는 데 필요한 재료를 세상에 내놓을 필요성을 고려하여 일정을 앞당겨 그 핵심 내용을 발표한 것이 이 보고서이다.[41]

　보고서는 '대전략'을 구상하면서 재설정해야 할 일본의 전략목표로 다음의 세 가지를 들고 있다. 첫째, 글로벌화가 진행되고, 신흥국이 대두하는 가운데, 장래에 걸쳐 자유롭고 활력 있는 사회를 유지하고, 국민의 생활수준을 유지 향상시키는 것. 둘째, 역사적인 규모로 힘의 전이가 일어나고 있는 상황에서 군사적 경합을 포함한 국가 간의 권력정치가 활발해짐과 동시에 국제테러와 해적 등 새로운 안전보장 영역이 현재화하고 있는 현실 속에서 일본의 평화와 안전을 확보해야 한다는 것. 셋째 '자유롭고 열린 규칙'을 기반으로 한 국제질서, 지역질서를 유지 발전시키면서 '선진국/신흥국 복합체' 속에서 일본이 존재감과 영향력을 발휘하는 것 등이다. 이러한 상황에서 일본이 추구할 접근방법으로 다음의 세 가지가 제시되고 있다. 첫째, '자립'이 아닌 '자율', 즉 자신의 판단으로 행동하며 타자와의 협력을 추구하는 태도로서의 '자율', 둘째 '신뢰할 만한 일본' 되기. 셋째, 현재 세대의 번영과 평화 추구가 아닌 미래시점에서의 접근 등이다.[42]

　보고서에서 주목할 내용들은 다음과 같다. 첫째, 일본이 추구할 국가 정체성은 '선진적 안정화 세력'에 있다는 것이다. 일본은 하강국면에

---

41) PHP総合研究所, 『『先進的安定化勢力・日本』のグランド・ストラテジー―『先進国/新興国複合体』における日本の生き方』, 2011. 5, 특히 「はじめに」참조.
42) PHP総合研究所, 『『先進的安定化勢力・日本』のグランド・ストラテジー―『先進国/新興国複合体』における日本の生き方』, 2011. 5, 12-14쪽.

있지만, 그럼에도 긍정적 '선진성'이 있으며, 선진국과 신흥국 사이의 '안정화' 세력으로서 존재 의의를 가질 수 있다는 생각이다. 평이하게 표현하자면, 구미 선진국과 아시아의 신흥국 사이, 즉 미중 간의 안정화 세력으로서의 자아인식을 가져야 한다는 것이다.[43] 둘째, 그러한 국가정체성을 확립하면, 일본이 존재감을 발휘할 수 있는 장소는 '주요국 콘서트(대국간협조)'의 관행이 자리 잡는 곳이다. 즉 일본이 추구할 대전략 1호는 불안정한 힘의 전이 속에서 '콘서트'의 관행을 정착시키는 것이다. 이를 위해 G8 및 BRICS 국가들과는 물론, G20 국가들인 한국 인도네시아 호주 브라질 터키 등 '준주변' 국가들과의 파트너십을 강화할 필요가 있다는 것이다. 다만 콘서트가 실패할 가능성을 염두에 두면 '헤징을 수반한 콘서트 외교'가 정답이며, 이를 추진할 가장 중요한 파트너는 미국이라는 것이다. 나아가 중국의 대두에 대해서는 실용적이고 중층적인 관여 정책으로 대응할 것을 요구하고 있다.[44] 셋째, 아시아에서는 미중일 및 미중일에 인도를 더한 미중일인 협력을 중심으로 콘서트를 형성하며, 아시아-태평양을 중심으로 복수의 지역구상을 발전시킬 필요성을 강조하고 있다.[45] 넷째, 안정화 세력이라는 자기인식에서 안보정책을 재구축하고, 자국방위와 위기관리에 동시에 대응할 수 있게 하며, 미일동맹에 대해서는 상호방위적 성격을 강화하고 동맹협력을 종합화하는

---

43) PHP総合研究所,「『先進的安定化勢力・日本』のグランド・ストラテジー―『先進国/新興国複合体』における日本の生き方」, 2011. 5, 15-16쪽.
44) PHP総合研究所,「『先進的安定化勢力・日本』のグランド・ストラテジー―『先進国/新興国複合体』における日本の生き方」, 2011. 5, 17-19쪽.
45) PHP総合研究所,「『先進的安定化勢力・日本』のグランド・ストラテジー―『先進国/新興国複合体』における日本の生き方」, 2011. 5, 24-26쪽.

방향을 제시하고 있다. 이에 더해 글로벌한 공공재에 대한 접근 및 '새로운 안전보장'에도 대응하는 등, '복층적 과제'에 대응하는 실효적인 안보정책을 전개할 것을 요청하고 있다. 동맹의 틀 밖에서의 안전보장협력도 중요하다고 하여 한국과의 군사정보보호협정(GSOMIA), 상호군수물자제공협정(ACSA) 체결의 필요성도 강조하고 있다.[46]

4.3. 정치적 현실주의자들

미일동맹을 강조하며, 그 원활하고 실질적인 운용을 위해 개헌의 필요성을 언급하는 논자들을 정치적 현실주의자라 칭할 수 있다. 이러한 입장을 도쿄재단(Tokyo Foundation)의 '일본 외교의 지침' 프로젝트 및 '안전보장' 프로젝트의 정책제안서에서 확인할 수 있다.[47] '일본외교의 지침' 프로젝트의 리더는 기타오카 신이치(北岡伸一)이며, 아쿠쓰 히로야스(阿久津博康) 방위연구소 주임연구관, 데라다 다카시(寺田貴) 도시샤대학 교수, 나카야마 도시히로(中山俊宏) 아오야마학원대학 교수, 마쓰다 야스히로(松田康博) 도쿄대학 교수, 야마구치 노보루(山口昇) 방위대 교수, 그리고 4명의 도쿄재단 연구원 등 9명이 프로젝트에 참가하고 있다. 이들은 대중 전략의 구축을 일본의 최대의 외교과제로 꼽고, 내셔널리즘을 억제하고 현실주의에 철저히 입각한 강온 양면 전략을 구사

---

46) PHP総合研究所,「『先進的安定化勢力・日本』のグランド・ストラテジー─『先進国/新興国複合体』における日本の生き方」, 2011. 5, 27-32쪽.

47) 東京財団,「安倍外交への15の視点─ナショナリズムよりもリアリズムの追求を」, 2013. 8; 東京財団,「海洋安全保障と平時の自衛権─安全保障戦略と次期防衛大綱への提言」, 2013. 11.

하라고 조언하고 있다. 동시에 2013년 1월 자카르타에서 발표한 '대 아세안 외교 5원칙(아베 독트린)'에 입각한 적극적 외교를 주문하고 있다. 미일관계에서도 믿음직한 동맹 파트너가 될 필요성, 이를 위해 대국적인 견지에서 오키나와 문제를 타결할 것 등을 제언하고 있다. 안전보장과 관련해서는 위기관리 기능을 제도화하여 일본이 보다 능동적으로 안전보장을 확고히 할 것을 요청하고 있다. 나아가 일본 국가안전보장회의(NSC)에 더해 기밀보호를 위한 법정비와 인텔리전스 커뮤니티의 형성을 제언하고 있다.

'안전보장' 프로젝트는 와타나베 쓰네오(渡邊恒雄) 도쿄재단 상석 연구원이 리더를 맡고 있고, 고다 요지(香田洋二) 전 자위함대 사령관, 진보 겐(神保謙) 게이오대 교수(도쿄재단 상석 연구원)가 서브리더인 구성으로 되어 있다. 아키야마 마사히로(秋山昌廣) 도쿄재단 이사장 외 3명의 도쿄재단 연구원 등이 프로젝트 구성원으로서 연구를 수행했다.

이 프로젝트는 『2010년 방위대강』의 수정, NSC의 창설, 국가안전보장전략(NSS)의 책정 등을 앞두고 일본의 안보환경을 점검하고 제언한다. 제안서는 『2010년 방위대강』의 내용이 민주당 정권하에서의 채택에도 불구하고 기존의 자민당 정권 시기의 방위정책과 모순되지 않으며, 중국의 대두에 대응하여 남서제도 방위의 중요성을 강조하고, 위협의 다양성에 대응해서 기반적 방위력 개념을 대체하여 동적 방위력이라는 새로운 안보환경에 대응하는 개념을 제시하는 등 적극적인 요소가 많은 '야심적'인 것이었다고 평가하고 있다. 그럼에도 불구하고 2012년 9월 11일의 '센카쿠 제도(尖閣諸島, 중국명 조어도)' 국유화 결정 이후 이 지

역에서 중일 간 갈등이 첨예화하고, 미국에 대한 중국의 사이버공격 징후, 북한의 잇따른 핵실험과 장거리 미사일 기술의 진전 등 새로운 안보 환경에 대응해 새로운 전략을 구상할 필요가 있다고 하여 3가지 부문에서 제언하고 있다. 그 제언들은 중국의 대두 및 적극적인 해양진출과 관련하여 해양국가 일본으로서 대응해야 할 것들이라 하여 모두 해양부문에 집중되어 있었다. 다만, 냉전기와 달리 경제적 상호의존이 심화되는 중국에 대해 봉쇄정책을 취할 의도는 없다고 하여, 중국을 지역 안정을 위한 중요 행위자로 인정하는 관여정책을 기초로 할 것을 밝히고 있다. 이 점에서 도쿄재단의 2011년 6월의 정책제언「일본의 대중국안전보장 전략: 파워시프트 시대의 통합, 균형, 억지의 추구(日本の対中国安全保障戦略−パワーシフト時代の統合・バランス・抑止の追求)」(프로젝트 리더, 진보 겐)의 아이디어를 계승한 것이었다.[48]

    2015년 6월, 일본국제포럼에서 미일공동연구 프로젝트로 진행된 '신단계 미일동맹의 그랜드 디자인' 연구회의 보고서「신단계 미일동맹의 그랜드 디자인:『스마트 파워 시대』의 자유롭고 개방적인 규칙기반의 국제질서 수호자로서(新段階の日米同盟のグランド・デザイン−『スマート・パワー時代』における自由で開かれたルール基盤の国際秩序の守護者として)」도 전형적인 정치적 현실주의의 입장에 서 있다. 연구팀이 조직된 것은 2013년 4월이었다. 좌장은 가미야 마타케 방위대 교수/일본국제포럼 이사이고, 일본 측 참가자는 이즈카 게이코(飯塚恵

48) 東京財団, 「海洋安全保障と平時の自衛権−安全保障戦略と次期防衛大綱への提言」, 2013. 11. 4-6쪽.

子) 요미우리신문 워싱턴 총국장, 이즈미가와 야스히로(泉川泰博) 주오대 교수, 이나 히사요시(伊奈久喜) 니혼게이자이신문 특별 편집위원, 가토 요이치 아사히신문 편집위원, 나카니시 히로시(中西寬) 교토대 교수, 호소야 유이치 게이오대 교수, 미야오카 이사오(宮岡勳) 게이오대 교수 등이다. 미국 측 좌장은 프리스텁(James Przystup) 미 국방대학 국가전략연구소 상석연구원이고, 데밍(Rust Deming) 전 미 국무부 수석 차관보 대리/전 미 국무부 일본부장, 매닝(Robert Manning) 애틀란틱 카운슬 상급연구원, 쇼프(James Schoff) 카네기 국제평화재단 상급 연구원, 세체니(Nicholas Szechenyi) 미 전략국제문제연구소 일본부 부부장 등이 참가했으며, 마이클 그린(Michael Green)이 어드바이저로 참가했다.

여기에서 일본의 안보정책은 미국과 함께 자유롭고 개방적인 규칙 기반의 국제질서(liberal, open, rule-based international order)를 유지하는 것이 목표로 설정되었다. 일본은 미국과 함께 이러한 질서의 최대 수혜자였기 때문이다. 그런데 중국의 부상으로 이 국제질서가 약체화되어 동요되고 있다는 인식을 미국과 일본은 공유하고 있다. 중국이 이 국제질서 안에서 '책임 있는 이익공유자(스테이크 홀더)가 될 것인가, 이 질서를 타파하는 도전자가 될 것인가.' 이 점이 명확하지 않은 상태에서 일본의 분명한 태도가 필요하다는 것이 이 보고서의 기본 인식이다. 일본이 만일 이 국제질서의 유지가 일본의 국익에 합치한다고 생각한다면, 미국과 함께 그 질서의 유지에 나서야 한다는 것이다.[49]

---

49) 日本国際フォーラム, 「新段階の日米同盟のグランド・デザイン−『スマート・パワー時代』における自由で開かれたルール基盤の国際秩序の守護者として」,

한편, 이 보고서에는 동맹이 발휘하는 파워의 내용이 달라지고 있다는 인식이 드러나 있다. 즉 전통적으로 동맹이란 구성원의 군사력 등 하드파워를 결집시킴으로써 군사적 안전보장을 추구하는 것으로 이해되어 왔다. 그러나 이 보고서는 국책의 수단으로서 군사력의 중심성은 현저히 저하되고 있으며 반면에 타국으로부터의 협조를 이끌어내는 소프트파워의 필요성이 증대하고 있다는 인식을 갖고 있다. 이러한 상황에서 하드파워와 소프트파워를 적절히 조합해서 구사하는 외교전략이 중요해지고 있다. 이를 나이(Joseph Nye) 교수의 명명에 따라 '스마트 파워'라 부르고 있으며, 2010년대의 국제정치가 '스마트 파워 시대'의 입구에 서 있다는 것이 이 보고서의 또 다른 기본 인식이다.[50]

이러한 상황에서 일본이 1급 국가(tier-one nation)의 지위에서 스스로 내려와 2급 국가로 주변화할 위험에 있었으나 아베의 재등장 이후 일본은 다시 1급 국가로 돌아왔고, 적극적인 안보정책의 전개로 미일동맹의 집합적인 파워가 향상되고 있다고 하여, 이 보고서의 작성자들은 이러한 일본의 변화를 환영하고 있다. 미일동맹의 하드파워를 아시아-태평양 지역과 세계에서의 현실의 위협과 잠재적인 위협에 대응하기에 충분히 강력한 수준을 유지하면서, 이 동맹이 일본과 미국 이외의 국가들로부터도 존재가치를 인정받을 수 있도록 매력적인 것으로 만들기 위한 방책을 취하는 것, 이것이 이른바 미일동맹의 그랜드 디자인이 그리는

2015. 6, 1쪽.
50) 日本国際フォーラム,「新段階の日米同盟のグランド・デザインー『スマート・パワー時代』における自由で開かれたルール基盤の国際秩序の守護者として」, 2015. 6, 4-5쪽.

최선의 시나리오로 제시되고 있고, 이를 위한 일본의 변화에 기대를 걸고 있는 것이다.[51]

4.4. 국가주의적 개조론자들

안보면에서의 정책제언을 내놓고 있는 민간 싱크탱크 중에서 가장 우익적인 목소리를 내는 곳이 디펜스 리서치 센터(Defense Research Center)이다. 센터는 1991년에 설립되었으며, 2014년에 일반재단법인으로 재탄생해서 활동을 계속하고 있는 연구기관이다. 일본의 방위전략, 방위정책에 대해 세계적으로 크게 변화하는 안보환경과 기술진보에 즉응해서 조사 연구 제언하는 싱크탱크의 역할을 자임하고 있는 기관이다. 연구진은 주로 육해공 자위대와 방위청(성) 방위산업체 출신의 OB들로 구성되어 있는 것이 특징이다. 회장 겸 이사장은 우에다 아이히코(上田愛彦) 육장이며, 다쿠보 다다에(田久保忠衛) 교린대학(杏林大學) 객원교수, 사카다 도시후미(坂田俊文) 도카이대학 교수, 다마마 데쓰오(玉真哲雄) 전 미쓰비시전기 기술장 등이 이사로 이름을 올리고 있다. 평의원에는 육해공 자위대의 전 간부들 이름이 열거되어 있다. 이들은 국가정체성의 문제로 안보 방위 정책을 논하고 있는 점이 특징이며, 그런 의미에서 국가주의적 개조론자들이라고 볼 수 있다.

가장 최근에 홈페이지에 올라온 보고서가 「변하지 않는 합중국, 변

---

51) 日本国際フォーラム, 「新段階の日米同盟のグランド・デザイン–『スマート・パワー時代』における自由で開かれたルール基盤の国際秩序の守護者として」, 2015. 6, 7-8쪽.

하지 못하는 일본: 부조리에 굴복하는 일본은 빛나지 않는다(変わらざ
る合衆国と変われない日本－不条理に屈する日本は輝けない)」이다.
이 글은 2015년 10월에 게재한 글을 2016년 1월에 수정 게재한 것이다.
필자는 오가와치 도시로(小河内敏朗)이다. 오가와치는 1946년 야마구치
현 출생, 와세다대학 정치경제학부 출신으로 1969년 외무성에 입성한
뒤 외무성의 한반도 전문가로 1996년 한국대사관 참사관, 2004년 센양총
영사관 총영사, 2006년 리비아 대사 등을 역임했고, 한국 연세대학에도
유학한 경험이 있다. 이러한 이력에 어울리지 않게 그의 주장은 매우 과
격한, 전형적인 역사수정주의에 입각한 헌법개정론이다. 오가와치는 글
의 도입부에서 일본이라는 '국가의 모습'에 문제를 제기하고 있다. 일본
은 결코 존재해서는 안되는 국가의 모습을 하고 있다는 것이다. "순진하
게 피어나기 시작한 꽃봉오리 같은 소녀가, 순수하게 열심히 살고 있는
선량한 시민이, 외국의 기관원과 공작원에 의해 납치되어 있어도, 국가
의 영역이 눈에 띠게 침범당하게 되는 상황이 되어서도, 사태의 중대함
에 일부러 눈을 다른 곳에 두어 온 나라." 그것이 바로 일본이라는 것이
다. "독립을 회복한 뒤에도 튀어 보이면 안된다고 하여 '자주'와 '자립'은
전혀 내세우지 않고" 굴종을 감수해 온 국가로서 그 원인이 미국에 의한
점령정책에 기인한 불평등한 미일관계에 있다고 하여, 전후 미일관계의
근본적 재검토와 재구축으로부터 모든 문제가 해결된다는 주장을 전개
하고 있다.52)

---

52) Defense Research Center, 「変わらざる合衆国と変われない日本－不条理に屈
　　する日本は輝けない」, 2015. 3.

2015년 3월에는 「새로운 헌법에서 국군의 최고지휘권에 관한 고찰 (新しい憲法における国軍の最高指揮権についての考察)」이라는 보고서가 발표되었다. 좌장은 이가와 히로시(井川宏)이며 연구조사원은 아베 히로오(阿部博男), 고미 무쓰요시(五味睦佳), 후루사와 다다히코(古澤忠彦) 등 3명이다. 아베 히로오는 항공자위관으로 공장(空将)으로 퇴직했으며, 방위대학교 제1기생으로 제4항공단사령 등을 역임했다. 고미 무쓰요시는 해상자위관이며 해장(海将)으로 퇴직했으며, 방위대학교 8기생, 호위함대사령부 막료장을 지냈다. 후루사와도 해상자위관이며 해장, 방위대학교 8기생, 해상막료부 인사교육부장을 역임한 사람이다. 보고서는 헌법개정을 통해 새로 태어날 일본국군의 최고지휘권에 대해 다음과 같이 규정되어야 한다고 제언하고 있다. 일본의 '국체의 역사'를 감안하면 천황이 원수가 되어야 하며, 원수인 천황이 국군을 통수해야 한다는 것이다. 내각총리대신은 천황의 국군통수 하에서 실제 최고지휘권을 행사할 수 있다는 것이 그 결론이다.[53]

하시모토 히데카즈(橋本英一) 연구위원의 논문 「우리나라의 국가안전보장전략(我が国の国家安全保障戦略)」(2014.8.28.)에서는 다음과 같은 입장에서 일본의 국가안전보장전략에 대해 비판하고 있다. "중국의 군사력을 배경으로 한 시위 행동과 방약무인한 발언이 잦아지는 상황 속에서, '전략'이라는 이름이 붙은 국가안전보장전략(NSS)가 책정되어, 이번에야말로 무엇인가 변하지 않을까 기대했다. 자위대의 임무와 방위력

---

53) Defense Research Center, 「新しい憲法における国軍の最高指揮権についての考察」, 2015. 3, p.1, pp.15-16.

정비에서 보다 군사적 합리성을 추구할 수 있을 것으로 기대했다. 그러나 NSS는 외교정책을 중심으로 한 것으로 방위정책에서는 전혀 진전된 것이 아니었다."고 국가안전보장전략에 대해 비판하고 있다. 나아가 NSS에는 전혀 새로울 것이 없는 내용이 '전략'이라는 이름으로 발표됨으로써 오히려 우려스럽다는 생각을 피력하고 있다. 즉 그 내용이 올바른 것으로 일반이 인식하고 이로부터 일탈하는 것이 허용되지 않음으로써 방위정책이 구속되어 안보환경이 급변하는 최악의 사태에 신속 적확히 대응하지 못하게 될 것이 우려된다는 것이다. "특히, 평화국가로서 걸어 온 역사를 견지하고, 국제협조주의에 기초한 적극적 평화주의라는 이념이, 우리 나라의 안전보장에서 방위정책의 족쇄가 되지 않을 것"을 기대한다는 것이 보고서의 결론이다.[54]

5. 정치적 현실주의와 국가주의적 개조론의 간극

이상의 분석 결과 다음과 같은 결론을 얻을 수 있다.

첫째, 일본에서는 요시다 노선이 부설해 놓은 '평화헌법과 미일안보의 기묘한 공존'이라는 조건 속에서 '자주국방'론의 제기가 필연적으로 '미일동맹'과의 정합성에 대한 논의를 유발하여, 오히려 미일동맹을 강화하는 방향으로 귀결된다. '자주'의 지향이 강할수록 '미일동맹'의 구

---

54) Defense Research Center, 橋本英一, 「我が国の国家安全保障戦略」, 2014. 8. 28, pp.48-49.

속력에 얽매이는 (악)순환구조가 여기에서 발견된다. 개헌을 통한 국방 군의 창설이라는 '자주독립의 꿈'이 안보적 합리성에서 일탈하여 수정주 의적 역사관에 친화적인 것은 이 때문이다.

둘째, 일본 국민의 여론은 개헌에 대해 수용적인 태도를 보이지만, 9조의 개정과 '국방군'의 창설에 대해서는 아직 확고한 과반의 지지를 얻고 있다고 할 수는 없다. 안보논쟁의 전선이 전반적으로 우경화해 온 경위에도 불구하고, 오히려 9조 개정과 관련해서는 '암반과도 같은 반대'가 오히려 확고해지고 있는 것이 장기적 경향에서나, 최근의 경향에서나 공히 발견되는 사실이다.

셋째, 일본의 인구구조 변화와 이로 인한 재정사정의 악화 또한 아베의 안보 방위 정책에 커다란 제약요인으로 작용하고 있다. 인구구조의 변화는 사회보장급부비의 증대를 가져와 방위비 책정의 압박요인이되고 있으며, 재정적자의 만연화 속에서 방위비를 더 이상 증액하는 것은 아베노믹스의 위기요인이 될 수 있다. 방위비 증액을 위한 사회보장비의 삭감을 증거로 아베노믹스의 실패를 규탄하는 목소리도 나오고 있는 것이 현실이다.55) 또한 인구구조의 변화는 자위대 충원에 직접적인 장애요인으로 작용하고 있다. 특히 일반 사(士)급 대원(한국의 사병급)의 충원은 이미 한계에 다다르고 있다.

넷째, 일본에서의 안보논쟁은 오랜 기간을 거쳐 우경화의 경향을 보여 왔으나, 현재에도 지난 경로를 반복하듯, 좌에서 우로 널리 펼쳐진

---

55) 「特集, アベノミクスの破綻」, 『世界』 4月号, 2015.

공간에서 안보논쟁이 벌어지고 있다. 그 가운데 주된 전선은 제도적 자유주의자와 정치적 현실주의자 사이에서 형성되고 있으며, 아베 정권의 안보정책은 이러한 환경에서 크게 일탈하지 않는 모습으로 전개되고 있다.56) 아베 정권의 안보정책은 제도적 자유주의에서 정치적 현실주의로 이동하고 있는 것으로 보이며, 자위대는 자주독립의 표상이라기보다는

56) 과거 중립주의와 반안보체제의 풍조에 맞서서, '리얼리스트', '현실주의자'로 불린 학자들이 있었다. 1960년대 일본 논단을 주름잡던 중립론의 비현실성과 미일안보의 효용을 주장하는 것이 이들을 현실주의자로 부르는 이유였다. 이들은 '요시다 노선'이라 불리던 전후 일본 정부의 외교안보정책을 재평가하면서 1970년대에 들어서는 논단의 주류로 등장하기 시작했다. 대표적 논자가 나가이 요노스케(永井陽之助)와 고사카 마사타카(高坂正堯)였다. 그럼에도 이들의 주장은 현재의 잣대로 보면 제도적 자유주의자의 면모를 갖고 있으며 때로는 평화주의적 울림을 갖고 있었다. 현실주의 쪽으로 아무리 나갔다고 해도 방어적 현실주의였다고 할 수 있다. 나가이는 "분쟁의 한정화(제한전쟁의 긍정), 경험적인 시행착오의 축적으로 규칙(잠정협정)을 만들고, 질서를 동적으로 유지하는 것이 가장 중요하며, 완전 군축과 법적 기구의 정비보다도, 도덕과 힘을 결합하는 외교와 정치적인 슬기로움이 평화유지에 가장 필요한 보장이다"라고 주장하고 있다(永井陽之助, 『平和の代償』; 佐道明広, 『自衛隊史』, ちくま新書, 2015, 94쪽에서 재인용). 고사카의 경우는 더욱 분명하게 말하고 있다. 그는 중립론이 일본의 외교안보 논쟁에 이념의 중요성을 강조하여 가치의 문제를 국제정치에 도입한 점을 긍정적으로 평가하며, "일본이 추구해야 할 가치가 헌법 제9조에 규정된 절대평화, 바로 그것이라는 점은 의심할 여지가 없다"고 했으며, "일본의 외교는 단순히 안전보장의 획득을 목표로 할 뿐만 아니라, 일본의 가치를 실현할 수 있는 방법으로 안전보장을 획득해야 한다"는 것이었다(高坂正堯, 『海洋国家日本の構想』; 佐道明広, 앞의 책, 95쪽에서 재인용). 이러한 생각들은 당시의 현실주의자 그룹에 공통된 것으로, 헌법 제9조를 전제로 하고, 요시다 노선에 의한 경제중심주의의 외교노선을 기본으로 하고, 방위력 정비의 필요성과 미일안보의 효용을 인정하면서도 군사력의 한계를 동시에 지적하고, 미일안보체제의 수정을 주장하고 있는 데 특징이 있었다. 1970년대에 논단의 중앙에 등장한 이들은 점차 실제의 안전보장 문제에 관여하기 시작했다(佐道明広, 앞의 책, 96쪽).

미일동맹에서의 기능으로서 더 큰 의미를 갖고 있는 것으로 보인다.

　이상의 사실에 비추어 볼 때, 일본의 안보 방위 정책이 갑자기 국가주의적 개조론으로 흘러갈 가능성은 없어 보인다. 따라서 '자위대의 군대화'의 가능성도 커 보이지 않는다. 다만 그 기능은 더 확충 확대될 가능성이 있다. 최근에 일본에서 제기되는 '대전략'들을 감안하면, 자위대와 관련한 정책들이 해상 및 항공 자위대의 능력을 증진시키는 방향으로 전개될 가능성은 충분히 있다. 또한 중국의 주변국들과의 안보협력이 증대되고 이를 위한 자위대의 운용 가능성은 커질 수 있다.[57] 그러나 그러한 움직임은 어디까지나 미일동맹의 실효성을 향상시키고 일체화를 제고하는 방향으로 나아갈 것이기 때문에 일본이 홀로 군사대국의 길을 걸어갈 것을 전망하는 것은 지나친 우려라 생각된다.

---

57) 아베 내각에 들어와서 호주, 인도, 필리핀, 베트남을 새로운 꼭지점으로 한 미일동맹의 확대 강화가 현저해졌다. 우선 호주와는 2014년 7월, 일호정상회담에서 '21세기를 위한 특별한 전략적 파트너십'을 채택하면서 방위협력 강화에 나섰다. 2014년 8월에는 호주 해군의 해상훈련에 해상자위대가 참가했으며, 2014년 8월과 9월 2015년 2월과 5월 등 네 차례에 걸쳐 미일호 합동훈련이 실시되었다. 인도와는 2014년 7월 해상자위대가 시코쿠 남쪽 오키나와 동쪽 해역에서 개최된 제3회 미일인 합동훈련을 실시했으며, 2014년 9월에는 모디 수상이 방일하여, 양국관계를 '특별한 전략적 글로벌 파트너십'으로 격상했다. 베트남과는 아직 합동훈련을 실시한 적은 없지만 2014년 3월 일월정상회담에서 양국관계를 '광범위한 전략적 파트너십'으로 발전시킬 것을 계기로 군사교류가 활발해지고 있다. 2015년 2월에는 베트남 해군사령관이 일본을 방문하여 해상막료장과 회담했으며, 5월에는 해상막료장이 베트남을 방문했다. 필리핀과도 군사교류가 활발해지고 있다. 2014년 9월에서 10월, 미·필리핀 해상합동훈련에 육상자위관이 옵서버로 참관했으며, 2014년 10월에는 미일·필리핀 합동훈련이 실시되었다. 2015년 1월에는 일본과 필리핀의 방위상이 일·필리핀 방위협력교류에 관한 각서에 조인하는 등 양국 간의 방위협력이 확대되고 있다(『防衛白書』, 2015).

그럼에도 시민사회와 국제사회의 양쪽에 대해 '국가'의 권위를 회복하고 강화하려는 보수반동세력의 '실지회복 운동'으로서의 우경화는 당분간 지속될 것이다. 일본의 보수반동이 회복하려 하는 실지는 '국민의 헌법'과 '국민의 역사'이다. 따라서 헌법개정론과 이를 실어 나르는 역사수정주의는 '전후'가 지속되는 한 사라지지 않는 목소리가 될 것이다. 그러나 이는 안보의 측면에서의 '전략'론과는 무관한 곳에서 진행되는 것으로, 오히려 주목할 것은 외교 안보정책에서의 보수화이다. 안보론의 보수화는 세 가지 내용과 특징을 지니고 있다. 그것은 안보정책을 책정하는 국제질서관이 첫째, 제도주의로부터 현실주의로 이동하고 있으며(대변동), 둘째, 현실주의 안에서 중상주의적 현실주의로부터 권력정치적 현실주의로 이동하고 있으며(변동), 셋째, 권력정치적 현실주의 안에서 방어적 현실주의로부터 공격적 현실주의로 이동하고 있는 것(변화)으로 포착할 수 있다. 문제는 이러한 안보정책의 보수화(현실주의로의 이동)가 시민사회의 담론공간에서 전개되는 우경화(국가주의로의 이동)에 의해 증폭되어 보인다는 점이다. '평화의 이상보다 국제정치의 현실'을 중시하는 외교 안보정책에서의 보수화가 '사회의 현실보다는 공동체의 이상'을 부르짖는 시민사회에서의 우경화 논리에 의해 편향되어 보이는 것, 그것이 '자위대의 국군화' 논쟁의 본질을 흐리는 가장 큰 이유가 되고 있다.

현대일본생활세계총서 **13**

**일본 정치의 구조 변동과 보수화
: 정치적 표상과 생활세계의 실상**

제3부

보수화와 우경화
: 쟁투의 전선

VI 정지희

자민당 정권의 방송 내용 규제 논리와
NHK 우경화 논란
2000년대 이후를 중심으로

VII 이경분

〈기미가요〉와 일본 우익
국기국가 법제화(1999)를 중심으로

VIII 김효진

혐한만화의 변화와 그 의미
『만화혐한류』와 세이린도(青林堂)의 출판물 비교를 중심으로

현대일본생활세계총서 13

일본 정치의 구조 변동과 보수화
: 정치적 표상과 생활세계의 실상

자민당 정권의 방송 내용 규제 논리와
NHK 우경화 논란*
2000년대 이후를 중심으로

정지희

1. NHK는 우경화하고 있는가?

2012년 12월 제2차 아베 신조(安倍晋三, 이하 아베) 내각 출범 이후 자민당 정권이 언론 장악을 시도하고 있으며 이에 따라 일본 언론도 급격히 우경화하고 있다는 우려의 목소리가 높다. 이러한 우려를 뒷받침하는 가장 상징적인 사건은 특정비밀 보호에 관한 법률(特定秘密の保護に関する法律)이 2013년 국회에서 강행 통과 처리된 사건이지만,1) 이와

---

* 이 글은『동아연구』35권 1호(통권 70집, 2016. 2)에 게재된「2000년대 이후 자민당 정권의 방송 내용 규제 논리와 NHK 우경화 논란」을 수정·보완한 것이다.
1) 「特定秘密の保護に関する法律(平成二十五年十二月十三日法律第百八号)」, 2013. http://law.e-gov.go.jp/htmldata/H25/H25HO108.html(최종 검색일: 2015. 12. 5). 잘 알려진 바처럼, 유출 시 국가 안보에 "현저한 지장을 줄 우려"가 있다고 판단되는 정보를 '특정비밀'로 지정하여(제3조 1항), 이를 유출한 공직자는

더불어 일본의 공공방송2) 일본방송협회(이하 NHK)의 정치적 독립 문제도 많은 우려를 낳아 왔다. 2013년 11월 아베와 정치 성향과 역사 인식을 공유하는 후원자 혹은 개인적인 친분이 깊은 인사 4명이 신임 경영위원으로 선임된 데 이어,3) 이들 신임 위원이 참여한 경영위원회가 임명한 신임 회장 모미이 가쓰토(籾井勝人, 이하 모미이) 역시 친정부적 성향을 감추지 않았기 때문이다. 모미이는 2014년 1월 25일 취임 기자회견에서

최장 징역 10년형에 처할 수 있도록(제23조 1항) 한 법률이다. "제공받은 특정비밀을 유출한 사람"도 5년 이하 징역에 처할 수 있다는 벌칙 규정(제23조 2항)을 둬 언론인 처벌의 근거를 마련했다는 점에서, 언론을 위축시킬 우려가 있다는 문제점이 지적되었다. 이 논문에서 법률을 인용할 때, 인용 출처의 서지 표기방식에 따르기 때문에 연도 표기방식이 일관되지 않을 수 있다.

2) 방송법에 의거하여 '공공의 복지'를 목적으로 하며 시청자들의 수신료로 운영되는 특수법인인 NHK는, 운영 방식에 따라 분류한다면 공영방송(public broadcasting), 공공서비스 책무를 갖는다는 점에서는 공공방송으로 분류될 수 있다. 전파라는 공공재를 이용하기 때문에 공공서비스 책무를 갖는 공공서비스방송(public service broadcasting)과 민영 상업방송과 달리 공공의 독점과 관리를 의미하는 공영방송은 개념적으로 반드시 일치하지 않는다. 최영묵,「공영방송을 다시 생각한다: 철학 혹은 제도로서의 공영방송」, 최영묵 외,『공영방송의 이해』, 한울 아카데미, 2012, 16-17쪽. 한국과는 달리 일본에서는 NHK의 정체성을 설명하는 수식어로 공영방송보다는 공공방송이 훨씬 빈번히 사용되며, 전통적으로 공공서비스방송 개념이 강하므로 본고에서는 공공방송이라는 용어를 택한다.

3) 작가 햐쿠타 나오키(百田尚樹)와 평론가이자 철학자 하세가와 미치코(長谷川三千子)는 2차 아베 내각 출범 이전부터 활동한 아베 서포터 그룹 '아베 수상[추대]을 촉구하는 민간인 유지 모임(安倍首相を求める民間人有志の会)'의 회원이고 실업가 혼다 가쓰히코(本田勝彦)는 아베의 학생시절 가정교사이자 아베를 지원하는 보수 재계인 모임 '사계회(四季の会)' 회원이며, 공학자이자 중등교육학교(海陽学園海陽中等教育学校) 교장 나카지마 나오마사(中島尚正)는, 같은 학교 부이사장이며 아베와 친분이 깊은 것으로 알려진 JR 도카이(JR東海) 가사이 요시유키(葛西敬之) 회장을 통해 아베와 친분이 있는 것으로 알려져 있다. 이들의 정치 성향이나 역사 인식에 관해서는 醍醐聰,「国策放送へ急旋回するNHK」,『季論21』27, 2015, 138-139쪽 참조.

국제방송에서 영토문제 등에 대하여 "정부가 '우'라고 하는 것을 '좌'라고 할 수는 없다."며 정부 입장 전파 방침을 시사하고, '종군위안부'는 "어느 나라에나 있었던 문제"이므로 일본만 문제 삼을 것은 아니라는 식의 몰역사적 견해를 표명한 바 있다.[4] 아무리 제작 현장의 프로그램 편집 재량을 인정하는 것이 NHK의 관례라 해도, 프로그램 편집에 대한 최종 결정권자에 해당하는 회장과, NHK의 최고의사결정기관인 경영위원회로부터의 압력을 무시하기는 쉽지 않다.

실제로 NHK가 국가권력에 대한 비판과 감시라는 공공방송으로서의 사회적 책무를 방기하고 아베 정권의 홍보기관이 되어가고 있는 게 아니냐는 우려가 제기되고, NHK가 '국책방송'이 되어가고 있다는 식의, 다소 극단적인 수사까지 동원되고 있는 현실이다.[5] 2017년 1월 우에다 료이치(上田良一)가 회장으로 새롭게 취임하면서 변화에 대한 기대가 모아지고 있지만, 이에 앞선 2016년 말 이시하라 스스무(石原進), 하세가와 미치코, 나카지마 나오마사 등, 친아베 인사 3인이 재임되었기 때문에 논란의 불씨는 여전히 남아 있다.

그러나 사실 제2차 아베 내각 출범 이후 법제상으로 규정된 NHK 경영위원과 회장의 선임방식이나 권한이 달라진 것은 아니다. 제2장에서 상술하듯, 정부·여당이 NHK 프로그램 제작에 개입할 구실이 되는

---

4) 기자회견 발췌문은 戸崎賢二, 「いま, NHKで何が起こっているか」, 池田恵理子·戸崎賢二·永田浩三, 『NHKが危ない!』, あけび書房, 2014, 18-20쪽, 26쪽 참조.

5) 池田恵理子·戸崎賢二·永田浩三, 『NHKが危ない!』, あけび書房, 2014; 松田浩, 『NHK: 危機に立つ公共放送』, 岩波書店, 2014; 醍醐聰, 「国策放送へ急旋回するNHK」.

법제는 이외에도 몇 가지를 더 들 수 있으며, 대부분 최근이 아니라 전후 초기 미군정과 보수 정권에 의해 마련된 것이다. 이러한 법제들은 전후에 성립된 일본의 헌법과 방송법이 보장하는 표현의 자유나 방송편집의 자유와 모순되는 점이 적지 않음에도 자유 보장 법제들과 애매하게 공존하면서 현재까지 온존하고 있다. 그 탓에 NHK에 대한 정부·여당의 정치적 개입 가능성에 대한 문제 제기는 예전부터 꾸준히 있어왔다.[6] 다만, 편집의 자유를 사수하여 양심에 따라 프로그램을 만들어나가려는 제작 현장의 노력과 정치권력으로부터의 중립을 추구한다는 공공방송의 이념이라는 대항 논리를 통해 프로그램 내용에 관한 한, 대체로 정부·여당으로부터 일정 정도의 거리를 유지해온 것도 사실이다. NHK 프로그램, 그 중에서도 보도방송이 시청자 사이에서 상당히 높은 신뢰도를 유지해왔던 것은 이러한 사실을 방증한다.

그렇다면 최근의 NHK 우경화 담론이 주장하듯, 아베 내각 성립 이후 NHK가 정부·여당의 홍보기관이나 국책선전기관이 되어가고 있다고 평가할 수 있을 만큼, 자민당 정권이 질적으로 새로운 방송 내용에 대한 간섭의 논리나 양상을 보이고 있는 것인가? 이는 최근 일본 정치·사회의 우경화를 견인하고 있는 것으로 알려진, 아베를 필두로 하는 신국가주의(neo-nationalism) 성향의 전후세대 정치인들이 자민당의 실세를 장악한 것과 관련이 있는 것인가? 혹은 종래에도 있어왔던 정부·여당의 정치개입이라는 현상에 본질적인 변화가 없다면, 신국가주의를 표방

---

6) 일례로 松田浩, 『ドキュメント放送戰後史』 1, 2, 双柿舎, 1980, 1981.

하는 정권에 의한 정치적 개입의 폐해를 기존의 보수정권의 그것에 비해 크게 받아들이는 우리의 시각 탓에 NHK가 급격히 우경화하고 있다고 판단하는 것인가? 이와 같은 질문에 대한 냉정한 분석이 필요할 것이다.

이러한 문제의식에서 본 연구는 아베를 위시한 신국가주의 정치인들이 자민당 실세로 부상한 2000년대 이후, 자민당 정권의 NHK 프로그램 내용에 대한 정치적 개입의 논리나 양상에서 눈에 띄는 특징이 무엇인지 살펴보고자 한다. 전후세대에 속하는 이들 정치인은 일본에 대한 강한 자부심을 바탕으로, 외교안보정책에서는 헌법 개정을 통한 일본의 '보통국가'화를 지향하고, 역사 인식 면에서는 일본의 제국주의와 식민지배 역사에 대한 반성과 사죄를 부정하는 수정주의 입장을 취하며, '전후체제(戰後レジーム)로부터의 탈피'를 주창한다.[7] 이들은 이러한 신국가주의적 성향과 함께, 신보수주의적 성향을 공유한다. 경제성장과 복지국가, 지구화, 신자유주의 개혁에 의해 '전통적' 질서가 해체되는 데 대한 위기감을 바탕으로, 공동체로서의 국가를 강조하며, 규율 해체에 대한 우려에 대한 반동으로 권위주의를 옹호하는 것이다.[8] 따라서, 신국가주의 정치인들의 대두 이후 자민당 정권이 국가에 의한 방송 내용에 대한 개입이나 규제를 강화하는 논리나 양상을 보이고 있는지 살펴

---

7) 박영준, 「'수정주의적 보통국가론'의 대두와 일본 외교: 자민당 아베 정권의 재출범과 한반도정책 전망」, 『한국과 국제정치』 29(1), 2013, 99-104쪽. 아베 등이 일본이 탈피해야 할 '전후체제'로 꼽는 것은, 아시아·태평양 전쟁 후 미군정의 민주화 개혁에 의해 제정되었던 각종 법제, 그 중에서도 일본국헌법과 그 이념 아래 제도화된 각종 법제에 기반을 둔 체제이다.
8) 와타나베 오사무, 「아베정권의 역사적 계보(3)」, 정혜윤 역, 『정세와 노동』 31, 2008, 116-118쪽.

볼 필요가 있을 것이다.

우선 제2장에서는 미군정기(1945-1952)와 그 직후 NHK가 공공방송으로 재출발하는 과정에서 마련되었던 관련 법제와 방송 감독행정제도 중 현재까지 온존하면서 정부·여당의 개입을 허용하는 구실로 이용되는 법제에 대해 간략히 설명한다. 1차 아베 내각(2006년 9월 27일–2007년 8월 27일) 성립을 전후하여 신국가주의 성향의 정치인들이 방송의 정치적 공평성이나 사실보도 원칙 등, 방송법상의 프로그램 편집준칙을 정부의 개입과 규제 확대의 논리로 적극적으로 활용하고 추가적인 법적 규제 장치를 마련하고자 시도하는 등, 적극적인 개입 움직임을 보였다. 제3장과 제4장에서는 이러한 움직임을 볼 수 있는 사례로, 2005년 불거진, 아베 등 자민당 신국가주의 정치인들에 의한 프로그램 수정 압력 의혹 사건(소위 'ETV 2001 문제')과 2007년 자민당에 의한 방송법 개정 시도라는 일련의 사건들에 초점을 맞춘다. 제5장에서는 2012년 자민당 재집권 이후 방송에 대한 규제 논리 강화 움직임에 대해 논의한다.

2. NHK 관련 방송법제와 정부·여당의 개입 가능성

NHK는 패전 후 미군정하에서, 1950년에 5월 2일에 공포, 6월 1일부터 시행된 방송법(法律第132号)에 의거하여 설립된 특수법인으로 새 출발하여 오늘에 이르고 있다. 신헌법 공포를 앞두고 각종 법제를 신헌법에 조응하도록 조정하려는 움직임의 일환으로, 1946년 10월 연합군최고사령관 총사령부(GHQ)의 민간통신국(民間通信局, Civil Communication Section, CCS)이 통신관계 법률 개정을 지시했고, 이를 계기로 일본방송협회의 전후적 존재방식에 대한 방안이 일본정부에서도 논의되기 시작했던 것이다. 미군정의 기본적 방침은 사단법인 일본방송협회를 개편하여 정부로부터 독립된, 민주적이고 전 국민적 기반에 기초한 공공기업(public corporation)으로 전환한다는 것이었다.[9] 신헌법의 제21조에서 언론의 자유를 포함한 표현의 자유를 보장하였고, 1950년 방송법 제3조에서 "방송 프로그램은 법률이 정하는 권한에 의한 경우를 제외하고, 누구로부터도 간섭받거나 규제받지 않는다."고 규정해, '프로그램 편집의 자유'를 보장했다.[10]

그러나 1950년 방송법에는 정부·여당이 NHK 프로그램 제작에 개

---

9) 일본 정부로부터 방송을 독립시켜야 한다는 미군정의 의지는 점령 초기부터 분명했지만, 그렇다고 해서 미군정이 일본 방송 제작 과정과 내용에 자유를 부여한 것은 아니다. 잘 알려져 있다시피, 라디오 코드(Radio Code for Japan)와 검열을 통해 일본 방송의 내용을 규제했고, 미군정의 민주화 정책을 선전하기에 유용한 미디어였던 방송을 효율적으로 실시하기 위해 대부분의 임직원을 그대로 현직에 두는 등, 소위 민주화 정책에 걸맞지 않는 여러 가지 한계를 드러냈다. 특히 동아시아에서 냉전이 고조됨에 따라, '역(逆)코스(reverse course)'로 알려진 노선 변경에 맞춰 좌파 성향의 방송인들이나 노조를 탄압하고, 방송 내용에서도 반공적 내용을 강조하도록 압박을 가하는 등, 편향성을 드러내기도 했다. 본고 역시 '민주주의 수호자' 미군정과 구체제 온존을 노리는 일본 정부라는 단순한 이분법으로 방송법제 성립과정을 설명하려는 의도는 없다. 다만, 미군정이 미국식 자유민주주의 이상에 따라 방송의 자율성을 보장한다는 취지의 법제를 다수 신설하도록 지시한 것도 사실이므로, 본장에서 그에 대해 설명하는 것이다.
10) 「放送法 昭和25年 法律第132号(昭25. 5. 2)」, 日本放送協会 編, 『放送五十年史 資料編』, 日本放送出版協会, 1977, 91-92쪽. 이하 본문에서 이 법률을 인용할 때에는 '1950년 방송법'으로 통일한다.

입할 구실로 작용할 수 있는 내용 또한 다수 포함되어 있었으며, 이러한 내용들은 현행 방송법에도 여전히 유지되고 있다. 특히 문제의 소지가 있는 것으로는 NHK 경영위원 선임 방식, NHK 예산의 국회 승인, 프로그램 내용 편집에 관한 규정을 들 수 있다.

본고의 도입부에서 소개한 사례에서도 문제가 되었던 NHK 경영위원 선임 방식에 관해 현행 방송법[11] 제31조(위원의 임명)는 "위원은 공공복지에 관해 공정한 판단을 내릴 수 있으며, 넓은 경험과 지식을 가진 인사 중에서 양원(兩院)의 동의를 얻어 총리가 임명한다. 이 경우, 그 선임은 교육, 문화, 과학, 산업, 기타 각 분야 및 전국 각 지방이 공정하게 대표되도록 고려하여야 한다."고 정하고 있다. 국민의 대표인 국회의 동의 절차를 거치며, 총무대신이 아니라 총리대신에 임명권을 부여하는 조항은 정부로부터 NHK의 중립을 보장하려는 취지에서 미군정하에 마련된 것이다(1950년 방송법 제16조 1항). 다만 미국이나 영국과 같이 양당제가 정착되어 정치적 긴장감과 일정 정도의 힘의 균형이 유지되었던 나라들과 달리, 전후 자민당 장기집권을 거친 일본의 경우, 국회의 동의를 얻기 위한 심의과정이 형식화하여 법제의 취지를 살리지 못하는 것이 문제점으로 지적된다.[12] 민주당이 참의원에서 다수를 점했던 2008년, 자민당 정부가 추천한 경영위원 4인 중 3인에 대해 참의원이 동의를 거부

---

11) 「放送法(改正平成26. 6. 27)」, 2014. http://www.houko.com/00/01/S25/132.HTM#s3.3(최종 검색일: 2016. 2. 6). 이하 본문에서 이 법률을 인용할 때에는 '현행 방송법'으로 통일한다.
12) 스즈키 히데미, 「NHK와 방송의 자유」, 이상희 역, 『한국언론학회 심포지움 및 세미나』, 2015. 8, 55쪽.

했던 것과 같은 극히 예외적인 사례를 제외하고, NHK 경영위원은 정부가 제안한 인사안대로 선임되는 것이 상례였다. 따라서 자민당 정권하에서 친자민당 성향의 인사들이 선임되는 경우가 많았다. 그럼에도 제2차 아베 내각 성립 이후 논란이 되었던 4인의 경우처럼 총리 개인의 후원회 출신이거나 개인적 친분이 깊은 인사로 신임 위원들이 채워지는 경우는 이례적이라 할 수 있다. 물론 경영위원은 개별 방송 프로그램 편집의 자유를 침해하는 행위를 할 수 없도록 규정되어있다(현행 방송법 제32조 2항). 그러나 제1장에서도 잠시 언급했듯, NHK 경영위원회는 NHK 회장에 대한 임면권(任免權)을 갖기 때문에 회장을 통해 프로그램에 개입할 가능성을 완전히 배제하기는 어렵다.

방송법상의 NHK 수지예산 국회 승인 조항도 원래 취지와는 달리 정부·여당으로부터의 중립성을 위협하는 규정으로 작용할 수 있다. NHK는 연간 수지예산안을 총무대신에게 제출하여 국회 승인을 받아야 하며, 이에 따라 수신료가 결정된다. 예산의 국회 승인은 국민이 국회를 통해 NHK 업무의 운영, 재무 등에 대해 필요한 감독을 행한다는 상징적 의의를 가지며, 1950년 방송법에 의해 규정된 이래 현재에 이르고 있다. 그러나 뒤에서 상술하는 ETV 2001 문제가 불거졌던 2005년 당시, NHK 프로그램 제작국장이 "(국회에서 NHK 예산이 심의되는) 이 시기에 정치권과 싸울 수는 없다."면서 프로그램 내용의 수정을 지시했다는 보도가 있었던 것처럼,[13] 현실적으로 정부·여당이 NHK에 압력을 가하는 구실

---

13) 「NHK『慰安婦』番組改変 中川昭・安倍氏『内容偏り』前日, 幹部呼び指摘」, 『朝日新聞』, 2005. 1. 12.

로 작용할 수 있다.

위에서 거론한 두 가지 내용이 NHK의 정치적 중립을 보장하려는 취지와 다르게 현실적으로 NHK를 정부·여당의 개입에 취약하게 만들 위험성을 안고 있는 경우라면, 프로그램 내용 편집에 대한 규정은 전후 초기 일본 정부가 NHK와 방송에 대한 개입이 가능하도록 다분히 의도적으로 제정한 경우에 해당한다. 바로 프로그램 편집준칙(이하 편집준칙)으로 통칭(通稱)되는 현행 방송법 제4조 1항의 1-4호이다.

> 제4조 방송사업자는 국내방송 및 국내외방송(이하 "국내방송 등")의 방송 프로그램의 편집 시 다음 각 호의 규정에 따라야 한다.
> 1. 공안 및 선량한 풍속을 해치지 말 것
> 2. 정치적으로 공평할 것
> 3. 보도는 사실을 왜곡하지 말 것
> 4. 의견이 대립하는 문제에 대해서는, 가능한 한 다각도에서 논점을 밝힐 것[14]

편집준칙은 1950년 방송법에서는 NHK에 관한 내용을 규정한 제2장 안에 포함되어 있었다(제44조 3항 1-4호). 당시 1호는 "공안을 해치지 말 것"으로 규정되었다가 1959년 방송법 개정 때 "공안 및 선량한 풍속을 해치지 말 것"으로 개정되었다.[15] 1950년 방송법 제53조에 의해 민간방

---

14) 「放送法(改正平成26. 6. 27)」.
15) 「放送法 昭和25年 法律第132号(昭25. 5. 2)」, 95쪽; 「放送法の一部改正する法律 昭和34年 法律第30号(昭34. 3. 23)」, 日本放送協会 編, 『放送五十年史 資料編』, 日本放送出版協会, 1977, 126쪽. 방송준칙은 1988년 방송법 개정 당시 총칙의 3조 2항으로 이동했고, 2010년 방송법 개정 당시 3조 방송편집의 자유 조항

송에도 준용되었지만, 애초에 NHK의 준칙으로 마련된 조항들이므로 바람직한 공공방송의 존재방식에 대한 당시 일본 정부의 암묵적인 인식이 투영된 것으로 볼 수 있다. 따라서 편집준칙, 특히 정치적 공평을 강조하는 2호를 민방에 적용하는 것은 적절치 않다는 지적도 있다.[16] 정치적 공평성 원칙(2호)이나 논점의 다각적 해명 원칙(4호)은 미국 연방통신위원회(Federal Communications Commission, FCC)의 정책인 공정 원칙(Fairness Doctrine)에 착안한 내용으로, 공정 원칙 자체는 주파수가 한정되어 있으므로 방송사업자가 의견이 다른 집단에 균등한 방송 기회를 보장해야 한다는 다양성 보장 이념에 입각한 것이다.[17] 본래 미군정 측에서 제시한 내용이나 미군정 내부에서도 윤리원칙일 뿐, 법조항으로 규제할 내용은 아니라는 이유로 삭제 의견이 나오기도 했던 사항이다. 공안 원칙(1호)과 사실보도 원칙(3호)은 법안 심의 과정에서 미군정으로부터 삭제 요구가 있었던 사항이나, 일본 정부가 각각 1950년 4월 의원수정과 1949년 10월 각의결정을 통해 최종적으로 추가한 내용이다.[18]

표현의 자유를 침해할 수 있으므로 위헌의 소지가 있고, 해석에 따라 자의적인 규제의 근거로 작용하거나 정부 개입의 구실로 사용될 가능성이 있다는 비판이 적지 않았음에도,[19] 편집준칙은 방송법에서 삭제

에서 분리되어 4조로 독립되었다.

16) 스즈키 히데미, 「NHK와 방송의 자유」, 51쪽.
17) Christina Lefevre-Gonzalez, "Restoring Historical Understandings of the 'Public Interest' Standard of American Broadcasting: An Exploration of the Fairness Doctrine", *International Journal of Communication* 7, 2013.
18) 村上聖一, 「『放送法番組準則』の形成過程: 理念か規制か, 交錯するGHQと日本側の思惑」, 『放送研究と調査』, 2008. 4, 55-65쪽.

된 적이 없다. 전후 초에는 방송인들의 자율에 맡기는 윤리규범으로 해석하는 입장이 일반적이었지만, 80년대 후반 이후 방송 내용에 대한 우정성·총무성의 규제 근거로 사용된 사례도 적지 않다.[20]

편집준칙을 중앙행정기관에 의한 규제 근거로 상정할 경우, 편집준칙 자체가 헌법상 표현의 자유나 방송법상 프로그램 편집의 자유와 양립하기 어려워지며, 특히 편집준칙 위반을 이유로 전파법상 행정처분이 가능하다는 논리가 가능해지므로 문제의 소지가 크다. 방송법에 따른 명령이나 처분에 반(反)하는 경우 총무대신은 전파법 제76조에 따라 3개월 이내로 무선국의 운용을 정지시키거나(1항) 면허를 취소시킬 수 있기 때문이다(4항).[21] 자민당 장기집권하에서 우정성은 편집준칙 위반을 이유로 전파법 제76조를 적용할 수 있다는 입장을 뚜렷하게 내비치지 않았으나, 1993년 비(非)자민당 연립정권인 호소카와(細川) 내각 성립 직후 불거진 민방 테레비아사히(テレビ朝日)의 반(反)자민당 편향 선거보도 의혹(소위 쓰바키[椿] 사건)으로, 편집준칙 위반을 이유로 한 방송국 면허취소 행정처분 가능성이 고려되기 시작했다.[22] 본고의 제3장과 제4장에서 조금 더 상세히 논의하듯, 2000년대 들어 아베, 스가 요시히데(菅義偉, 이하 스가) 등 신국가주의적 정치인들에 의해 편집준칙이 진보 성향의 방송 프로그램과 언론사를 '편향성'이나 '사실 왜곡'이라는 수사를

---

19) 村上聖一, 「『放送法番組準則』の形成過程: 理念か規制か, 交錯するGHQと日本側の思惑」, 65쪽.
20) 清水直樹, 「放送番組の規制の在り方」, 『調査と情報─ISSUE BRIEF』 597, 2007, 5쪽.
21) 「電波法(改正平成27. 5. 20)」, 2015, http://www.houko.com/00/01/S25/131.HTM (최종 검색일: 2016. 2. 6).
22) 스즈키 히데미, 「NHK와 방송의 자유」, 51-52쪽.

통해 압박하는 근거로 사용되거나 행정처분 신설을 위시한 방송법 개정의 구실이 되어왔는데, 이는 위와 같은 인식 변화의 흐름 속에서 이해해야 한다.

위에서 언급한 방송법상의 조항들은 일본 방송이 정부로부터 행정적 독립을 확보하지 못한 탓에 특히 문제가 될 수 있다. 대부분의 구미와 동아시아 국가들이 합의제 독립행정기구를 두고 있는 데 반해, 일본은 미군 점령기를 제외하고는 독임제(獨任制) 중앙행정기관(체신성-우정성-총무성)이 규제를 포함한 방송행정을 관할하는 특수한 구조를 유지해왔다.[23] 일본의 방송 감독행정이 국가로부터 독립되어 있지 않은 점은 NHK를 포함한 방송 사업자 전체를 정부·여당의 개입이나 영향에 취약하게 하는 구조적인 특질이다.

1950년 6월 1일 방송을 포함한 전파행정을 담당하는 권한을 가진 독립행정위원회로 설립된 전파감리위원회는 총리부의 외국(外局)으로, 총리대신의 관할 아래 내각으로부터 독립적으로 직권을 행사하며 방송·통신 사업 전반에 대한 규제·감독 권한을 보유하고 있었다. 그러나 FCC와 같이 준(準) 입법·사법권을 갖는 전형적인 독립행정위원회 모델에 따른 전파감리위원회 설립에 대해, 일본 정부는 회의적인 입장을 견지했다. 일본에서는 방송을 공적 주체인 국가의 통제 아래 둬야 한다는 인식이 방송 도입 초기부터 강했다. 특히 주파수의 희소성과 여타 미디어에 비해 파급력이 크다는 점이 국가의 방송 통제나 규제의 논리적 근

---

23) 淸水直樹, 「放送番組の規制の在り方」, 8-9쪽; 이나바 카즈마사, 「일본의 방송 통신법제와 행정조직」, 함인선 역, 『법학논총』 30(2), 2010, 392-393쪽.

거로 거론되어왔다.[24] 결국 미군정 종료 직후인 1952년 7월 31일 요시다 내각은 전파감리위원회법을 폐지하여 일본의 방송 감독행정을 다시 우정성 소관으로 이관시켰다. 전파감리위원회 폐지로 우정대신(현재의 총무대신)은 광범한 행정제재 권한을 인정받게 되었으며, 일본 방송의 국가로부터의 독립 혹은 중립의 문제는 현재까지도 여전히 논란의 대상으로 남아있게 되었다.[25]

　　표현의 자유와 방송편집의 자유를 통해 정치적 중립을 고수한다는 전후 공공방송의 이상이 전후의 진보적인 지식·담론 공간에서 이념적으로 힘을 발휘하는 한편, 위와 같은 법제들에 의해 NHK가 정부·여당의 정치적 개입에 취약할 수밖에 없는 구조는 대체로 온존했다고 할 수 있다.

---

24) 국가의 직접적인 통제를 받는 일본은 프랑스와 함께 국가주의적 공영방송으로 분류된다. 시민들이 직접 주주나 대표로 참석하는 네덜란드, 스웨덴, 독일 등의 사민주의적 공영방송이나, 국가와 시장 모두로부터 비교적 독립적인 영국 사례와 구별된다. 정용준, 「공영방송의 발전과 정체성」, 최영묵 외, 『공영방송의 이해』, 한울 아카데미, 2012, 55-71쪽.

25) 물론 정부로부터 독립된 행정기구를 설립하자는 주장은 이따금씩 제기되었다. 최근에는 민주당이 2003년과 2004년에 방송과 통신의 감독기관을 총무성으로부터 독립행정기구인 통신·방송위원회로 이관하는 법률을 국회에 제출했으나 부결되었다. 2009년 12월에 독립행정위원회를 설치하여 방송행정을 이관하는 방안에 대해 심의하기 위한 포럼이 꾸려졌으나, 독립행정위원회를 신설하면 규제가 오히려 강화되는 결과를 낳을 거라는 우려가 제기되어 논의가 중단된 바 있다.

3. 프로그램 수정 압력 의혹과 프로그램 내용에 대한 규제 논리

그렇다면 '전후체제(戰後レジーム)로부터의 탈피'를 주창하는 아베와 같은 신국가주의 정치인들이 자민당 내에서 부상한 2000년대 이후, 자민당 정권의 NHK에 대한 정치적 개입이나 규제의 논리나 양상은 제2장에서 논의한 법제적 약점에 기대어왔던 기존의 개입 방식과 다른, 새로운 성격을 갖는가? 본장에서는 현재와 비슷하게 정부의 NHK 개입 움직임이 문제가 되었고, 우경화 담론 또한 형성되었던 사례로서 ETV 2001 사건으로도 알려져 있는 프로그램 수정 의혹 사건에 대해 살펴보려한다.

이 사건은 2005년 1월 『아사히신문(朝日新聞)』이 아베 등 역사수정주의 입장에 선 정치인들이 NHK 역사 다큐멘터리 프로그램 내용을 수정하도록 압력을 가했다는 의혹을 제기하면서 공론화되었다. 문제가 된 프로그램은 2001년 1월 30일 NHK가 교육방송 ETV를 통해 방영한 다큐멘터리 「전시 성폭력을 묻는다(問われる戦時性暴力)」였다. 일본군 성노예에 대한 여성국제전범법정(이하 여성국제전범법정)이 2000년 12월 도쿄에서 열린 것을 계기로 기획된 「전쟁을 어떻게 심판할 것인가(戰争をどう裁くか)」라는 특집 4부작(2001년 1월 29일-2월 1일 방영) 중 제2부에 해당하는 프로그램이었다. 방영 직후 이 프로그램을 위해 인터뷰에 응했던 인류학자 리사 요네야마(Lisa Yoneyama, 이하 요네야마)가 『세카이(世界)』에 검열 의혹을 제기하긴 했으나 프로그램 수정(改變) 압력을 가한 정치가가 누구인지는 구체적으로 알려지지 않았다.[26] 2005년

1월 12일『아사히신문』기사는 방송 전날 당시 내각 관방부장관 아베와 경제산업대신 나카가와 쇼이치(中川昭一, 이하 나카가와)가 NHK 간부를 불러 압력을 가한 결과, 최종단계에서 결정적 수정이 이루어졌다고 보도해 이 문제를 재조명했다.[27] 아베와 나카가와는 당시 역사수정주의 자민당 의원 연맹인 일본의 전도와 역사교육을 생각하는 소장의원 모임(日本の前途と歷史敎育を考える若手議員の会, 1997년 결성)의 전(前) 사무국장과 대표이기도 했다.

실제로 프로그램 수정은 있었다. 일본군과 천황의 책임을 인정하는 내용, 중국인 피해자와 동티모르 '위안부'의 증언, 당시 군인이었던 일본인의 위안소 체험 증언, 여성국제전범법정을 지지하는 요네야마의 스튜디오 인터뷰 중 일부 등이 삭제되었다. 그 대신 일본군의 책임을 부인하는 것으로 잘 알려진 니혼대학(日本大学)의 역사가 하타 이쿠히코(秦郁彦)의 인터뷰가 추가되었다. 하타의 인터뷰 추가에도 불구하고 방송 시간이 통상에 비해 4분 가까이 짧아, 계획되었던 내용에서 삭제되어 나간 부분이 적지 않았음을 시사했다.[28]

이런 수정이 방송 전날 이루어진 데 대해 당시 프로그램 책임 프로듀서에 의한 내부 고발이 뒤따르면서 '정치 개입'과 '프로그램 편집 자유' 침해에 대한 비판 여론이 일어났다. 프로그램 제작국 소속 치프 프로듀서인 나가이 사토루(長井暁)가 아베와 나카가와와의 면담 후 NHK 간부

---

26) 米山リサ, 「NHK メディアの公共性と表象の暴力」, 『世界』690, 2001, 209-219쪽.
27) 「NHK『慰安婦』番組改変 中川昭・安倍氏『内容偏り』 前日, 幹部呼び指摘」.
28) 「番組進行表」, 永田浩三, 『NHKと政治権力 番組改変事件当事者の証言』, 岩波書店, 2014, 資料 4-23쪽.

로부터 "지금까지 현장에서 논의한 것과는 전혀 다른" 프로그램 수정 지시가 있었음을 기자회견을 통해 폭로했던 것이다. 나가이는 2004년 12월 NHK 법령 준수 추진 위원회에 "정치적 압력으로 프로그램 기획의도가 크게 손상되었다."며 조사를 요구했으나, 조사에 진전이 없자 공론화에 나선 것으로 알려져 있다.29)

「전시 성폭력을 묻는다」 수정 문제로 정치 개입 관행이 드러나 시청자가 품고 있던 공공방송의 상이 깨지면서 시청자들에게 충격을 주었다는 식의 설명도 종종 있지만,30) "음으로 양으로 [NHK에 대한 정치적] 개입이 행해지고 있는 것은 나가타쵸(永田町)의 상식"이라는『마이니치신문』기자의 조소 어린 지적처럼,31) NHK에 대한 정치 개입 의혹 자체가 새로울 것은 없었다. 그러나 이전과 달라진 점은 아베와 같이 보수적인 정치인들이 편집준칙이 정한 정치적 '공평' 내지 '불편부당성'을 국가가 개별 프로그램 내용에 개입하는 근거로 적극적으로 해석해, 소위 진보적 언론이나 프로그램에 대한 공격의 이념적 도구로 활용하는 양상을 보였다는 것이다.

ETV 2001 문제가 공론화된 후 아베와 나카가와가 보인 태도는 정치적 공평성 원칙과 사실 보도 원칙을 무기로 삼아 방송 내용에 대한 신보

---

29)「NHK番組改変問題『会長了承していた』と告発者会見」,『朝日新聞』, 2005. 1. 13.
30) 2005년 1월 19일 기자회견에서 세키네 아키요시(関根昭義) NHK 방송총국장이 정치인들에게 방영 예정인 개별 프로그램에 대해 보고하는 것도 통상업무 범위라고 설명하여 NHK의 방송 편집권 침해와 방송에 대한 정치 개입의 심각성에 충격을 받았다는 시청자들이 많았다.
31) 牧太郎,「記者の目: 朝日とNHKの大喧嘩 ほくそ笑むのは誰?」,『毎日新聞』, 2005. 1. 25.

수주의적 규제 확대 논리를 당당히 펼치는 것이었다. 전언(傳言)에 기초한 아사히신문 보도에 대해 신빙성과 보도자세를 문제 삼아 정치 개입에 집중되었던 논란을 만난 일시나 만난 목적 등에 대한 사실 공방으로 전환시키는 한편,「전시 성폭력을 묻는다」의 내용이 편향된 것이었다는 주장을 펼쳤다. 1월 13일 아베는 예산 문제에 대해 상의하고자 NHK 측에서 먼저 찾아왔고, 논의 과정에서 프로그램 이야기가 나왔던 것이라고 『아사히신문』보도를 부인했다. 그리고 "명확히 편향된 내용임을 알고" "공평·공정한 보도를 해달라."는 뜻을 밝혔을 뿐이라며『아사히신문』에 사죄를 요구했다. 같은 날 나카가와 역시, 면담은 방송 후였으며, "불평부당[원칙]에서 벗어난 내용이라면 방송해서는 안됐다."고 발언했을 뿐이라고 주장했다. 1월 19일 자신이『아사히신문』보도에서 언급된 간부라고 밝힌 방송 총국장 마쓰오 다케시(松尾武)가 기자회견을 열어『아사히신문』이 "압력을 느끼지 않았다."는 자신의 발언을 반대로 보도했다고 주장해『아사히신문』보도의 신빙성에 타격을 입혔다.[32]

테사 모리스-스즈키는 프로그램 수정 문제가 논란이 된 후 아베의 진보언론에 대한 선별적인 공정성 및 균형성 요구가 언론 전체를 침묵시키는 기능을 발휘하여 일본 언론의 정치적 스펙트럼을 우경화시켰다고 분석했다. 모리스-스즈키는 일본 언론사들이 방송의 정치적 독립 문제를 공론화하는 데 소극적이었던 점을 들어 일본 언론이 우경화했다는

---

32) 魚住昭,「衝撃スクープ 証言記録を独占入手! NHKvs.朝日新聞『番組改変』論争『政治介入』の決定的証拠: 中川昭一, 安倍晋三, 松尾武元放送総局長はこれでもシラを切るのか」,『現代』39(9), 2005; 韓永學,「NHKの危機と放送法制に関する一考察」,『北海学園大学法学研究』41(1), 2005, 5-6쪽.

결론을 내리고 있다.33) 프로그램 수정 문제가 불거져 나온 직후 주요 신문사나 방송국의 행보에 한해서라면 이와 같은 우경화 담론이 설득력 있는 분석틀이 될 수도 있을 것이다.

그러나 2005년에서 2006년 사이 다수의 학술지와 교양지에 우후죽순 격으로 등장했던 NHK 관련 특집 기사와 논문들을 살펴보면 같은 결론을 얻기는 어려워 보인다. 프로그램 수정 문제를 심각한 논제로 삼아, 방송의 정부로부터의 독립과 내용의 중립성을 확보하기 위한 방안과 공공방송 NHK의 바람직한 존재 방식에 대한 첨예한 비판과 활발한 토론이 이루어지고 있기 때문이다.34) 미디어 연구자인 하나타 다쓰로(花田

---

33) 테사 모리스-스즈키, 「언론의 자유와 침묵의 목소리: 일본 언론과 NHK 사건」, 김규찬 역. 『언론정보연구』 42(2), 2006, 15-152쪽, 143-149쪽.
34) 학술지 혹은 교양지의 특집기사로 공공방송의 바람직한 존재방식이나 나아가야 할 방향에 대해 다룬 대표적인 예로는 「特集 『公共放送』の条件」, 『世界』 738, 2005; 「特集 公共放送再生への道: 公共放送のあり方を考える」, 『放送文化』 7, 2005; 「特集 メディアは誰のものか: NHK問題」, 『現代思想』 34(4), 2006; 「特集 この公共放送は何処へ行く: 『NHK問題』の来た道, NHKの行く道」, 『総合ジャーナリズム研究』 43(4), 2006 참조. ETV 2001 문제를 포함한 불상사 문제와 그로 인해 대두된 문제점들을 당시 방송 법제 안에서 분석한 연구(韓永學, 「NHKの危機と放送法制に関する一考察」), NHK 프로그램 수정 문제를 일본 언론의 자유와 침해 문제로 접근한 분석(松田浩, 『NHK: 問われる公共放送』, 岩波書店, 2005; 吉見俊哉, 「市民とつながり公共性をとり戻せ」, 『論座』 121, 2005; 田島泰彦, 「放送の自由が傷つけられている」, 『論座』 118, 2005; 鳥越俊太郎, 「視聴者でなく, 政界を向いている」, 『論座』 118, 2005; 門奈直樹, 「放送の独立とは何か: BBC問題NHK問題を照射する」, 『世界』 738, 2005; 山口二郎, 「真の公共性を回復せよ」, 『論座』 118, 2005), 일련의 사태에 대해 방송 종사자(혹은 전 종사자) 입장에서 비판하거나 개혁안을 제시하고자 한 세미학술적인 글(타하라 시게유키, 『(일본의 공영방송)거대 NHK 붕괴』, 송일준 역, 차송, 2006) 등도 있다. 단, 프로그램 수정 문제와 함께, 후술하는 불상사 문제도 NHK의 바람직한 존재방식에 대한 위와 같은 논의를 불러일으키는 데 큰 역

達朗)와 하야시 가오리(林香里)가 "이번처럼 NHK가 사회적인 화제가 된 적은 그렇게 많지 않을 것이다. 식자의 코멘트도 많이 나와 있고 생각할 재료도 풍부하다. 현대사회에서의 공공방송 제도의 이념과 현실을 관찰할 절호의 기회이다. NHK 문제는 어떤 임계점에 근접하고 있는 것으로 생각된다."고 평한 것은, 대항 담론 역시 일정 정도 기능하고 있음을 시사하는 것으로 보인다.[35] 물론 방송, 특히 NHK의 경우는 출판과 달리 정부의 압력으로부터 상대적으로 자유롭기 어렵다는 점을 고려해야 한다. 그렇다고 해도 프로그램의 내용에서 우경화라 칭할 수 있을만한 변화의 경향이 뚜렷이 나타났는지에 대해 체계적이고 실증적으로 분석한 연구는 찾아보기 어려워, 우경화라는 관측부터 내리는 것은 다소 성급할 수 있다.

오히려, ETV 2001 문제에 대한 아베 등의 반응에서 주목할 점은 원래 국가나 자본과 같이 외부적 영향으로부터 언론의 자유를 확보하고 다양한 견해의 존중을 보장받기 위한 수단이었던 정치적 공평 원칙이 신국가주의 정치인들에 의해 국가가 적극적으로 방송내용에 개입하는 근거로 전유되었다는 것이다.[36] 편집준칙 위반을 이유로 한 행정지도 사례는 이전에도 있었으나, 편집준칙이 자율적 윤리원칙이라는 해석을 정면에서 반박하고 규제와 징벌의 법적 근거로 재규정하려는 뚜렷한 의

할을 했다.
35) 花田達朗·林香里, 「公共放送のリアリティとジレンマ」, 『世界』 738, 2005, 187쪽.
36) 방송준칙의 정치적 공평성 원칙과 논점의 다각적 해명 원칙의 모델이 되었던 미국의 공정 원칙(Fairness Doctrine) 역시 본래의 의도와 달리 방송에 대한 자의적 규제의 근거로 사용되는 사례에 대해 위헌소지가 제기되어 1987년에 폐지되었다.

지를 표명한 것은 아베 등 신국가주의 정치인들이 자민당에서 실세로 적극적으로 발언하기 시작한 2000년대의 주목할 만한 변화로 볼 수 있지 않을까. 2004년 이후 프로그램 내용에 대한 행정지도 사례가 눈에 띄게 늘어난 것은 이와 무관하지 않을 것이다. 우정성-총무성에 의한 프로그램 내용에 관한 주요한 행정지도 사례는 시미즈 나오키의 집계(1985-2007.4)에 따르면 1985년부터 1999년까지 10건인데, 2004년 4건, 2005년 4건, 2006년 7건, 2007년 4월까지 5건으로 급증했다.[37]

아베와 같은 유력한 정치인들이 정치적 공평성을 프로그램 규제의 근거로 당연시하는 담론을 주도하자, 보수적인 저널리스트나 평론가들 또한 비슷한 담론을 재생산하기 시작했다. 정치적인 압력으로 비난받은 아베 등의 행동을 "방송법 정신에 반한다는 의혹이 있는 프로그램을 제작한 NHK에 대해, 국민을 대표하는 정치가가 충고한 것"이며, "민주 정치 관점으로부터도 정당한 행동이었다는 것이 된다."는 식의 주장을 공공연히 펼치기 시작했다.[38] 보수적 잡지와 사쿠라이 요시코(櫻井よしこ) 같은 보수 논객을 중심으로 '편향' NHK 비판이 전개된 것도 이런 움직임과 맞닿아 있다고 할 수 있다.[39] 공공방송으로서의 의무를 방기하고 "반일적인" 프로그램을 방송하는 NHK에 수신료를 지불해서는 안 된

---

37) 清水直樹, 「放送番組の規制の在り方」, 5쪽.

38) 菊地光, 「NHK番組政治介入問題を考える: 偏向番組の是正は政治家として当然の責務ではないか」, 『月刊健論』 2005. 2. http://www.geocities.co.jp/WallStreet/7009/mg0502-2.html(최종 검색일: 2015. 12. 11).

39) 「特集 朝日『極左記者』とNHK『偏向プロデューサー』が仕組んだ『魔女狩り』大虚報」, 『週刊新潮』 50(4), 2005, 32-35쪽; 櫻井よしこ, 「沖縄の集団自決をめぐる教科書検定に異議を唱えたNHKの偏向報道」, 『週刊ダイヤモンド』 95(15), 2007, 145쪽.

다는 수신료 지불 거부·보류 논리 또한 인터넷 블로그, 게시판, 유튜브 등을 통해 일정 정도 통용되기 시작했다.

이런 상황에서 민간 방송국의 경우와 마찬가지로 NHK의 경우도 1990년대 이후 방송 내용 조작이나 허위 사실 보도 등으로 인한 불상사 사건이 빈발하고 있어, 자정 노력에 기대할 수 없으므로 국가가 개입할 수밖에 없다는 식의 정부 규제 강화 논리에 힘을 실어주는 측면이 있다. 2002년 4월 28일「NHK 스페셜: 기적의 시인(NHKスペシャル: 奇跡の詩人)」방송 내용 조작 의혹, 2005년 5월 10일「프로젝트X 도전자들(プロジェクトX挑戦者たち)」방송과 2007년 9월 16일「NHK 해외 네트워크」프로그램의「급성장 인도의 명암(急成長 インドの光と影)」특집에 사실과 다른 내용이 소개된 사건 등이 가장 대표적인 사례이다.

물론 불상사 자체는 냉정한 반성과 구체적인 재발 방지책을 요하는 문제이다. 그러나 국가에 의한 규제나 징벌에 의해 해결해야 할 필연성이 있는 것은 아니며, 외주 제작과 멀티미디어 시대의 경쟁 격화로 인한 제작 시스템과 환경 변화에 따른 구조적인 문제로 봐야 한다는 비판도 이루어져왔다.[40] NHK와 일본민간방송연맹(이하 민방련)이 방송계의 자율과 방송 향상을 위해 2003년 설치한 제3자 기관으로, 시청자 등이 지적한 프로그램 내용이나 취재, 제작상의 문제점을 검증하고 감시하는 방송윤리·프로그램 향상기구(放送倫理·番組向上機構, 이하 BPO)와

---

40) 放送倫理·番組向上機構 放送番組委員会,「『発掘!あるある大事典Ⅱ』問題に関する有識者委員の『声明』」, 2007. 2. 7. http://www.bpo.gr.jp/better/kenkai/seimei_1.html(최종 검색일: 2015. 12. 9).

같은 자율적 규제 기구도 일단 기능하고 있다.[41] 그러나 현실적으로 불상사 사건은 자민당 정부가 방송 프로그램에 대한 규제를 강화하려는 논리를 뒷받침하는 구실로 작용하고 있다. 다음 장에서는 제1차 아베 내각 하에서 자민당 정부가 불상사 사건 빈발을 이유로 NHK 경영위원회의 감독권한을 강화하고,[42] 방송내용에 대한 새로운 행정처분을 신설하려 한 구체적인 움직임과 그 한계를 2007년 방송법 개정안 논의를 통해 살펴보겠다.

4. NHK 경영위원회 강화와 방송 행정처분 신설 시도: 2007년 방송법 개정안

제1차 아베 내각 성립 이후인, 2007년 1월 7일 민방 간사이테레비(関西テレビ)가 버라이어티 프로그램 「발굴! 아루아루 대사전 2(発掘!あるある大事典2)」에서 방송한 낫토 다이어트 효과에 대한 데이터가 조작되었다는 사실이 발각되어, 언론 불상사가 다시 한 번 심각한 사회적 문

---

41) 시청자 등이 지적한 프로그램 내용이나 취재, 제작상의 문제점을 검증한다. 방송프로그램(2007년 방송윤리검증위원회로 변경), 방송인권, 청소년 3개 위원회로 구성된다.

42) 단, NHK 경영위원 감독 강화는 프로그램 내용과 관련된 불상사 사건과 NHK 내부 비리에 의한 불상사 사건 양자에 대한 대응책으로 제시되었다. 보수 월간지 『슈칸분슌(週刊文春)』이 2004년 7월 「홍백가합전」 담당 프로듀서의 제작비 착복 문제를 폭로한 것을 시작으로, 5개월간 9건에 달하는 NHK의 부정행위가 발각되어 큰 사회문제가 된 바 있다. 타하라 시게유키, 『(일본의 공영방송)거대 NHK 붕괴』, 27-39쪽.

제로 대두되었다. 프로그램 폐지, 방송국 사장 퇴임, 민방련의 간사이테
레비 제명 등 반성과 자정 노력이 뒤를 잇던 와중에, 정부·여당은 4월
6일 166회 국회에 「방송법 등의 일부를 개정하는 법률안(放送法等の一
部を改正する法律案, 이하 2007 개정안)」을 제출했다. 2007년 개정안에
는 경영위원회의 감독권한 명확화를 골자로 하는 NHK 거버넌스 강화와
총무대신이 방송사업자에 대해 불상사 재발 방지 계획 제출을 요구할
수 있게 하는 제도의 신설과 같이 규제강화를 강조한 내용이 포함되어
있었다.[43]

물론 정부·여당은 2006년 6월 20일에 변화한 미디어 환경과 기술
발전, 통신과 방송의 융합 현상에 발맞춰, "통신과 방송에 관한 종합적인
법체계에 대하여" "조속히 검토에 착수해, 2010년까지 결론을 얻는다."는
계획을 공표한 바 있다.[44] 그러나 2007년 개정안을 통신과 방송에 대한
종합적 개혁안을 담고 있는 법률안이라고 보기는 어렵다. 방송과 통신
융합에 따른 방송 개념 재규정 등 핵심 사안에 대한 구체안은 아직 나와
있지 않았고, 실제로 통신과 방송 법제의 통합은 2010년 개정에서 이루

---

43) 「(総務委員会)放送法等の一部を改正する法律案(第百六十六回国会閣法第九四号)
　　(衆議院送付)要旨」, 2007, http://www.sangiin.go.jp/japanese/joho1/kousei/gian/
　　168/pdf/53166940.pdf(최종 검색일: 2015. 12. 11). 이외에도 외국인 대상과
　　재외일본인 대상 국제방송 프로그램 분리와 명령방송제도의 명칭을 요청방송
　　제도로 변경, 인정방송회사제도 도입, 전파 이용 신속화와 유연화를 위한 수
　　속 마련, 전기통신사업자에 대한 업무 개선 명령 가능화 등의 내용이 포함되
　　었다.
44) 「通信・放送の在り方に関する政府与党合意(平成18年6月20日)」, 2006. http://www.
　　soumu.go.jp/main_sosiki/joho_tsusin/policyreports/chousa/eisei_houso/pdf/
　　060714_2_ss-2.pdf(최종 검색일: 2015. 12. 12).

어졌기 때문이다.[45] 스가 총무 대신이 2007년 5월 22일 중의원 본회의에서 '2007년 개정안' 제출 이유를 설명한 직후, 민주당 · 무소속 클럽을 대표하여 다지마 가나메(田嶋要) 의원이 "NHK의 일련의 불상사"나 "'아루아루 대사전 2' 문제 등에 대한 대증요법(對症療法)에 지나지 않는" 법안이라고 반응한 것 역시 이런 맥락을 지적한 것으로 볼 수 있다.[46]

불상사 사건을 이유로 규제 확대를 의도한 것으로 보이는 신설조항을 살펴보면, 감독권한 강화는 "일본방송협회의 거버넌스를 강화하기 위해 경영위원회의 감독권한을 명확히 하며" "일부 위원을 상근화하며, 경영위원으로 구성되는 감사위원회를 설치"한다는 내용이다. 재발 방지는, 2007년 개정안 제53조 8항 2호에 명기되었는데, "총무대신은 방송사업자가 허위설명에 의해 사실이 아닌 사항을 사실이라고 오해하게 하거나, 국민경제 또는 국민생활에 악영향을 주거나 그럴 가능성이 있는 방송을 실시하거나, 위탁해서 실시하게 했다고 인정하는 경우, 해당 방송사업자에 대해 기간을 정해 같은 방송의 재발 방지를 도모하기 위한 계획의 책정과 제출을 요구할 수 있다."는 내용이다. 총무대신은 재발 방지계획을 수리하면, "이를 검토해 의견을 첨부하여 공표하도록" 정하고 있다.[47]

---

45) 荒井透雅, 「通信と放送の法体系の見直し: 放送法等の一部を改正する法律案」, 『立法と調査』 304, 2010, 3-16쪽.
46) 「第166回国会衆議院本会議会議録 第33号(平成19年5月22日)」, 2007, 3쪽. http://kokkai.ndl.go.jp/SENTAKU/syugiin/166/0001/16605220001033.pdf(최종 검색일: 2016. 1. 13).
47) 「(第一六六回 閣第九四号)放送法等の一部を改正する法律案」, 2007. http://www.sangiin.go.jp/japanese/joho1/kousei/gian/168/pdf/t031660941660.pdf(최종 검

2007년 개정안에 대한 언론계와 학계의 비판과 법률안 반대 성명 발표가 뒤를 이었다. 예를 들어, BPO는 "국가기관이 '허언이나 날조를 처벌한다'는 기치를 내걸고", "방송법을 개정해 언론이나 표현을 하나하나 구속하려" 하는 시도라고 규탄했다.[48] 불상사 재발 방지 계획 요구는 "악영향"이나 "사실"과 같이, "민감하고도 실증이 곤란한 문제에 대해 무제한에 가까운 행정재량을 인정"하는 것이며, 재발 방지 계획에 대한 총무대신의 의견 첨부는 헌법이 금하는 검열에 해당한다는 지적도 나왔다. NHK 경영위원회 거버넌스의 강화에 대해서도, 경영위원회의 직무의 상세 조항 중 "총무성령(總務省令)으로 정하는" 내용이 다수 추가되어 오히려 경영위원회의 독자성을 발휘할 여지를 줄이고 "총무성의 NHK에 대한 거버넌스 강화를 기도하고 있다."는 비판도 가해졌다.[49] BPO는 허위 방송이나 방송윤리상의 문제를 심리·심의하기 위한 '방송윤리검증위원회'를 신설해 총무대신이 방송사업자의 재발 방지 계획 제출을 요구하는 행정처분 신설의 정당성을 저하시켰다.[50]

색일: 2016. 1. 13).

48) 放送倫理·番組向上機構 放送番組委員会, 「放送法改定に反対する番組委員会メッセージ」, 2007. 5. 11. http://www.bpo.gr.jp/better/kenkai/seimei_2.html(최종 검색일: 2015. 12. 10).

49) メディア総合研究所, 「放送法等の一部改正法案に対するメディア総研の見解(2007年5月30日)」, 2007. http://www.mediasoken.org/page055.html(최종 검색일: 2016. 1. 3).

50) 종래의 방송프로그램위원회(放送番組委員会)를 해산하고 방송윤리검증위원회로 대체했다. 방송윤리검증 위원은 변호사 등 방송 종사자가 아닌 유식자 10인으로 구성되며, 윤리상의 문제나 허위 등의 정도에 대응해 방송국에 '권고', '견해', '의견'을 제출한다. 사안에 따라 재발 방지 계획의 제출을 요구하기도 한다.

NHK 거버넌스 강화나 프로그램 문제 재발 방지 계획안 제출에 관한 조항은 국회 심의 과정에서도 누차 방송에 대한 국가 개입 증대의 가능성을 안고 있다는 지적이 나왔다. NHK 경영위원회의 기능강화와 관련해서는 "경영위원회를 경유해 NHK에 대한 [총리]관저의 개입이 이루어지거나 강화될 우려"가 제기되었고,[51] 상근하는 감사위원이 정보량의 차이로 인해 다른 경영위원을 압도하여 경영위원회의 합의기구로서의 기능에 지장을 줄 수 있는데, 정부가 얼마든지 친(親)정부 인사를 감사위원에 임명할 수 있다는 분석도 나왔다.[52] 프로그램 문제 재발 방지 계획안에 대해서도, 소위 윤리규정으로 이해되어온 편집준칙에 일종의 징벌규정을 추가하는 것이며 방송의 자유를 위축시킨다는 비판이 있었다.[53]

이에 대해 정부·여당은, 불상사의 빈발이 "방송사업자의 자주·자율에만 맡겨두어서는 반드시 시정을 기대할 수 없음"을 증명한다고 강조하면서, 국가가 방송의 공익적 효과를 보장하고 시청자를 보호하기 위해 이러한 조항을 신설해야 한다는 논리로 대응했다.[54] 스가 총무대신은 "이번 NHK의 거버넌스 강화는 근년의 NHK의 불상사 연발 등을 고

---

51) 田嶋要 민주당 의원 발언. 「第166回国会衆議院本会議会議録 第33号(平成19年5月22日)」, 3쪽.

52) 공산당 塩川鉄也 의원 발언 참조. 「第168回国会衆議院総務委員会議録 第8号(平成19年12月06日)」, 2007, 1쪽. http://kokkai.ndl.go.jp/SENTAKU/syugiin/168/0094/16812060094008.pdf(최종 검색일: 2016. 1. 13).

53) 사회민주당 重野安正 의원 발언 참조. 「第168回国会衆議院総務委員会議録 第7号(平成19年12月04日)」, 2007, 31쪽.

54) 増田寛也 총무대신 발언. 「第168回国会衆議院総務委員会議録 第7号(平成19年12月04日)」, 27쪽.

려해 공공방송으로서의 사회적 사명을 확보하기 위해 실시하는 것"이라
고 설명했다. 프로그램 문제 재발 방지 계획을 요구하는 제도의 발동에
대해서도, 스가 총무대신의 설명은 "이번에 날조 프로그램 방송 등의 대
단히 심각한 사태가 발생하고 있는 와중에 시청자 보호를 도모하기 위
해, 재발 방지 계획의 요구라는 필요 최소한의 조치를 강구한 것"이라는
것이었다.[55] 정부 규제의 근거로는, 방송사업자는 "유한하고 희소한 전
파를 배타적으로 사용하는 것"이므로 큰 책임감이 따르고, 방송은 전국
의 시청자에게 "직접적 그리고 즉각적으로 전달되므로" "사회적인 영향
력이 크다."는 점을 들었다.[56] 논의 과정에서 독립행정기구가 아니라 중
앙정부기관이 방송 감독과 규제를 담당하는 경우는 세계적으로 찾아보
기 어렵다는 비판도 다시 한 번 제기되었다. 그러나 정부·여당은 방
송·통신은 "국가전략적 대응이 크게 요구되는 분야"이며, "과제에 대한
기능적, 일체적, 종합적인 대응을 가능하도록 하는 독임제 성(省)"의 "대
신이 전반적인 책임을 가지고 신속하게 행정을 집행하는 제도"가 '적당'
하다는 논리로 반박했다.[57]

　　종합해보면, 언론 중립과 표현의 자유 보장 논리에 근거한 비판에
정부가 공익의 실현자로서의 국가의 개입을 정당화하는 논리로 대응하
고 있어, 방송의 자유에 대한 기본적인 인식의 대립 구도는 전후 방송법

---

55) 菅義偉 총무대신 발언. 「第166回国会衆議院本会議会議録 第33号(平成19年5月
　　22日)」, 4-5쪽.
56) 민주당 森本哲生 의원 질의와 増田 총무대신 답변. 「第168回国会衆衆議院総務
　　委員会議録 第7号(平成19年12月04日)」, 28쪽.
57) 増田 총무대신 발언. 「第168回国会衆議院総務委員会議録 第7号(平成19年12月
　　04日)」, 27쪽.

제가 마련될 당시의 그것과 크게 다르지 않다고 볼 수 있다. 다만, 방송산업의 구조적인 문제에 기인하는 불상사 사건의 빈발과 방송·통신이 일본의 국제경쟁에 중요한 분야라는 이유로, 정부의 방송행정 독점과 신보수주의적 규제 확대 논리가 뚜렷하게 제기되었다는 점은 주목할 만하다.

결과적으로 정부·여당의 개정안 원안이 그대로 받아들여지지는 않았다. 2007년 참의원 선거에서 민주당이 다수를 장악하여 정세가 변화하자 정부·여당은 야당 측의 주장을 일정 정도 채택해서 원안을 대폭 수정할 수밖에 없었기 때문이다. 자민당·무소속회, 민주당·무소속클럽, 공명당(公明党)의 공동제안에 의한 수정안에는 NHK 경영위원회의 권한 강화의 경우, 경영위원이 개별 프로그램 내용에 개입하는 것은 금지하고 방송법 제3조에 규정되어 있는 편집의 자유에 저촉되는 행위는 하지 않는다고 명기했다. 불상사 재발 방지 계획 제출에 관한 조항은 삭제되었다.58) 2007년 12월 중·참 양원에서 가결되어 2008년 4월부터 시행된 것은 정부 원안이 아니라 개정안이었다.

'전후체제로부터의 탈피'를 내세웠던 제1차 아베내각하에서 방송 규제 강화를 위한 정부·여당의 이념적 공세는 강화되었지만, 방송행정에 관한 한 보수정권 아래 형성된 전후체제적인 큰 틀은 유지되는 가운데, 많은 우려를 모았던 대로 정부가 방송의 우경화를 견인할 만큼 눈에 띄게 새로운 법제적 근거가 만들어지지는 않았다고 봐야 할 것이다. 다

---

58) 「衆議院総務委員会の修正案(168回·可決)」, 2007. http://www.sangiin.go.jp/japanese/joho1/kousei/gian/168/pdf/h031660941680010.pdf(최종 검색일: 2015. 12. 10).

만, 새로운 법 규정 없이도 지금껏 정부가 해왔던 대로 행정지도는 가능하기 때문에, 재발 방지 계획 제출 요구 신설은 실효 면에서보다 방송 내용에 대한 판단을 국가에 의한 규제의 근거로 삼는다는 상징성 면에서 더 중요한 개정 사항이었을 것이다.

5. 자민당 재집권과 방송 내용 규제 논리의 확대

물론 정권이 교체된다고 해도, 편집준칙과 같은 법제는 여전히 정부·여당이 NHK 프로그램 내용에 개입할 구실이 될 수 있다. 민주당 정권하에서 2010년 방송법이 한 차례 개정되었지만, 위에서 문제점이 지적되었던 법규들 자체는 기본적으로 바뀌지 않았다. 그러나 자민당 정권 때와 달리 민주당 정권하에서 프로그램 내용을 이유로 공식적으로 행정지도가 실시된 사례는 한 건도 없었다.[59] 이 점은 자민당 정권이 2000년대 이후 방송 내용에 대해 적극적으로 개입하려는 태도를 보여온 것이 반드시 프로그램의 질이 하향됐거나 내용에 문제가 있기 때문만은 아님을 시사한다.

이런 면에서 자민당 재집권 이후 프로그램 내용을 이유로 한 총무성의 행정지도가 재개된 것은 시사하는 바가 크다. 본장에서는 그 단초

---

59) 放送倫理検証委員会, BPO, 「NHK総合テレビ『クローズアップ現代』, 『出家詐欺』報道に関する意見」, 2015. 11. 6, 25쪽. http://www.bpo.gr.jp/wordpress/wp-content/themes/codex/pdf/kensyo/determination/2015/23/dec/0.pdf(최종 검색일: 2015. 12. 9).

가 된 NHK「클로즈업 현대(クローズアップ現代)」프로그램 사전조작 의혹과 이를 둘러싼 자민당 정부와 BPO 사이의 논쟁을 소개하려 한다. 논쟁의 단초를 제공한 것은 2014년 5월 14일 방송된 NHK의「클로즈업 현대」프로그램 제작 과정에서 사전조작이 있었다는 의혹을 제기한 2015년 3월 18일『슈칸분슌(週刊文春)』기사였다. 이 의혹에 대한 NHK 자체 조사보고서가 공개된 당일인 2015년 4월 28일 다카이치 사나에(高市早苗, 이하 다카이치) 총무대신은 편집준칙의 사실보도 조항을 위반했다는 이유로 NHK에 '엄중주의' 행정지도를 실시했다. 다카이치 총무대신은 "국민・시청자의 수신료에 의해 운영되는 공공방송으로서의 사회적 사명에 비추어, 이번의 조사보고에 기재된 재발방지책을 더 깊이 파고들어 구체화하여, 한시라도 빨리 대처하도록 하기 위해 신속하게 행정지도를 실시했다."고 설명했다.[60] 그러나 2009년 이후 방송 내용을 문제 삼은 첫 행정지도 사례이며, BPO의 방송윤리검증위원회에서 심의가 끝나기도 전에 행정지도 처분이 내려져 논란의 여지가 있었다. 그 결과 편집준칙을 윤리규범으로 볼 것인가, 제재나 처벌의 근거인 법규로 볼 것인가라는 문제를 둘러싸고 정부와 언론인/지식인들 사이의 논쟁이 재점화되었다. 이에 더해 자민당 정보통신전략조사회(情報通信戦略調査会)가 이 문제로 NHK 간부를 당 본부에 불러 설명을 요구한 정황이 알려지면서 논란은 더욱 커졌다.

---

60)「第189回国会衆議院 総務委員会議録 第16号(平成27年5月26日)」, 2015, 6쪽. http://kokkai.ndl.go.jp/SENTAKU/syugiin/189/0094/18905260094016.pdf(최종 검색일: 2016. 1. 13).

11월 6일 BPO 방송윤리위원회는 심의결과에 기반한 의견서를 발표해, NHK에 대해 "중대한 방송윤리위반이 있었다."고 지적했다. 그러나 편집준칙은 어디까지나 방송국이 스스로 규율하는 "윤리규범"임을 강조하고, 이를 위반한 것을 이유로 한 행정지도나 자민당의 사정 청취는 방송의 자유와 자율성에 대한 "집권여당에 의한 압력"에 해당하며 "엄중히 비난받아야 한다."는 의견을 개진했다.[61]

이에 대해 11월 10일 아베 총리는 중의원 예산위원회에서 "단순한 윤리규정이 아니라 법규이며, 법규를 위반하고 있으므로, 담당관청이 법에 따라 대응하는 것은 당연하다."는 논리로 BPO 방송윤리위원회 의견서를 비판했다. 자민당 정보통신전략조사회가 4월에 NHK 간부를 불러 사정 청취를 한 것에 대해서도 "NHK 예산안 승인 책임이 있는 국회의원이 [방송이] 사실을 왜곡하고 있는지 여부에 대해 의논하는 것은 지극히 당연"하다고 답변했다.[62]

아베와 아베 내각이 기존의 편집준칙 해석을 뒤집는 이러한 해석을 꾸준히 유지하고 선전하고 있는 점으로 보아, 방송의 내용에 국가가 개입할 수 있고, 필요하다면 개입하겠다는 의지는 분명해 보인다. 특히 제2차 아베 내각 출범 이후, 자민당 의원들에 의한 규제강화 지향은 조금 더 뚜렷하게 표출되고 있는 것으로 보인다. 2007년 방송법 개정 논의 당시 스가 총무대신은 BPO의 대처가 규제 기능을 수행하는 한 불상사 재

---

61) 放送倫理検証委員会, BPO, 「NHK総合テレビ『クローズアップ現代』, 『出家詐欺』報道に関する意見」, 26쪽.
62) 「異例の政治批判: 放送の規制強化,BPOに危機感」, 『毎日新聞』, 2015. 11. 16.

발 방지에 관한 행정처분 조항을 적용하지 않는 것을 원칙으로 한다는 입장을 표명하는 등 방어적인 입장을 보였다.[63] 그러나 「클로즈업 현대」 조작 의혹이 불거진 지 한 달이 지나지 않은 2015년 4월 17일, 자민당 정보통신전략조사회 회장 가와사키 지로(川崎二郎)는 방송에 대한 정부 개입 가능성을 비판하는 논리를 역으로 사용해, 방송국들이 추렴한 재원으로 운영되는 BPO는 제대로 된 감시견 역할을 할 수 없으므로 방송국으로부터 독립된 기구가 필요하다는 의견을 개진했다. 자민당 내에서는 정부 측 인사나 전(前) 관료를 BPO에 참여시키자는 의견도 나온 것으로 알려져 있다.[64] 다카이치 총무대신은 편집준칙 위반을 행정지도의 근거로 삼는 데서 한 발 더 나아가 방송국 운영 정지나 면허취소의 근거로 볼 수 있다는 견해를 표명했다. 2016년 2월 8일에 중의원 예산위원회에서 특정 방송국이 "정치적 공평성을 결여한 방송을 반복했다고 판단" 되는 경우, 편집준칙 위반을 이유로 전파법 76조에 근거해 전파를 정지시킬 수 있다고 언급한 것이다.[65] 편집준칙에 대한 이러한 해석은, 제2장에서 언급했듯이 헌법상의 표현의 자유와 양립하기 어려우며, 방송을 위축시킬 위험이 크다. 특히 편집준칙이 윤리규정이 아니라 법규라는 자민당의 시각에서는 편집준칙을 이유로 행정지도 빈도를 증가시킨 것처럼, 실제로 전파법 76조를 발동하는 것도 가능하기 때문에 귀추가

---

63) 「第166回国会衆議院本会議会議録 第33号(平成19年5月22日)」, 2쪽.
64) 「自民党BPOに政府関与検討 『放送局から独立を』」, 『毎日新聞』, 2016. 4. 18.
65) 「高市総務相, 電波停止に言及 公平欠ける放送に『判断』」, 『朝日新聞デジタル』, 2016. 2. 9. http://www.asahi.com/articles/ASJ286TWTJ28UTFK00W.html(최종 검색일: 2016. 2. 19).

주목된다고 하겠다.

6. 시험대에 오른 표현의 자유

본고는 최근 일본 정치의 우경화 경향에 따라 일본의 공공방송 NHK도 급격히 우경화하고 있다는 관측에 대해, 전후 초 형성된 방송법제들을 근거로 이제껏 있어왔던 정부·여당의 NHK에 대한 개입의 논리나 양상과 다른 점이 있는가라는 의문을 가지고, 2000년대 이후 자민당 정권의 사례들을 검토했다. 특히 신보수주의적 성향을 공유하는 신국가주의 정치인들의 대두 이후 자민당 정권이 방송 내용에 대한 국가의 개입이나 규제를 강화하는 논리나 양상을 보이고 있는지를 살펴보았다. 그리고 이를 통해 기존의 방송법제의 테두리를 벗어나지 않으면서, 법조항의 해석을 달리하는 방식으로 규제 논리를 강화하는 경향을 발견할 수 있었다. 아베와 신국가주의 성향 자민당 인사들이 다큐멘터리「전시 성폭력을 묻는다」의 내용을 수정하도록 압력을 가한 이후 내세운 논리나, 2007년 NHK 경영위원회의 감독권한을 강화하고 방송 불상사 재발 방지를 이유로 행정처분 규정을 신설하고자 할 때 내세운 논리 모두, 기본적으로 편집준칙을 방송사업자의 자율규제를 원칙으로 하는 윤리규정이 아니라, 행정지도와 같은 정부에 의한 방송 규제의 근거로 적극적으로 해석하는 것이었다. 그리고 이러한 해석은 제2차 아베 내각에서도 유지·강화되고 있다.

물론 이러한 편집준칙 위반을 이유로 한 규제행위가 방송 내용을 실제로 급격히 우경화시키고 있는지에 대해서는 좀 더 면밀한 실증연구가 필요하다. 다만 내용 자체에 대한 압력 이외에도 유의해야 할 점은, 헌법상의 표현의 자유나 방송법상의 편집의 자유와 모순되는 편집준칙을 정부가 방송 내용에 대한 규제 근거로 계속 이용하면 이러한 자유 보장 조항들을 유명무실하게 만들 위험이 있다는 점이다. 샌프란시스코 강화조약 60주년을 맞아 자민당이 '전후체제로부터의 탈피'를 '당의 사명'으로 거론하면서 2012년 4월 발표한 헌법개정초안은 자민당 정권의 방송 내용 규제 확대 시도의 근저를 이루는 논리를 단적으로 보여준다. 현행 헌법 제21조 1항은 "집회, 결사, 언론, 출판, 그 외 일체의 표현의 자유를 보장한다."고 되어 있고, 2항은 "검열을 실시해서는 안 된다. 통신의 비밀을 침해해서는 안 된다."고 되어 있는데, 헌법개정초안에는 제21조 2항 앞에 "전항(前項:제21조 1항)의 규정과 상관없이 공익과 공적 질서(公の秩序)[66]를 해하는 것을 목적으로 한 활동과 그를 목적으로 한 결사는 인

---

66) 자민당 헌법개정초안에 사용된 '公の秩序' 개념을 둘러싼 논쟁을 고려할 때, 단순히 공공질서로 번역하는 것은 적절치 않아 보여 일단 공적 질서로 번역했다. 자민당은 현행 헌법의 '공공의 복지'라는 표현을 삭제하고 '공익과 공적 질서'라는 표현을 대신 사용하면서, 공적 질서는 '사회질서'를 의미한다고 설명한다. 自由民主党, 「日本国憲法改正草案 Q&A 増補版」, 2013. https://www.jimin.jp/policy/pamphlet/pdf/kenpou_qa.pdf(최종 검색일: 2016. 2. 19), 14쪽. 그러나 '공'은 곧 '국가'라는 논리를 통해 반(反)국가적이라고 자의적으로 해석될 수 있는 행위를 단속하거나, 기본적 인권을 보장하는 헌법 정신을 유명무실화하려는 의도가 담긴 개념이라는 비판도 거세다. 日本弁護士連合会, 「日本国憲法の基本的人権尊重の基本原理を否定し、『公益及び公の秩序』条項により基本的人権を制約することに反対する意見書」, 2014. http://www.nichibenren.or.jp/library/ja/opinion/report/data/2014/opinion_140220_6.pdf(최종 검색일:

정하지 않는다."는 조항이 추가되었기 때문이다.

2016년 7월 10일에 실시된 참의원 선거결과 중의원에 이어 참의원에서도 개헌파가 개헌안 발의가 가능한 3분의 2 의석을 확보하여 향후 개헌안 논의가 본격화될 것으로 보인다. 따라서 정부·여당의 방송 내용에 대한 규제를 견제하는 근거로 기능해왔던 헌법에 보장된 표현의 자유 자체가 시험대에 오를 가능성도 적지 않다. 자민당은 국회 헌법심사회 재개를 위해 2012년 헌법개정초안을 사실상 봉인하겠다고 한 차례 표명하긴 했으나 이 초안을 철회한 적은 없다. 2016년 11월 말에도 중의원 헌법심사회 여당필두간사인 나카타니 겐(中谷元) 의원이 표현의 자유를 제약하는 것은 '극히 당연한 일'이라는 입장을 표명한 바 있다.[67] 이 글에서 살펴본 2005년 프로그램 수정압력 의혹 사례를 떠올릴 때 이러한 사고방식의 귀결점이 가져올 수 있는 위험은 분명해 보인다. 지금이야말로 전후 반복되어온 공공방송 개념을 둘러싼 논란에서도 드러나듯 항시 모호한 채로 남아있던 공익과 공공 개념을 명확히 규정하고 이들 개념에 대한 사회적 합의를 도출하려는 노력이 실질적으로 이루어져야 할 때이다.

2016. 2. 19).

67) 「表現の自由に制約『当然』自民,改憲草案撤回せず」, 『東京新聞』, 2016. 11. 25. http://www.tokyo-np.co.jp/article/politics/list/201611/CK2016112502000135. html(최종 검색일: 2016. 12. 5).

〈기미가요〉와 일본 우익
국기국가 법제화(1999)를 중심으로*

이경분

1. 일본의 국가 〈기미가요〉

2차 대전이 끝나고, 이전과 다른 국가체제를 건설하고자 하는 일본에서는 새 국가 상징물에 대한 대중적 관심이 높았다. 기미가요가 새로운 헌법 정신과 맞지 않다는 분위기가 지배적이었으므로, 1946년 『마이니치신문』, 1948년 『아사히신문』과 『요미우리신문』에서 새로운 '국민가', '신일본가', '새 국가' 또는 새 헌법 정신을 고양하는 '국민애창가'의 공모운동을 벌였다.[1] 하지만 어떤 노래도 國歌로서 다수를 설득하지 못하였다. 1952년 미군정으로부터 통치권한을 돌려받은 이후 일본 정부는 이전의 히노마루와 기미가요를 국기국가로서 관습법적으로 사용하였

---

  * 이 글은 『아세아연구』 제59권 2호(통권 164호, 2016)에 실린 논문을 수정 보완한 것이다.

 1) 田中伸尙, 『日の丸君が代の戰後史』, 東京: 岩波書店, 2000, 18-20쪽. 이 시기에는 『요미우리신문』도 〈기미가요〉가 국가로서 적당하지 않다고 여겼다.

다. 그 후 47년이 지나 신중론에서부터 반대여론까지 사회 각층의 우려의 목소리가 있었지만2) 1999년 8월 13일, 일본 정부는 히노마루를 국기로, 기미가요를 국가로 하는 법률(정식명칭: 国旗及び国歌に関する法律)을 공포하고 강행하였다. 오랫동안 히노마루와 기미가요를 관습법적으로 국기국가로 사용해왔던 관례를 법으로 못박은 것이다. 이는 일본인의 국가통합과 애국심을 강조하는 '새로운 상징정책'의 새 국면을 보여주는 하나의 중요한 사건이라 할 수 있다.

본 논문의 목적은 1970년대부터 기미가요 제창을 선전해 왔던 우익음악가 마유즈미 도시로(黛敏郎)와 기미가요의 국가 법제화를 적극적으로 지지했던 〈일본회의〉의 주장을 통해 기미가요와 우익의 관계를 설명하고자 하는 것이다. 이를 통해 본 논문은 결론적으로 1990년대 말 일본 사회의 우경화가 새로운 단계에 진입했음을 주장하고자 한다. 지금까지 국기국가법 논쟁에서 히노마루와 기미가요를 하나의 세트로 분석해왔던 기존 연구와 달리, 본 연구는 (히노마루는 필요한 부분에서만 언급하고) 기미가요에 초점을 맞추어, 기미가요의 음악과 가사를 구분하여 분석함으로써 우익 내의 미묘한 해석의 차이와 국가적 상징으로서 히노마루와 구분되는 기미가요의 차이를 포착해 내고자 했다.

---

2) 山口二郎, 「新たな翼賛体制?−自自公体制と権力強化型法案」, 石田英敬 編, 『日の丸・君が代を越えて』, 東京: 岩波ブックレット, No.488, 1999, 52쪽, 1999. 6. 30. 『아사히신문』의 여론조사에는 기미가요의 법제화 찬성 47%, 반대 45%, 당해 국회의 법안 성립 찬성은 23%, 더 논의를 해야 한다가 66%였다. 『마이니치신문』 1999년 7월 4일자 여론조사에서 더 시간을 가지고 논의해야 한다는 의견은 44%로 이번 회기에 성립시켜야 한다는 의견 36%보다 높았다.

이러한 의도를 위해 〈일본회의〉 기관지『일본의 숨결(日本の息吹)』(1994~2000년)과 대중적인 우익 잡지『쇼군(諸君)』(문예춘추사 발행)에 게재된 히노마루 기미가요에 관한 기사(국기국가 법제화 전후인 1998~2000년), 마유즈미 도시로의 기미가요 언설 및 신문자료를 분석하였다.3)

2. 〈일본회의(日本会議)〉와 국기국가법

국기국가 법제화는 현 아베 정부의 정책을 뒷받침하고 있는 〈일본회의〉의 중요한 운동 성과로도 여겨진다. 우익단체 〈일본회의〉는 1997년 〈일본을 지키는 국민회의(日本を守る国民会議)〉와 〈일본을 지키는 회(日本を守る会)〉가 합쳐서 성립된 것이다.4) 〈일본회의〉의 탄생은 〈일본을 지키는 국민회의〉의 제14회 총회에서 결정되었는데, 이를 주재한 사람은 의장 마유즈미 도시로였다.5) 그는 "일본을 위기에서 구하기 위한 절실한 사명감으로" 보다 광범위한 운동 조직인 〈일본회의〉를 발족시켰지만, 얼마 후(1997.4.10.) 사망함으로서 공식적인 〈일본회의〉의 출범을 보지는 못했다. 하지만, 출범한 지 2년 만인 1999년 34개의 도도부현(都道府県)에서 새로운 지부가 결성되는 등6) 마유즈미의 소원대로

---

3) 『일본의 숨결』의 경우 1994년부터 조사 분석한 것은 〈일본을 지키는 국민회의〉가 〈일본회의〉로 이행하는 변화와 연속성을 관찰해 보기 위한 것이다.
4) 〈일본을 지키는 회〉는 1974년 일본의 신도와 신흥 불교계를 중심으로 결성된 단체이고, 〈일본을 지키는 국민회의〉는 1978년 재판관이었던 이시다 가즈토(石田和外)가 주축이 되어 1981년 보수계 인사들로 결성된 단체이다.
5) 編集部, 「新組織「日本会議誕生が決定」!」, 『日本の息吹』, 1997/5, 16쪽.

〈일본회의〉는 빠른 속도로 전국적인 규모의 대표적인 우익단체로 성장하여 현재 일본 정치에 막대한 영향력을 미치고 있다. 2012년 아베 내각의 각료 중 과반수 이상(아베 포함 14명)이 〈일본회의 국회의원 간담회〉 소속이었고, 국회의원 250명 이상이 이 간담회 소속이었다는 사실은 〈일본회의〉가 현재 일본 정치에서 얼마나 높은 비중을 가지는지 말해준다.

〈일본회의〉가 창립되고 얼마 지나지 않아서(약 2년 후) "교육정상화" 운동의 실천으로서 '국기국가 법제화'가 달성되었던 것은 시사하는 바가 크다.[7] 〈일본회의〉의 활동 중 "교육정상화" 운동은 "황실 존중운동"과 "헌법개정 운동", "영토수호 운동" 등과 함께 7대 중요활동에 속한다. 이러한 활동 중 그 어느 것보다 신속하게 국기국가법이 성립된 것은 법제화를 요구하는 "특별성명"을 발표하고(1999.4.17.), 망설이는 국회의원들을 설득시키는 등 〈일본회의〉의 적극적인 운동이 한 몫 했다고 볼 수 있을 것이다. 특히 기관지 『일본의 숨결』 1999년 7월호의 기사 「국민의 힘으로 자랑스런 나라 만들기를—천황폐하 즉위 10주년 봉축운동, 국기국가 법제화 실현을 향하여(国民の力で誇りある国づくりを—天皇陛下御

---

6) 編集部, 「国民の力で誇りある国づくりを—天皇陛下御即位十年奉祝運動, 国旗国歌法制化実現に向けて」, 『日本の息吹』, 1999/6, 16쪽.

7) 編集部, 「国民の力で誇りある国づくりを—天皇陛下御即位十年奉祝運動, 国旗国歌法制化実現に向けて」, 17쪽. 홈페이지에는 황실, 헌법, 역사, 교육, 야스쿠니, 인권, 여성의 7개 카테고리가 있다. 일본회의의 홈페이지(http://www.nipponkaigi.org/) 참고. 1996년에는 国旗国歌의 의의를 선전하는 영화 〈세계 중의 히노마루, 기미가요(世界の中の日の丸・君が代)〉를 제작하여 전국에 상영하였다(編集部, 「いま国旗国歌 の教育にもの求められているもの」, 『日本の息吹』, 1996/4, 6-7쪽).

即位10年奉祝運動, 国旗国歌法制化実現に向けて)」에서 보듯이, 〈일본회의〉는 아키히토 천황 즉위 10주년과 국기국가법 성립을 연결시키면서 특별한 의미를 부여하고 있다.

　이런 배경에서 볼 때, 국기국가 법제화는 단순히 이전에 관습적으로 여기던 국기국가를 명문화했다는 의미가 아니라, 일본 사회 분위기의 우향화가 새로운 단계에 진입했음을 보여주는 중요한 터닝 포인트로 여길 수 있지 않을까 하는 질문이 가능하다. 그 이유는 '국기 계양 국가 제창'을 법제화하려던 시도는 이미 오래전부터 있어 왔지만 실현되지 못했기 때문이다. 즉, 1974년 3월 다나카 수상이 수상으로서는 처음으로 히노마루와 기미가요 법제화의 시기가 왔다고 발언하였다.[8] 또한 수상의 발언 이전에도 앞에서 언급된 마유즈미 도시로가 기미가요 제창 운동을 전개해 왔다. 마유즈미는 〈일본을 지키는 국민회의〉의 대표로 사망할 때까지 방송과 출판물 등 대중매체를 통해 국가 제창을 끈질기게 요구해 왔다. 일반적으로 음악가에게 정치적인 장르인 '國歌'는 음악적, 미학적 관점에서 그리 중요한 것이 아니다. 하지만, 마유즈미는 〈일본을 지키는 국민회의〉의 의장이 되기 훨씬 전부터 '기미가요 제창'을 선전하는 강연자로서 동료 음악가들의 비난에도 불구하고 적극적인 활동을 전개하였다(자세한 것은 III항 참조).[9]

---

8) 田中伸尚, 『日の丸.君が代の戦後史』, 108-109쪽. 1974년 3월 10일 가고시마 현의 한 중학교에서 히노마루 계양을 둘러싸고 교장 자살 사건이 있었다. 이로 인해 새로운 차원의 '학습지도요령'의 개정이 이루어진다.

9) 富樫康, 「黛敏朗の創作の軌跡」, 『音楽芸術』 55/6, 1997, 23쪽. 마유즈미는 1971년부터 일본전통문화수호에 관한 강연에 몰두하기 시작한 이후 순수 음악적 창작에서는 멀어진다. 반면 행진곡 〈조국〉(1981)이나, 불교계의 신흥 종교 오곤

하지만, 1970년대에는 수상의 국기국가 법제화 발언이 자민당 내부에서조차 지지를 얻지 못했을 정도로 그 필요성을 느끼지 못하는 분위기였다. 즉, 1970년대 그리고 80년대까지도 기미가요 제창운동이나 국기국가 법제화에 대한 주장은 일부 소수의 목소리에 불과하였다. 그렇다면 1999년 법제화가 관철된 것은 〈일본회의〉를 비롯한 우익단체들의 주장이 대세를 이루는 변화된 분위기에서 비롯한 것이 아닐까 하는 가설이 가능해진다. 즉 1999년에 일사천리로 법제화가 추진되고 실행되었던 것은, 25년 사이에 우향화된 일본 사회의 분위기를 드러내 보여주는 일종의 '리트머스'라고 할 수 있을지도 모른다.10)

3. 〈일본을 지키는 국민회의〉의 회장 마유즈미 도시로

이러한 막강한 단체의 탄생을 직접 주관했던 마유즈미는 독특하게도 일본 현대음악 작곡계의 거물로서 거의 유일한 '우익' 음악가라 할 수 있다. 클래식 음악, 그것도 일본 현대음악의 대표 중 한 명이었던 그가 기미가요 제창운동을 하게 된 배경과 그 의미를 이해하기 위해 잠시 마유즈미의 변신에 대해 서술할 필요가 있다.

마유즈미는 단순히 음악계 내에서만 유명한 인물이 아니라, 사회적

슈(阿含宗)의 위촉으로 〈대불찬가〉(1983) 등의 불교음악을 다수(4곡) 작곡한다.
10) 『요미우리신문』이 실시한 1999년 3월 여론조사에서 국기=히노마루 찬성이 79%, 국가=기미가요지지 63%, 법제화 찬성은 68% 였다(大原康男, 「国旗国歌の早急な法制を」, 『日本の息吹』, 1999/5, 4쪽).

으로 더 잘 알려진 대중적 명사라는 점도 독특하다. 1964년부터 1997년까지 도쿄 12채널의 TV프로그램 〈제목 없는 연주회〉의 사회자로 인기를 얻었을 뿐만 아니라,[11] 도쿄올림픽 개막식에서 자신의 음악을 초연하였고, 1970년에는 오사카 만박 전람회 TV 방송의 사회자로도 이름을 날렸다. 그 외 네스 커피(1971~1972)나 산토리 맥주(1979), 또는 롤란드 디지털 피아노 광고(1990) 출연으로 일반인에게 '연예인'처럼 널리 알려진 일본 현대음악 작곡계의 이단아라 할 수 있다.

물론 마유즈미가 처음부터 우익의 첨병이었던 것은 아니다. 1951년 프랑스 정부 장학생으로 파리국립음악원에 유학한 그는 당시 독보적인 일본 현대음악계의 리더로서 음악적 좌파운동도 이끌어나갔다. 하지만 1958년에 유럽 음악에 결별을 선언하면서 일본의 전통음악에 눈을 돌리기 시작하는데, 이 과정에서 그는 우익/보수 진영의 정치적 경향에 동조하게 된다.

마유즈미가 전향하게 된 계기는 (「기미가요는 왜 불려지지 않는가(君が代はなぜ歌われない)」에서의 고백에 따르면) 국제주의적 이념에서 일본 전통으로 돌아가야 한다는 깨달음에 의한 것이라 한다. 즉 1950년대 말에는 자신이 인터내셔널한 세계를 꿈꾸며 최첨단을 달리던 사람이었지만, 국제사회에서 아무리 발버둥 쳐도 일본인인 자신은 결국 일본으로 돌아갈 수밖에 없음을 처절하게 깨우치게 되었다는 것이다. 이를 계기로 '일본 문화의 전통을 수호해야 한다는 사명감'을 가지게 된 마유

11) 이 프로그램은 1,500회 이상 지속되는 장수방송이 되었다(富樫康, 「黛敏朗の創作の軌跡」, 23쪽).

즈미는 1960년 초부터 미학적으로 점차 보수적인 경향으로 흐르게 되다
가 1960년대 말에는 일본의 보수적 매체와 보수적 인사들과의 접촉이 점
점 증가하면서 공개적으로 국수주의적인 성향을 드러낸다.

　　마유즈미가 우익의 영역 속에 확고하게 자리 잡게 된 것에는 1952년
에 영화감독 기노시타 게이스케(木下惠介)의 소개로 만난 미시마 유키
오(三島由紀夫)와의 교류가 결정적이었다고 할 수 있다.[12] 그는 미시마
와 공동으로 오페라 작곡 계약을 맺거나, 방송극, 연극 작품을 공동작업
했을 뿐 아니라, 1970년 미시마의 자결 후에는 미시마의 미학을 계승하
는 우익 문화인으로 변신한다.[13] 1980년대 후반 마유즈미는 천황을 "일
본 사회를 성립하게 하는 문화 개념의 정점"이라 선포하였는가 하면,[14]
1990년대 초 "미시마가 아마 현재를 체험했다면 그는 또 한 번 자결"할 것
이라며, "미온적 데모크라시, 조국 상실, 반일본적 책동을 불쾌하게 생
각"함을 공개적으로 밝힐 정도로 우익 인사가 되었다.[15] 1977년 결성된
〈자유사회를 지키는 국민회의(自由社会を守る国民会議, 약칭: 自由国

---

12) 도가시 야스시는 마유즈미가 정치문제를 말할 때는 평소와는 전혀 다른 사람
　　이 된다고 말한다. 또 미시마 유키오는 마유즈미를 "나와는 정반대의 논적,
　　불구재천의 적"으로 서술하지만, 이는 마유즈미가 자신과 대적할 수준임을
　　인정한 것이라고 한다(富樫康, 「黛敏朗の創作の軌跡」, 22-23쪽).
13) 미시마의 소설을 오페라화한 〈금각사〉는 독일어 각본으로 베를린에서 1976년
　　초연되었다(田畑雅英, 「ヘンネベルクのリブレット−黛敏朗の『金閣寺』」, 『人文
　　研究』, 大阪市立大学大学院文学研究科紀要 55/6, 2005, 52-72쪽 참고).
14) 黛敏朗, 「日本文化と天皇制」, 『月刊自由民主』 394, 1986/1, 44쪽. 마유즈미는
　　정치와 문화는 차의 양 바퀴처럼 뗄 수 없다고 주장한다.
15) 富樫康, 「黛敏朗の創作の軌跡」, 23쪽. 이 인터뷰는 1991년 11월 12일 독일에서
　　진행되었는데, 인터뷰를 한 독일의 미술평론가는 마유즈미가 미시마의 정신적
　　후계자라고 해도 손색이 없다고 한다.

民会議)〉의 초대 대표에 취임했던 그는 1981년부터 〈일본을 지키는 국민회의〉의 운영위원장, 그 후 의장으로 우익단체를 이끌어갔고, 1997년 4월 10일 신부전으로 사망하기 전까지 '신헌법 제정' 요구, '부부별성법안' 반대, '편향교과서' 퇴출 운동, '사죄 불전결의 반대 서명 운동' 등 〈일본회의〉의 갈 길을 제시하였다.[16]

〈일본을 지키는 국민회의〉의 의장으로서 기미가요를 비롯한 우익단체의 현안에 대한 마유즈미의 생각은 단순히 개인적 차원에 머물지 않고, 〈일본회의〉이라는 집단의 이념으로 수렴된 것이어서 중요한 의미를 가진다. 국기국가법은 〈일본회의〉의 요구이자 동시에 1970년대부터 기미가요 제창을 끈질기게 주창한 마유즈미의 요구가 1999년 실현된 것이라 할 수 있다.

4. 〈기미가요〉를 둘러싼 다양한 해석

기미가요는 음악과 가사가 한데 어우러져 상징적 메시지를 발신하지만, 기미가요를 둘러싼 다양한 해석의 차이는 음악과 가사를 분리하여 서술할 때 명료해진다. 〈일본회의〉의 회원들만이 공유하는 『일본의 숨결』과 대중적인 우익 잡지 『쇼군』에 게재된 기미가요 관련 기사들과

---

16) 石田一志, 「黛敏朗年譜」, 『音楽の友』 55. 6, 1997, 143쪽과 黛敏朗, 「急がれる新憲法の制定」, 『日本の息吹』, 1994. 6, 3쪽; 黛敏朗, 「夫婦別姓法案に反対する」, 『日本の息吹』, 1996. 3, 3; 黛敏朗, 「アジアに台頭する新しい歴史観」, 『日本の息吹』, 1996. 4, 3쪽; 黛敏朗, 「四五六万の声を国会へ」, 『日本の息吹』, 1995. 1, 3쪽 참고.

마유즈미의 언설을 중심으로 음악적 측면과 내용적 측면을 나누어서 서술하고자 한다.

4.1. 〈기미가요〉의 음악적 측면

마유즈미는 기미가요에 대해 음악과 사상을 구분하지 않고 복합적으로 서술하고 있어서 두 측면을 따로 떼어내어 해석하기가 쉽지 않지만, 음악과 가사를 분리해서 분석해야 그의 독자적인 기미가요론을 추출해 낼 수 있다. 마유즈미 도시로는 기미가요를 높이 평가하는데, 그 이유는 〈기미가요〉는 예술성이 풍부하기 때문이라고 말한다. 마유즈미가 기미가요를 음악적으로 높이 평가하는 근거는 리듬과 선율의 훌륭함이다. 선율은 이치코쓰조(壱越調)라는 일본 고대의 아악 음계에 근거한 것이고, 화성도 서양 하모니가 아닌 '순수 아악풍'의 하모니가 첨가된 점이라는 것이다.[17] 마유즈미는 〈기미가요〉에 화성을 넣은 사람이 당시 해군 군악대 교사 프란츠 에케르트(Franz Eckert)[18]였다는 엄연한 사실에도 불구하고, 서양화성이 아니라, '아악의 하모니'라고 주장한다.

반면, 1999년 기미가요 법제화를 찬성하는 측의 주장으로서『일본의 숨결』과『쇼군』에 게재된 작곡가 나이토 다카토시(內藤孝敏)의 견해는 마유즈미의 견해와 차이를 보인다.『3개의 기미가요: 일본인의 음과

---

17) 黛敏郎・野安三郎,「特別対談: 日の丸・君が代と天皇制」, 56쪽.
18) 프란츠 에케르트는 기미가요의 선율에 화성을 넣은 독일 음악가로, 나중에 대한제국 애국가도 만들었다(이경분・헤르만 고체프스키,「프란츠 에케르트는 대한제국 애국가의 작곡가인가? 대한제국 애국가에 대한 새로운 고찰」, 역사비평사,『역사비평』101, 2012, 373-401쪽 참고).

마음의 심층(三つの君が代−日本人の音と心の深層)』(1997)의 저자인 나이토에 따르면 선율은 아악에서 온 것이지만, 화성은 서양음악에 바탕을 두므로, 기미가요는 일본 음악 저류의 두 흐름(하나는 아악료에 뿌리를 두고 진행된 일본 전통음악, 다른 하나는 메이지 시기 유입된 서양음악)을 성공적으로 합일한 것으로 평가된다.

다른 한편, 국가 법제화를 반대하는 측의 음악가로서 나카다 요시나오(中田喜直)는 기미가요의 음악성을 비판한다. 그 이유는 ①가사와 음악의 악센트가 맞지 않고[19] ②첫 부분과 마지막 부분의 유니슨이 예술적으로 '졸렬하다'는 것이다.

〈악보 1〉 기미가요의 피아노 버전[20] 첫 부분

다시 말해, 기미가요 시작 부분(1-2마디: きみがーよーは)과 끝 부분(10마디 후반−11마디: すーまーで)이 화성이 없고, 유니슨으로 되어 있

---

19) 단어 "기미"에 음악적 악센트가 들어 있지 않고, "요"가 강조되는 것이 하나의 예이다. 内閣委員会議事錄第12号 平成11年7月16日(内藤孝敏, 「歌唄を忘れた君が代論争」, 『諸君』, 1999/10, 31쪽 재인용). 작곡가 나이토 다카토시는 일본어 악센트의 관점에서 본다면 야마다 고사쿠의 〈아카톤보〉 등 "일본의 명가는 거의 사라지게 되리라"고 한다(内藤孝敏, 「歌唄を忘れた君が代論争」, 34).
20) *Scribner's Magazine*, Vol. 10, Juli 1891, p.46. https://archive.org/details/scibnersmag10editmiss.

는데, 이 부분은 상반된 평가의 원인이 된다.

〈악보 2〉 기미가요의 마지막 부분 (출처: 악보1과 동일)

한편으로, 마유즈미의 아악적 관점에서 보면 이 유니슨 부분은 일본풍으로 해석할 수 있다. 일본 아악에서도 처음과 끝부분이 솔로로 연주되기 때문이다.[21]

다른 한편, 기미가요의 음악적 성과에 회의를 품는 반대파의 관점에서 4소절로 나뉘지도 않는 11마디로 이루어져 아주 짧은데다가 웅장하게 시작해야 할 하모니도 없이 유니슨으로 시작하는 것은 기미가요의 음악적 빈약함으로 해석되어, "비음악적이다, 치욕적인 국가다"라는 비판을 야기했다.[22]

물론 시작 부분이 유니슨으로 시작하는 것이 모두 음악적인 빈약함을 의미하지는 않는다. 베토벤의 5번 교향곡의 첫 부분도 '솔-솔-솔-미b' 모티브가 유니슨으로 시작되는데 음악적 메시지를 분명하게 강조하

---

21) 기미가요의 기악 버전은 여러 개가 난립하지만, 이 부분은 모두 유니슨으로 되어있다. https://www.youtube.com/watch?v=teeOavr7yLg(최종 검색일: 2015. 12. 11). 아악버전 참고: https://www.youtube.com/watch?v=i28otp381lc(최종 검색일: 2015. 12. 11).
22) 內藤孝敏, 「歌唄を忘れた君が代論争」, 34쪽.

는 효과가 있다. 유니슨은 다양한 의도로 사용될 수 있으므로, 〈기미가요〉에서의 유니슨을 '비음악적'으로 보는 것도 그리 설득력이 크지 않다.

궁내성 아악부장(阿部季功)[23]이 전하는 말에 의하면, 프란츠 에케르트가 기미가요 선율에 화성을 넣을 때, 첫 부분에 "복잡한 화음이 들어가면 왠지 재미없고, 일본 국체에 맞지 않는 듯해서" 일부러 화성을 넣지 않았다고 한다. 그리고 "첫 부분에 안 넣었으므로 끝부분도 넣지 않는 것이 좋다"라고 하여 처음과 마지막 유니슨 부분이 탄생하게 되었다고 설명한다.[24] 즉, 기미가요의 처음과 마지막 유니슨은 서양화성적 사고에 바탕을 두면서도 일본적 미학을 고려한 것이 된다.

이 말에 비중을 둔다면 기미가요의 선율과 화성을 모두 '일본적인 음향'으로 보고 서양음악의 영향을 거의 부정하다시피 하는 마유즈미의 견해는(유니슨 부분은 아악적이라 볼 수 있다 해도), 즉 기미가요를 천황의 음악으로 보려는 것은 지나친 해석이라 할 수 있을 것이다.[25] 음악적으로만 본다면(정치적 의도를 떠나서), 기미가요에 대한 세 가지 음악적 해석(마유즈미, 나이토, 나카다) 중 나이토의 해석이 가장 설득력이 있다고 할 수 있다.

---

23) 일본아악사전에 궁내부 악사장으로 실려 있는 아베 에이사(安倍季功)와 동일인물로 추정된다.
24) 內藤孝敏, 「歌唄を忘れた君が代論争」, 34쪽.
25) 마유즈미의 의견에 정면으로 배치되는 경우도 있는데, 나이토에 따르면, 기미가요에 일본식 화성을 이상하게 넣어 자작보를 발표하는 사람도 있다고 한다(內藤孝敏, 「歌唄を忘れた君が代論争」, 37쪽).

4.2. 기미가요의 가사에 대한 논의

그러면 가사는 어떠한가? 원래 기미가요의 가사는 10세기 초(905년경)에 편찬된 것으로 알려진 〈고킨와카슈(古今和歌集)〉에 수록된 노래이다. 물론 여기에 수록되어 있는 노래는 장수를 축복하는 가노우타(賀歌)로서 "我が君は千代に八千代に細れ石の巖と成りて苔のむすまで"인데, 첫 구절이 "君が代は"가 아니라 "我が君は"이다. "我が君は"가 "君が代は"로 바뀐 것은 10세기 중반이라는 설과 자연적인 발성에 근거한 것이라는 설도 있지만,26) 여기서 중요한 것은 '기미'의 의미이다. '기미'에 관해서도 여러 가지 설이 있다. '기미'는 천황으로 해석하는 것이 주류이지만, 천황에 국한하지 않고 '존경하는 사람', 즉 아나타의 존칭을 의미하는 것으로도 해석된다.27)

그런데, 여기서 구분해서 보아야 할 것은 '가노우타'로서의 기미가요가 아니라, '국가'로서의 기미가요이다. 문학적이고 역사적인 해석을 넘어 국가 기미가요에서 '기미'의 (법적인) 해석은 국기국가법 논의의 최대 쟁점이 되었다.28) 그 이유는 '기미'를 천황으로 국한시킬 경우 '국민이

---

26) 10세기 중반설은 所功 1990 참고. 자연발성 주장에 대해서는 内藤孝敏,『三つの君が代 - 日本人の音と心の深層』, 中央公論社, 1997 참고.

27) 기미가요가 오랜 시간 축가뿐 아니라 춤곡으로도 불려지고, 일반 서민에게까지 널리 알려진 일종의 국민가이었으므로, 다양하게 사용되고 변형되는 것은 당연한 일이다(大原康男,「国旗国歌の早急な法制を」, 5쪽).

28) 노나카 관방장관은 기미의 해석을 '상징천황', 즉 "일본국의 상징으로 주권자 국민의 총의에 근거한 상징천황"으로 규정했다. 정부가 '기미'를 상징천황으로 명확하게 규정한 것에 대해 우익 측은 획기적인 사건으로 대환영한다. 물론 기미=상징천황이라는 명확한 정의에 수식어를 붙인 것에 대해 불만이 없지 않았다. "기미가요는 일본국 헌법 아래 천황을 일본국 내지 일본국민통

주권을 가진다'는 헌법과의 모순이라고 주장하는 목소리가 많았기 때문이다.[29]

가사에 대해서 마유즈미는 자세한 해석 대신 "기미가요보다 더 이상 적당한 것이 없다"고 한 마디로 요약한다. 천황을 중심으로 하는 일본 문화 수호를 자신의 사명으로 여기는 입장이므로, 마유즈미에게 기미= 천황의 의미는 토론의 여지가 없는 것이었다.[30] 이것은 『일본의 숨결』 1999년 7월호에 게재된 도코로 이사오(所功)의 「기미가요야말로 일본의 국가로 최적(君が代こそ日本の国歌に最適)」이라는 기사의 주장과 같은 것이다.

즉 기미가요 가사에는 천황제 국가가 "영원히 존속하기를 바라는" 마음이 들어있으므로, 국민의 의식을 위해서 매우 적당하다고 여겨진다. 다시 말해, 천황=國家=일본국민이라는 도식에 어떠한 모순도 느끼지 않는 마유즈미의 관점은 (다소 표현의 차이가 있지만), 도코로의 의견과

합을 상징하는 우리나라의 영원한 번영을 기념한 것"이라든가, 천황을 "일본국 내지 일본국민총합의 상징이고 그 지위가 주권의 총의에 근거한 천황"이라는 긴 말이 필요 없다는 것이다. 〈일본회의〉는 일본이 '입헌군주국'임을 대외적으로 천명한 것과, 헤이세이 천황 즉위 10주년에 행해진 것에 큰 의미를 부여한다(大原康男外, 「特別企画 總括座談会: 次代につなぐ悠久の伝統-国旗国歌法成立の意義と課題」, 『日本の息吹』, 1999/10, 8-9쪽).

29) 보수파 중에도 관습법으로 그대로 두는 것을 원하는 의견이 있었다. 하지만 '법제화하지 않으면 관습법으로도 남기 힘들다'라는 우익의 의견이 결국 관철되었다.

30) 민주주의체제를 지지하는 음악가들이 기미가요는 일본어의 악센트와 음악적 악센트에 대한 개념이 전혀 없었던 메이지 시대의 산물이므로 가사를 바꾸어야 한다고 주장하면서, 〈위를 보며 걷자(上と向いて歩こう)〉와 같은 곡을 제안하였다고 한다(内藤孝敏, 「歌唄を忘れた君が代論争」, 36쪽).

일맥상통하는 것으로, 기미가요의 가사가 國歌로서 적당하다는 주장으로 귀결된다. 따라서 마유즈미는 기미가요가 "국민의 단결심"이나 "國家의식"을 위한 "하나의 상징"으로서 그 기능을 최대한 실현한 노래라고 설파한다.[31]

전통문화와 천황제를 수호하는 마유즈미와 〈일본회의〉의 입장에서 보면 기미가요는 음악이 아악풍이고 가사도 천황제 국가 찬양이므로 음악과 가사 내용이 서로 뗄 수 없이 잘 맞는 國歌이다. 하지만 왜곡된 교육으로 노래할 기회가 없어 이처럼 훌륭한 국가 기미가요를 부르지 않고 있고, 또한 젊은이들이 기미가요를 "역겨운" 것으로 여기게 되는 세태를 한탄하면서 이 모든 잘못을 전후 교육에 책임전가하는 것도 마유즈미와 〈일본회의〉의 목소리가 일치하는 지점이다. 이런 상황은 반드시 바뀌어야 한다고 역설하면서 〈일본회의〉와 마유즈미가 주장한 것은 무엇보다도 교육의 정상화, "올바른 역사교과서" 만들기 운동이다.[32]

물론 마유즈미의 언설은 시대가 바뀌면서 변화를 보인다. 적어도 1970년대 마유즈미는 기미가요 제창의 '강제'를 원하지는 않았다. 강제하게 되면 '파시즘적'이 될 수 있기 때문에, 자발적으로 노래하고자 하는 "의식을 퍼뜨려야" 한다고 주장했다.[33] 하지만, 1999년 〈일본회의〉의 입장은 국기국가법이라는 강제성을 요구하는 것이다.[34] 1997년까지 〈일

---

31) 黛敏朗, 『君が代はなぜ歌われない(黛敏朗の対談)』, 東京: 浪曼, 1974, 232쪽.
32) 黛敏朗, 『君が代はなぜ歌われない(黛敏朗の対談)』, 239-241쪽; 大原康男外, 「特別企画 總括座談会: 次代につなぐ悠久の伝統−国旗国歌法成立の意義と課題」, 8-9쪽.
33) 黛敏朗, 『君が代はなぜ歌われない(黛敏朗の対談)』, 241-242쪽.
34) 기미가요 제창의 법적 강제성으로 교육계는 몸살을 앓고 있다. 2007년 일본변호사연합회는 2003년 도쿄도교육위원회(都教委)가 졸업식에서 기미가요

본을 지키는 국민회의〉의 의장으로서의 마유즈미의 언설을 보면, 그도 마찬가지로 국가 제창을 법적으로 강요하는 〈일본회의〉의 입장과 다르지 않음을 알 수 있다.35)

그런데, 흥미로운 것은『일본의 숨결』1999년 4월호의「지금 국기국가의 교육에 추구되는 것(いま国旗国歌の教育にもの求められているもの)」, 5월호의「국기국가의 빠른 법제를(国旗国歌の早急な法制を)」, 「히노마루 기미가요의 부정을 배우는 아이들(日の丸・君が代の否定を教わる子供達)」, 6월호의 국기국가 법제화를 요구하는 〈일본회의〉의 특별성명 발표 및「국민의 힘으로 자랑스런 나라 만들기를−천황폐하 즉위 10주년 봉축운동, 국기국가 법제화 실현을 향하여」, 7월「기미가요 야말로 일본의 국가로 최적」, 9월호「국기국가법 성립에 전력을 다하여(国旗国歌法成立に全力を尽くして)」, 10월호 특별좌담회「차세대를 연결하는 오랜 전통−국기국가법 성립의 의의와 과제(次代につなぐ悠久の伝統−国旗国歌法成立の意義と課題)」, 12월「천황폐하 어즉위 10년을 봉축하고, 국가 기미가요를 환영함(天皇陛下御卽位十年を奉祝し, 国歌「君が代」を歓迎する)」 등의 글이 게재되었지만, 정작 이 기사들에서 마유즈미의 이름은 언급되지 않고, 그의 견해도 따로 소개되지 않는다는 점이다.『일본의 숨결』에는 기미가요의 음악적 측면에 관해서는 나이

제창을 거부한 교직원 4명에 징계처분을 내린 것에 대해 교직원에게 특정 사상을 강제하는 것은 헌법 위반이므로 도쿄도교위의 통첩 폐지를 요구하는 경고장을 교육위원회에 제출했다.
35) 1994년 1월부터 1997년 3월까지『일본의 숨결』에 게재된 마유즈미의「이달의 말(今月の言葉)」참고.

토의 견해만이 게재된다. 물론 12월호 끝부분에 위치한 나이토의 짧은 글「천황폐하 어즉위 10년을 봉축하고 국가 기미가요를 환영함」은 매우 축약된 내용으로서 반 페이지 분량에 불과하여 크게 존재감은 없다. 반면, 기사의 비중이나 존재감에서 보면 7월호의 첫 부분에 위치한 도코로 이사오의 「기미가요야말로 일본의 국가로 최적」(2쪽 분량)과 10월호의 특별좌담회「차세대를 연결하는 오랜 전통 – 국기국가법 성립의 의의와 과제」라는 기사가 지면상(8쪽 분량) 중요한 위치에 놓여 있다.

이 글들을 분석해 보면 첫째, 〈기미가요〉 논쟁에서 항상 음악보다 가사가 논의의 중심이 되는 경향이[36] 〈일본회의〉의 잡지에도 그대로 반영되어 있음을 알 수 있다. 둘째, (세부적인 음악적 해석을 제외하면) 마유즈미의 주장은 직접 인용되지 않았지만, 도코로 이사오의 기사에 거의 수렴되어 있다는 사실이다. 다르게 말하면, 기미가요를 둘러싼 〈일본회의〉의 관심은 국가 상징성 문제에서 우익이 선점하고자 한 사상적 측면에만 집중하고 있어서, 미묘한 음악적 차이에 대해서는 인식조차 하지 못했을 가능성이 높다.[37]

---

36) 內藤孝敏,「天皇陛下御即位十年を奉祝し, 国歌「君が代」を歡迎する」,『日本の息吹』, 1999/12, 16쪽.
37) 만약 마유즈미가 1999년 국기국가법제화 시기에 살아있었다면, 그가『일본의 숨결』에서 기미가요의 음악적 문제를 대변했을 확률이 높다.

5. 1999년 국기국가의 법제화를 둘러싼 찬반 논의

1980년대까지도 대다수 일본인은 기미가요에 무언가 불순한 과거의 기억과 연루된 부정적 인상을 가지고 있었고,[38] 특별하게 비판적인 지식인이 아니라도 기미가요를 좋아한다고 내세우기 힘든 분위기였다. 반면, 1980년대까지도 기미가요를 부르지 않는 일본을 "부패했다"[39]고 여기는 마유즈미의 의견은 소수에 속했다. 하지만 1999년 국기국가법 제정 시기에는 그러한 분위기가 역전되는 양상을 보인다. 법제화는 국회나 여론조사에서 압도적인 지지를 받고 통과하였다. 어떻게 이것이 가능했는지 법제화의 배경에 대해 살펴보자.

오부치 게이조(小渕恵三)를 수상으로 하는 일본 정부는 1999년 8월 13일, 국기국가법 제1조에 "국기는 일장기로 한다", 제2조에 "國歌는 기미가요로 한다"[40]는 내용의 법률 제127호를 공포하였고, 이 법은 당일부터 시행되었다. 중의원이나 참의원 회의에서 여러 차례 「국기 및 국가에 관한 법률안에 대한 수정안」이 제출되었지만 모두 다수결에서 밀려 정부가 제시한 원안이 채택되었다.[41] 이미 오래 전부터 관습법적으로 일장기와 기미가요가 국기와 국가로 계속 사용되었지만, 1999년에 이를

---

38) 黛敏朗, 『君が代はなぜ歌われない(黛敏朗の対談)』, 236쪽.
39) 黛敏朗, 『君が代はなぜ歌われない(黛敏朗の対談)』, 233-242쪽.
40) '~이다'가 아니라 '~로 한다'라는 표현에 대한 우익의 불만에 대해서는 所功/百地章, 「保守と知らない日の丸・君が代の精髄」, 『諸君』, 1999/9, 103쪽.
41) 중의원에서 2차례, 참의원에서 2차례 수정안이 제출되었다(小野善康, 「国旗・国歌法の立法過程の検討: 憲法学の立場から」, 『アルテスリベラレス』 68, 岩手大学人文社会科学部紀要, 2001/6, 150쪽.

법으로 명문화하게 된 배경은 무엇인가? 42)

원래 수상 오부치 게이조는 약한 지지율을 바탕으로 권력을 잡았으므로 강력한 리더십을 가진 정치인은 아니었고, 오부치 자신은 국기국가의 법제화를 추진할 의욕이 없었다.43) 그럼에도 불구하고 법제화가 추진된 직접적인 배경은 표면상으로는 히로시마 현립 세라고등학교(世羅高等学校)의 교장이 졸업식 전날 자택에서 자살한 사건으로 거론되고 있다.44) 교장은 국기 게양과 국가 제창에 반대하는 히로시마 현립고등학교 교직원조합의 교사들과 문부성의 통첩 사이에서 고민하다가 "무엇이 옳은지 모르겠다"는 유서를 남기고 자살하였다. 이 사건(1999.2.28.)이 일어나고 6개월도 되지 않아 국기국가에 관한 법률이 큰 어려움 없이 신속하게 제정된 것이다.

물론 이에 앞서 1990년부터 공립학교를 대상으로 일장기 게양과 기미가요 제창을 의무로 하는 문부성의 '지도요령'이 있었고,45) 1998년부

---

42) 국기국가의 법제화는, 불문법에 의해 전통적으로 행해 온 많은 국가적 관습들이 법제화되지 않으면 소용없다는 메시지를 던질 수 있다는 점도 지적되었다(所功·百地章, 「保守と知らない日の丸·君が代の精髄」, 98쪽).

43) 山口二郎, 「新たな翼賛体制?−自自公体制と権力強化型法案」, 50쪽. 실제 법안을 추진한 사람은 관방장관 노나까 히로무(野中廣務)였다. 그는 1999년 6월 11일 기자회견에서 "기미가요는 일본국 헌법 아래에서 천황을 일본국 내지 일본 국민통합을 상징하는 우리나라의 영원한 번영을 기념한 것"이라고 정부의 통일된 견해를 밝혔다(內藤孝敏, 「歌唄を忘れた君が代論争」, 29-30쪽).

44) 所功·百地章, 「保守と知らない日の丸·君が代の精髄」, 98쪽; 田中伸尚, 『日の丸.君が代の戰後史』, 205-207쪽.

45) 1991년에 개정된 '지도요령' 실시 이후 졸업식·입학식에서 히노마루 게양, 기미가요 제창 실시율이 높아졌다고 〈일본회의〉는 보고한다. 하지만, 문부성에 보고된 실시율과 실제 졸업식에서의 앙케이트 조사 간에는 매우 큰 차이가 나타났다고 비난한다(編集部, 「「日の丸君が代」の不定を教わる子供達」,

터 일장기 게양과 기미가요 제창의 요구가 강화되었던 사정을 고려하지 않을 수 없다. 다시 말해, 일본 교직원조합(이하 일교조)의 교사 측은 일본국 헌법 제19조가 보장하는 사상, 양심의 자유에 어긋나는 일장기 게양과 기미가요 제창에 대해 반대하면서 문부성과 대립해 왔다. 문부성이 학교의 예식에서 히노마루 게양과 기미가요 제창을 의무화하고 이를 따르지 않는 교사는 처벌하도록 '학습지도요령'을 지시한 이후 학교 현장에서는 격렬한 찬반론이 있었고, 이는 사회적 문제로까지 보도되었다. 예를 들면, 1998년 4월 사이타마 현 도코로자와 고등학교(所沢高等学校)에서 국기 게양과 국가 제창을 강요하는 신임 교장 측의 입학식을 일교조 교사들과 학생들이 보이콧한 사건이 미디어의 관심을 받기도 했다.[46]

무엇보다도 비극적 자살 사건을 이용하여 교육 현장의 혼란을 막기 위한 방법으로 국기국가 법제화를 주장하는 목소리가 힘을 얻는 분위기 속에서 각 신문들이 발표한 히노마루 기미가요의 법제화에 대한 여론조사는 대체로 찬성이 반대보다 높다(〈표 1〉). 흥미로운 것은 히노마루와 기미가요를 구분한 데이터에서 히노마루 법제화에 대한 찬성이 기미가요의 법제화에 대한 찬성보다 훨씬 높다는 사실이다.

『日本の息吹』, 1999/5, 6쪽).

46) 입학식에 참여하지 않는 학생의 입학을 취소한다는 교장의 강력한 방침에도 불구하고 40%의 신입생이 불참한 반면, 학생들이 자발적으로 시도한 입학식에는 전원 참여하여 입학 취소 방침은 철회되었다. 〈일본회의〉의 보도자료에는 70%가 불참했다고 과장되어 있다(編集部,「「日の丸君が代」の不定を教わる子供達」, 6쪽).

신문명	날짜	히노마루 법제화		기미가요 법제화		히노마루와 기미가요 찬성률의 차이
		찬성	반대	찬성	반대	
아사히신문	1999. 6. 30.	59	35	47	45	59-47=12
마이니치신문	1999. 5. 3.	77	17	61	30	77-61=16
산케이신문	1999. 5. 3.	71.6	16.2	56	29.6	71.7-56= 15.6
요미우리신문	1999. 4. 9.	찬성 68.1 반대 25.7				히노마루와 기미가요의 구분 없음

〈표 1〉 1999년 4개 신문 여론조사 (단위%)

　　『아사히신문』의 경우 히노마루 법제화 찬성이 기미가요 찬성보다 12% 높고,『마이니치신문』은 16%,『산케이신문』는 15.6% 높게 나타난다. 다시 말해 기미가요에 대한 거부감이 히노마루보다 12~16%정도 높음을 알 수 있다.

　　또한『마이니치신문』의 1999년 7월 14일 설문조사에서는 히노마루가 이번 국회에서 일본 국기로 법제화가 되어야 한다는 의견이 43%(찬성), 반대가 8%인 반면, 기미가요는 찬성이 36%, 반대가 14%였다. 여기서도 히노마루에의 찬성이 기미가요보다 7% 높다. 일본 시민들에게 기미가요가 히노마루보다 더 부정적인 인상을 가짐을 의미한다. 그 이유는 기미가요에 천황제의 이미지가 훨씬 강하게 연루되어 있기 때문으로 추측된다.

연상되는 이미지	히노마루	기미가요
올림픽	8	9
나라의 상징	38	32
일본국	32	16
천황제	3	12
전쟁	6	3
졸업식	6	16
무응답은 제외되었음		

〈표 2〉『마이니치신문』 1999. 7. 14일자 여론조사 (단위%)

〈표 2〉에서 '히노마루를 보면 무엇을 연상하는가'라는 질문에서 '나라의 상징' 38%와 '일본국' 32%을 합치면 총 70%이다. 반면 기미가요는 '나라의 상징'이 32%, '일본국'이 16%로 총 48%밖에 되지 않는다(히노마루보다 22% 낮다). 현대적 뉘앙스가 있는 '일본국'의 이미지라고 답한 응답자의 수에서, 기미가요(16%)가 히노마루(32%)의 1/2에 불과한 것은 의미심장하다.

다른 한편, 천황제의 이미지는 히노마루가 3%로 낮은 데 비해, 기미가요는 4배 높은 12%로 나타난다. 이 데이터들이 암시하는 것은 기미가요가 히노마루보다 국가적 상징으로서 훨씬 부적당하다고 여겨진다는 사실인데, 그 배경에는 기미가요와 천황의 연관성이 높게 인식되는 것이 있음을 확인하게 해준다.

히노마루와 기미가요에 대한 각각의 지지도가 의미심장할 정도로 차이를 보임에도 불구하고 일본 정부는 국기와 국가를 구분하지 않고 일괄적으로 법제화를 추진하였다. 이에 대해 민주당은 기미가요를 법제화하는 것에 무리가 있으므로 '히노마루만 국기'로 하고, '기미가요는 삭제하자'는 수정안을 내각위원회 마지막 회의(1999년 7월 21일)에 제출하였으나 받아들여지지 않았다.[47]

---

47) 小野善康, 「国旗・国歌法の立法過程の検討: 憲法学の立場から」, 150쪽.

6. 국기국가법의 반대파와 우익의 논리

어떻게 21세기를 목전에 둔 1999년, 전전의 국가 상징이 졸속으로 법제화될 수 있었는가? 반대파의 반대논리는 무엇이었고 우익의 찬성논리는 무엇이었는가? 반대파의 비판과 우익의 법제화 옹호논리는 크게 다섯 가지로 정리해 볼 수 있다.

첫째, 반대파의 주장은 국기국가 법제화의 법적 근거가 약하고 히노마루와 기미가요가 상징하는 이미지가 문제라는 것이다. 히노마루와 기미가요가 일본의 상징이 된 것은 역사적 필연이 아니며, 침략전쟁과 식민지 지배의 역사 그리고 전후 보상의 문제가 수반되는 현실적인 문제라는 것이다. 전전의 상징인 히노마루 및 기미가요가 국기국가법을 통해 규정되면, 전쟁과 침략의 과거 역사에 대한 논쟁을 더 이상 할 수 없게 되고, 역사수정주의를 강화시킬 뿐이라는 것이 반대파의 주장이다. 하지만 우익은 70%의 국민이 동의하는 것이므로 국기국가로 인정하는 것이 당연하다는 대응으로 일축한다.

둘째, 반대파는 기미가요가 천황을 찬미하는 노래이므로 현재 일본의 민주주의 시스템과는 맞지 않다고 주장한다. 이에 대해 찬성파는 천황은 일본의 상징이고, 기미가요가 '천황의 번영을 노래하는 것=일본의 번영을 칭송하는 것', 곧 일본 국민 전체에 해당하는 것이므로, 맞지 않을 이유가 없다고 말한다.

셋째, 반대파(특히 일교조)는 기미가요 제창 강제는 개인의 사상과 양심의 자유를 보장하는 헌법 19조에 위배된다고 주장한다. 이에 대해 우파는 기미가요를 제창하고자 하는 이에게는 기미가요를 부르지 못하게 하는 것이 사상과 양심의 자유를 침해하는 '파시스트적'인 것이라고 대응한다.[48] 애국심이나 귀속 감정은 '자연스러운 감정'이므로 기미가요 제창을 통해 국가 귀속의식이 배양되고 일본인이라는 자각이 높아지는 것은 당연한 것이지, 사상과 양심의 자유보장과는 상관없다는 것이다.

넷째, 反기미가요 제창 운동을 주창하는 (일교조) 교사들은 국기 게양과 국가 제창의 강제성은 학교에서의 자율성, 자주성 존중교육에 역행하는 것이라 주장한다. 하지만 〈일본회의〉 소속의 우익 이론가들은 일교조의 자율 교육은 오히려 국가의식의 결함으로서 모랄 붕괴와 '풍기 문란'을 초래하여 학생들의 '학력 저하'를 가져왔으며, 오히려 교육의 황폐화로 진행되었다고 비난한다. 국기 게양과 국가 제창을 통해 국기국가에 대한 존경심과 애국심을 돈독히 함으로써 품행이 바르고 질서정연한 학생들을 육성한다면 학력 상승을 가져올 수 있다는 것이다. 우익교육자 모모치 아키라(百地章)는 특히 히로시마의 교육이 심각하다 말하는데, 그곳에서는 소학교 1년부터 6년까지 기미가요는 '군국주의의 도장'이고 히노마루는 '침략의 깃발'이라는 철저한 교육이 행해진 결과, 아이들은 히노마루의 빨간색을 '피의 색', 백색은 '해골 뼈의 흰색'이라고 믿고 있다고 한탄하며 이런 교육은 사라져야 한다고 주장한다.[49] 그는 국민적 통합을 위해, 또한 교육현장에서 애국심을 키우는 실천으로서 히노마루 계양과 기미가요 제창은 반드시 필요한 절차라고 주장한다. 즉,

---

48) 長尾誠夫, 「日の丸・君が代. 反対論者たちの本音」, 『諸君』, 1999/7, 97쪽.
49) 所功・百地章, 「保守と知らない日の丸・君が代の精髄」, 98-99쪽.

그의 주장은 귀속의식을 고양시키고 도덕성을 회복하기 위해 국가적 상징인 히노마루 게양과 기미가요 제창을 통해 "황폐화된" 학교교육을 정상화시키자는 논리로 이어지는데,[50] 이는 1980년대 중반 마유즈미의 주장과 동일한 것이다. 데이터의 차이는 있지만, 이때 항상 거론되는 것은 애국심에 관한 설문조사 수치이다. '자신의 이익을 희생하더라도 나라에 도움이 되고자 한다'고 답한 일본의 젊은이들은 한국이나 미국 등 다른 나라에 비해 아주 소수만이 긍정적으로 대답한다는 것이 문제로 제시된다.[51]

다섯째, 반대파는 자본이나 정보, 인간이 국경을 초월해서 이동하는 21세기는 국민국가의 개념 자체가 상대화되는 시대이므로, 복고적인 국가 상징물은 시대착오적인 것이라고 주장한다. 반면 우익은 오히려 '국제화' 시대에 자국의 국기국가를 존중하는 것을 배움으로써 다른 나라의 국기국가를 존중하는 상식을 가질 수 있다고 주장한다.[52] 이 논리는 1974년 오쿠노 세이스케(奧野誠亮) 문부대신의 말과 같으며, 1989년 니시오카 다케오(西岡武夫) 문부대신의 말과도 일맥상통한다.

여기서 '파쇼적'인 〈일본회의〉가 오히려 반대파를 '파쇼적'이라 칭하는 공격성은 물론, 보다 광범위한 시민적 지지를 얻기 위해 과거 문부대신의 말을 그대로 수용하는 우익의 전략을 엿볼 수 있다.

---

50) 所功・百地章,「保守と知らない日の丸・君が代の精髓」, 98쪽.
51) 제4회 세계청년의식조사에 의하면 한국이 50%, 미국이 57%, 일본이 5%였다고 한다(長尾誠夫,「日の丸・君が代. 反対論者たちの本音」, 102쪽).
52) 이에 대해서는 大原康男,「国旗国歌の早急な法制を」, 4쪽; 田中伸尙,『日の丸. 君が代の戦後史』, 112쪽 참조.

기미가요가 일본의 국가적 상징으로서 히노마루보다 훨씬 부정적 이미지를 가지고 있음에도 불구하고 법제화된 것은, 마유즈미와 〈일본회의〉로 대표되는 우익의 입장에서 천황제국가=일본국민=일본전통수호의 논리가 승리한 것이라 할 수 있을 것이다.

7. 國歌 vs 反기미가요 vs 反國歌

하지만, 마유즈미와 〈일본회의〉의 입장, 즉 '천황찬양=기미가요=國歌'의 승리는 그리 간단한 문제가 아니다. 마유즈미는 "히노마루가 國旗인가, 기미가요가 國歌인가라는 것을 논의하는 자체가 도대체가 이상한 문제"라고 여겼지만,[53] 법제화를 찬성하는 일반인 및 보수 내에서도 '기미가요'를 國歌로 못 박는 것에 대해 이의를 제기하는 경우가 있기 때문이다.[54] 이는 앞의 여론조사에서도 보았듯이, 히노마루=국기 법제화보다 기미가요=국가의 법제화에 대한 찬성률이 약 7~16% 저조했던 것과도 일맥상통한다. 즉 國歌는 현재와 같은 국제사회에서 '필요악'으로서

---

53) 黛敏郎・野安三郎,「特別收談 日の丸・君が代と天皇制」,『季刊敎育法』58, 1985/8, 42쪽.
54) 예를 들면 이시하라 신타로(石原慎太郎)가 그러한데, 그가 개인적으로 기미가요를 싫어하는 이유는 가사 때문으로, 개인은 없고 오로지 공을 위해 살아야 한다는 느낌이 든다는 것이다. 새 국가를 만드는 것이 좋다고 제안하는 사람들의 의견은 가사 내용이 어렵고, 마음에 들지 않거나 선율이 음울해서 밝은 노래로 했으면 좋겠다는 등 다양하다. 마유즈미도 젊은 세대가 더 리드미컬한 음조를 원하는 것은 어쩔 수 없는 일이라고 인정했다(黛敏郎・野安三郎,「特別対談: 日の丸・君が代と天皇制」, 56-57쪽).

존재해야 하고, 또 필요하다면 법제화를 할 수도 있지만, 기미가요=國歌에는 명쾌하게 수긍하지 못하는 사람들이 상당수 있었음을 암시한다(〈표 2〉참고). 기미가요는 천황을 상징하고 천황을 찬양하므로, 현재 민주주의 체제, 즉 국민주권국가의 노래로서 맞지 않다는 주장이 반대파뿐 아니라 일반 시민에게도 퍼져 있었다.

법제화에 동반되는 또 다른 문제는 세대 간의 갈등이다.[55] 우익은 국기국가법제화에 대해 약 70%의 국민이 동의했으므로 기미가요를 國歌로 인정하는 것이 당연하다고 주장하지만, 20, 30대층은 60%가 법제화에 반대하는 것으로 나타난다.[56] 현대 글로벌 시대에 국가의 경계가 이전과는 다른 개념으로 발전하고 있고, 문화와 민족이 국경을 넘어 서로 얽히고 섞이며 경계가 불분명해지며, 아이덴티티도 복잡해지는 현실은 무시할 수 없다. 이런 시대를 사는 젊은 층에게는 과거 메이지 시대의 국가적 상징물을 통해 연상되는 "복고적인" 국가상이 주는 갭과 위화감이 큰데, 이를 어떻게 극복하는가의 문제가 과제로 남아 있다.[57]

---

55) 국가통합의 상징으로 법제화한 국가로서 기미가요는, 의도하지 않았지만 천황제와 민주주의 체제의 차이를 의식하게 하는 계기가 되었다. 천황은 국민통합의 심볼이어야 하지만, 천황을 어떻게 여기느냐에 따라 기미가요에 대한 일본인의 생각은 달라지고, 國家 이미지는 분열되었다 할 수 있다.
56) 특히 전쟁 경험이 있는 60대 이상이 높은 지지를 보냈고, 전쟁 경험이 없는 20~30대는 40%만이 찬성했다(所功·百地章,「保守と知らない日の丸·君が代の精髄」, 99쪽).『아사히신문』1999년 6월 30일 여론조사에서 20대는 기미가요의 법제화 반대가 64%, 찬성이 30%였다.
57) 1999년의 법제화는 이 미세한 균열을 법의 힘으로 메꾸고, 권력의 힘으로 하나로 통합시킨 듯 보인다. 학교에서 기미가요 제창은 의무화되어 강제로 부르지 않으면 안 되는 상황이 되었지만 젊은 층에게 와닿지 않는 옛 가사와 무거운 멜로디로 과연 학생들의 애국심을 고취시킬 수 있는가 하는 것은

현재, 기미가요는 법제화를 통해 이제 그 누구도 손상시킬 수 없는 國歌가 되었지만, 바로 그 강제성으로 인해 젊은 층에서는 오히려 '따분한 노래'로 취급될 가능성을 배제할 수 없다. 실제로 이런 측면을 우려하는 일부 소수의 우익은 강제적 기미가요 제창이 오히려 기미가요의 고귀함을 훼손하게 되므로 강제 제창을 반대하기도 한다.[58]

다른 한편, 국가공동체나 국민통합이라는 것을 인정하지 않는 제3의 입장은 어차피 기미가요뿐 아니라, 國歌 자체를 반대한다. 국가의 법제화는 국민통합을 위한다는 구실로 국민통합 속에 들어가지 않는 재일조선인, 오키나와인 그리고 國歌를 제창하지 않는 사람을 '비일본인'으로 규정하여, 오히려 비일본인을 양산하는 '배제의 논리'로 변질될 수 있기 때문이다. 즉 이는 개인적 차원에서 '비국민을 만드는 상징'이 될 위험이 있지만, 국가적 차원에서도 배타적인 민족주의로 발전하여 "배제의 상징"이 될 수 있다는 것이다. 이러한 배제를 극복할 논리를 충분하게 가지고 있지 않은 현대 일본 사회의 상황에서 國歌 법제화를 추진하는 것은 "다양한 가치의 공존을 방해"하는 매우 위험한 일이라는 것이다.[59]

하지만 이러한 反國歌적 입장이 대변하는 휴머니즘적 논리는 "국가

다른 문제이다. 우익의 주장은 기미가요 법제화를 통해 '국민적 통합'과 '귀속의식'을 강화시키고, 애국심을 배양하자는 것이지만, 그 효과는 장담할 수 없다.

58) 2013년 7월 24일 18시30분 도쿄 시모키타자와(下北沢)의 공간리버티에서 열린 "僕たちの国歌『君が代』について考える−君が代はいつ, どうやって生まれたのか"라는 제목의 강연과 토크(참석자: 鈴木邦男, 森達也, 坂元勇仁). http://www.liberty-entertain.com/policy.html(최종 검색일: 2015/12. 30)

59) 阿満利麿, 「排除のシンボル」, 石田英敬 編, 『日の丸・君が代を越えて』, 5-7쪽.

없는 국제화는 있을 수 없다", 또는 "국민의 다수가 패전 후유증에서 탈출하여 건전한 내셔널리즘을 회복했다"[60]라는 우익의 해석에 비해 임팩트가 강하지 못한 것이 사실이다. 그 이유는 달라진 사회적 맥락 때문이다. 1990년대 경제적 위기로 일본 사회 전반이 보수화되었고, 위기감은 '강한 일본' 또는 '내셔널리즘'에의 호소가 잘 먹히는 풍토로 사회적 분위기를 바꾸었다. 특히 국기국가 법제화에 대한 반대 집회가 그리 활발하지 않았고, 있었다 해도 주요 언론에는 거의 보도가 되지 않는 상황이 벌어졌다. 예를 들면, 1999년 7월 23일 학자, 문화인, 종교인 75명이 히비야 야외음악당에서 히노마루 기미가요 법제화를 반대하는 7.23 대회를 소집하여 약 6천 명이 참가했으나, 이 반대집회는 『요미우리신문』뿐 아니라 『아사히신문』에도 보도되지 않았다.[61] 이런 현상과 대조적으로 1999년 6월호 『일본의 숨결』에는 1년 동안 〈일본회의〉의 지방본부가 25도도부현에서 새로이 결성되었음을 알리는 보고가 있다.[62] 이는 〈일본회의〉가 전국단위의 단체로 급성장하는 데 좋은 조건이 형성되었음을 말해 준다. 1990년대 말 일본 사회의 위기감으로 인해 사회적 마이너리티에 대한 관심이나 배려는 '추상적인' 차원의 것으로 치부되는 분위기가 조성되었던 것이다.

---

60) 일본 대학 교수 모모치 아키라의 표현임(所功·百地章, 「保守と知らない日の丸·君が代の精髓」, 99쪽).
61) 이 반대집회는 사회당의 기관지 『사회신보(社会新報)』에만 보고되었다(小野善康, 「国旗·国歌法の立法過程の検討: 憲法学の立場から」, 151쪽).
62) 編集部, 「国民の力で誇りある国づくりを−天皇陛下御卽位十年奉祝運動, 国旗国歌法制化実現に向けて」, 17쪽.

8. 결론적으로: 우경화된 일본사회의 상징성으로서 국기국가법

지금까지의 서술을 정리해 보면, 1972년 마유즈미가 "왜 기미가요는 불려지지 않는가"에 대해 대담을 하였을 때나, 1974년 3월 10일 국기국가 문제로 가고시마 현 중학교 교장 자살 사건이 있었을 때, 그리고 1989년 히로히토 천황의 사망 때까지도 기미가요 제창을 요구하는 마유즈미의 주장은 소수자의 의견으로 여겨졌다.[63] 기미가요를 국가로 법제화하는 것은 자민당조차 가능하다고 생각하지 않았다. 하지만, 국기국가법이 제정되는 1999년에 마유즈미를 비롯한 〈일본회의〉의 의견은 공식적이고 국가적인 차원의 거리를 획득하게 되었다. 기미가요가 모든 국가의 공식적 행사, 교육 현장에서 법적 구속력을 가지고 제창되게 되면서, 천황제=기미가요=國歌의 절대적 관계를 주장하는 마유즈미와 〈일본회의〉의 요구가 관철되었다.

하지만, 1999년 〈일본회의〉의 기관지 『일본의 숨결』에는 기미가요에 대한 마유즈미의 음악적 견해는 게재되지 않고, 일본 전통(선율)과 서양(화성)의 교묘한 조화로서 기미가요를 칭송하는 나이토 다카토시의 의견만이 짧게 실려 있다.[64] 음악적 측면에 관한 한 천황 숭배로 인해 집착에 가까운 마유즈미의 기미가요론보다 나이토의 의견이 오히려 합리적이다.

---

63) 1985년까지도 마유즈미 도시로는 대다수 시민들이 "히노마루를 국기로서 적당하지 않고, 기미가요가 국가로서 적당하지 않다는 여론이 과반수를 점한다"고 애석해 했다(黛敏郎・野安三郎, 「特別対談: 日の丸・君が代と天皇制」, 57쪽).
64) 内藤孝敏, 「天皇陛下御即位十年を奉祝し、国歌「君が代」を歓迎する」, 16쪽 참고.

다른 한편, 기미가요의 사상적 측면에서는 마유즈미의 의견이 〈일본회의〉의 기사에 그대로 수렴되어 있다. 결론적으로 (나이토가 한탄했듯이) 기미가요 논쟁이 가사 위주로 진행되었으므로, 미묘한 음악적 해석의 차이는 거의 비중을 차지 못했다고 할 수 있다.

이처럼 우익 내의 기미가요의 음악에 관한 미묘한 해석 차이, 기미가요 vs 國歌의 균열, 상징 천황제 vs 민주주의체제의 균열, 國歌 자체에 대한 거부에 이르기까지 법제화를 둘러싸고 다양한 의견이 갈라져 있었다. 선율은 그대로 하되 새로운 가사를 넣자는 의견, 또는 기존 노래선율에 새 가사를 첨가하자는 제안, 아예 새 노래를 작곡하자는 의견이 있었지만, 반대파가 확실한 대안을 제시하지 못하는 가운데, 1999년의 법제화는 〈일본회의〉로 대표되는 우익의 승리로 일단락 났다.

〈일본회의〉는 국기국가 법제화가 단순히 그동안 의견이 분분했던 히노마루 기미가요의 문제를 일단락 냈다는 것에 그치지 않고, 일교조에 대한 승리를 이끌어 낸 것이라고 자축한다. 전전 역사를 비판하고 천황을 부정하는 일교조에게 심리적으로 큰 타격을 주었고, 좌익진영의 "마지막 요새"였던 교과서 문제와 히노마루 기미가요 문제 '두 가지'를 동시에 무너뜨렸으며 동시에 전후 체제를 지탱해 오던 두 개의 기둥이었던 '헌법'과 '도쿄재판사관'에 큰 타격을 주었다고 자평한다.[65)

패전 직후 1948년에는 『요미우리신문』마저도 기미가요를 국가로 여기지 않았지만, 1999년에는 반대 집회가 거의 매체에 보도되지 않는

---

65) 大原康男外, 「特別企画 總括座談会: 次代につなぐ悠久の伝統−国旗国歌法成立の意義と課題」, 8쪽.

가운데 〈일본회의〉가 국기국가법 성립에 '전후체제를 마감하는 신호탄'으로서의 의미를 부여할 수 있을 정도로 일본사회의 분위기가 바뀌었다.[66] 『일본의 숨결』에서 '국기국가의 법제화'가 "전후 총결산의 출발"의 의미가 있음을 강조하고 있듯이,[67] 교과서 문제, 부부별성 문제, 국적조항 철폐, 영토 문제를 '일본 해체'의 문제로 여기는 우익의 공세는 국기국가법의 성립 이후 자위대법 개정, 헌법조사회의 설치 등 더욱 격렬하게 반대파를 무력화해 나가면서 오늘에 이르고 있다. 현재 아베 정권하에서 이루어지고 있는 안보법안 통과와 개헌 문제 등 전후체제의 성과를 되돌리려는 일련의 움직임을 감안하면, 어떠한 심각한 방해물도 없이 일사천리로 처리된 국기국가법의 성립은 20세기 끝에 일본 사회의 우향화된 분위기가 새로운 단계에 진입했음을 보여주는 상징적인 사건이라고 할 수 있겠다.

---

66) 이 두 개의 기둥은 우익들이 궁극적으로 붕괴시켜야 할 공격 타깃으로 설정한 것으로, 국기국가법의 성립은 이 두 타깃에 "쐐기를 박은 상징적인 의미"가 있다고 해석된다(大原康男外, 「特別企画 總括座談会: 次代につなぐ悠久の伝統–国旗国歌法成立の意義と課題」, 9쪽).

67) 大原康男外, 「特別企画 總括座談会: 次代につなぐ悠久の伝統–国旗国歌法成立の意義と課題」, 9-10쪽. "전후 교육의 습기를 제거"하는 계기라고도 평가한다(所功·百地章, 「保守と知らない日の丸·君が代の精髄」, 98쪽).

혐한만화의 변화와 그 의미*
『만화혐한류』와 세이린도(靑林堂)의 출판물 비교를 중심으로

김효진

1. '혐한서적 붐'과 혐한만화의 현황

2013년에서 2014년 말까지, 일본의 출판계는 사상 유례 없는 '혐한 서적 붐'을 맞이했다. 서점마다 혐한에 관련된 서적이 넘쳐났고 많은 잡지와 일간지에서도 특집을 꾸몄다. 실제로 일본의 한 인터넷 언론은 다음과 같이 전하고 있다.

'혐한'이 붐이다. 서점에는 한국이 얼마나 형편없는 나라인가를 쓴 '혐한 서적'이 몇 종류나 쌓여있고 베스트셀러도 속속 탄생하고 있다. 잡지와 석간지도 거의 매호 한국 비판을 전개하고 있다. 그 내용도 심각하다. 단행본은 '한국인은 숨쉬듯이 거짓말을 한다', '한국은 매춘부의 수출대

---

* 이 글은 「혐한만화를 어떻게 읽을 것인가? 세이린도(靑林堂)의 최근 출판물을 중심으로」(『일본연구』 26집, 2016)를 수정·보완한 것이다.

국이다. 일본과 미국에는 수만인 단위로 있다'라는 기술이 넘쳐나고, 잡지, 석간지는 '반일 한국의 폭주가 멈추지 않는다', '다케시마의 다음은 대마도를 노리고 있다' 등 한국의 반일이 높아지는 것을 위기적으로 보도하고 있다. 박근혜 대통령에 대해서도 '무능력', '아줌마 외교' 등 용서 없는 폭언 비방을 퍼붓고 있다.[1]

2005년에 출판된 야마노 샤린(山野車輪)의 『만화혐한류(マンガ嫌韓流)』는 이런 혐한서적 붐의 시초였다. 그 이전에는 인터넷의 '니찬네루'[2]에 머물러 있던 '혐한'이라는 용어가 매스미디어에서 시민권을 얻기 시작한 것도, 그리고 이들이 오프라인에 진출하여 관련 단체(〈재일특권을 용납하지 않는 모임(在日特権を許さない市民の会)〉, 이하 재특회)를 만든 것 또한 이 책이 베스트셀러가 되는데 큰 영향을 미쳤다.[3] 그러나 보다 세밀하게 살펴본다면 이전에는 독자층이 한정된, 일종의 '특이한' 책 취급을 받던 혐한서적들이 대형서점의 특집기획에서 소개되고 사회적 주목을 끄는 등, 출판계에서 자정이 필요하다는 요구가 표면화될 만큼[4] 가시화된 것은 2013년 이후, 특히 이명박 대통령의 독도 방문과

---

1) 「「嫌韓は日本の韓国化」産経の保守派論説委員が嫌韓ブームを批判」. http://lite-ra.com/2014/07/post-219.html(접속일: 2017년 3월 17일).
2) http://2ch.net/.
3) 자세한 것은 김효진, 「기호로서의 혐한과 혐중」, 『일본학연구』 33권, 단국대 일본학연구소, 2011. 참고.
4) 가장 대표적인 사례로는 반헤이트를 내세운 책 『NO ヘイト! 出版の製造者責任を考える』(2014)의 출판을 들 수 있을 것이다. 2014년에 행해진 심포지엄 〈『嫌中憎韓』本とヘイトスピーチ—出版物の『製造者責任』を考える〉의 내용을 중심으로 한 이 책은 혐한서적에 대한 출판계와 서점계의 카운터 운동을 상징하는 사례로 매스미디어의 주목을 받았다.

일본 천황 관련 발언 이후의 일이다. 2015년에는 한일수교 50년이라는 특수성으로 인해 그만큼 화제가 되지는 못했다고 하더라도, 최근의 사회현상으로서 '혐한서적 붐'이 존재한 것은 주지의 사실이다.

이 논문에서는 최근의 '혐한서적 붐'에 힘입어 출판된 책들 중에서 이미지가 주가 되는 혐한만화를 분석한다. 구체적으로는 첫째, 2015년도에 세이린도(靑林堂)에서 단행본으로 출판된 두 권의 혐한만화[5]를 주된 분석대상으로 삼아 이들의 특징을 분석한다. 둘째, 이들을 2005년에 출판된 『만화혐한류』와 비교하여 최근의 혐한만화가 사용하는 기법과 그 효과가 어떻게 변화하고 있는가, 그리고 이것이 만화라는 대중매체가 갖는 특징과 어떻게 연결되어 있는가에 대해 논하고자 한다.

혐한만화에 주목하는 이유는 첫째, 『만화혐한류』의 출판이 혐한서적붐의 기원이 되었다는 점에서 만화 등의 시각 매체가 혐한의 확산에 일정 정도 기여한 바가 있기 때문이다. 이승희가 지적하듯이 1990년대 중반 이후, 이미 보수계 매스미디어(『SAPIO』『諸君!』)를 통해 한국에 대한 반감의 재료는 갖추어져 있었고, 2000년대 초반까지 인터넷을 중심으로 이런 정보가 지속적으로 축적되고 있었다.[6] 인터넷과 잡지로 떠돌

---

5) 여기서 만화는 일본에서 주류인 이야기 전개에 중점을 둔 스토리만화를 의미한다. 만화연구에서 만화란 "칸을 구성단위로 하여 그림과 문장을 결합함으로써 연속적으로 이야기를 전개하는 표현방식"이며, "그 길이에 따라 한칸만화와 여러칸 만화로 나눌 수 있"(정현숙, 『일본만화의 사회학』, 한울, 2004, 43쪽)는데, 이중 전자는 카툰(cartoon)으로 부른다. 동일하게 만화에 속하긴하지만 카툰은 일러스트적인 특성을 보다 강하게 지니며 스토리만화와는 독자층이나 향유방식이 다르다는 점에서 이 논문에서는 스토리만화 두 편에 초점을 맞추고 있다.
6) 이승희, 「재일코리안 문제를 둘러싼 일본 우익 내부의 균열 양상-사피오의

던 정보들이 〈만화혐한류〉를 통해 정리되었고 대중매체로서 만화의 특성으로 인해 그 효과가 극대화된 것이다. 이와 관련하여, 그 종류와 내용은 다르지만 재특회의 활동을 홍보하는 수단으로서 시위 동영상의 열람과 확산이 중요한 역할을 차지하고 있다는 점도 혐한에서의 시각매체의 중요성을 잘 보여주는 사례라고 할 수 있다.

그러나 『만화혐한류』 제1권의 출판 이후, 실제 혐한서적의 주류는 에세이나 단문으로 이루어진 일반서적과 신서류였다.[7] 『만화혐한류』의 속편이 여러 편 출판되기도 했지만[8] 제1권만큼의 인기를 얻지는 못했으며 이후 혐한서적의 주류는 어디까지나 문장을 중심으로 한 에세이집이었다.[9]

이런 상황을 바꾼 것이 바로 과거 컬트만화잡지 『가로(ガロ)』 발행으로 유명했던 세이린도(靑林堂)였다. 세이린도는 2015년에만 총 세 권의 혐한관련 만화/카툰 서적을 출판하였으며, 이들은 인터넷상에서 높은 주목을 받으며 안정적인 판매고를 올렸다.[10] (구체적인 내용은 다음 〈표 1〉을 참조하라)

'재특회' 기사에 대한 분석을 중심으로」, 『일본학』 39권, 동국대 일본학연구소, 2014, 280쪽. 여기서 이승희는 재특회 전 회장 사쿠라이 마코토가 직접 한 발언("한국에 대해 반격할 기폭제가 된 것이 만화혐한류")을 소개하고 있다.

7) 그 이유에 대해서는 본문에서 서술한다.
8) 『만화혐한류』 출판 이후 『만화혐한류2』, 『만화혐한류3』, 『만화혐한류4』가 출판되었고, 최근에는 『만화대혐한류(マンガ大嫌韓流)』도 출판되었다.
9) 이는 2014년을 전후해 출판된 혐한서적을 목록화한 『NO ヘイト！出版の製造者責任を考える』에도 드러난다.
10) 최근 일본 출판계의 불황으로 인해 1만부 정도만 팔려도 잘 팔리는 축에 들어간다고 한다. 인터넷상의 추측이지만 대략 3~4만부 정도의 판매부수로 예상된다.

제목	종류	저자	출판연도	『자파니즘 (ジャパニズム)』[11] 연재여부
히노마루 가두선전 여자(日之丸街宣女子, 이하 히노마루)①	만화 (스토리)	岡田壱花(作) 富田安紀子(画)	2015年5月	○
태권더 박 (テコンダ―朴)	만화 (스토리)	白正男(作) 山戸大輔(画)	2015年7月 (원작: 2007년 3회 연재)	○
*참고(카툰) 하스미 도시코의 세계 「그래 난민하라!」 (はすみとしこの世界 「そうだ難民しよう」)	만화(카툰) +칼럼	はすみとしこ	2015年12月	○

〈표 1〉 세이린도에서 2015년 출판된 혐한관련 만화/카툰 서적 목록

수많은 혐한서적 중에서도 혐한만화에 대한 관심이 높은 현상에는 만화라는 시각 매체가 갖는 두 가지 특성이 존재한다. 첫째, 앞에서도 살펴보았듯이 만화의 '시각성'과 '대중성'으로 인한 확산을 우려한 사람들이 강력한 비판을 행했고 이것이 오히려 판매부수의 제고로 이어졌다는 점,[12] 둘째, 대중을 위한 상업 장르이자 대중엔터테인먼트인 만화와 극단적인 배외주의적 이데올로기인 혐한의 결합은 결코 흔하지 않으며 출판계에서도 자신들의 이미지를 고려해 꺼리는 상황에서 이런 책들이 출

---

11) 2011년 4월에 창간된 세이린도의 정치 관련 격월간 잡지. 젊은 세대를 타깃으로 하고 있으며 애니메 풍의 표지가 자주 등장한다는 사실에서도 알 수 있듯이 만화, 애니메, 게임 등 서브컬처 취향의 독자층을 상정하고 있다.
12) 『히노마루』의 경우, 같은 만화가가 본인의 계정에서 공식적으로 비판하여 화제가 되기도 했다. 자세한 내용은 「『日之丸街宣女子』をめぐる大論争は集英社にまで飛び火! 渦中のマンガ家・高遠るい/富田安紀子 両者の主張を聞いた」. http://news.biglobe.ne.jp/entertainment/0521/ota_150521_6440467229.html (접속일: 2017년 5월 20일).

판되었다는 점이다.[13]

　대중매체인 만화와 정치적 이데올로기인 혐한의 결합에 대해서는 한국에서도 관심이 높다. 특히『만화혐한류』는 그 상징성과 내용의 문제에 대해 비판적으로 검토하는 연구가 이미 존재한다.[14] 이러한 연구 성과를 수용하는 한편, 이 논문에서는 최근 출판된 혐한만화가 일본의 만화문화라는 맥락 속에서 어떤 성격을 띠고 있으며 이들이 어떤 특징을 가지고 있는지 텍스트 분석을 통해 고찰하고자 한다. 이는 약 10여년 전 출판된『만화혐한류』의 기법이나 스타일과는 다른 특징을 이 책들이 지니고 있다는 점을 강조하기 위한 것으로, 이를 통해 만화를 통한 '혐한' 표현이 어떻게 변화하고 있는지, 그리고 대중적 엔터테인먼트로서 만화의 특성과 혐한 이데올로기가 어떻게 서로 길항하고 있는지를 구체적으로 살펴본다.

---

13) 몇 십 년에 걸친 만화 출판, 그리고 압도적인 물량의 만화 단행본이 출판되는 일본에서 정치적 이데올로기, 특히 정치적으로 보수 이데올로기를 노골적으로 드러내는 만화가 히트한 것은 고바야시 요시노리(小林よしのり)의『고마니즘선언(ゴーマニズム宣言)』이 거의 최초이다. 그리고『만화혐한류』를 출판한 신유샤(晋遊社)를 비롯, 이 논문이 다루는 만화 단행본을 출판한 세이린도 또한 일본의 상업만화출판에서 마이너이거나 만화출판 전문이 아닌 출판사이다. 실제로『히노마루』의 작가 또한 자신의 정치적 주장을 담은 작품이 계속 연재/출판 거부를 당해왔다고 인터뷰 등에서 이야기하고 있다.
14) 구체적으로는 정수영,「『만화 혐한류(マンガ嫌韓流)』의 이야기 분석을 통해 본 일본 내 혐한류에 관한 연구」,『한국출판학연구』58호, 한국출판학회, 2010와 강기철,「『만화혐한류』의 상업적 전략과 보수 저널리즘의 확대」,『일어일문학』56집, 대한일어일문학회, 2012가 대표적이다.

2. 2000년대 이후 일본의 '기묘한 내셔널리즘'과 '넷우익'

야마자키 노조무(山崎望)는 『기묘한 내셔널리즘의 시대』의 서문에서 세계화와 신자유주의 시대의 내셔널리즘을 '기묘한 내셔널리즘'이라고 이름붙이고, 그 특징을 다음과 같이 정리하고 있다.[15]

---

1. 기존의 영역주권국가 자체의 해체/확장이라는 목표 대신 종래의 제도화된 내셔널리즘에서 일탈하여 국민의 재정식화('국민이란 누구/무엇인가')를 요구한다는 점.
2. 다수가 피해자라는 강한 의식을 갖고 '상상된 강자인 소수'에 의해 피해를 입고 있다는 피해자 의식을 강하게 가지는 점. 기존의 다수와 소수라는 도식이 갖는 자명성의 저하.
3. 국민의 외부뿐만 아니라 내부에서도 '적'의 존재를 강조하면서 국민통합의 추구에는 적극적이지 않다는 점, 탈포섭주의라는 점.
4. 보편성이 아니라 개별성을, 그리고 인위중심의 시민성을 강조하는 게 아니라 자연적인 레이시즘을 중시하여 배제, 특수성, 자연적 차이를 강조.
5. '적'의 변이성(volatility)이 높고 다양하다는 점.

이런 기묘한 내셔널리즘은 일상생활에서 국제관계에 이르기까지 다양한 아레나에 걸쳐 있으며 아레나 간의 경계, 그리고 국경을 넘어 상호작용을 하는 상황에 이르렀다는 것이 그의 분석이다. 그리고 이런 특징 중에서도 야마자키가 주목하는 것은 2와 3의 특성이다. 국민국가의 자명성이 흔들리고 다수가 소수에 대해 가졌던 '권리'의 자명성 또한 흔들리는 상황이 초래되었고, 이를 '적'을 규정하고 그들을 원인으로 비난함으로써 해소하고자 하는 욕망이 바로 최근 일본사회에 팽배한 기묘한 내셔널리즘의 특성이다.

---

15) 山崎望編,「序論 奇妙なナショナリズム?」,『奇妙なナショナリズムの時代 排外主義に抗して』, 岩波書店, 2015, 10-16쪽을 토대로 정리하였다.

특히 이 과정에서, 위협받는 다수인 '보통의 일본인'이라는 막연한 규정을 보다 선명한 대립선으로 만들기 위해 2000년대 이후 명확한 적으로 소환된 것이 바로 한국, 북한, 재일조선코리안을 포괄하는 의미로서의 '한민족'이고 이는 거대한 '혐한'의 흐름과 '재일특권'이라는 프레임으로 이어졌다.[16] 2000년대 중반에 가시화된 이런 흐름에 대해, 서구와 일본의 배외주의를 비교연구하는 히구치 나오토 또한 최근 재특회 등의 움직임은 단순히 사회 불안정 세력의 불만 해소가 아니라 전후 일본의 역사청산 과정에서 발생한 불협화음이 그 바탕에 있음을 지적하고 있다.[17]

한편, 같은 문제의식에 바탕하여 이토 마사아키(伊藤昌亮)는 이런 기묘한 내셔널리즘, 즉 배외주의의 기반이 되는 잠재적 세력으로 넷우익의 '폭넓음'을 주목해야 한다고 본다.[18] 또한 넷우익의 실체를 찾으려는 노력보다 이를 '집합행동 프레임'으로 보고 특정한 경향과 태도, 그리고 목적의식(혐한, 재일특권 비난, 공격적 태도, 저변적 입장)으로 구성된 이런 넷우익 프레임으로 세상을 보는 행위 자체에 주목할 필요가 있다고 지적한다. 이런 넷우익적 집합행동 프레임은 1990년대 중반 〈새로운 역사교과서를 만드는 모임(新しい歷史敎科書を作る会)〉으로 대표되는 역사수정주의에 기반하여 1990년대 후반에 탄생한 니찬네루와 밀

---

16) 山崎望, 「序論 奇妙なナショナリズム?」, 284-285쪽.
17) 히구치 나오토, 김영숙 역, 『폭주하는 일본의 극우주의: 재특회, 왜 재일코리안을 배척하는가』, 미래를 소유한 사람들, 2015.
18) 伊藤昌亮, 「第1章 ネット右翼とは何か」, 山崎望編, 『奇妙なナショナリズムの時代 排外主義に抗して』, 2015, 50쪽.

접한 연결선상에서 발생하여, 2002년 월드컵을 기점으로 혐한이라는 방향성이, 재특회의 성립과 함께 재일특권이라는 내용이 확정되었다는 것이다. 즉 그 논리 자체는 허술하지만 실제로 사건화(eventaliza tion)의 연속을 통해 오랜 기간에 걸쳐 생성된 강력한 논리이기도 하다.

특히 이토의 분석에서 흥미로운 지점은 넷우익 프레임을 구성하는 담론공간[19]을 크게 '니찬네루문화'와 '신보수논단'으로 나누고, 이 중에서도 신보수논단을 구성하는 4개의 하위담론공간−1) '행동하는 보수'(재특회, 일수회(一水会) 등), 2) 서브컬처 보수(만화, 무크지 등), 3) 비즈니스 보수(일본청년회의(日本青年会議) 등), 4) 블로그 보수(니찬네루정리블로그(まとめブログ) 등)−의 특성을 정리하고 있다는 점이다. 이 중에서 이 논문의 연구대상인 혐한만화에 직접적으로 관련되는 것이 바로 '서브컬처 보수'이다.

이토에 따르면 서브컬처 보수는 "기성보수논단이 주로 논문과 비평이라는 종래의 표현형식에 의해 언론의 장을 만들어온 것에 대해, 만화와 무크 등 서브컬처 분야에서 보다 친근한 표현형식에 의해 특히 젊은이에게 보수논단의 논의를 넓혀가고자 하는 움직임이 1990년대 중반부터 나타나서 2000년대 중반에 이르러 특히 왕성해진 것이다. 만화, 무크, 잡지, 애니메이션 등의 미디어를 통해 형성되어 온 담론공간이다."[20] 구체적으로는 고바야시 요시노리의 『고마니즘선언(ゴーマニズム宣

---

19) 이때 담론공간은 특정한 사상적 경향과 그것을 표출하기 위한 특정한 미디어의 연결에 의해 형성된 한 담론활동의 장을 의미한다. 伊藤昌亮, 「第1章 ネット右翼とは何か」, 39쪽.
20) 伊藤昌亮, 「第1章 ネット右翼とは何か」, 43쪽.

言)』등 일련의 저작과 야마노 샤린의 『만화혐한류』, 무크지로는 다카라지마사(宝島社)에서 출판된 일련의 한국과 동화이권(同和利権)에 대한 무크 시리즈와 최근에는 격월로 발행되는, 애니메이션풍의 표지가 특징적인 우익성향의 시사잡지 『자파니즘(ジャパニズム)』인데 다카라지마사와 세이린도는 이런 책들을 가장 적극적으로 발행해 온, 서브컬처계의 대표적인 출판사이기도 하다.

그러나 이는 대중매체로서의 만화가 근본적으로 넷우익 친화적이라는 사실을 의미하는 것은 아니다. 또한 만화, 애니메, 게임 등으로 대표되는 일본의 '서브컬처(サブカルチャー)'를 향유하는 '오타쿠'들이 모두 우익적이라고 주장하기 위한 것도 아니다.[21] 정현숙이 분석했듯이, 일본의 만화문화는 창작자와 출판사, 독자와 팬덤을 아우르는 거대한 대중문화이다. 단순히 만화를 향유하는 것이 우익적인 태도와 연결된다는 식의 논리 또한 일본의 만화문화, 그리고 서브컬처에 대한 편견에 기반한 주장이다.

오히려 그보다는, 『만화혐한류』가 잘 보여주듯이 넷우익적 주장이 확산되는 계기로서의 만화, 그리고 서브컬처라는 영역이 넷우익에게서 발견되는 반[주류] 매스미디어적 분위기[22](반 NHK, 아사히신문(朝日新

---

21) 본 논문의 분석 대상은 아니지만 혐한카툰을 그린 하스미 도시코는 독학으로 만화를 익히고 동영상 사이트에 자신이 제작한 애니메 동영상으로 업로드하면서 데뷔한 경우인데, 그녀에 따르면 "애니메계의 사람들은 정치에 전혀 관심이 없었고" "애니메 관계의 친구들은 단순히 '자민당은 싫어, 안돼, 지지하지 않아'라는 입장이 대다수였다고 한다. はすみとしこ, 『はすみとしこの世界 そうだ,難民しよう!』, 青林堂, 2015, 49쪽.
22) 보다 상세한 설명은 伊藤昌亮, 「第1章 ネット右翼とは何か」, 49-50쪽을 참조하라.

聞)/반 후지티비(フジテレビ))가 집결되고 응축되는 영역으로 기능하기도 한다는 설명이 더 적절할 것이다. NHK와 아사히는 전후 양심적 지식인으로 대표되는 비판적 언론의 대표로서, 후지티비는 연예계 가십과 오락 프로그램으로 상징되는 전후의 대중 취향 언론의 대표로서 각각 주류 담론을 대표하는 것으로 간주되면서, 대중이 즐기지만 주류 언론과는 거리가 먼 만화 매체가 이에 대항하는 영역으로 부각된 것이다.

특히 세이린도는 잘 알려져 있듯이 과거 일본만화의 다양성과 실험성을 상징했던『가로(ガロ)』를 발행했던 출판사로 비록 그 책의 성격이 달라졌지만 여전히 '주류 사회에서 배격되는' 콘텐츠로서 혐한 관련 서적을 적극적으로 출판한다는 점에서 묘한 연결선이 발생한다. 특히『만화혐한류』와 이 논문에서 다룰 최근의 혐한 관련 만화는 그 화제성에도 불구하고 일본 만화계 내부에서는 소외된 상태에 가깝다. 단순히 사상적 문제뿐만 아니라 그 작품성에서 낮은 평가를 받고 있기 때문이다. 이는 특정한 정치적 이데올로기(이들 작품의 경우에는 혐한으로 대표되는 배외주의)를 예술적 가치인 작품성으로 승화시키는 작업이 극히 어렵다는 근본적인 문제를 잘 보여준다. 또한, 주제의 특수성으로 인해 주류 만화계에서 거부되는 경우, 주제 이외에도 실력 등의 문제로 만화잡지 공모전을 통해 데뷔를 하지 못한 마이너한 작가와 작품이 모이는 영역으로서 혐한 관련 만화가 대두하고 있다.23)

---

23) 이를 잘 보여주는 것이 중국인 만화가로 혐중만화로 데뷔한 손향문(孫向文)의 『중국인이 본 여기가 이상해요 일본인(中国人が見たここが変だよ日本人)』(2016, 靑林堂)이다. 만화가 지망생으로 일본에 유학 온 그는 중국 정부를 비판하고 중일관계에서 일본을 지지하는 만화가인데, 만화가로서 그의 작품은

3. '만화혐한류': 초기 혐한만화의 특징

『만화혐한류』는 한국에서 번역, 출판은 되지 않았지만 그 내용의 문제성으로 인해 많은 화제가 되었으며, 관련 연구도 적지 않다. 그 중에서도 특히 강기철과 정수영, 이따가끼 류우따의 논문은 각각『만화혐한류』를 둘러싼 출판계, 나아가 보수저널리즘의 현 상황을 살피는 한편, 이야기 구조와 캐릭터 특성 분석을 통해 구체적인 내용 분석을 하고 있다는 점에서 중요한 시사점을 제공하고 있다.

우선 강기철은『만화혐한류』의 출판을 "일본인의 사회적 심리를 가장 잘 표현할 수 있는 만화 영역"[24]에서 일어나고 있는 변화로 간주하고, 이것이 내셔널리즘의 소비에 주목한 출판사의 애국심 마케팅과 결합한 상업적 전략과 1990년대부터 이어진 보수 저널리즘의 확대라는 맥락을 고찰할 필요성을 주장한다.[25] 특히 그가 주목하는 것은 혐한이 만화라는 대중적인 매체를 통해 표현될 때의 위험성이다. "만화가 가진 전달력의 특수성", 그리고 자율적인 규제의 대상이 되는 문자 매체에 비해 "무한대의 표현의 자유"를 누리는 만화의 특성을 그는 우려하면서 "이미지를 전달하는 매체"로서 만화를 읽으면서 "만화 독자는 그림과 글을 이미지로 수용하기 때문에 만화의 내용을 쉽게 믿어버릴 수가 있"고 "상대적으로 젊은 세대는 만화를 문자 매체보다 더 많이 소비하는 경향"이 있기

결코 작품성이 뛰어나다고 할 수 없다. 만약 그가 평범한 일본인 만화가 지망생이었다면 지금처럼 만화 단행본을 출판하기는 어려웠을 것이다.
24) 강기철, 「『만화혐한류』의 상업적 전략과 보수 저널리즘의 확대」, 305쪽.
25) 강기철, 「『만화혐한류』의 상업적 전략과 보수 저널리즘의 확대」, 290쪽.

때문에 더 위험하다고 보고 있다.[26]

한편 정수영은『만화혐한류』의 출판이 일본의 익명 인터넷 게시판 사이트인 니찬네루의 혐한과 밀접히 연관되어 있다는 점을 지적하면서, 보다 구체적으로 캐릭터와 소재 등 내용에 대한 분석을 전개하고 있다. 일반적으로 "신뢰성과 객관성이 결여된 민족차별이나 익명의 미확인 정보로 치부되던 혐한류 담론이『만화혐한류』를 통해서 출판 매체로서의 공식성과 권위, 일본 사회에서 만화가 지니는 독특한 위상과 영향력을 획득하게 되었으며, 이는 보다 폭넓은 수용자 층으로의 확대 가능성을 의미한다"는 것이다.[27]

두 연구가 공통적으로 지적하는『만화혐한류』의 특징 중 이 글에서 주목하는 것은 1권에 실린 칼럼과 1, 2권에 실린 〈극동아시아연구회 조사파일〉이다. 왜냐하면『만화혐한류』는 기본적으로는 역사에 관심이 없던 주인공 오키아유 가나메가 다양한 인물을 만나 한일관계에 관심을 갖고 진실을 알게 된다는 스토리만화적 구성을 취하고 있지만, 일반적인 스토리만화와는 달리 전체 단행본에서 만화와 독립된 코너로 삽입되어 있는 텍스트 분량이 매우 많기 때문이다. 만화 파트에서도 사건이나 사실을 설명하기 위해 텍스트가 다용되고 있을 뿐만 아니라, 처음부터 스토리만화로서는 이례적으로 책의 구성에 텍스트가 별도의 파트로 들어가 있다. 이는 이 책이 만화의 전달력을 통해 혐한을 알리고자 했을 뿐

---

26) 강기철, 「『만화혐한류』의 상업적 전략과 보수 저널리즘의 확대」, 305-306쪽.
27) 정수영, 「『만화혐한류(マンガ嫌韓流)』의 이야기 분석을 통해 본 일본 내 혐한류에 관한 연구」, 194쪽.

만 아니라, 앞에서 살펴본 신서나 문자 중심 텍스트의 연장선 위에 있다는 점, 나아가 [혐한에 대한] 학습만화적 성격을 강하게 띄고 있다는 사실을 반영하는 것이다.

이를 가장 잘 드러내는 것이 시리즈 중 가장 많은 부수가 팔렸고 가장 기본적인 포맷을 갖춘 제1권의 사례인데, 텍스트 중심 페이지는 전체적으로 1/4 정도이지만 (만화: 74%, 텍스트(칼럼/극동아시아) 부분: 26%, 통계는 강기철의 논문에서 인용) 칼럼과 〈극동아시아연구회 리포트〉 부분이야말로 『만화혐한류』의 내용적 핵심이며, 동시에 픽션으로서 만화와는 달리 이 책이 객관적 사실에 바탕하고 있다는 권위를 부여하고 있다.

특히 『만화혐한류』 1권이 그 이후 출판된 『만화혐한류』 시리즈와 단적으로 구분되는 것이 바로 이 칼럼이다. 일본 보수계의 저술가 4명이 각각의 테마에 대해 4~5페이지 정도의 짧은 글을 기고하여 일반적인 스토리만화와는 다른 포맷을 취하고 있다. 또한 1, 2권에는 공통적으로 〈극동아시아연구회 리포트〉라는 내용이 포함되어 있는데 이 내용은 본문인 만화에 등장하는 등장인물들이 혐한 관련 내용을 대화식으로 풀어가는 내용으로 캐릭터의 얼굴은 등장하지만 주 내용은 텍스트가 대부분이다. 캐릭터가 등장하여 이들이 마치 대화하는 것처럼 텍스트를 구성함으로써 정보를 보다 효율적으로 전달하고 독자가 보다 쉽게 이해할 수 있도록 하고 있다.[28]

---

28) 이런 기법은 학습만화에서 흔히 사용되는 것으로, 〈재특회〉의 홈페이지에서도 재일코리안의 특권이 왜 문제인지에 대해 만화스타일의 캐릭터인 이

이는『만화혐한류』의 만화 파트에서도 일관적으로 드러나는 특징이다. 총 9개 장으로 구성된 만화 파트의 구성이 "경악과 논파의 구조"[29]를 따르고 있다는 점은 이미 잘 알려져 있는데, 여기서 "중요한 것은 경악하거나 논파하는 것 모두 공통적으로 표면적인 지식을 뒤엎는다는 전제 하에서 이루어졌다는 점이다. 독자는 계속해서 이 만화가 제시하는 경악과 논파를 추체험함으로써 이 만화가 주장하는 결론으로 이끌려간다"는 것이 이따가끼의 분석이다.

그리고 여기서 두드러지는 것은 방대한 텍스트의 양, 그리고 만화에 등장하는 등장인물의 만화적 표현과는 달리 마치 신문 기사나 사진을 그대로 옮긴 듯한 이미지의 사용이다. 예를 들면 제1화 〈한일공동개최 월드컵의 뒷면〉에서는 2004년 월드컵 본선에서 한국이 참가한 경기에서 제기된 심판 판정에 관한 의혹을 소개하면서 약 3쪽에 걸쳐 각각의 경기를 중계방송의 스틸컷을 그대로 따온 듯한 이미지와 함께 대량의 텍스트로 구체적인 경기 상황을 기술하고 있다. 이를 설명하는 것은 주인공의 친구인 등장인물로 이 설명을 통해 주인공은 한일공동월드컵의 진실을 깨닫고 매스미디어의 왜곡와 한국의 문제점에 대해 문제의식을 갖는 것으로 그려진다. 그러나 그 과정은 주인공 내면의 심리묘사, 혹은 주인공이 직접 관련된 사건의 전개를 통해 그려지는 것이 아니라 각각 경기에 대한 사실 기술과 그에 수반된 이미지(중계방송의 스틸컷)로 대

쿠노(生野) 박사와 자이코(ザイ子) 양이 대화하는 식으로 구성된 해설 텍스트가 존재한다.

29) 이따가끼 류우따, 「혐한류의 해부학-한류를 바라보는 일본사회의 두 가지 시각」, 『창작과 비평』, 2006년 여름호(통권 132호), 2006, 409-410쪽.

체되고 있다. 이는 테사 모리스-스즈키(Tessa Morris-Suzuki)가 고바야시 요시노리의 만화를 분석하면서 "인쇄물로 된 콜라주, 즉 수많은 신문이나 책에서 오려냈거나 오려낸 듯한 느낌을 주는 이미지가 가공을 거치지 않고 마구잡이로 (하지만 특정한 부분이 확대 또는 강조되어) 섞여… 총괄적으로 특정한 문제에 대한 보도 르포르타주나 학술적인 견해라는 인상"[30]을 준다고 지적했던 바로 그 전략을 차용한 것으로 보인다.

즉, 마치 객관적인 사실 관계를 이미지와 텍스트를 통해 서술하는 것으로 가장하면서 독자들에게 직접 '혐한'에 관련된 정보와 주장을 전달하고자 하며, 이 과정에서 주인공의 역할은 '경악과 논파'를 경험함으로써 '아무것도 모르던' 독자들과 함께 이 책의 주장에 공감하고 이를 강화하는 것이다. 물론 정수영이 지적하는 바, 혐한에 관련된 사실을 알려주는 '평면적 인물'들이 주인공의 선배, 친구 등으로 등장하지만 주인공은 이보다는 다면적 인물로 설정될 필요가 있다. 왜냐하면 "다면적 인물은 여러 가지 특성을 지니고 있으며 이야기 전개 과정에서 행동의 변화가 일어나거나 내적 갈등을 겪게 된다. 따라서 독자들에게 친밀감을 제공할 수 있으며 감정이입을 통한 통찰을 가능하게 해"[31]주기 때문이다.

이런 의미에서 한국에 대한 관심이 별로 없었던 사람들과 한류를 통해 한국에 관심을 가진 사람들이 이 책의 예상 독자층이라는 점[32]과

---

30) 테사 모리스-스즈키, 김경원 역, 『우리 안의 과거』, 휴머니스트, 2006, 264-265쪽.
31) 정수영, 「『만화혐한류(マンガ嫌韓流)』의 이야기 분석을 통해 본 일본 내 혐한류에 관한 연구」, 201쪽.
32) 정수영, 「『만화혐한류(マンガ嫌韓流)』의 이야기 분석을 통해 본 일본 내 혐한류에 관한 연구」, 201쪽.

주인공인 가나메가 다면적(스토리를 통해 새로운 면모를 드러내는) 인물이라는 점은 중첩되게 된다. 일반적으로 독자들이 주인공에 이입하여 작품을 감상하는 것을 생각해 볼 때, 주인공의 변화(역사에 대한 무관심에서 한일관계에 관심을 갖는 변화)는 독자들의 변화를 염두에 둔 것으로 해석할 수 있다.

〈그림 1〉 등장인물의 주장을 독자와 시선을 맞추고
방대한 대사를 통해 전달하고 있다. (『만화혐한류3권』, 199쪽)

이런 특징을 고려했을 때, 『만화혐한류』는 일반적인 스토리만화라기보다는 학습만화적 성격을 강하게 띠고 있다. 그리고 이는 이 책이 출판된 형태와 출판사를 통해서도 알 수 있다. 우선 표지에는 일반적인 코믹스 형태와는 달리 〈晋遊舍MOOK〉라 표기되어 있고 표지 일러스트도 작게 처리되어 있는데, 이는 앞에서 살펴 본 바 '서브컬처 보수'가 만화, 무크지라는 매체를 중심으로 했던 2000년대의 상황을 잘 보여주고 있다. 또 무크지라는 형식을 취함으로써 만화이긴 하지만 이것이 일종의 '잡지', 즉 단순히 허구로 만들어진 가상의 픽션으로서 만화일 뿐만 아니라 현실을 드러내는 일종의 '논픽션'으로서 간주될 여지를 남기고 있다.

실제 앞에서도 살펴보았듯이 칼럼과 연구회 리포트 등의 텍스트 파트를 통해 실제 '역사적 사실'과 사회적 권위에 기댄 진실성에 대한 강조가 드러나 있으며, 이는 만화 파트에서도 경악과 논파의 구조에서 동원되는 텍스트 중심의 컷 구성을 통해 강화된다. 나아가 등장인물들 또한 페이지 너머에 있는 독자의 시선을 의식하고 주장을 펼치는데, 이는 대화 중인 등장인물이 갑자기 독자와 시선과 맞추고 주장을 펼치는 컷이 여러 차례 등장하는 데서 잘 드러난다. (〈그림 1〉 참조)

4. 세이린도 『히노마루가두선전여자』·『태권더 박』: 최근 혐한 만화의 특징

4.1. 분석대상 소개

2015년에 세이린도에서 단행본으로 간행된 혐한만화(스토리만화)는 〈표 1〉에서 살펴본 것처럼 각각 『히노마루』와 『태권더 박』의 두 권이다. 앞에서도 지적했듯이, 혐한만화가 『만화혐한류』 시리즈 이외에는 거의 없고, 서브컬처 보수 쪽에서 유명한 다카라지마사는 대부분의 책이 에세이나 평론이라는 점을 생각해 보면 세이린도가 2015년 출판한 혐한만화/카툰, 그리고 이들이 연재되고 있는『자파니즘』잡지는 그 자체가 만화, 애니메계에서의 혐한의 최근 흐름을 대표한다.

출간 순서로는『히노마루』가 먼저 출판되었는데, 이 책은 원래 2010년경 단편으로 제작된 만화를 토대로 장편으로 기획되어 출판된 본격적인 스토리 만화이고,『태권더 박』은 2007년경 약 3회 정도 연재된 이후 연재 중단이 되었던 작품이『자파니즘』에 다시 실리고 연재가 결정되면서 단행본으로 묶여 나왔다.33)

『히노마루』는 "일본은 매우 평화롭고 풍요로운 나라/나는 언젠가 멋진 남자를 만나서 여기서 행복하게 살 거야"34)라는 평범한 여중생인 가나데(奏)의 독백으로 시작한다. 제1권은『히노마루』연재분 중 1화~5화까지의 분량과 이 작품의 모티브가 된 〈가두선전! 가두선전!(街宣! 街宣!)〉이 실려 있는데 이 중 이 만화의 시작인 제1화 〈데모? 이제 싫어-!(デモ!? も一やだ)〉를 중심으로 살펴보겠다. 스토리의 시작인 제1화는 평범한 여중생인 가나데가 우연한 계기(실제로는 소꿉친구로 인해)로 신오쿠보(新大久保)의 혐한 데모에 참가하고 잘못된 현실을 깨닫는 내용으로 구성되어 있다.

가나데는 평범한 일상을 영위하고 있으며 가장 친한 소꿉친구인

---

33)『태권더 박』은 원래 2007년 제 3회까지 잡지에 게재되었던 만화로, 잡지 폐간으로 인해 연재가 중단되었다. 현재 단행본은 과거 3회 분량에『자파니즘』에 연재된 최신 연재분을 합쳐 출판되었다. 따라서『히노마루』와는 달리 캐릭터 설정 및 스토리 구상 등에서『만화혐한류』의 영향이 있었을 것으로 생각된다.
34)『히노마루』, 3쪽.

쓰치모토 소우(土基創)가 인터넷에서 본 혐한 관련 음모론("암흑의 공산주의국 중국과 반일국가 한국이 이 일본을 침략하려고 하고 있다!! 이미 일본의 마스고미는 중국과 한국에 지배되어서 그들에게 유리한 정보만 보도해!!"[35])에 빠져서 주위 친구들에게 이야기하는 것을 그저 귀찮다고 느끼고 있다.

그런 가나데는 어느 날 아버지의 심부름 겸 쓰치모토에게 전해줄 것이 있어 신오쿠보로 가게 된다. 경찰이 많은 곳에 있던 쓰치모토는 머리에 히노마루가 그려진 머리띠를 하고 혐한 데모에 참가하던 중이었으며, 물건을 전해주고 빨리 돌아가려던 가나데는 반헤이트 데모대로부터 "꼬마 주제에 레이시스트냐"("ガキのくせにレイシストかよ"[36])라는 비난을 받고 손목이 잡혔으나 쓰치모토가 혐한 데모 쪽으로 다시 끌어오면서 어쩔 수 없이 혐한 데모에 참가하게 된다. 이날 혐한 데모는 멋진 성인 여성인 나쓰카와(夏川)가 주도한 것으로 2013년 이명박 대통령의 천황굴욕발언에 대해 항의하기 위한 것이었다. 험악한 인상의 남자들로 이루어진 반헤이트 데모대가 계속 혐한 데모대에게 욕설을 퍼붓는 한편, 날씬하고 깔끔하게 메이크업을 한 나쓰카와와 쓰치모토, 그리고 평범한 인상의 혐한 데모대는 신오쿠보에서 이명박 대통령의 천황굴욕발언과 한국의 태도를 비판하는 데모를 이끌고 평화롭게 해산한다.

---

35) 4쪽, 여기서 '마스고미'란 매스미디어의 준말인 마스코미를 살짝 바꾸어 쓰레기라는 뜻의 고미를 넣은 것으로 형편없는 정보만 발신하는 언론에 대한 풍자로 쓰인다. 주로 넷우익이 즐겨 쓰는 용어이다.
36) 『히노마루』, 11쪽.

〈그림 2〉『히노마루』1권의 표지.
일장기와 교복을 입은 소녀의 조합이 독특하다.

　자신을 이렇게 갑작스럽게 데모에 휩쓸리게 한 쓰치모토에게 가나데가 투덜거리자 쓰치모토는 "일본의 국토는 지금 악의 5개국에게 뺏기려고 한다고!(…) 영토 뺏기면 보통은 전쟁이야! 안 그러면 침략 받으니까! 그러니까 일본은 멸망 직전에다 전쟁 직전!"37)이라고 일갈하지만, 가나데에게는 그 설명이 잘 이해가 되지 않는다. 오히려 가나데가 이상함을 느끼는 것은 그녀를 포함한 평범한 얼굴의 혐한 시위대를 둘러싼 반헤이트 데모대가 험상궂은 얼굴로 가운데 손가락을 세우면서 "레이시스트 이 자식들" "일본에서 나가"라거나, 대표자인 나쓰카와를 향해 "윤간해버린다"라고 협박하는 모습이다.38)

---

37)『히노마루』, 16-17쪽.
38)『히노마루』, 22-24쪽.

그러나 데모에서 돌아온 가나데를 진정으로 놀라게 한 것은 자신이 겪은 데모가 다음날 신문이나 아침 뉴스에서 '헤이트 스피치'로 불리면서 자신을 괴롭힌 반헤이트 데모의 '나쁜 사람'들이 모두 선량하고 좋은 사람인 것처럼 보도되고 있다는 사실이었다. 이를 보고 놀라서 신문을 들고 학교로 달려간 가나데가 쓰치모토에게 "쓰치모토…! 신문과 티비가 거짓말만 해…!"[39]라고 아침 교실에서 외치고 이걸 본 쓰치모토가 해냈다는 표정으로 웃는 장면으로 제1화는 마무리된다.

이상과 같은 줄거리와 캐릭터 설정 등에서 알 수 있는 이 작품의 특징으로는 우선 주인공이 평범한 여중생이라는 점을 들 수 있다. 『히노마루』에서는 아무 것도 모르는 여중생인 가나데가 우연한 계기로 혐한 데모에 참가하면서 서서히 변화해가는 과정을 그리고 있다. 이 과정에서는 소꿉친구인 쓰치모토와 데모를 이끈 나쓰카와(夏川)의 존재가 핵심적이다. 우선 음모론을 친구들에게 역설하는 쓰치모토의 캐릭터 설정이 흥미롭다. 인터넷에 빠져서 거기서 얻은 정보를 마구잡이로 주위 친구들에게 설명하는 쓰치모토는 가장 처음에 등장하는 5~6쪽에서는 자기 주장에 빠져 눈동자가 없거나 충혈되어 있는 이미지로 그려지는데, 이는 이후 혐한 데모에서 가나데를 적극적으로 지키는 모습과 마지막 장면에서 멋지게 미소 짓는 모습으로 변화하게 된다.

여기서 쓰치모토는 가나데를 혐한 데모와 관련 단체로 이끄는 계기를 마련하는 인물로 이후 일상에 의문을 갖게 된 가나데에게 관련 정보

---

39) 『히노마루』, 32쪽.

를 지속적으로 제공하고 더욱 더 행동으로 나서도록 이끌어 나가는 역할을 하고 있다. 이는 단순히 사상적인 목적뿐만 아니라 쓰치모토가 가나데를 짝사랑하고 있다는 설정을 통해 사적이고 감정적인, 그래서 더 탄탄한 유대로 묘사되고 있다.

제1화에서 혐한 데모를 이끈 리더 격인 나쓰카와와 가나데의 유대도 흥미롭다. 우선 제 1화에서 가나데가 겪은 첫 데모는 나쓰카와가 이끈 것인데, 이는 비폭력적인 여성 리더에 대해 인신공격을 퍼붓는 악한 남성 반헤이트 데모대[40]라는 표상을 보다 명확하게 하기 위한 전략인 동시에, 이런 정치적 참여는 남성 중심적인 넷우익의 이미지와는 달리 매우 일반적이고 평범한 것이라는 점을 부각하기 위한 것이다. 이는 앞의 쓰치모토 캐릭터가 일반적인 넷우익의 이미지-인터넷의 과다 사용, 강한 정치적 주장, 젊은 남성 등-를 가지고 있는 것과는 대비되는 것으로, '여성' 캐릭터의 정치적 각성이라는 새로운 스타일이 추구되고 있다.

이후 이 작품은 언론 보도에 의문을 품은 가나데가 언론사에 항의 전화를 했다는 사실이 알려지면서 인터넷에서 문제가 되어 학교측의 조사를 받지만 결국 당당한 태도로 대응하여 무사히 넘어가게 되고, 제5화에서 재특회의 사쿠라이 마코토 회장을 모델로 한 사스라이 마코토(流井誠) 회장이 이끄는 데모에 적극적으로 참가하면서 제1권이 끝난다. "내 안의 일본은 이제 막 떠오르기 시작했다"[41]라는 독백과 함께 오른쪽

---

40) 이는 명백하게 반헤이트 데모를 선도한 것으로 알려진 〈레이시스트를 몰아내는 모임(レイシストをしばき隊(レイシストをしばきたい))〉를 의식한 것이다.
41) 『히노마루』, 132쪽.

손을 이마에 얹고 하늘을 바라보는 가나데의 모습은 마치 하늘을 향해 군대식 경례를 하는 것처럼 보인다.

이 책의 마지막에 실려 있는 단편 〈가두선전! 가두선전!〉은 2010년 경 외국인 참정권 이슈에 대해 그려진 만화로 『히노마루』의 모티브가 된 만화인데, 이 단편과 『히노마루』는 또한 흥미로운 차이점을 보인다. 이 단편에서도 주인공은 『히노마루』와 동일한 사카가와 가나데이지만, 여기서는 가나데의 아버지가 넷우익에 혐한으로 그려진다. 식탁에 앉으면 항상 정치 이야기로 열변을 토하는 아버지를 평범한 여중생인 가나데는 이해하지 못하며, 짝사랑하는 선배와의 첫 데이트에만 관심이 있다. 그러나 첫 데이트를 하던 이들은 가나데의 아버지가 혐한 시위를 하는 장면을 목격하게 되고, 선배가 가나데에게 저런 사람들이 가장 문제라면서 '배외주의자'라고 비난하는 것에 대해 가나데는 묘한 위화감("양쪽 다 차별인데…")을 느낀다.

그러던 중 식탁에서 또 다시 정치적 주장을 내세우는 아버지를 향해 가나데는 외국인 차별이라고 말하고, 아버지는 그것이야말로 일본인 차별이라고 하면서 싸우게 된다. 이런 가족 간의 갈등에 대해 오빠와 어머니는 아버지가 데모에 나선 동영상과 관련 홈페이지를 보여주면서 잘 생각해 보라고 권유하고, 결국 가나데는 아버지가 한 행동과 생각이 옳았다고 생각하게 되면서 첫사랑에는 이별을 고하고 외국인 참정권 시위에 참여한다.

주인공이 동일하다는 점, 그리고 처음에는 이상하게 보이던 주위의 넷우익적 인물이 결국 주인공의 정치적 각성을 이끌어낸다는 점, 첫사랑 등 성장 과정의 이야기를 엮어낸다는 점, 그리고 이 과정에서 여성 간의 커뮤니케이션(『히노마루』는 나쓰카와 주인공/단편에서는 어머니와 주인공)이 갈등을 극복하는데 중요한 역할을 한다는 점 등은 주요 공통점이지만 두 작품 간에는 차이점도 있다.

무엇보다 단편에서는 가나데를 제외한 가족 모두가 적극적으로 혐한 활동에 참여하거나(아버지와 오빠), 심정적 지지자(어머니)라는 점이다. 이는 약 50페이지라는 짧은 분량 내에서 평범한 여주인공의 정치적 각성이라는 결론을 내기 위해서는 어쩔 수 없는 선택이었겠지만, 주위 가족, 특히 부모가 모두 혐한 활동에 호의적이라는 설정은 『히노마루』가 내세우는 '평범함'과는 큰 거리가 있다. 또한 일반적인 성장 스토리에서 공감을 이끌어내기 위해 보다 효과적인 설정에 대해서는 동료, 친구와의 갈등 및 유대로 부모의 영향이 강조되는 단편에 비해 『히노마루』가 더 가나데의 변화를 그럴듯하게 그려내고 있다. 여기서 여중생이라는 주인공 설정은 1) 가장 정치에 관심이 없는 것으로 간주되는 여성 청소년을 주인공으로 내세움으로써 정치적 각성으로 대표되는 과거와 현재의 극적인 변화가 진실되고 진정한 것임—여중생조차 변화할 정도로 상황이 심각하고 이 사안이 중요하다는—을 효과적으로 내세울 수 있고, 2) 이 서적들의 주된 독자층이 소위 '넷우익'이고 여성보다는 남성이 더 많다는 점을 생각했을 때, 남성들이 호감을 갖는 귀엽고 어린 여주인공을 내세움으로써 독자층에 어필할 수 있다는 두 가지 목적을 보다 쉽게 달성할 수 있다.

특히 주목해야 하는 것은 과거 『만화혐한류』가 이야기를 이끌어나가면서 이슈를 끊임없이 '설명'하는 성인 남성 주인공에서 여중생과 그의 파트너인 남자 소꿉친구(정치적 각성을 달성한)라는 캐릭터 설정을 통해 보다 대중적인 스토리만화의 형식을 따르고 있다는 점이다. 비록 현실의 인물들을 모델로 한 것이 명확한 몇몇 캐릭터들(사스라이 마코토, 재일4세 박미희(朴美嬉) 등)과 혐한 데모, 반헤이트 데모의 사례 등을 통해 이것이 현실적인 상황이라는 점을 보여주면서도, 가상의 주인공 캐릭터와 스토리만화의 전형적 설정을 가져옴으로써 작가는 이 작품을 픽션이라고 강조하고 있다.

여기서 '여성' 주인공의 등장은 과거 『만화혐한류』와 최근의 혐한 서적 붐이 결정적으로 다른 지점이기도 하다. 『히노마루』의 순진하고 아무 것도 모르는 여중생인 가나데는 '평범한 일본인'의 상징인 동시에 여성'조차' 나서기 시작한 작금의 상황이 심각하다는 점을 역설적으로 보여주고 있다. 상대적으로 정치적 무관심이 많다고 알려진 여성의 특성은 특정한 이슈에 대해서는 때때로 남성보다 더 강력한 정치적 입장의 표명으로 전환될 수 있다.[42] 평범함을 상징하는, 일반적으로 정치에 무관심한 여성이 동조하거나 움직일 정도로 '중요한' 이슈라는 점을 효

---

42) 예를 들어 3·11 동일본대지진 이후 피해지역 아이들의 방사능노출 문제에 대해 적극적으로 대처를 요구하는 어머니들의 모임은 기존의 어떤 사회조직보다 많은 성과를 냈지만, 이는 기본적으로 "국가정책뿐만 아니라 사회문화적으로도 그 중요성을 인정받고 있는 '모성'에 의해 실제 정책의 변화를 이끌어냈다. 그러나 이는 일본사회의 젠더에 따른 역할분담 및 모성에 대한 신화에 기반한 것으로 여성의 영역, 즉 가족의 건강 및 안위라는 영역을 벗어나는 순간 그 효과가 상실되는 한계점을 가지고 있다." 김효진, 「레이디스 코믹이 재현하는 여성의 일상-3·11 동일본대지진의 사례를 중심으로」, 『일본학보』 98집, 한국일본학회, 2014, 458쪽.

과적으로 드러낼 수 있는 장치가 되기도 하는 것이다.

〈그림 3〉『태권더 박』인종차별적인
한국인이 주인공이란 점을 부각시키고 있으며,
한국의 정치가와 열사를 표지에 그려 넣었다.

　한편, 여기서 흥미로운 차이점을 보여주는 것이 『태권더 박』이다.
이 만화는 『히노마루』, 나아가 『만화혐한류』와는 여러 측면에서 극명하
게 대조되는 내용을 갖고 있다. 기본적으로 『태권더 박』은 과거 아버지
를 쓰러뜨린 일본인을 찾아내 복수하기 위해 주인공인 한국 출신 박성
일이 일본에서 "우리 대한민족의 위대한 역사와 일본의 깊은 죄를 알
리"[43]고 자신의 적을 찾기 위해 일본인 실력자에게 도전하여 태권더 기
술('통일', '중근' 등의 이름을 가진)로 쓰러뜨리는 내용으로 구성되어 있

---

43) 『태권더 박』, 39쪽.

다. 이는 기본적으로 우정과 라이벌과의 경쟁을 통해 성장하는 소년만화의 플롯을 격투기로 가져온 것이라는 점에서『히노마루』와 같이 스토리만화의 구성에 충실하다.

그러나 이 작품은 이런 전체적인 줄거리보다는 장면 장면 등장하는 정치적 풍자 및 비꼬기가 중요한 포인트로, 한국에서도 박근혜 대통령의 뺨을 때리는 장면과 노무현 전 대통령이 캐릭터화하여 격투 대회에서 패배하는 장면 등이 인터넷에서 화제가 된 바가 있다.[44]

예를 들면 주인공인 박성일은 낙천적이고 호남아인 20대 한국 청년이지만 점잖게 대하는 일본인 상대방을 태연하게 쪽바리라고 부르고 일본의 합기도를 한국의 열화 복제판(パクリ)이라고 부르는 차별주의자이다. 동시에 그는 세상을 오직 한국 제일주의(국수주의)를 통해서만 이해하고 있기 때문에 자신이 차별적인 사고방식을 가지고 있다는 것을 깨닫지 못하며, 이 사실이 지속적으로 독자에게 웃음을 준다. 이를 잘 보여주는 가장 대표적인 장면은 바로 1권의 마지막 장면에서 나오는 발차기로 일장기를 꿰뚫는 컷과 그에 부속된 대사인데, 대사의 내용은 다음과 같다.

그 손은 사람을 때리기 위한 것이 아니라 사람과 손을 잡기 위한 것/ 그 입은 **사람을 차별하기 위한 것이 아니라 사람과 사랑을 이야기하기 위한 것. 그리고 최강격투기 태권도로 열등민족 쪽빠리를 섬멸한다.** 세계

---

44)「고도화되는 日 혐한… '태권더 박' 논란 확산」, 2015. 7. 17. CBS노컷뉴스 온라인 이슈팀. http://www.nocutnews.co.kr/news/4445639#csidx2f16b9b7d5e2b539 64befbfc5a8d074(검색일: 2017년 4월 29일).

최고민족 대한민족에게 전 인류의 이름으로 마음에서 감사/**세계문명
종주국 대한민국**에게 영원무궁한 영광 있으라. 전 세계 인류는 눈을
크게 뜨고 보라 우리 세계최고민족의 최고전사/태권더 박의 용감한
모습을.[45)]

〈그림 4〉 원작자 하쿠 마사오가
혐한잡지 편집장에게 원고를 주는 장면.

작가는 하쿠 마사오(白正男) 원작에, 야마토 다이스케(山戸大輔) 작화
인데, 이를 액면 그대로 받아들이기는 어렵다. 우선 하쿠 마사오라는 이
름을 한국식으로 읽으면 '백정남'으로 이는 천민인 백정과 북한의 김정
남을 의식하여 지은 필명인 것으로 보이고, 작화가인 야마토 다이스케
에서 야마토(山戸)는 일본주의를 뜻하는 야마토(大和)와 같은 발음이다.

권말의 후기 만화에는 하쿠 마사오과 야마토의 이야기가 분리되어
있는데, 여기서 하쿠 마사오의 통명(通名)으로 시라키 마사오(白木正男)

---

45) 『태권더 박』, 218-219쪽. 강조는 필자.

이고, 직업은 의사(義士)/만화원작자로 소개되며, 외모가 안중근을 닮은 것으로 극화풍으로 그려지는 것으로 유추했을 때 명백히 재일코리안을 의식하고 있다. 한편, 야마토는 극히 단순한 개그만화적 그림체로 오직 하쿠 마사오의 스토리를 잘 전달하고 싶을 뿐이라는 소망을 내세우고 있다. 이러한 극단적인 대비는 오히려 이 작품의 원작자와 작화가가 사실은 한 사람(의 양면적 모습)이라는 점을 풍자적으로 그려내고 있는 것으로 보인다.

또한 원작가와 작화가가 모두 등장하는 후기 만화에서도 하쿠 마사오의 내용은 본문의 내용과 그림체 등이 연속성이 있게 그려진다. 후기 만화에서 원고를 들고 찾아간 하쿠 마사오를 처음 만난 혐한서적 편집자는 처음에는 비웃다가 만화를 읽고 나서는 진실을 깨달았다면서 바로 태도를 바꿔 한국인이 최고라며 하쿠 마사오에게 엎드려 절을 한다. (〈그림 5〉 참조) 이는 본문에서 박성일이 쓰러뜨린 일본인들이 모두 대한민족이 세계 최고민족이라고 말하는 구도와 동일하다.

반면, 가장 마지막에 한 페이지로 등장하는 야마토의 만화는 일반적으로 만화에 실리는 후기에 등장하곤 하는 간략화되고 데포르메된 작가캐릭터[46]가 등장하여 『태권더 박』이 출판되기까지 있었던 사실(연재 중단 등)을 전달하고 있다. 또한 여기서 흥미로운 것은 하쿠 마사오가 명백한 정치적 입장을 밝히는 데 비해 일본인인 야마토는 스스로를 이렇

---

46) 단행본에 실리는 후기 만화는 작품의 내용과 작가를 구분하기 위해 일부러 작가를 캐릭터화하여 코믹하게 그려내는 경우가 많다. 이는 특히 작품 내용이 심각할수록 두드러지는 경향이 있다.

게 말하고 있다는 점이다.

"참고로 저 자신은 어떠한 사상적 배경도 없는 보통의 일본인이므로 이 작품의 근저에 흐르는 하쿠 마사오 선생의 사상과 역사인식에 대해서 어디까지 충실하게 원고 위에서 표현했는가 조금 불안한 점은 있습니다만…『태권더 박』은 '격투기 만화'라는 점에서 특히 격투신에 힘썼기 때문에 즐겁게 읽어주신다면 기쁘겠습니다."[47]

4.2. 두 작품의 공통점

이상에서 살펴본 바『히노마루』,『태권더 박』은 각각 본격적인 정치 만화, 격투기를 소재로 한 개그만화라는 차이에도 불구하고 여러 공통 점이 있다.

첫째, 이들은 대부분 세이린도가 2010년 이후 격월간으로 발행하고 있는 서브컬처계 보수 잡지인『자파니즘』에 연재되거나 연재되었던 작 품들이다. 일반적으로 기성보수논단이 주도하는 주류 출판사의 보수계 열 잡지에 비해『자파니즘』은 영문/카타카나 잡지명과 애니메이션 풍의 표지 일러스트를 비롯하여 2016년 6월 현재 3편 이상의 만화를 연재하는 등, 기존 보수잡지들과는 명백히 다른 노선을 유지하고 있다. 실제로 『자파니즘』의 편집자로 소위 젊은 세대의 보수적 오타쿠를 자임하는 후 루타니 쓰네히라(古谷経衡)가 일시적으로 취임하기도 하는 등, 평론이 나 사설보다는 만화나 애니메이션에 친숙한 세대를 겨냥한 보수잡지라 는 점을 지적하고자 한다.

---

47)『태권더 박』, 223쪽.

둘째, 야마노 샤린의『만화혐한류』도 그러했지만 이 작품을 그리는 작가들은 대부분 신인으로 기성 만화계에서 통용되기에는 기준미달이거나, 프로작가라고 해도 작품의 과도한 프로파간다성으로 인해 기존 만화잡지에서 거부된 작품이다. (『히노마루』가 후자에 해당) 만일 혐한 관련 내용이 아니었다면 작화나 작품 수준의 문제로 출판되지 않았을 신인급의 작품이 세이린도를 통해 출판, 판매되고 있는 것이다. 그리고 이런 책들은 최근의 출판 불황에도 불구하고 판매부수가 3만부 정도를 기록하고 있다고 한다. 출판 불황인 상황, 그리고 신인작가의 작품성이 높지 않은 작품이라는 점을 고려해 보면 이는 결코 쉬운 숫자가 아니다.[48]

즉 만화가를 꿈꾸지만 기존 만화계에서 데뷔하지 못한 신인들, 혹은 정치적 성향 작품의 안정적 배출구로서 혐한만화/카툰 서적의 출판은 지속적으로 이어질 가능성이 있다. 소규모 출판사인 세이린도의 입장에서도 과거『만화혐한류』처럼 큰 인기를 끌지는 못해도 최근 출판 불황 속에서 최소한의 안정적인 판매부수가 기대되는 이런 작품에 대해 적극적으로 출판을 고려하고 있는 것으로 보인다.[49]

---

48) 『히노마루』의 작가는 오랜 프로만화가 경력을 지니고 있지만, "내 직업은 만화가다-"팔리지 않는" 장르에서 서식하고 있기 때문에 일이 없으면 약국에서 일한다. '곤란할 때 직업'으로 약제사의 자격을 가지고 있"는 상황이다. 즉 만화가로서 자립하고 있다고 보기는 어렵다. 富田安紀子,『日本が好きでなぜ悪い! 拝啓,『日之丸街宣女子』から思いを込めて』, ワニブックス, 2015, 3쪽.
49) 이 논문에서는 제외했지만,『자파니즘』에 혐중만화를 연재중인 중국인 만화가 손향문도 신인작가이다. 흥미로운 것은 외국인에게 폐쇄적인 일본만화계의 특성상, 중국인임을 드러내면서 작가 활동을 하기에는 오히려 이런 혐중만화(당사자가 고발하는 형식의)가 편리한 상황이 된다는 아이러니가 존재한다는 점이다.

셋째, 바로 앞에서 지적했던 혐한서적의 안정적 판매부수와 관련하여 드러나는 패턴이 있다는 점이다. 내용의 문제성이나 작품으로서의 재미와는 관계없이, 이런 책들의 화제성을 높이는 것이 바로 '반헤이트' 측의 비판일 때가 많다. 즉 소셜네트워크 등에서 유명인이나 주류 매스 미디어가 이런 책들의 문제점을 지적하면서 혐오표현(헤이트 스피치)으로 비판한 것이 오히려 이 서적들의 지명도를 높여 결과적으로 판매부수의 향상과 아마존 등 인터넷 서점에서의 순위를 높이는 경우가 빈발하고 있다. 『히노마루』, 『태권더 박』은 물론, 『만화혐한류』 또한 각각 트위터(Twitter)나 페이스북(Facebook)에서 유명인이 작품이나 책을 거명해서 문제점을 지적하자 그에 대한 맹렬한 공격과 비방중상이 이루어지고, 그와 함께 인터넷 서점에서 판매순위가 높아지고 평점이 거의 만점에 가깝게 달리는 패턴이 반복되고 있다.[50] 이는 일본 인터넷 문화에서 흔히 발생하는 소위 '염상(炎上)'으로 좌파 지식인에 대해 넷우익이 보이는 반감의 표현-즉, 공격적인 행동의 한 패턴으로 보는 것이 적절할 것이다. 화제가 되는 과정에서 드러나는 이런 패턴과 적지만 안정화된 판매 부수를 생각해 볼 때 이런 책들이 엄청난 외부 영향력을 가진다기보다는 넷우익 등 이런 성향의 만화를 원하는 독자층 내부에서 소비되는 경향이 뚜렷해지고 있다.[51]

넷째, 과거와는 달리 명시적으로 '프로파간다'이자 정치적 사상이

---

50) 대표적인 것이 『하스미』에도 등장하는 참의원 아리타 요시후(有田芳生)의 사례이다.
51) 비록 인터넷서점인 아마존 재팬에 한정된 것이기는 해도 시리즈 전체가 약 90만부 정도 판매된 『만화혐한류』와는 극명한 대조를 이룬다.

담겨 있음을 드러내는 경우가 늘어나고 있다. 이는 세 번째 특성과도 연결되는 지점인데, 작가가 모두 '보통'의 일본인임을 강조하는데도 불구하고 이들이 특정한 독자층을 의식하고 있다는 사실은 명백하다. 예를 들어 『히노마루』의 저자인 도미타 아키코(富田安紀子)는 만화 자체에 대해서는 '보통의 일본인'으로서 생각한 것을 그렸다고 주장하지만, 인터뷰 등에서는 자신이 재특회의 데모에 참석하였고 기부도 했으며, 자신의 체험을 바탕으로 만화를 그렸다고 말하고 있다.52) 그리고 앞에서도 살펴본 것처럼 『태권더 박』은 [가상의] 원작자는 사상적으로 극단적인 국수주의자(만화 캐릭터와 동일한)로 설정되어 있는 한편, 실제 원작자와 작화가는 동일 인물로 보인다는 점에서 그가 혐한적인 주제의식을 지니고 있음은 분명해 보인다.

일반적으로 '프로파간다'라는 용어가 가지는 좋지 않은 뉘앙스를 생각해 본다면, 이는 명백히 이런 특정한 정치적 입장을 선호하는 독자층에게 소구하기 위한 발언이다. 또한 일본의 많은 만화가들이 독자 및 작품과 거리를 유지하고자 하는 반면, 이 작가들이 트위터나 페이스북 등, SNS를 중심으로 한 커뮤니케이션을 활발하게 유지하는 것은 특기할 만 하다. 이는 앞에서 살펴보았던 것처럼 일종의 판매 전략(노이즈 마케팅)이자 독자 확보 수단인 동시에 이토가 지적했듯이 넷우익이라는 집합행동 프레임에 잘 들어맞는 스타일이기 때문이다. SNS를 통한 이들

---

52) 「『日之丸街宣女子』をめぐる大論争は集英社にまで飛び火! 渦中のマンガ家・高遠るい/富田安紀子 両者の主張を聞いた」. https://news.biglobe.ne.jp/entertainment/0521/ota_150521_6440467229.html(검색일: 2017년 4월 29일).

의 활발한 정치적 발언은 혐한의 주류가 넷우익이라는 점과 일맥상통
한다.

5. 혐한만화의 성격 변화와 그 원인

　지금까지 살펴본 세이린도의 혐한만화에 대한 분석을 통해 드러나
는 것은 2005년 출판된 『만화혐한류』와의 차이점, 즉 10여년의 시간이
흘러 혐한만화에서 내용과 스타일, 주제를 전달하기위한 전략이 크게
달라지고 있다는 점이다.

　우선 『만화혐한류』는 잘 알려져 있는 것처럼 니찬네루의 혐한 관련
게시판에서 모은 관련 네타를 토대로 야마노 샤린이 만화화한 것으로,
주인공이 한일관계사에 관심이 있는 남녀 대학생, 그리고 그의 친구들
이었다. 이들은 대학의 토론회 등에서 재일코리안과 시민단체 등, 한국/
한민족에 우호적인 사람들의 주장을 사실에 근거한 엄밀한 논리에 바탕
한 토론을 통해 논파해 나가는 것으로 설정이 되어 있다. 이때 만화의 초
점은 주인공의 캐릭터를 돋보이게 하거나 사건(토론회 등)의 극적인 전
개 등, 일반적인 만화의 기준과는 달리 혐한 관련 주장의 전달에 있다. 그
결과 『만화혐한류』의 가장 큰 특징은 만화라고 보기 어려울 정도로 넘쳐
나는 캐릭터들의 대사이다. 이 대사는 모두 야마노 샤린이 니찬네루의
네타를 근거로 정리한 것으로, 등장인물의 캐릭터를 심화하거나 사건의
전개를 촉진하는 것이 아니라 직접적인 내용 전달을 목적으로 하고

있다.

　나아가『만화혐한류』는 앞에서도 지적하였듯이 그 당시 아직 명확한 사회적 흐름으로 등장하지 않았던 '혐한'을 사회적 이슈로 부각시키는데 큰 역할을 하였는데, 이는 실제로 책의 구성에서 니시오 간지(西尾幹二), 니시무라 고유(西村幸祐), 오쓰키 다카히로(大月隆寬), 시모조 마사오(下條正男) 등 일본의 저명한 보수계열 인물들이 칼럼으로 참가하여『만화혐한류』의 신빙성을 높이는 효과를 가져왔기 때문이기도 하다.

　또『만화혐한류』는 토론과 논파라는 단순한 구조가 반복되어 나타나고 일본인과 재일코리안 등 등장인물의 외모에서도 전형적인 선악구도를 따름으로써 복잡한 스토리의 전개 대신 다양한 한일 간의 이슈에 대한 작가의 주장을 전달하는데 치중하고 있다. 또한 여기서 혐한파는 왜곡된 사실을 전파하는 재일코리안, 시민단체와는 달리 냉정하고 차분하며 긍정적인 이미지로 그려지고 있다. 만화 매체가 지니는 다양한 독자층의 접근 용이성 및 내용 전달성이라는 측면을 최대한 살린 이런 전략은 혐한의 확산이라는 점에서 분명히 나름대로 성공을 거두었다.

　그러나 이런 작가의 목적성과는 별도로 만화 작품으로서『만화혐한류』를 분석한다면 그 작품성에 대해 좋은 평가를 내리기는 쉽지 않다. 그림 실력의 문제는 차치하고서라도 반복되는 이야기 구조, 내용 전달이 대사에 지나치게 의존하고 있다는 점, 인물 설정이 전형적이고 캐릭터의 발전이 없다는 점 등, 좋은 만화가 지녀야 할 특징들로부터 크게 벗어나 있는 것이『만화혐한류』이다.

　이에 비해 2015년 세이린도에서 출판한『히노마루』와『태권더 박』

은 '학습만화'였던 『만화혐한류』와는 다른 접근 방식과 스타일을 취하고 있다. 우선 처음 연재 시기가 『만화혐한류』와 가까운 2007년인 『태권더 박』은 혐한에서 비판받는 한국의 국수주의적 태도와 감정적인 반일주의를 반일에 투철한 한국인 남자 주인공을 통해 우스꽝스럽게 풍자하는 데 초점을 맞춘다. 이를 통해 한국의 극단적인 한국중심주의가 실제로는 개그에 가까운 내용이라는 점을 직접적으로 풍자한다. 이는 『만화혐한류』에서도 비판하는 한국의 기원에 대한 강조와도 일맥상통하면서도 토론과 논파대신 이를 주인공에게 직접 말하게 함으로써 오히려 독자로 하여금 이를 풍자로 느끼게 하고 있다.

또한 최근 연재 분량인 후반부에서 최근의 한일 정치적 이슈와 관련된 인물들이 우스꽝스러운 모습으로 등장하여 이 작품의 유머러스함을 더 강화시키는 역할을 하고 있다. 구조적으로는 격투기를 통해 남자 주인공의 고난과 이를 이겨내고 성장하는 과정을 그리고 있다는 점에서 일반적인 소년만화의 틀에 보다 가까운 것도 지적할 필요가 있다.

이 두 작품은 각각 학습만화/스토리중심의 개그만화라는 본질적인 차이에도 불구하고 처음부터 자신의 정치적 입장을 명확하게 가지고 있는 주인공을 설정하고 있고, 그 중에서도 남성 주인공의 역할이 중요하다는 점에서 공통적이다. 이는 『만화혐한류』가 처음 등장했을 때 넷우익의 이미지가 컴퓨터를 자주 사용하는 비정규직의 젊은 남성이었다는 것과도 연결될 것이다. 2000년대 중반에 연재가 시작된 작품인 『태권더 박』은 이런 점에서 『만화혐한류』와 연결된다. 특히 니찬네루를 중심으로 한 혐한, 혐중의 초기 흐름에서 빼놓을 수 없는 것이 바로 '아이러니'

와 '네타'로서 내셔널리즘을 소비하는 경향이다. "넷우익의 혐한 혐중 혐 북한적 언설에 대해서는 자체적 논리를 지닌 것이라기보다는 '소재적 커뮤니케이션'[53]의 측면이 강하다는 점이 지속적으로 지적되어 왔다. 이때의 '애국심에 대한 담론', 즉 내셔널리즘은 어디까지나 개인화된 도시문화로서, 그리고 유희로서의 내셔널리즘이다."[54]

여기서 중요한 차이점이 발생하는데 『만화혐한류』가 실질적인 최초의 혐한만화로서 기존 보수논단의 논리와 한국 언론의 인터넷을 통한 일본어 서비스를 이용해 모인 풍부한 혐한의 재료를 '팩트'로 전달하기 위한 만화라면, 『태권더 박』은 네타로서 한국, 북한, 재일조선/한국인의 모순을 풍자하고 놀리는데 치중하는 개그만화라는 점이다. 니찬네루에 혐한과 혐중이 최초로 발생할 당시, 이 두 가지 양상- 팩트에 대한 추구와 유희로서의 내셔널리즘-은 공존하고 있었으며, 2005년에 출판된 『만화혐한류』와 2007년 관련 잡지에 일시적으로 연재되었던 『태권더 박』은 이 두 가지 양상을 각각 드러내는 만화라고 할 수 있다.[55]

이에 대해 『히노마루』는 주인공을 '평범한' 여자 중학생으로 설정하고 이를 통해 '평범한 일본인'이 혐한에 동조하게 되는 과정을 자연스러

---

53) 北田暁大, 『嗤う日本の「ナショナリズム」』, NHKブックス, 2005.

54) 김효진, 「기호로서의 혐한과 혐중」, 2011, 52쪽.

55) 심각한 정치적, 사회적 이슈 대신 타민족/타국가의 모순과 문제점을 유희의 대상으로 삼는 도시형의 내셔널리즘을 잘 보여주는 것이 바로 니찬네루신서 (2ちゃんねる新書) 시리즈에 포함된 『웃기는 중국(笑える中国)』(2008)이라는 책이다. 이 책은 2007년 중국에서 일어난 황당하거나 부조리한 사건에 관한 뉴스에 대해 니찬네루 유저가 써넣은 반응(레스)을 모은 것으로 당시 어떤 식으로 한국과 중국의 뉴스가 유희로서 소비되었는가를 잘 보여준다.

운 것으로 묘사하고 있다는 점에서 앞의 두 작품과는 본질적으로 다른 한편, 스토리만화로서 작화의 수준이나 캐릭터의 성장 및 심화 등의 측면에 있어 앞의 두 작품에 비교해 월등하다.『만화혐한류』가 전달하고자 하는 내용을 사실로 못박는데 반해,『히노마루』는 픽션임을 표방하고 있음에도 불구하고 현실의 사건을 조금씩 비틀어 오히려 더 사실적으로 받아들여지도록 만들고 있다. 이로 인해『만화혐한류』에 대해서는 작품의 대사나 칼럼 등에서 '사실관계가 틀렸다'는 지적이 가능하지만,『히노마루』는 픽션으로서 표현의 자유를 내세우면서도 현실과 매우 근접한 사례들(종군위안부 이슈 등)을 혐한적인 스탠스에서 아주 조금씩 바꾸어 '픽션'으로서 만화의 내용으로 삼고 있다는 점에서 한 단계 진화했다고 볼 수 있다.

　이런 관점에서 볼 때『히노마루』는『만화혐한류』의 사실 전달과 『태권더 박』의 풍자와는 달리 독자에게 특정한 감정적 반응을 이끌어내고자 한다는 점에서 보다 일반적인 스토리만화에 가깝다. 이는 2005년 출판된『만화혐한류』가 내세우던 한일역사/한일관계의 진실에 대한 관심과 2007년 구상, 연재가 개시된『태권더 박』이 보여주는 유희로서의 내셔널리즘이라는 니찬네루 중심의 혐한에 비해, 일반적인 스토리만화에 익숙한 독자층을 겨냥한 작품이고 작가 본인이 픽션임을 강조한다는 점에서 크게 다르다. 이를 잘 보여주는 것이『히노마루』작가가 단행본 출판에 맞춰 함께 출판한 본인의 자전적 에세이집인『일본을 좋아하는 게 왜 나빠!(『日本が好きでなぜ悪い!拝啓,『日之丸街宣女子』から思いを込めて)』의 한 구절이다.

현실이 어떻든 간에 내가 그리고 있는 것은 픽션이다. 책, 인터넷, 체험, 취재의 사실 거짓 모두를 모델로 해서 만들어진 픽션이다. **현실과 다르든 같든 문제되지 않는다. 나는 내 머리에서 만든 세계를 그리고 있는 것뿐이다.** 작가에게 '현실'의 책임을 지우려고 하는 것이 이상하다. 현실을 바꿀 수 있을 정도의 파워를 내 작품에서 찾는다고 한다면 이상한 것이다.

나는 픽션만화를 그리고 있다. 만화란 원래 만인이 읽을 수 있고 '즐기는' 것이라고 믿는다. 나는 그려진 현실이 힘들거나 더럽거나 지향하는 미래에 희망을 버리지 않는 주인공과 점프출신 작가답게 '꿈', '노력', '우정', '승리'를 그리고 싶을 뿐이다.[56]

이런 '픽션'으로서의 혐한만화에 대한 강조는 무엇을 의미하는 것일까? 이는『만화혐한류』의 전략은 더 이상 유효하지 않다는 인식에서 온 것이다.『만화혐한류』가 '사실'의 전달에 초점을 두고 경악과 논파의 구조를 최근 시리즈에서도 사용하고 있는데 반해,『히노마루』는 더 이상 사실의 폭로에 집착하지 않는다. 대신 등장한 것이 '픽션'이라는 점을 강조함으로써 사실관계에 대한 문제제기나 비판을 쉽게 무시하는 한편, 보다 효율적으로 독자의 감정적 지지를 이끌어내도록 현실의 사건을 특정 방향으로 해석하여 제시하는 방식이다. 물론 이 과정에서 현실의 사건을 혐한의 렌즈를 통해 해석하여 제시함으로써 현실과 픽션의 접점을 명확하지 않게 만드는 것 또한『히노마루』의 특징이다.

이와 더불어『히노마루』에서 넷우익으로 그려지는 단짝 쓰치모토

---

56) 富田安紀子,『日本が好きでなぜ悪い! 拝啓,『日之丸街宣女子』から思いを込めて』, 268쪽.

의 묘사가 어떻게 변화하는지도 흥미롭다.『만화혐한류』에서 혐한파는 호감을 주는 외모에 냉정하고 객관적이며 정의감이 있는 것으로 그려지는 반면,『히노마루』의 초반부에서 넷우익인 쓰치모토는 눈에 초점이 없고 상대방을 배려하는 대신 자신의 주장을 반복하는 이상한 사람으로 그려진다. 그러나 이는 사건이 전개되면서 점차 변화하게 되는데,『히노마루』1권의 마지막 부분에서 쓰치모토는 일반적인 소년만화의 주인공과 같이 호감을 주는 인상으로 바뀌어 있다. 이는『만화혐한류』당시에는 혐한과 넷우익에 대한 사회적 이미지가 아직 정착되지 않았기 때문에 자유롭게 선악을 설정할 수 있었으나, 최근 반헤이트 운동이 부각되고 재특회가 문제시되면서 넷우익과 혐한을 일반인들이 사회문제로 인식하기 시작했다는 점을 작가도 명확하게 인식하고 있고, 이를 뒤집기 위한 연출이 필요하다고 판단했다는 사실을 역설적으로 보여준다.

사실과 픽션이라는 고전적인 이분법을 역으로 이용하여『만화혐한류』와 반대의 전략을 사용하는 것이『히노마루』라면,『태권더 박』은 또 다른 의미에서『만화혐한류』와 구분된다.『태권더 박』의 기본전략은 처음부터 황당무계한 설정과 레토릭을 진지하게 사용하여 독자로 하여금 처음부터 이것은 픽션이며 만화적 재미를 위해 과장되게 묘사된다는 점을 주지시킨다는 점이다. 주인공인 박성일의 인종차별적 태도와 말버릇(쪽바리 등)은 분명 '한민족'에 대한 스테레오타입에 기반하고 있지만, 그에 대한 일본인들의 폭력이나 재일코리안에 대한 차별, 미국에 복종하는 아베 총리의 겁먹은 모습 등도 우스꽝스럽게 묘사하고 있다. 그리고 제1권에서는 나오지 않으나『자파니즘』28호에 실린 최근 연재분에서는 재특회의 사쿠라이 마코토 전회장의 혐한시위를 풍자하여 이에 대항하는 박성일의 모습을 그려내는 등, 단순히 혐한만화로 간주하기에는 어려운 부분이 있다.

특히 최근 연재분에서 사쿠라이 마코토 전회장이 주도하는 횡포를 묘사하는 장면은 많은 것을 시사한다. 한국인이 점령한 신오쿠보에는 '일본인 출입금지'라는 간판이 달리고 조선닌자(닌자도 조선이 기원이므로)가 유인물을 돌리고 있는데 '재일사냥'을 내세운 일본인들이 몰려들어 폭력을 휘두른다. 흥미로운 것은 여기서 한국인과 일본인을 구분하는 시각적 기호성이 거의 없다는 점이다. 『만화혐한류』와 『히노마루』에서는 아군과 적군을 구분하여 아군인 일본인(혐한에 동조하는)은 눈이 크고 부드러운 인상의 잘생긴 외모인데 비해 적인 한국인/혐한에 반대하는 일본인들은 눈이 찢어지고 날카로운 인상에 험악한 얼굴을 하고 있는 것으로 그려진다. 이것이 전형적으로 드러난 것이 『만화혐한류』의 재일코리안 마쓰모토, 『히노마루』에서는 성희롱을 일삼는 깡패들의 반헤이트 데모대라는 묘사이다.

그러나 『태권더 박』에서는 이런 차이가 거의 존재하지 않는다. 한국인에 대한 인종/문화적 스테레오타입[57]은 명확히 드러나지만, 여기에 등장하는 일본인들 또한 폭력을 제멋대로 휘두르며 이를 방관하는 일본인 경찰은 눈이 찢어지고 나쁜 인상의 얼굴을 하고 있다. 사쿠라이

---

57) 현대 일본이 배경이면서도 항상 갓에 한복을 쓰고 다니는 재일코리안 커뮤니티의 리더격 노인에 대한 묘사라든지, 불리해지면 관계가 없는 맥락에서도 강제징용을 내세우면서 일본을 비난하는 인물 묘사 등이 그것이다.

전회장은 본인이 혐한시위에서 행한 언동("재일특권을 탐닉하는 기생충들아!", "조선 여자는 강간해도 된다!" 등)을 그대로 이 만화에서도 반복하는 등, 일본인과 한국인 양쪽 다 문제가 있는 것으로 그려지고 있다. 이 경우 양비론은 언제나 사회적 약자에게 불리하게 작용하는 것이지만 적어도『태권더 박』은 이런 양쪽의 문제를 동시에 묘사함으로써 혐한만화적 측면 뿐만 아니라 현재 일본 사회에 대한 풍자로서의 기능을 일정 정도 수행하고 있다.

바로 이런 측면으로 인해『태권더 박』은 한국의 인터넷 커뮤니티에서 다른 두 작품에 비해 상대적으로 긍정적인 평가를 받고 있다. 특히 무엇이든 한국이 기원이라고 주장하는 한국 일부의 국수주의에 공감하지 못하는 젊은 세대에게『태권더 박』은 분명 기분이 나쁘지만 개그만화로서 이를 소화하여 한국뿐만 아니라 일본에 대한 풍자를 하는 작품으로서 상대적으로 긍정적으로 평가되는 경우가 많다.[58]

또한『히노마루』·『태권더 박』이『만화혐한류』와 근본적으로 다른 점은 스토리만화의 형식을 충실히 따르면서 픽션으로서 감정적 동조를 이끌어내는 데 역점을 두고 있다는 점이다. 이는 한편『만화혐한류』의 주장이 더 이상 새로운 것이 아니라는 사실-혐한 관련 정보가 이미 확산된 상태-을 반영하는 동시에, 기존 방식의 학습만화적 접근으로는 더 이상 혐한만화를 보는 일정 독자층에게 소구력을 지니지 못한다는 점을

---

58) http://aioh.egloos.com/v/9800795 등의 반응이 대표적이다. 한국 언론의 비판적인 논조에 반해 한국의 독자들은 정작 재미있는 작품이라는 점은 인정하고 있다.

보여주는 것이다. 『히노마루』에서 혐한파, 넷우익에 대한 캐릭터 묘사가 변화한 사실이 이를 잘 보여준다. 『만화혐한류』가 총 5권까지 나왔지만 2권 이후는 거의 반향을 일으키지 못했고, 오히려 한국만큼은 아니지만 일본도 함께 풍자하는 『태권더 박』, 그리고 여성이 주인공이고 넷우익이 지닌 나쁜 이미지를 일정 정도 수용한 『히노마루』가 나왔다는 사실은 혐한만화에서 사람들이 보고자 하는 것, 그리고 혐한만화의 전략이 근본적으로 변화하고 있다는 사실을 잘 보여준다.

6. 대중매체로서 만화와 정치 이데올로기의 관계

일본사회에서 만화는 대중적인 엔터테인먼트 장르이자 매체로서 그 대중성과 시각성으로 인해 연령과 세대, 성별 등 다양한 차이를 넘어서 애호되고 있다. 그리고 바로 이런 대중성과 접근성이라는 특성으로 인해 정치적 이데올로기의 선전 수단으로 사용될 때 그 파괴력이 강할 것이라는 점이 지속적으로 지적되어 왔고, 실제 이 힘을 활용하고자 하는 경우도 적지 않았다. 거의 최초로 우익적인 주장을 직접적으로 내세운 고바야시 요시노리의 『고마니즘선언』과 일련의 시리즈, 그리고 혐한을 테마로 한 서적의 시초인 『만화혐한류』가 그토록 문제시되었던 이유도 바로 여기에 있다. 비슷한 내용을 담은 문자 중심의 서적은 이미 상당수 존재했지만, 만화라는 매체가 갖는 대중성과 시각성, 접근성이라는 측면에서 우려의 대상이 되었던 것이다.

그러나 실제 정치적 이데올로기를 만화라는 매체를 통해 표현하는 것은 지난한 작업이다. 그 이유를 정리하면 다음과 같다. 첫째, 대중 엔터테인먼트이자 상업적 매체라는 일본 만화의 특성은 작가성과 작품의 예술성보다는 대중에게 폭넓게 사랑받는 만화를 지향하고 있으며, 바로 이런 태도와 지향이야말로 정치적 이데올로기를 명시적으로 표현한 만화를 출판하는 데에 여전히 가장 큰 장애물이자 효과적인 차단막으로 기능하고 있다. 특히 혐한 등 사회적으로 문제시되는 정치적 이데올로기에 대해서는 작가 차원의 자기 검열뿐만 아니라 편집부와 출판사를 통한 내부 조정이 지속적으로 이루어진다. 『히노마루』의 저자가 자신의 정치적 사상을 표현한 작품이 계속 편집부에서 거부당했다고 밝힌 사실은 바로 이런 대중 엔터테인먼트로서 일본 만화의 특징을 잘 보여준다.

둘째, 논쟁적인 정치적 이데올로기는 찬성과 반대가 명확하게 갈라질 수밖에 없으며 만화라는 장르의 특성상 이를 선악구도에 치환하는 것은 어렵지 않지만, 그 결과는 도식적이고 천편일률적인 작품으로 표현되기 때문이다. 이런 명확한 입장을 가진 작품은 찬성파에게는 지지를 받을 수 있지만 반대하는 독자들에게는 강한 거부감을 불러일으키거나 비판의 대상이 된다. 또한 만화를 대중 엔터테인먼트로 소비하는 일반적인 독자들은 이런 작품을 선호하지 않는다. 그 결과, 독자층은 이런 정치적 이데올로기에 공감하는 소수로 한정되며, 이는 궁극적으로 정치적 이데올로기의 확산이라는 목표에 도달하지 못한 것이다.

바로 이런 이유로 인해 출판계에서 혐한이라는 흐름이 『만화혐한류』의 출판으로 시작되었음에도 불구하고 정작 그 뒤를 잇는 새로운 스타일의 혐한만화는 십여 년 이상이 흘러서 세이린도라는 마이너한 출판사를 통해서 소수만이 출판되었다. 즉 만화라는 매체를 통해 '혐한', 그리고 그 이전 시대의 '역사수정주의'에 대한 관심이 확산된 반면, 실제 관련 서적 중에서 만화가 차지하는 비중은 매우 적었던 이유는 바로 이런 일본사회에서 만화가 갖는 특징에 있다. '혐한'과 '역사수정주의'에 대한 대중적 관심을 환기한 최초의 만화들을 제외하고는 만화 매체는 전체적으로 '혐한'이라는 흐름과는 거리를 두고 있다.

이는 세이린도에서 출판한 두 권의 혐한만화가 『만화혐한류』와는 다른 스타일과 기법을 사용하고 있다는 점에서도 잘 드러난다. 『만화혐한류』가 취했던 전략, 즉 학습만화적 스타일을 통해 혐한의 입장과 사실을 객관적으로 알리고 이를 통해 변화를 이끌어내겠다는 전략은 〈재특회〉의 탄생과 혐한 데모의 증가, 그로 인한 반헤이트적 움직임 등을 통해 이미 그 유효성을 상실했다. 이미 일본사회 내부에서도 명시적인 차별에 대한 금지가 필요하다는 여론이 대부분인 상황에 대해 『태권더 박』과 『히노마루』는 각각 풍자와 개그라는 만화적 재미를 통해, 그리고 픽션을 전제로 한 본격적인 스토리만화적 구성을 통해 독자의 감정적 변화를 이끌어내는 데 주력하고 있다.

이때 혐한만화로서 가장 성공한 것은 무엇일까? 사회적 영향력이라는 차원에서는 『만화혐한류』, 테크닉적인 부분에서는 『히노마루』를 들 수 있겠지만, 상반되는 독자층에게도 만화적 재미와 메시지를 어필한다는 점, 그리고 사회 현실에 대한 비평성을 어느 정도 지니고 있다는 점에서 연구자는 『태권더 박』이 가장 성공적인 작품이라고 평가한다.

이 작품은 재일조선/한국인이 폭력적이고 인종차별적이며 일본에 적대적이라는 스테레오타입을 강화하고 있다. 그러나 동시에 일본의 문제점 또한 가감 없이 그려내는 양비론적 스탠스를 취함으로써, 작품에 깔린 혐한적 사상에 대해 반대하는 독자들도 거부감을 덜고 이 작품이 재미있다는 사실에 동의하게 만든다. 정치적 이데올로기에 대한 찬반을 넘어서 독자에게 어필하는 이런 힘이야말로 바로 만화 매체에 내포된 잠재력이 잘 발휘된 사례라고 할 수 있다.

『만화혐한류』가 지향하는 사실 전달 기능,『히노마루』가 지향하는 감정적인 정치적 선동과 거리가 먼 개그만화『태권더 박』이 한국의 독자들에게조차 재미있다고 화제가 되는 현 상황은 만화라는 매체가 단순히 정치적 이데올로기를 대중적으로 전달하는 수단에 그치는 것이 아니라 그 자체의 내부적 논리를 지니고 있으며, 이를 소홀히 하는 만화는 그 주된 목적인 정치적 이데올로기의 전달과 확산에 있어서도 결과적으로 한계를 가질 수밖에 없다는 점을 잘 보여주고 있다.

현대일본생활세계총서 **13**

일본 정치의 구조 변동과 보수화
: 정치적 표상과 생활세계의 실상

주요 참고문헌

Ⅰ. '만세일계'의 주박에 걸린 보수 논객들

권숙인, 「전후 천황제와 젠더-황태자비 마사코의 시련과 황실의 위기를 중심으로-」, 『일본비평』 9호, 2013.

박진우, 「여성·여계천황론과 상징천황제」, 『일어일문학』 제41집, 2009.

安部晋三, 『軌跡 安部晋三語録』, 海竜社, 2013.

市村真一, 『皇室典範を改正しなければ,宮家が無くなる』, 藤原書店, 2012.

ケネス・ルオフ, 『國民の天皇-戦後日本の民主主義と天皇制-』, 共同通信社, 2003.

憲法改正推進本部, 『日本国憲法改正草案(現行憲法対照)』, 自由民主党, 2013.

佐伯啓思, 「反·幸福論 第二十八回『皇太子殿下, ご退位なさいませ』が炙り出したもの」, 『新潮45』, 新潮社, 2013. 4.

竹田恒泰, 「『山折論文』に反論する 皇太子殿下の祈りは本物である」, 『新潮45』, 新潮社, 2013. 4.

所功, 『皇室典範と女性宮家-なぜ皇族女子の宮家が必要か-』, 勉誠出版, 2012.

____, 『皇位継承のあり方-"女性·母系天皇"は可能か-』, PHP研究所, 2006.

内閣官房皇室典範改正準備室, 「「皇室制度に関する有識者ヒアリングを踏まえた論点整理」に係る意見募集の結果について」, 内閣官房, 2012. 12. 18.

_____, 『皇室制度に関する有識者ヒアリングを踏まえた論点整理』, 内閣官房, 2012. 10. 5.

_____, 『皇室制度に関する有識者ヒアリングの実施について』, 内閣官房, 2012. 2. 20.

西尾幹二, 『皇太子さまへの御忠言』, WAC, 2012.

八木秀次, 「天皇は国家元首ではないのか 皇太子『退位』論者山折哲雄氏に反論する」, 『正論』, 産業経済新聞社, 2014. 7.

山折哲雄, 『天皇と日本人』, 大和書房, 2014.

_____, 「皇位継承のあるべき姿」, 『新潮45』, 新潮社, 2013. 5.

_____, 「皇太子殿下,ご退位なさいませ」, 『新潮45』, 新潮社, 2013. 3.

■ 자료

国立国会図書館調査及び立法考査局, 『新編靖国神社問題資料集』, 2007.

_____, 『靖国問題資料集』, 1976.

『朝日新聞』, 『読売新聞』, 『毎日新聞』, 『産経新聞』, 『日本経済新聞』, 『時事通信』,
　　　　『共同通信』, 『週刊文春』, 『週刊アエラ』, 『週刊朝日』

■ 저서

日本の戦争責任資料センター編・박환무 옮김, 『야스쿠니신사의 정치』, 동북
　　　　아역사재단, 2011.

船橋洋一, 『ザ・ペニシュラ・クェスチョンー朝鮮半島第二次核危機』, 朝日
　　　　新聞社, 2006.

高橋哲哉, 『靖国問題』, 筑摩書房, 2005.

赤沢史朗, 『靖国神社 せめぎあう〈戦没者追悼〉のゆくえ』, 岩波書店, 2005.

■ 논문

上丸洋一, 「『諸君!』『正論』の研究1/『靖国』をどう論じてきたか」, 上・中・下
　　　　(『AIR』21, 2005.8, 9, 10).

江藤淳, 「生者の視線と死者の視線」(『諸君』, 1986.4).

伊藤達美, 「総理官邸の圧力　靖国『A級戦犯』合祀取下げ問題　東条家の言い分」
　　　　(『諸君!』, 1987.1).

俵孝太郎, 「『東条家の言い分』は間違っている」(『諸君!』, 1987.2).

山本七平, 「指揮官の責任　東条英機と乃木希典」(『諸君!』, 1987.6).

秦郁彦, 「東条英機の戦争責任」(『諸君!』, 1987.9).

松平永芳, 「だれが英霊を汚したのか　『靖国』奉仕14年の無念」(『諸君』, 1992.12).

加藤紘一, 「対米問題となる前に解決しなければならない」(『中央公論』, 2006.8).

マイク・モチツキ, 「米国はどうみているか」(『論座』, 2006.9).

江崎道朗, 「富田元宮内庁長官メモの政治利用は許されない」(『正論』, 2006.9).

半藤一利・秦郁彦・保阪正康, 「徹底検証・昭和天皇『靖国メモ』未公開部分の核心」
　　　　(『文藝春秋』, 2006.9).

伊藤隆, 「富田メモも弄ぶ危険な誘惑」(『諸君!』, 2006.10).

千葉展正, 「入江相政と富田朝彦/宮中のラスプーチンの翻弄された宮内庁長
　　　　官」(『正論』, 2006.12).

_____, 「富田メモはボスたちへの身びいきに満ちた官僚のメモワール」

　　　　　（『正論』, 2006.11）.

斎藤吉久,「昭和天皇の不快感は本当か」（『正論』, 2007.10）.

千々和泰明, 佐々木葉月, 田口千紗,「小泉首相の靖国参拝問題：対米関係の文脈
　　　　　から」（『国際公共政策研究』12-2, 2008.3）.

『朝日新聞』

『読売新聞』

『産経新聞』

国会会議録検索システム(http://kokkai.ndl.go.jp).

일본 교과서 도서관 '교과서 목록 정보 데이터베이스(http://mokurokudb.text
　　book-rc.or.jp).

新しい歴史教科書をつくる会 홈페이지(http://www.tsukurukai.com).

남상구, 「아베정권의 역사인식과 한일관계」, 『한일관계연구』 제46호, 2013.

_____, 「전후 일본 중학교 교과서의 독도 기술 추이와 현황」, 『영토해양연구』
　　제1호, 2011.

_____, 「「새역모」 발간 교과서의 검정실태에 나타난 일본교과서 검정제도의
　　문제점」, 『역사교육논집』 43권, 2009.

_____, 「일본 역사교과서 문제를 보는 눈」, 『역사연구』 제9호, 2001.

浪本勝年, 「1950年代の教科書」, 『立正大学文学部論叢』 通号 83, 1986.

藤岡信勝, 「作問の原則を逸脱したセンター入試問題」(http://www.jiyuushikan.
　　org/rekishi/rekishi79.html).

日本出版労働組合連合会, 『教科書レポート』 13호, 1969. 58호, 2015.

家永三朗, 『教科書検定: 教育をゆがめる教育行政』, 日本評論社, 1965.

吉田裕, 『日本人の戦争観』, 岩波書店, 1995.

俵義文, 『教科書攻撃の深層』, 学習の友社, 1997.

김태기,「일본민주당과 재일영주외국인의 지방참정권: 하토야마 유키오의 의욕과 좌절」,『한일민족문제연구』 19권, 2010.

_____,「일본 우익의 사상과 활동에 관한 사적 고찰」,『한일민족문제연구』 13권, 2007.

小野泰博,「生長の家」淸水雅人外,『新宗敎の世界Ⅴ』, 厚德社, 1979.

大宅壯一,『宗敎を罵る』, 信正社, 1937.

上杉聰,「宗敎右翼と現代日本のナショナリズム」,『年報 日本現代史』 12, 2007.

_____,「日本における『宗敎右翼』の台頭と『つくる会』,『日本会議』,『季刊 戰爭責任硏究』 39, 2003.

菅野完,『日本会議の硏究』, 扶桑社, 2016.

鈴木邦男,『新右翼 民族派の歷史と現在(改訂增補版)』, 彩流社, 2005.

鈴木宗憲,「生長の家」,『別冊あそか』, 1968. 4.

生長の家祭務部,『天皇国日本』, 日本敎文社, 1980.

生長の家本部, 『新編聖光錄』, 日本敎文社, 1997.

_____,『生長の家50年史』, 日本敎文社, 1980.

谷口雅春,『生長の家とは如何なるものか: 生長の家家族の祈願および修養』, 日本敎文社, 1971.

_____,『愛国は生と死を超えて: 三島由起夫の行動と哲学)』, 日本敎文社, 1971.

_____,『続日本占領下の日本』, 日本敎文社, 1970.

_____,『占領憲法下の日本)』, 日本敎文社, 1969.

谷口雅宣外,『歷史から何を学ぶか: 平成15年度生長の家敎修会の記録』, 世界聖典普及協会, 2004.

谷口雅春, 『古事記と日本国の世界的使命』, 光明思想社, 2006.

_____,「日本再建の道を拓くもの」,『生長の家』, 1952. 8.

塚田穗高,『宗敎と政治の転轍点: 保守合同と正敎一致の宗敎社会学』, 花伝社, 2015.

日本青年協議会編,「日本青年協議会・日本協議会四〇年の步み」,『祖国と青年』 398号, 2011. 11.

日隈威德,「或る右派敎団の軌跡: 生長の家の「敎義」と運動」,『宗敎と共産主義』, 新日本出版社, 1985.

林房雄,『日本は國家か』, 讀賣新聞社, 1969.

日隈威德,「或る右派敎団の軌跡: 生長の家の「敎義」と運動」,『宗敎と共産主義

　　　　　』, 新日本出版社, 1985.

_____, 「生長の家の『教義』と運動: 復活する"戦犯宗教"の素顔」, 『前衛』通号493号, 1983. 6.

藤生明, 「右派論壇, 仁義なき戦い「つくる会」分裂だけじゃない」, 『アエラ』, 2006. 12. 4.

法政大学大原社会問題研究所, 『日本労働年鑑 第50集 1980年版』, 労働旬報社, 1979. 11.

堀幸雄, 『増補 戦後の右翼勢力』, 勁草書房, 1993.

王福順, 「日本の年号の一考察: 平成の改元を中心に」, 『修平人文社會學報』, 2007. 9.

남기정, 『기지국가의 탄생: 일본이 치른 한국전쟁』, 서울대학교출판문화원, 2016.

박영준, 『제3의 일본』, 한울아카데미, 2008.

『朝日新聞』, 『読売新聞』, 『毎日新聞』, 『東京新聞』, 『日本経済新聞』, 『産経新聞』
　　　등의 여론조사.

NHK 등의 여론조사, http://www.nhk.or.jp/bunken/research/yoron/index.html
　　　(최종 검색일: 2016. 5. 31).

内閣府, 「国際問題に関する世論調査」, 「防衛問題に関する世論調査」, 「憲法に関
　　　する世論調査」, 「自衛隊・防衛問題に関する世論調査」, http://survey.gov-
　　　online.go.jp/index-all.html(최종 검색일: 2016. 5. 31).

『高齢化白書』, 2015.

『国民経済計算年報』, 2015.

『中長期経済財政に関する試算』, 2015. 2.

『日本国憲法改正草案 Q&A』

『日本の財政と防衛力の整備』, 平成21年 4月.

　　　　　　　　　　　　　　　, 平成22年 4月.

『防衛白書』, 2015.

『我が国の財政事情』, 2015. 12.

PHP総研編, 『2016年版, PHPグローバル・リスク分析』, 2015. 12.

　　　　　, 『国家安全保障会議－評価と提言』, 2015. 11. 26.

　　　　　, 『「先進的安定化勢力・日本」のグランド・ストラテジー－「先進国/
　　　新興国複合体」における日本の生き方』, 2011. 12.

「昭和52年度以降に係る防衛計画の大綱について」(昭和51年10月29日, 国防会
　　　議決定, 閣議決定).

「新段階の日米同盟のグランド・デザイン」研究会編, 「(日米共同政策レポート)
　　　新段階の日米同盟のグランド・デザイン－『スマート・パワー時代』
　　　における自由で開かれたルール基盤の国際秩序の守護者として」,
　　　日本国際フォーラム, 2015. 6. [Study Group on Grand Design of the
　　　U.S.-Japan Alliance at a New Stage, (U.S.-Japan Joint Policy Report)
　　　Grand Design of the U.S.-Japan Alliance at a New Stage: As a
　　　Protector of a Liberal, Open, Rule-basedInternational Order in the
　　　"Era of Smart Power", The Japan Forum on International Relations

Relations, Inc., June 2015].

「特集,アベノミクスの破綻」,『世界』4月号, 2015.

安全保障の法的基盤の再構築に関する懇談会,『『安全保障の法的基盤の再構築に関する懇談会』報告書』, 2014. 5. 15.

有馬哲夫,『1949年の大東亜共栄圏−自主防衛への終わらざる戦い』, 新潮社, 2014.

宇野重規,「日本の保守主義,その『本流』はどこにあるか」,『中央公論』, 2015. 1.

遠藤誠治(編),『日米安保と自衛隊』, 岩波書店, 2015.

岸信介,『岸信介回顧録−保守合同と安保改定』, 広済堂出成, 1983.

佐道明広,『自衛隊史』, ちくま新書, 2015.

_____,『戦後日本の防衛と政治』, 吉川弘文館, 2004.

参議院事務局,「外交力強化と積極的平和主義」.

_____,「積極的平和主義と統合機動防衛力への転換」.

世界平和研究所(IIPS)編,「東アジアの海洋安全保障に関する中曽根提言」, 2015. 12. 16.

_____,『「アジア海洋安全保障協力機構」(AMOSC)−概念枠組に関する第一次報告書』, 2015. 3. 31.

東京財団(編),『海洋安全保障と平時の自衛権−安全保障戦略と次期防衛大綱への提言』, 2013. 11.

_____,『安倍外交への15の視点−ナショナリズムよりもリアリズムの追求を』, 2013. 8.

内閣官房・内閣府・外務省・防衛省,「平和安全法制の概要−我が国及び国際社会の平和及び安全のための切れ目のない体制の整備」, http://www.cas.go.jp/jp/gaiyou/jimu/pdf/gaiyou-heiwaanzenhousei.pdf(최종 검색일: 2016. 3. 26).

中野晃一,『右傾化する日本政治』, 岩波新書, 2015.

中野剛志,『保守とは何だろうか』, NHK出版新書, 2013.

日本国際フォーラム事務局編,「国際シンポジウム『激動の東アジアと進化する日米同盟』メモ」, 2016. 1. 13.

日本国際問題研究所編,『「インド太平洋時代」の日本外交−スイング・ステーツへの対応』(平成26年度外務省外交・安全保障調査研究事業報告書), 2015. 3.

_____,『朝鮮半島のシナリオ・プランニング』(平成25年度外務

省外交・安全保障調査研究事業報告書), 2014. 3.

＿＿＿＿＿＿＿,『「インド太平洋時代」の日本外交−Secondary Powers/Swing Statesへの対応』(平成25年度外務省外交・安全保障調査研究事業報告書), 2014. 3.

＿＿＿＿＿＿＿,『アジア(特に南シナ海・インド洋)における安全保障秩序』, 2013. 3.

＿＿＿＿＿＿＿,『守る海, 繋ぐ海, 恵む海−海洋安全保障の諸課題と日本の対応』, 2013. 4.

平和・安全保障研究所編,「日本の国際平和協力の新しいアプローチ−国際平和に積極的にコミットする日本へ」,『RIPS 政策提言』, 2013. 1.

防衛研究所編,『東アジア戦略概観2016』, 2016. 3. 25.

＿＿＿＿＿,『中国安全保障レポート2016−拡大する人民解放軍の活動範囲とその戦略』, 2016. 3. 1.

＿＿＿＿＿,『アジア太平洋諸国の安全保障上の課題と国防部門への影響』, 第3回アジア太平洋安全保障ワークショップ, 国際共同研究シリーズ7, 2012. 11.

防衛問題懇談会,「日本の安全保障と防衛力のあり方−21世紀へ向けての展望(樋口レポート)」.

柳澤協二 編,『虚構の抑止力−沖縄・東京・ワシントン発安全保障政策の新機軸』, 旬報社, 2014.

柳澤協二,『自衛隊の転機−政治と軍事の矛盾を問う』, NHK出版新書, 2015.

吉田茂,『吉田茂書翰』, 中央公論社, 1994.

Brad Glosserman and Scott Snyder, *The Japan-South Korea Identity Clash: East Asian Security and the United States*, Columbia University Press, 2015.

Christopher W. Hughes, *Japan's foreign and security policy under the 'Abe Doctrine': new dynamism or new dead end?*, Palgrave Macmillan, 2015.

모리스-스즈키, 테사(김규찬 역), 「언론의 자유와 침묵의 목소리: 일본 언론과
　　　NHK 사건」, 『언론정보연구』 42(2), 2006, 135-156쪽.
박영준, 「'수정주의적 보통국가론'의 대두와 일본 외교: 자민당 아베 정권의
　　　재출범과 한반도정책 전망」, 『한국과 국제정치』 29(1), 2013, 91-121쪽.
스즈키 히데미(이상희 역), 「NHK와 방송의 자유」, 『한국언론학회 심포지움
　　　및 세미나』, 2015. 8, 47-59쪽.
와타나베 오사무(정혜윤 역), 「아베정권의 역사적 계보(3)」, 『정세와 노동』 31,
　　　2008, 107-128쪽.
이나바 카즈마사(함인선 역), 「일본의 방송통신법제와 행정조직」, 『법학논총』
　　　30(2), 2010, 391-404쪽.
정용준, 「공영방송의 발전과 정체성」, 최영묵 외, 『공영방송의 이해』, 한울 아
　　　카데미, 2012, 39-78쪽.
최영묵, 「공영방송을 다시 생각한다: 철학 혹은 제도로서의 공영방송」, 최영묵
　　　외, 『공영방송의 이해』, 한울 아카데미, 2012, 15-35쪽.
타하라 시게유키(송일준 역), 『(일본의 공영방송)거대 NHK 붕괴』, 차송, 2006.
　　　「(第一六六回 閣第九四号)放送法等の一部を改正する法律案」, 2007.
　　　http://www.sangiin.go.jp/japanese/joho1/kousei/gian/168/pdf/t0316
　　　60941660.pdf(최종 검색일: 2016. 1. 13).
「第166回国会衆議院本会議会議録 第33号(平成19年5月22日)」, 2007, 1-32쪽.
　　　http://kokkai.ndl.go.jp/SENTAKU/syugiin/166/0001/16605220001033.pdf
　　　(최종 검색일: 2016. 1. 13).
「第168回国会衆議院総務委員会議録 第7号(平成19年12月04日)」, 2007, 1-36쪽.
　　　http://kokkai.ndl.go.jp/SENTAKU/syugiin/168/0094/16812040094007.pdf
　　　(최종 검색일: 2016. 1. 12).
「第168回国会衆議院総務委員会議録 第8号(平成19年12月06日)」, 2007, 1-4쪽.
　　　http://kokkai.ndl.go.jp/SENTAKU/syugiin/168/0094/16812060094008.pdf
　　　(최종 검색일: 2016. 1. 13).
「第189回国会衆議院 総務委員会議録 第16号(平成27年5月26日)」, 2015, 1-20쪽.
　　　http://kokkai.ndl.go.jp/SENTAKU/syugiin/189/0094/18905260094016.pdf

(최종 검색일: 2016. 1. 13).

「高市総務相, 電波停止に言及 公平欠ける放送に『判断』」, 『朝日新聞デジタル』 2016.
　　2. 9. http://www.asahi.com/articles/ASJ286TWTJ28UTFK00W.html
　　(최종 검색일: 2016. 2. 19).

「電波法(改正平成27. 5. 20)」, 2015. http://www.houko.com/00/01/S25/131.HTM
　　(최종 검색일: 2016. 2. 6).

「特集 『公共放送』の条件」, 『世界』 738, 2005, 186-220쪽.

「特集 公共放送再生への道: 公共放送のあり方を考える」, 『放送文化』 7, 2005,
　　18-23쪽.

「特集 この公共放送は何処へ行く: 『NHK問題』の来た道, NHKの行く道」, 『総合
　　ジャーナリズム研究』 43(4), 2006, 3-46쪽.

「特集 メディアは誰のものか: NHK問題」, 『現代思想』 34(4), 2006, 45-245쪽.

「特集 朝日『極左記者』とNHK『偏向プロデューサー』が仕組んだ『魔女狩り』
　　大虚報」, 『週刊新潮』 50(4), 2005, 32-35쪽.

「特定秘密の保護に関する法律(平成二十五年十二月十三日法律第百八号)」, 2013.
　　http://law.e-gov.go.jp/htmldata/H25/H25HO108.html(최종 검색일:
　　2015. 12. 5).

「番組進行表」, 永田浩三, 『NHKと政治権力 番組改変事件当事者の証言』, 岩波
　　書店, 2014, 資料 4-23쪽.

「(総務委員会)放送法等の一部を改正する法律案(第百六十六回国会閣法第九
　　四号)(衆議院送付)要旨」, 2007. http://www.sangiin.go.jp/japanese/joho1/
　　kousei/gian/168/pdf/53166940.pdf(최종 검색일: 2015. 12. 11).

「衆議院総務委員会の修正案(168回・可決)」, 2007. http://www.sangiin.go.jp/
　　japanese/joho1/kousei/gian/168/pdf/h031660941680010.pdf(최종
　　검색일: 2015. 12. 10).

「通信・放送の在り方に関する政府与党合意(平成18年6月20日)」, 2006. http://www.
　　soumu.go.jp/main_sosiki/joho_tsusin/policyreports/chousa/eisei_hous
　　o/pdf/060714_2_ss-2.pdf(최종 검색일: 2015. 12. 12).

「NHK番組改変問題『会長了承していた』と告発者会見」, 『朝日新聞』, 2005. 1. 13.

「NHK『慰安婦』番組改変 中川昭・安倍氏『内容偏り』前日, 幹部呼び指摘」, 『朝
　　日新聞』 2005. 1. 12.

「異例の政治批判: 放送の規制強化, BPOに危機感」,『毎日新聞』, 2015. 11. 16.

「自民党BPOに政府関与検討『放送局から独立を』」,『毎日新聞』, 2016. 4. 18.

「放送法(改正平成26. 6. 27)」, 2014. http://www.houko.com/00/01/S25/132.HTM #s3.3(최종 검색일: 2016. 2. 6).

「放送法の一部改正する法律 昭和34年 法律第30号(昭34. 3. 23)」, 日本放送協会 編,『放送五十年史 資料編』, 日本放送出版協会, 1977, 125-128쪽.

「放送法 昭和25年 法律第132号(昭25. 5. 2)」, 日本放送協会 編,『放送五十年史 資料編』, 日本放送出版協会, 1977, 91-98쪽.

「表現の自由に制約『当然』自民,改憲草案撤回せず」,『東京新聞』, 2016. 11. 25. http://www.tokyo-np.co.jp/article/politics/list/201611/CK20161125020 00135.html(최종 검색일: 2016. 12. 05).

菊地光,「NHK番組政治介入問題を考える: 偏向番組の是正は政治家として当 然の責務ではないか」,『月刊健論』, 2005. 2. http://www.geocities.co.jp/ WallStreet/7009/mg0502-2.htm(최종 검색일: 2015. 12. 11).

日本弁護士連合会,「日本国憲法の基本的人権尊重の基本原理を否定し,『公益及 び公の秩序』条項により基本的人権を制約することに反対する意見書」, 2014. http://www.nichibenren.or.jp/library/ja/opinion/report/data/2014/ opinion_140220_6.pdf(최종 검색일: 2016. 2. 19).

醍醐聰,「国策放送へ急旋回するNHK」,『季論21』27, 2015, 138-150쪽.

田島泰彦,「放送の自由が傷つけられている」,『論座』118, 2005, 23-25쪽.

鳥越俊太郎,「視聴者でなく, 政界を向いている」,『論座』118, 2005, 8-10쪽.

戸崎賢二,「いま, NHKで 何が起こっているか」, 池田恵理子・戸崎賢二・永田浩 三,『NHKが危ない!』, あけび書房, 2014, 15-74쪽.

松田浩,『NHK: 危機に立つ公共放送』, 岩波書店, 2014.

_____,『NHK: 問われる公共放送』, 岩波書店, 2005.

_____,『ドキュメント放送戦後史』1, 2, 双柿舎, 1980, 1981.

牧太郎,「記者の目: 朝日とNHKの大喧嘩 ほくそ笑むのは誰?」,『毎日新聞』 2005. 1. 25.

メディア総合研究所,「放送法等の一部改正法案に対するメディア総研の見解 (2007年5月30日)」, 2007. http://www.mediasoken.org/page055.html (최종 검색일: 2016. 1. 3).

門奈直樹, 「放送の独立とは何か: BBC問題NHK問題を照射する」, 『世界』738, 2005, 196-204쪽.

村上聖一, 「『放送法番組準則』の形成過程: 理念か規制か, 交錯するGHQ と日本側の思惑」, 『放送研究と調査』2008. 4, 55-65쪽.

櫻井よしこ, 「沖縄の集団自決をめぐる教科書検定に異議を唱えたNHKの偏向報道」, 『週刊ダイヤモンド』95(15), 2007, 145쪽.

清水直樹, 「放送番組の規制の在り方」, 『調査と情報－ISSUE BRIEF』597, 2007, 1-11쪽.

荒井透雅, 「通信と放送の法体系の見直し: 放送法等の一部を改正する法律案」, 『立法と調査』304, 2010, 3-16쪽.

山口二郎, 「真の公共性を回復せよ」, 『論座』118, 2005, 19-23쪽.

米山リサ, 「NHK メディアの公共性と表象の暴力」, 『世界』690, 2001, 209-219쪽.

吉見俊哉, 「市民とつながり公共性をとり戻せ」, 『論座』121, 2005, 214-221쪽.

自由民主党, 「日本国憲法改正草案 Q&A 増補版」, 2013. https://www.jimin.jp/policy/pamphlet/pdf/kenpou_qa.pdf(최종 검색일: 2016. 2. 19).

魚住昭, 「衝撃スクープ 証言記録を独占入手! NHKvs.朝日新聞『番組改変』論争『政治介入』の決定的証拠: 中川昭一,安倍晋三,松尾武元放送総局長はこれでもシラを切るのか」, 『現代』39(9), 2005, 28-49쪽.

池田恵理子・戸崎賢二・永田浩三, 『NHKが危ない!』, あけび書房, 2014.

花田達朗・林香里, 「公共放送のリアリティとジレンマ」, 『世界』738, 2005, 186-195쪽.

韓永學, 「NHKの危機と放送法制に関する一考察」, 『北海学園大学法学研究』41(1), 2005, 1-21쪽.

放送倫理検証委員会, BPO, 「NHK総合テレビ『クローズアップ現代』『出家詐欺』報道に関する意見」2015. 11. 6, 1-28쪽. http://www.bpo.gr.jp/wordpress/wp-content/themes/codex/pdf/kensyo/determination/2015/23/dec/0.pdf(최종 검색일: 2015. 12. 9).

放送倫理・番組向上機構 放送番組委員会, 「放送法改定に反対する番組委員会メッセージ」, 2007. 5. 11. http://www.bpo.gr.jp/better/kenkai/seimei_2.html(최종 검색일: 2015. 12. 10).

_____, 「『発掘!あるある大事典Ⅱ』問題に関

する有識者委員の『声明』」2007. 2. 7. http://www.bpo.gr.jp/better/ken
kai/seimei_1.html(최종 검색일: 2015. 12. 9).

Lefevre-Gonzalez, Christina, "Restoring Historical Understandings of the 'Public
Interest' Standard of American Broadcasting: An Exploration of the
Fairness Doctrine", *International Journal of Communication* 7, 2013,
pp.89-109.

■ 논문 및 단행본, 기사

김태수, 「일본의 우익: 단체 운동 사상에 대한 연구−1970~1980년대를 중심으로」, 『일본문화연구』 12, 2004.

신상목, 「日の丸・君が代法制化をめぐる日本新聞の認識: 「朝日」「毎日」「讀賣」「産經」新聞社設の記號學的分析を中心に」, 한림대학교 국제학대학원 석사논문, 2001.

이경분・헤르만 고체프스키, 「프란츠 에케르트는 대한제국 애국가의 작곡가인가?−대한제국애국가에 대한 새로운 고찰」, 『역사비평』 101, 2012, 373-401쪽.

阿満利麿, 「排除のシンボル」, 石田英敬 編, 『日の丸・君が代を越えて』, 岩波ブックレット, No. 488, 1999.

石田一志, 「黛敏朗年譜」, 『音楽の友』 55. 6, 1997, 143쪽.

大原康男, 「国旗国歌の早急な法制を」, 『日本の息吹』, 1999. 5, 4-5쪽.

大原康男外, 「特別企画 總括座談会: 次代につなぐ悠久の伝統−国旗国歌法成立の意義と課題」, 『日本の息吹』, 1999. 10, 3-10쪽.

小野善康, 「国旗国歌法の立法過程の検討−憲法学の立場から」, 『アルテスリベラレス』 68, 岩手大学人文社会科学部紀要, 2001, 139-169쪽.

田中伸尚, 『日の丸,君が代の戰後史』, 東京: 岩波書店, 2000.

田畑雅英, 「ヘンネベルクのリブレット−黛敏朗の『金閣寺』」, 『人文研究』, 大阪市立大学大学院文学研究科紀要, 55. 6, 2005, 52-72쪽.

富樫康, 「黛敏朗の創作の軌跡」, 『音楽芸術』, 55. 6, 1997, 18-23쪽.

所功, 「君が代こそ日本の国歌に最適」, 『日本の息吹』, 5, 1999. 7.

＿＿＿, 『國旗・國歌の常識』, 東京: 近藤出版社, 1990.

所功・百地章, 「保守と知らない日の丸・君が代の精髄」, 『諸君』, 1999. 9, 98-112쪽.

内藤孝敏, 「天皇陛下御卽位十年を奉祝し, 国歌「君が代」を歓迎する」, 『日本の息吹』, 1999. 12, 16쪽.

＿＿＿＿, 「歌唄を忘れた君が代論争」, 『諸君』, 1999. 10, 26-40쪽.

＿＿＿＿, 『三つの君が代−日本人の音と心の深層』, 中央公論社, 1997.

長尾誠夫, 「日の丸・君が代. 反対論者たちの本音」, 『諸君』, 1999. 7, 94-103쪽.

黛敏朗, 『君が代はなぜ歌われない(黛敏朗の対談)』, 東京: 浪曼, 1974.

黛敏郎・野安三郎, 「特別対談: 日の丸・君が代と天皇制」, 『季刊教育法』 58, 1985.

8, 42-60쪽.

黛敏朗, 「アジアに台頭する新しい歴史観」, 『日本の息吹』, 1996. 4, 3쪽.

_____, 「夫婦別姓法案に反対する」, 『日本の息吹』, 1996. 3, 3쪽.

_____, 「四五六万の声を国会へ」, 『日本の息吹』, 1995. 1, 3쪽.

_____, 「急がれる新憲法の制定」, 『日本の息吹』, 1994. 6, 3쪽.

_____, 「日本文化と天皇制」, 『月刊自由民主』394, 1986. 1, 44-53쪽.

編集部, 「国民の力で誇りある国づくりを－天皇陛下御即位十年奉祝運動, 国旗
　　　国歌法制化実現に向けて」, 『日本の息吹』, 1999. 6, 17쪽.

_____, 「日の丸君が代」の不定を教わる子供達」, 『日本の息吹』, 1999. 5, 6-7쪽.

_____, 「新組織「日本会議誕生が決定」!」, 『日本の息吹』, 1997. 5, 16쪽.

_____, 「いま国旗国歌の教育にもの求められているもの」, 『日本の息吹』, 1996.
　　　4, 6-7쪽.

山口二郎, 「新たな翼賛体制－自自公体制と権力強化型法案」, 石田英敬 編, 『日の丸・
　　　君が代を越えて』, 東京: 岩波ブックレット, No. 488, 1999.

■ 악보, 음반, 영상자료, 인터넷자료

기미가요 악보

Scribner's Magazine, Vol. 10, Juli 1891, 46.

htts://archive.org/details/scibnersmag10editmiss

CD 〈君が代のすべて〉 2000.

〈기미가요〉

기악버전: https://www.youtube.com/watch?v=teeOavr7yLg(최종 검색일: 2015. 12. 11)

아악버전: https://www.youtube.com/watch?v=i28otp381lc(최종 검색일: 2015. 12. 11)

日本会議: http://www.nipponkaigi.org

https://ja.wikipedia.org/wiki/%E6%97%A5%E6%9C%AC%E3%82%92%E5%AE%8
　　　8%E3%82%8B%E5%9B%BD%E6%B0%91%E4%BC%9A%E8%AD%92
　　　(최종 검색일: 2015. 12. 11)

日本を守る国民会議: https://ja.wikipedia.org/wiki/%E6%97%A5%E6%9C%AC%
　　　E3%82%92%E5%AE%88%E3%82%8B%E5%9B%BD%E6%B0%91%E4%
　　　BC%9A%E8%AD%92(최종 검색일: 2015. 12. 11)

「君が代不起立4教諭処分, 日弁連が取り消し求める」, 『読売新聞』, 2007. 2. 21.
　　　http://web.archive.org/web/20070223043308/http://www.yomiuri.co.j
　　　p/national/news/ 20070221i119.htm?(최종 검색일: 2015. 12. 6.)

강기철, 「『만화혐한류』의 상업적 전략과 보수 저널리즘의 확대」, 『일어일문학』
　　　　56집, 대한일어일문학회, 2012.

김효진, 「레이디스 코믹이 재현하는 여성의 일상-3·11 동일본대지진의 사례
　　　　를 중심으로-」『일본학보』98집, 한국일본학회, 2014.

＿＿＿, 「기호로서의 혐한과 혐중」, 『일본학연구』 33권, 단국대학교 일본학연
　　　　구소, 2011.

이따가끼 류우따, 「혐한류의 해부학」, 『창작과비평』, 여름호(통권 132호),
　　　　2006.

이승희, 「재일코리안 문제를 둘러싼 일본 우익 내부의 균열 양상-사피오의
　　　　'재특회' 기사에 대한 분석을 중심으로」, 『일본학』 39권, 동국대 일본
　　　　학연구소, 2014.

정수영, 「『만화 혐한류(マンガ嫌韓流)』의 이야기 분석을 통해 본 일본 내 혐
　　　　한류에 관한 연구」, 『한국출판학연구』 58호, 한국출판학회, 2010.

정현숙, 『일본만화의 사회학』, 한울, 2004.

테사 모리스-스즈키, 『우리 안의 과거』, 휴머니스트, 2006.

히구치 나오토, 『폭주하는 일본의 극우주의 재특회, 왜 재일코리안을 배척하
　　　　는가』, 미래를 소유한 사람들, 2015.

伊藤昌亮, 「第1章 ネット右翼とは何か」, 山崎望編『奇妙なナショナリズムの
　　　　時代 排外主義に抗して』, 岩波書店, 2015.

北田 暁大, 『嗤う日本の「ナショナリズム」』, NHKブックス, 2005.

孫向文, 『中国人が見たここが変だよ日本人』, 青林堂, 2016.

富田安紀子, 『日本が好きでなぜ悪い! 拝啓, 『日之丸街宣女子』から思いを込めて』,
　　　　2016.

加藤直樹・明戸隆浩他, 『NO ヘイト! 出版の製造者責任を考える』ころから,
　　　　2014.

はすみとしこ, 『はすみとしこの世界 そうだ, 難民しよう~』, 青林堂, 2016.

山崎望, 「序論 奇妙なナショナリズム?」山崎望編『奇妙なナショナリズムの時代
　　　　排外主義に抗して』, 岩波書店, 2015.

Ⅰ. Japanese Conservative Controversialists Tapping in the "*Banseiittkei* (万世一系)"

Park, Sam Hun

This paper examines varied opinions within the Japanese conservative camp on the issues of royal succession that comprises an amendment of the Imperial Household Law to allow the inheritance of throne to females and the abdication of crown prince since the birth of Prince Hisahito of Akishino on September 6, 2006.

The results of examination show the logic of Japanese conservative camp, which insists "the royal succession in the sole imperial lineage of males", remains effective in Japanese society.

Secondly, the opinions within Japanese conservative camp can be found on the two different standpoints. The one advocates the post-war national system that is united and based on the 'symbolic emperor', whereas the other proposes the new national system with the Japanese King redefined as a sovereign, which is based on the dogmatic interpretation of the tradition of 'banseiittkei(万世一系)'.

Key words: *Tennou*(天皇), *Banseiittkei*(万世一系), *Miyake*(宮家), *Koushitsutenpan* (皇室典範), Japanese conservatism

Ⅱ. Yasukuni Issue and Japan's Conservative Politics.

: Focusing on prime minister's 'obeisance visit' of Yasukuni shrine.

Park, Jin Woo

This paper reviewed the relationship between the conservative politics of Japan's Liberal Democratic Party and Yasukuni shrine through prime minister's controversial visits to the shrine.

The issue revolving around the Japanese prime minister's shrine visit came under a spotlight when the conservatives have changed their direction after the defeat of a draft bill on Yasukuni Shrine Law in 1974. In 1985, then Prime Minister Nakasone's official obeisance visit drew lots of criticism and controversy in and out of Japan. Especially when the 'official visit' of prime minister had influenced negatively on foreign affairs, Japan's prime ministers in the past from 1986 to 2006 had given up the visit. However, Prime Minister Junichiro Koizumi made widely publicized annual visit to the shrine while in his office from 2001 to 2006, (added) and such behavior reignited uproar.

In fact, the issue on 'A' class war criminals lies at the core of the controversy. The issue is not a mere matter of enshrinement or separation, but rather an evaluation on Tokyo International Military Tribunal for the Far East(The Tokyo Tribunal) and further recognition on history whether the Asia-Pacific war was an act of aggression or self-defense.

Lastly, Prime Minister Shinzo Abe has made no visit to the shrine since his last visit on December 2013. It is hard to affirm whether he will make another visit before he leaves the office. However, as Japan's security law is on its way of correction and as Japan's constitution is to be amended, it is possible for Prime Minister Abe to shift his stance in accordance with the approving rate as well as political atmosphere in the world. Thus, the Yasukuni issue continues.

Key words: obeisance visit, Yasukuni issue, conservative politics, A class war criminal

III. How the Japanese Textbook Issue Has Evolved Historically and Where It Stands: Antagonism between Internationalism and Patriotism

Nam, Sang Gu

This paper is designed to examine how exactly the descriptions of colonial rule, (added) the war of aggression, and territorial issues have changed within the Japanese textbooks, and how the Japanese government has been involved in this change. The examination focuses on whether textbooks include particular historical facts on colonial rule and the war of aggression, and how their descriptions have changed from one period to another throughout the time and what this change means. Such approach is based on the idea that the way Japanese textbooks describe historical issues have changed amid the antagonism between internationalism and patriotism since Japan's defeat in the Second World War in August 1945.

First, after Japan was defeated in World War Ⅱ, descriptions of historical wrong doings committed by Japan during its colonial rule and the war of aggression had increasingly expanded and it become a norm. However, with the recent rise of patriotism in Japan, some regressions in historical narrations have been observed, such as reductions in the descriptions of the Japanese military "comfort women" and substitutions of specific numbers of Joseon people (Koreans during the Joseon Dynasty) killed during the Great Kanto Earthquake Massacre and of victims during the Nanking Massacre with the expression of "large number of people." Nonetheless, the basic idea of internationalism has remained intact, requiring textbooks to describe damages done during the colonial rule and the war of aggression. With respect to the descriptions of the Japanese military "comfort women", it is necessary to closely examine how the Japanese government's acknowledgement of its responsibility and its military involvement is reflected in the Japanese textbooks, especially since the December 2015 Korea-Japan Agreement.

Second, the growth of rightism within Japanese society and the Japanese government has no or only minimal influence on changes in textbook descriptions of colonial rule and the war of aggression in general. There has been only a limited number of changes even under the Abe administration, which continuously calls for the need of moving away from Japan's self-tormenting historical perspectives. This is because Japanese textbooks are written based on the statutory teaching manuals and explanations, which are revised every decade to reflect Japan's diplomatic relations with its neighbors, such as Korea and China, and also influenced by the government's changing historical perspectives, related civic activities, and the accumulation of historical research. The increase in the number of descriptions of colonial rule and the war of aggression and a strong call for the rectification of right-wing textbooks under the Nakasone administration clearly demonstrate the limited effects of rightism on the Japanese textbooks.

Third, nonetheless, the growing conservatism and patriotism in Japanese society show their strongest influence in territorial issues. The Abe administration was actively involved in the process of changing textbook descriptions related to territorial issues by revising the teaching manuals and explanations in January 2014. It further stimulated the increase of descriptions that fully reflect conservative Japanese government's viewpoints. Thus, when it comes down to the descriptions of territorial issues, no internationalism is to be found.

Key words: Japanese textbook issue, historical developments, internationalism, patriotism, distortion, screening system, growth of rightism

IV. The Development of *Nihonkaigi* and the Role of Religious Organization.

: Focusing on the Case of *Seichō no Ie*(生長の家).

Kim, Tae Ki

Compare to the actual capacity of influence that *Seichō no Ie* (House of Growth) had demonstrated to the Japanese conservatives' and rightists' activities since the end of the war, it is hard to observe detailed and analyzed researches on the process of how *Seichō no Ie* had become a central force in Japanese right-wing politics. Thus, this article aims to illustrate ① the kinds of political claims that *Seichō no Ie*, centered around Taniguchi Masaharu, had made since the loss of war, ② religious and political activities performed by *Seichō no Ie* on purpose of seeking political influence and obtaining goals, and ③ detailed methods and strategies and the way of fulfilling them.

Taniguchi Masaharu was the founder of *Seichō no Ie*, and he was a right-wing personnel who had actively asserted the revival of Meiji Constitution. In particular, he focused on inspiring youth with rightist thoughts by arranging an organization for instruction. In the line of such effort, *Nippon Seinen Kyōgikai* (Japan Youth Council) was established by young people from *Seichō no Ie*, and they played key roles in the growth of *Nippon Kaigi* (Japan Conference). *Seichō no Ie* had ceased its political activities since 1983, but nonetheless, right-wing political activists who Taniguchi had fostered are currently leading the *Nippon Kaigi* and still maintain central positions within Japan's right-wing politics.

Key words: Japanese Right wing, Japanese Rightist, Japanese Conservatism, Nihonkaigi, Masaharu Taniguchi, Seichō no Ie, Nisseikyou

V. From Self-Defense Forces to Army?
: Dialectic of the Dream of Independence and the Reality of Alliance.

Nam, Ki Jeong

This article aims to examine the meaning of security policy of Abe regime in the growing tendency of conservative swing(*hoshuka*) and rightward trend(*ukeika*) of Japanese politics. In this article I propose to use a new word '*Abecurity*,' which means Abe's security policy. For this purpose, the article firstly presents the structure of conservative swing and rightward trend, then overviews how the '*Abecurity*' has developed in the history of postwar Japan, and finally examines the current discourses on security in Japan and the environmental factors surrounding Abe cabinet.

This examination leads to following conclusions. First, the argument on Japan's independent defense inevitably leads to the argument on the validity of US-Japan alliance. But nevertheless, it results in the strengthening of US-Japan alliance. Second, the front line of the Japanese security debate is being formed between institutional liberalists and political realists. Third, the Japanese public opinions show receptive positions to the revision of the constitution, but the firm majority still does not support the establishment of national defense forces. Fourth, the change of the Japanese demographic structure and the resultant deterioration of finance are working as big restrictive factors to Abecurity.

Today in Japan, arguments on the revision of the constitution and on the establishment of national defense forces represent the state's rightward trend. But, such reality can be recognized as a phenomenon where conservative swing in the Japanese foreign and security policy, which attaches greater importance to the reality of international politics than the ideal of peace, is deflected by the logics of rightward trend in civil societies where the ideal of community is prioritized rather than the reality of society.

Key words: Abecurity, Abe Shinzo, conservative swing(*hoshuka*), rightward trend(*ukeika*), Japan Self-Defense Forces, US-Japan Alliance

Ⅵ. The Rationale for Broadcasting Content Regulation by the Japanese Liberal Democratic Party Government and the Controversy over NHK's Shift to the Right since the 2000s.

Jung, Ji Hee

NHK, Japan's influential public broadcasting company, has been facing an increasing number of accusations of political intervention by the state since the inauguration of the second Abe Shinzō Cabinet in 2012. Many social critics argue that NHK is radically shifting to the right under the pressure from Abe's neo-nationalist government, and it is becoming "the public relations department of the state." The legal system that allows the state's intervention, however, has existed since the immediate postwar era. As a result, NHK has constantly been vulnerable to state influence and the ruling Liberal Democratic Party (LDP). Thus, it is imperative to question whether there have been new characteristics and rationales in the recent state intervention before concluding that NHK has shifted to the right. My study explores the rationale for broadcasting content regulation by the LDP government since neo-nationalist politicians, such as Abe, emerged as key figures within the party. It suggests that the LDP government has rationalized the expansion of broadcasting content regulation not by radically changing the existing legal system but by adopting a neo-conservative interpretation of the Broadcast Act, particularly the Rules of Editing Programs (Bangumi Henshū Junsoku, Article 4), as a legal basis for the state intervention.

Key words: Japan, NHK, broadcasting content regulation, Liberal Democratic Party government, neo-nationalism, neo-conservatism

VII. Kimigayo, The Right in Japan and the Act on National Flag and Anthem.

Lee, Kyung Boon

This study focuses on the relationship between Kimigayo and the Japanese right with the focus on the Japanese right group, *Nihonkaigi*. Further, it looks at Mayuzumi Toshiro (1929~1997), a composer who leads the group and who has transformed from anavant-garde musician to an activist for the Kimigayo Singing Movement.

By analyzing articles on Kimigayo in the *Nihonkaigi* magazine "*Nihon no Ibuki*" (1994~2000) and the popular journal "*Shogun*"(1998~2000), this study depicts the process of how Hinomaru and Kimigayo had become Japan's national flag and national anthem, respectively. Unlike the previous studies that addressed Hinomaru Kimigayo *within* the debate on the Act on National Flag and Anthem, this study focuses on the Kimigayo per se (Hinomaru at places relevant), analyzing the music and lyrics on separate grounds. By doing so, this study seeks to distinguish the subtle differences of the Kimigayo from the Japanese right's interpretation and Hinomaru which symbolizes the state.

In conclusion, this study asserts the passage of the Act on National Flag and Anthem in 1999 demonstrates that the Japanese society has started a new dimension of the right.

Key words: Mayuzumi Toshiro, Kimigayo, *Nihonkaigi*, National Flag, National Anthem

The Changes of Hate Korea Comics and their Meanings.

: Through the Comparison between *Manga Kenkanryu* and the Recent
Hate Korea Comics Published by Seirindo.

Kim, Hyo Jin

In this article, I analyze the characteristics and differences between
Manga Kenkanryu (2005) and *Hinomaru Gaisen Otome* and *Tekonda Paku*,
published by Seirindo in 2016, in order to examine the changes in styles and
techniques of depiction and the reasons of those changes in Hate Korea
Comics. Although so-called "Hate Korea Boom" in the Japanese publishing
market had began with *Manga Kenkanryu* in 2005 and reached its peak in
2014, very few Hate Korea Comics have been published so far in comparison
to the vast amount of Hate Korea essays and writings.

The reasons vary: first, as popular entertainment in Japanese society,
comics are generally expected to keep a distance from political ideology. The
first exception was Kobayashi Yoshinori's *Gomanizumu Sengen* and *Manga
Kenkanryu*, which were mainly supported by Internet Rightwing but not by
general manga readership.

On the one hand, *Manga Kenkanryu* follows the styles and techniques of
education comics, as it has a large number of essays and texts, such as
rightwing intellectuals' columns, in order to deliver facts and knowledge that
support "Hate Korea." As a result, the quality of *Manga Kenkanryu* as comics
is considered relatively low. Contrary to *Manga Kenkanryu, Hinomaru Gaisen
Otome* and *Tekonda Paku* are story-centered comics and clearly state that
they are fictions, which are similar to comics published by major publishers.
Such change signifies two things: first, the objective of *Manga Kenkanryu*,
which is disseminating knowledge on Hate Korea to the public, has lost its
meaning in the past decade; second, Hate Korea has started to be considered

as a "political ideology" in Japanese society, which is unsuitable to comics for the general public.

Interestingly enough, it is *Tekonda Paku* that has attracted a broader readership, while *Manga Kenkanryu* and *Hinomaru Gaisen Otome* more directly deal with Hate Korea ideology despite their differences in styles and techniques. Even Korean readers evaluate the quality of *Tekonda Paku* relatively high, because it criticizes not only Korea but also Japan to some extent by using keen satire and humor. In conclusion, comics as media do not function as means to spread political ideology. In other words, without understanding the unique grammar and logics of comics as media and their social positions, political messages cannot be delivered effectively, leading to the eventual failure of fulfilling their political objectives.

Key words: Hate Korea Comics, *Manga Kenkanryu*, *Hinomaru Gaisen Otome*, *Tekonda Paku*, Manga, nationalism, subculture, Seirindo

필자약력

박삼헌

건국대학교 일어교육과 교수 및 아시아콘텐츠연구소 소장. 고베대학에서 근대일본사 전공으로 박사학위를 받았다. 일본문화전문잡지『Boon』, 타이완문화잡지『plum Boon』을 기획·발행하고 있다. 주요 저서로는『천황 그리고 국민과 신민사이: 근대일본 형성기의 심상지리』(2016),『平和と共生をめざす東アジア共通教材』(공저, 2016),『근대 일본 형성기의 국가체제: 지방관회의·태정관·천황』(2012),『한중일이 함께 쓴 동아시아 근현대사』1, 2(공저, 2012), 등이 있고, 옮긴 책으로는『특명전권대사 미구회람실기』(2011),『천황의 초상』(2007),『삼취인경륜문답』(공역, 2005) 등이 있다.

박진우

숙명여자대학교 일본학과 교수. 히토쓰바시 대학에서 일본 근대사 천황제를 주제로 박사학위를 받았다. 주요 저서로는『함께 읽는 동아시아 근현대사』(공저, 2016),『천황의 전쟁책임』(2013),『21세기 천황제와 일본』(편저, 2006),『근대 일본 형성기의 국가와 민중』(2004), 역서『교착된 사상의 현대사 : 1945년 이후의 한국·일본·재일조선인』(공역, 2009),『근대 천황상의 형성』(2008),『현대일본사상론: 역사의식과 이데올로기』(2006) 및 논문으로「일본 '전후역사학'의 전개와 변용」(2011),「상징천황제와 미국」(2009) 등이 있다.

남상구

동북아역사재단 연구원, 일본 현대사 전공. 치바대학(Chiba University)에서 전후 일본에서의 전쟁희생자를 주제로 박사학위를 받았다. 주요 저서로는『한일관계 1965-2015 정치 편』(공저, 2015),『東アジア近現代通史7 アジア諸戦争の時代』(공저, 2011), 논문으로는「고노 담화 수정론에 대한 비판적 검토」(2014),「아베정권의 역사인식과 한일관계」(2013),「한국·한국인과 야스쿠니신사 문제」(2011) 등이 있다.

김태기

호남대학 교수 및 서울대학교 일본연구소 HK연구교수 역임. 히토쓰바시 대학에서 전후 GHQ의 재일조선인 정책에 관한 연구로 박사학위 취득 후 일본의 보수 우익에 대한 연구로 연구영역을 넓혀가고 있다. 주요 저서로는 『戰後日本政治と在日朝鮮人問題』(1997)가 있으며, 논문으로는 「일본의 보수화와 종교단체의 역할: 세이쵸노이에를 중심으로」(2016), 「일본 대장성령 제4호 및 총리부령 제24호의 본방(本邦) 규정과 독도」(2014), 「일본민주당과 재일영주외국인의 지방참정권-하토야마 유키오의 의욕과 좌절」(2010) 등이 있다.

남기정

서울대학교 일본연구소 부교수. 도쿄대학에서 한국전쟁 시기 일본의 변화를 추적하는 연구로 박사를 받았다. 최근의 연구들은 내셔널리즘과 평화주의, 보수화/우경화 등을 주제어로 한 일본의 정치적 사회적 변화를 다루고 있으며, 한일관계에 대해서도 꾸준히 연구 성과를 내고 있다. 주요 저서로는 『기지국가의 탄생: 일본이 치른 한국전쟁』(2016), 『전후 일본의 생활평화주의』(공저, 2014), 『전후 일본, 그리고 낯선 동아시아』(공저, 2011) 등이 있으며, 논문으로는 「한일관계에서 역사 문제와 안보의 연동 메커니즘: 투트랙 접근의 조건과 과제」(2017), 「일본의 전후 평화주의: 원류와 전개, 그리고 현재」(2014) 등이 있다.

정지희

서울대학교 일본연구소 HK연구교수. UC 샌디에고 사학과에서 통전기(通戰期) 일본의 라디오 방송과 대중의 국민화·시민화에 관한 연구로 박사 학위를 취득했다. 전공분야는 일본근현대사, 매스미디어와 대중문화 연구로, 대중민주주의 사회가 제기한 가능성과 문제들을 사회문화사적으로 고찰하는 데 관심을 갖고 연구하고 있다. 주요 저서로는 The Affect of Difference: Representations of Race in East Asian Empire (공저, 2016), 논문으로는 「뉴미디어 세대와 일본 풀뿌리 평화운동의 조우」(2016), 「사실로서의 역사와 역사적 진실」(2016), "Radio Quiz Shows and the Reorientation of the Japanese under the U.S. Occupation, 1945-1952" (2014), 「전시기 일본의 라디오 방송과 대중의 국민화」(2013) 등이 있다.

이경분

서울대학교 일본연구소 HK연구교수. 독일 마르부르크대학교에서 망명음악 연구논문으로 음악학 박사를 취득했다. 현재 일본과 한국 및 독일의 음악문화교류와 음악과 정치의 관점에서 제2차대전 및 현대 일본사회의 음악현상을 연구하고 있다. 주요 저서로는『전후 일본, 그리고 낯선 동아시아』(공저, 2011),『프로파간다와 음악』(2009),『잃어버린 시간 1938-1944(안익태)』(2007), 및 논문으로는「일본포로수용소에서의 음악과 평화」(2016),「베를린의 일본음악유생 연구」(2016),「후루사토 가요의 생명력」(2015),「독일제국권에서 일본제국권으로 온 망명음악가 연구」(2014), "Japanese Musicians Between Music and Politics During WWII- Japanese Propaganda in the Third Reich"(2014) 등이 있다.

김효진

서울대학교 일본연구소 HK조교수. 하버드대학 인류학과에서 박사학위를 받았다. 오타쿠문화를 중심으로 한 현대 일본사회의 대중문화 및 젠더 정치학, 한일문화교류와 세계화 속의 문화민족주의, 인터넷 커뮤니케이션 등을 주로 연구하고 있다. 주요 저서로『女性マンガ研究』(공저, 2015),『한일관계사 1965-2015』(공저, 2015) 등이, 주요 논문으로「3 · 11 동일본대지진과 '플루토군'의 부활-캐릭터의 정치학과 '번역'을 중심으로」(2014),「요시나가 후미의 「오오쿠」(大奧)-역사적 상상력과 여성만화의 가능성」(2014),「기호로서의 혐한과 혐중: 일본 넷 우익과 내셔널리즘」(2011) 등이 있다.

IJS 서울대학교 일본연구소

현대일본생활세계총서 **13**

일본 정치의 구조 변동과 보수화
: 정치적 표상과 생활세계의 실상

초판1쇄 인쇄 2017년 8월 23일
초판1쇄 발행 2017년 8월 31일

저 자 박삼헌·박진우·남상구·김태기·남기정·정지희·이경분·김효진
발행인 윤석현
발행처 도서출판 박문사
등 록 제2009-11호
전 화 (02)992-3253(대)
전 송 (02)991-1285
주 소 서울시 도봉구 우이천로 353 3F

책임편집 안지윤
전자우편 bakmunsa@hanmail.net
홈페이지 http://jnc.jncbms.co.kr

ⓒ 서울대학교 일본연구소, 2017. Printed in Seoul KOREA.

ISBN 979-11-87425-42-7 93300   **정가** 26,000원

본 저서는 정부(교육과학기술부)의 재원으로 한국연구재단의 지원을 받아 출판되었음.
(NRF-2008-362-B00006)